JN251564

近代日本の海外地理
情報収集と初期外邦図

小林　茂　編

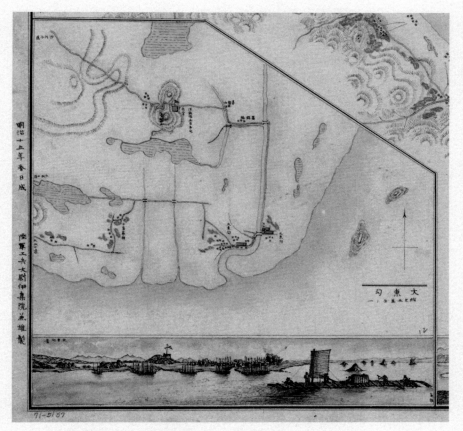

伊集院兼雄「盛京省附圖，鳳凰城・鴨緑江河口圖・大東勾」のうち大東勾
アメリカ議会図書館蔵（LCCN: 71005157）

アメリカ議会図書館には，1880年代に中国大陸を旅行した日本陸軍将校による手描き原図が多数残されている。その一人伊集院兼雄は，早期から活動し，満洲南部をおもなフィールドとした。ここに示したのはその「盛京省附圖」のうち，鴨緑江の河口近くに位置する「大東勾（大東溝）」(現丹東市)の地図と風景画で，地図のやや上部の丘には「洋銃隊五百名屯」と注記した兵営の記号を示している。他方風景画には兵営を背後にもつ港を示し，その手前には鴨緑江の上流からやってきたと思われる筏を描く。参謀本部から派遣されつつも，『東京地學協會報告』に寄稿し，公式報告図に風景画をつけくわえることが許されたこの時代の情報活動には，まだ探検的要素が強かったことをうかがわせる。（小林茂）

大阪大学出版会

凡　例

1. 「満洲」・「関東州」のような歴史的地名はそのまま用いた。また現在の韓国・北朝鮮の領域をさす用語として「朝鮮」を用いた。

2. 資料とした文献にみられる漢字はさまざまで，明治期のものでも「國」や「圖」が「国」や「図」と書かれる場合も少なくない。同一の地図のタイトルについても一定していない場合が多く，その表記については引用文献にしたがった。また手書き文献にあらわれる漢字には略字が少なくない。この場合はもとの漢字を推定して記入している。なお難読の文字は「■」で示した。

3. 将校たちの手描き原図だけでなく，「清國二十萬分一圖」のような印刷図に記された漢字のうち，とくに中国大陸の地名については，現代の日本語入力システムによる漢字変換機能にないものがあり，どの漢字をあてるか決めがたいケースもみられる。これには，当時の印刷図の文字が活字によらず手書きだったことも関与していると考えられる。現地での現在の表記で類似のものが発見できる場合は，それを使用している。

4. ロシア語のローマ字表記は International Scholarly System による。

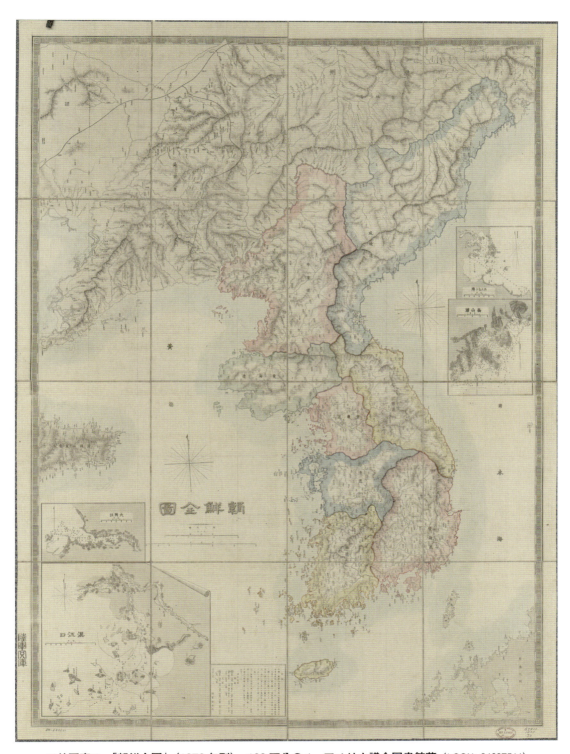

口絵写真1 「朝鮮全圖」(1876年刊),100万分の1,アメリカ議会図書館蔵 (LCCN: 84697511)
日本の外邦図作製は外国製図の翻訳複製や編集から開始された。編集によって作製された図の代表的なものがこの朝鮮全図で,海岸部を欧米の海図,内陸部を朝鮮や中国の在来の図によって描いており,鎖国状態の続いた朝鮮の全土を示す図として,ドイツやアメリカでも翻訳複製が刊行された(第2章参照)。

口絵写真 2　島弘毅「滿州紀行附圖」，100 万分の 1，アメリカ議会図書館蔵（LCCN: 92682886）
初期に中国大陸で活動した陸軍将校，島弘毅が 1877 年に満州を旅行し，その経験をもとに既存の図を編集して描いた図である。その「滿洲紀行　乙號」から旅行の詳細がよくわかる（第 4 章ならびにコラム 1 を参照）。

口絵写真 3　倉辻靖二郎「從三道嶺至甯古塔城路上図」部分（1884 年），10 万分の 1，
アメリカ議会図書館蔵（LCCN: 92682902）
1884 年に満洲を旅行した陸軍将校，倉辻靖二郎が描いた図で吉林省の甯古塔とその付近を描く．倉辻は甯古塔で日清修好条規第 11 条違反（中国人に変装）などの疑いで清国官憲に逮捕され，スパイとして取り調べを受けたが，最終的に日本側の領事裁判により，罰金 10 円を課されることになった．逮捕時にはおそらくこの図の下書きを所持していたと考えられるが，没収を免れたと推定される（第 4 章参照）．

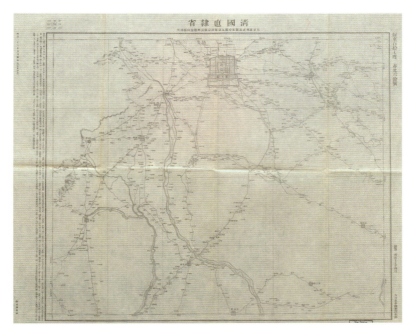

口絵写真 4　清國二十萬分一圖 126 号北京，周辺部分をカット，アメリカ議会図書館蔵（LCCN: 2009579537）
1880 年代の陸軍将校たちの測量で中国大陸北部と朝鮮半島の 20 万分の 1 図が刊行された。この図は早期（1893 年）に刊行されたもので，図の左側に英国海図や将校たちの旅行図など作図に使った資料を記載する（第 4 章および目録 2 を参照）。またこれらの図はドイツやロシアの東アジア地図の作製を刺激したと考えられる（コラム 5 を参照）。

口絵写真 5　五万分一北京近傍圖，第十五號「北京」の原図，（1894 年製版とあるが，後に加筆），アメリカ議会図書館蔵（LCCN: 9168753）
陸軍将校たちの手描き原図の縮尺は 20 万分の 1 か 10 万分の 1 であるが，北京周辺については特別に 4 万分の 1 の縮尺の手描き原図が作製され，5 万分の 1 図として刊行された。アメリカ議会図書館にはこの印刷用原図が全点収蔵されている（第 4 章参照）。

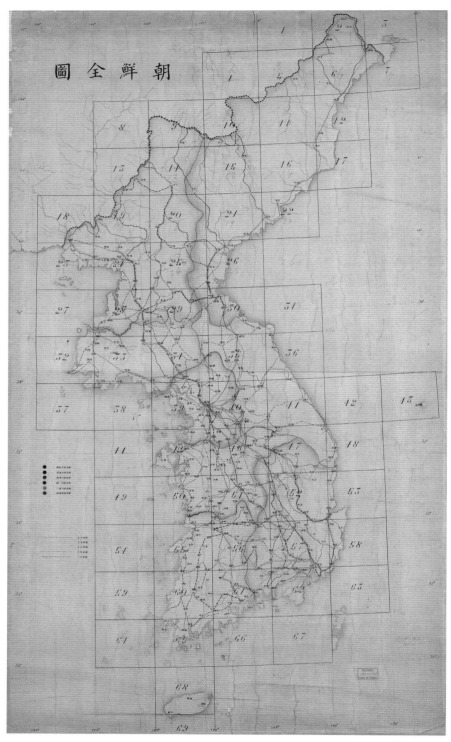

口絵写真6　手描き「朝鮮全圖」(別名「韓國全図」)(1887年以降)，約100万分の1，アメリカ議会図書館蔵（LCCN: 2007630239）

朝鮮半島で活動した陸軍将校の旅行ルートを描く図で，線の色で6名の将校を区別し，破線など線のタイプで5つの時期を区別している。また彼らの原図を編集して作製する20万分の1図の予定図郭を示している（第5章参照）。

は　し　が　き

　本書は，日清戦争にむけて日本が明治初期から行った外邦図作製をあとづけるとともに，今日私たちが見ることができるその時期の外邦図の全容を示すために執筆された。

　外邦図という語は，明治初期から1945年8月まで日本がアジア太平洋地域について作製した地図をさしている。そうした図が内外の図書館や大学に収蔵されていることが「外邦図デジタルアーカイブ」[1] の発信開始（2005年），さらに『近代日本の地図作製とアジア太平洋地域：「外邦図」へのアプローチ』の刊行（2009年）[2] 以降よく知られるようになってきた。これらを学術資料として再生するためには，カタログ（目録）を公開すると同時に，その作製過程を解明する必要がある。さらに「外邦図デジタルアーカイブ」のような地図画像とその書誌のデータベースの構築や増補も望ましい。

　ただし外邦図の作製された期間は長く，その種類数も多い。このため，研究の開始期は五里霧中の状態であった。しかしそれまでの先駆的研究を展望し，大学所蔵の外邦図の目録ができはじめると，徐々に霧が晴れて細部の断片がパッチワークのようにつながりはじめ，全体を俯瞰できるようになってきた。拙著『外邦図：帝国日本のアジア地図』[3] はその試行で，これによりさらに新たな課題がみえはじめた。本書はそのなかで，とくに初期に作製された外邦図の作製過程に焦点をあわせるものである。

　外邦図作製は，日清・日露戦争期以降になると陸地測量部（1888年設置）によって担当され，『陸地測量部沿革誌』[4] や『測量・地図百年史』[5] にその過程が不充分ながら記載されてきた。ただし日清・日露戦争以前は参謀本部の情報活動の一環として行われたため，記録が陸地測量部に継承されておらず，その実態はほとんどわからなかった。しかし，国内にくわえてアメリカ議会図書館など海外の機関収蔵の外邦図を発掘し，関連資料にも視野を広げたところ，ようやくこの時期の外邦図作製の全容がわかりはじめた。

　本書の準備過程では，筆者らにとっても意外な事実の発見が多かった。まず初期の外邦図作製は日本軍の台湾遠征（1874年）を契機にさかんになり，欧米製の台湾図の翻訳につづいて，アロー戦争時に西欧諸国が作製した中国大陸北部の地図・海図の翻訳が継続された。アメリカ議会図書館などで，日本軍が参照した西欧製の地図・海図や戦史に接し，清国との開戦を予期した当時の日本軍の情報収集がどのような視野のもとで行われたかを知ることとなった。また，1880年代に行われた中国大陸と朝鮮半島における日本陸軍将校の測量を兼ねた偵察旅行が，当時翻訳された『獨乙参謀要務』[6] に記載された外国地域の偵察の様式とほぼ同じであったことも驚きであった。この時期の将校たちの旅行が西欧の範例を参考にして推進された可能性は大きい。さらに，将校たちの測量成果と欧米製の東アジア海図を編集して作製された20万分の1図にもとづく「假製東亞輿地圖」（縮尺100万分の1で1894年刊に刊行され，広く公開された）が，西欧諸国の東アジア図作製を刺激し，その部分的な複

i

製が行われたことなど，日本の外邦図の国際的影響も注目された。いずれもさらに研究が要請されるが，外邦図の研究の視野を日本に限ることなく，海外に大きく拡大する必要性を痛感した。

　本書のタイトルを『近代日本の海外地理情報収集と初期外邦図』としたのは，この時期の外邦図作製が日本軍の情報活動の一環として行われたことにくわえて，上記のような例も考慮したことによる。当時の東アジアでは，欧米による海岸測量が進行していたものの，内陸部については，伝統的な地図こそあれ，近代的な測量はほとんど行われていなかった。東アジアでの軍事行動を予定していた日本が，近隣諸国の軍事力や国際的な政治過程に関する情報収集とともに，まず地理情報の収集を重視するのは当然のなりゆきであった。それに際して，欧米諸国が収集した地理情報の参照は最初にすべき作業であった。さらに新たな地理情報の収集をめざした日本は，西欧の軍事マニュアルにしたがいつつ現地の偵察に着手し，短期間にその成果を集約して，西欧諸国の地図作製を刺激するところにまで達したことになる。

　こうした過程を示す本書ができるまでには多くの方のお世話になった。本書を構成する多くの章では，それぞれの末尾で謝辞を掲載しており，くわしくはそれをご覧になっていただきたいが，本書がこのようなかたちにできあがることになったのには，アメリカ議会図書館（The Library of Congress）での資料閲覧の意義がきわめて大きい。約500点におよぶ1880年代の日本軍将校による中国大陸と朝鮮半島に関する手描き原図をはじめとして，上述の台湾遠征に関連して日本軍が翻訳した西欧製の地図・海図や戦史などが私たちの研究の基本資料となった。第二次世界大戦後に行われた陸地測量部収蔵資料のアメリカ軍による接収，さらには関東大震災による日本の水路部収蔵の海図の焼失といった経過がこの背景にあることはあらためていうまでもないが，その地理地図部（Geography and Map Division）では，とくに手描き原図のカタログ化を推進するなど，私たちの資料調査にあわせた作業を推進してくださった。また同館の日本人ライブラリアンの皆さんは，それに快く協力していただいた。

　なお，アメリカ議会図書館での調査をはじめとする本書に関連する研究には，日本学術振興会（JSPS）の科学研究費などの援助を受けた[7]。また本書の刊行にも同研究成果公開促進費の交付を受けている[8]。記して感謝したい。

2016年11月　　　　　　　　　　　　　　　　　　　　　　　　　　　　　　　小　林　　茂

注
1 ）URL: http://chiri.es.tohoku.ac.jp/~gaihozu/
2 ）小林茂編 2009.『近代日本の地図作製とアジア太平洋地域：「外邦図」へのアプローチ』大阪大学出版会.
3 ）小林茂 2011.『外邦図：帝国日本のアジア地図』中央公論新社（中公新書 2119）.
4 ）陸地測量部編 1922.『陸地測量部沿革誌』陸地測量部.（小林茂解説『陸地測量部沿革誌』不二出版，2013年刊に復刻）
5 ）測量・地図百年史編集委員会 1970.『測量・地図百年史』日本測量協会.
6 ）フォン・セルレンドルフ，ブロンサルト 1881.『獨乙参謀要務』陸軍文庫.（ただし国立国会図書館デジタルコレクションでは『独逸参謀要務』で登録）
7 ）JSPS 基盤研究(A)「外邦図の基礎的研究」（No. JP14208007），基盤研究(A)「アジア太平洋地域の環境モニタリングにむけた地図・空中写真・気象観測資料の集成」（No. JP19200059），基盤研究(A)「未利用の海外所在東アジア近代地理資料の集成と活用」（No. JP24240115），基盤研究(C)「日本の近世測量術のルーツとその近代測量への影響」（No. JP24501299），研究成果公開促進費（データベース）「アメリカ議会図書館蔵　初期外邦測量原図データベース」（No. JP248016）ならびに財団法人国土地里協会の社会教育機関等への助成（2005～2009年）
8 ）研究成果公開促進費（学術図書）「近代日本の海外地理情報収集と初期外邦図」（JSPS KAKENHI Grant Number JP15HP5116）.

目　　次

口絵
はしがき … i
図表一覧 … vi

第1章　近代日本の海外地理情報収集と初期外邦図 ………………… 小林　茂　　1
　　　1.　はじめに … 1　　2.　日本の大学に収蔵されている外邦図の特色と外邦図研究 … 2
　　　3.　アメリカ議会図書館蔵　初期手描き外邦図 … 3　　4.　初期編集外邦図への関心 … 6
　　　5.　初期外邦図の時代 … 8

第Ⅰ部　初期編集外邦図

第2章　東アジア地域に関する初期外邦図の編集と刊行
　　　………………………… 小林　茂・岡田郷子・渡辺理絵・鳴海邦匡　　14
　　　1.　はじめに … 14　　2.　初期編集外邦図の構成 … 15
　　　3.　台湾遠征とそれ以降の軍事的緊張に関連する図 … 18　　4.　朝鮮関係図 … 26
　　　5.　アジア大陸図 … 32　　6.　清國沿海各省圖 … 35　　7.　むすびにかえて … 36

第3章　19世紀後半における朝鮮半島の地理情報の収集と花房義質
　　　………………………………… 小林　茂・岡田郷子・鳴海邦匡　　42
　　　1.　はじめに … 42　　2.　国内における朝鮮半島に関する地理情報の収集 … 44
　　　3.　朝鮮開国に関連する交渉と地図作製 … 50
　　　4.　花房義質の地理思想と日朝修好条規続約 … 65　　5.　むすびにかえて … 68

第Ⅱ部　初期外邦測量原図

第4章　中国大陸における初期外邦測量の展開と日清戦争
　　　………………………………… 小林　茂・渡辺理絵・山近久美子　　76
　　　1.　はじめに … 76　　2.　明治初期の中国大陸における陸軍将校の情報活動 … 77
　　　3.　参謀本部設置以後の地図作製を主目的とした陸軍将校の清国派遣 … 79
　　　4.　中国大陸における陸軍将校の旅行と滞在 … 82　　5.　測量の技術と地図の集成 … 87
　　　6.　清國二十萬分一圖と日清戦争 … 98　　7.　むすびにかえて … 104

　　　コラム1　『満洲紀行』…………………………………………… 小林　茂　112
　　　コラム2　路上測図 ……………………………………………… 小林　茂　114
　　　コラム3　清國二十萬分一圖と英国海図 ……………………… 鳴海邦匡・小林　茂　117

第5章　朝鮮半島における初期外邦測量の展開と「朝鮮二十萬分一圖」の作製
　　　　　　　　　　　　　　　　　渡辺理絵・山近久美子・小林　茂　120
　　　1.　はじめに … 120　　2.　陸軍将校の旅行と滞在 … 122
　　　3.　陸軍将校の手描き原図の編集と朝鮮二十萬分一圖の作製 … 142
　　　4.　朝鮮二十萬分一圖と日清戦争 … 155　　5.　むすびにかえて … 156

コラム4　「沿道指鍼」・「沿道圖説」・「沿道誌」………………… 小林　茂・渡辺理絵　164
コラム5　日本作製図の国際的利用：ドイツ製東アジア図の検討から
　　　　　　　　　　………………………… 山近久美子・渡辺理絵・小林　茂　166

第6章　広開土王碑文を将来した酒匂景信の中国大陸における活動
　　　　—アメリカ議会図書館蔵の手描き外邦図を手がかりに—
　　　　　　　　　　　　………………… 山近久美子・渡辺理絵・小林　茂　169
　　　1.　はじめに … 169　　2.　中国大陸における酒匂景信の旅行と滞在 … 171
　　　3.　酒匂景信作製の手描き外邦図 … 180
　　　4.　酒匂の洞溝へのルートと「碑文之由来記」… 186　　5.　おわりに … 193

第Ⅲ部　アメリカ議会図書館蔵
初期外邦測量原図データベース　構築過程と目録

第7章　アメリカ議会図書館蔵初期外邦測量原図データベースの構築
　　　 … 小林　茂・山近久美子・渡辺理絵・鳴海邦匡・山本健太・波江彰彦　198
　　　1.　はじめに … 198　　2.　手描き原図に関する留意点 … 200
　　　3.　手描き原図の撮影と画像の処理 … 204
　　　4.　イパレット・システムとインデックスマップ検索 … 207

コラム6　アメリカ議会図書館蔵初期外邦測量原図データベースの構築と貢献
　　　　　　………………………………………………………… 山本健太　212

目録1　「アメリカ議会図書館蔵　初期外邦測量原図」目録
　　　　………………………… 小林　茂・山近久美子・渡辺理絵・鈴木涼子
　　　　　　　　　　　　　波江彰彦・鳴海邦匡・小林　基・藤山友治　214
　　　1.　はじめに … 214　　2.　作業の経過 … 215　　3.　目録に関する留意点 … 217

目録2　アメリカ議会図書館蔵「清國二十萬分一圖」目録
　　　 … 小林　茂・渡辺理絵・山近久美子・鳴海邦匡・藤山友治・小林　基　243
　　　1.　はじめに … 243　　2.　目録作製の方針 … 245
　　　3.　アメリカ議会図書館蔵「清國二十萬分一圖」の来歴 … 249
　　　4.　清國二十萬分一圖の印刷時期 … 250

初　出　一　覧…260
あ　と　が　き…261
索　　　　　引…262
執　筆　者　紹　介…266

図 表 一 覧

〈図一覧〉

大扉図	伊集院兼雄「盛京省附圖，鳳凰城・鴨緑江河口圖・大東勾」のうち大東勾	
口絵写真 1	「朝鮮全圖」（1876 年刊）	
口絵写真 2	島弘毅「滿州紀行附圖」	
口絵写真 3	倉辻靖二郎「従三道嶺至甯古塔城路上図」	
口絵写真 4	清國二十萬分一圖 126 号北京	
口絵写真 5	五万分一北京近傍圖第十五號「北京」の原図	
口絵写真 6	手描き「朝鮮全圖」（別名「韓國全図」）（1887 年以降）	
扉図 1	「大聯灣之圖」	13
図 2-1	「臺灣南部之圖」（1872 年製）の南西（左下）	20
図 2-2	英国海図 258 号 "Pei-ho or Peking River from Tung-chow to Peking"（1863 年 7 月）	24
図 2-3	陸軍文庫刊「北河総圖第四，通州至北京」（1875 年 10 月）	24
図 2-4	「朝鮮全圖」（1876 年刊）の南西（左下）	29
図 3-1	"Approaches to Seoul River/ Salée River"（和名タイトル「朝鮮國小陵河口近傍実測圖」）	46
図 3-2	「高麗西岸／鹽河之圖／第一／自留以受島至須袁孫堡砦」	53
図 3-3	宮本外務大丞が朝鮮側から提供された図を写した「朝鮮都府略図」	55
図 3-4	「従朝鮮國楊花鎮至濟物浦陸路見取圖」	59
図 3-5	海津三雄「自古温浦至漢城略圖」（1879 年）	61
図 3-6	「朝鮮全岸」の釜山～巨済島付近（1882 年刊）	64
扉図 2	Cart crossing Ferry, near Peking	75
図 4-1	山根武亮「山東省武定府徳州ヨリ天津及北京ニ至ル圖」（1880 年）	90
図 4-2	「清國二十萬分一圖一覧表」	92
図 4-3	清國二十萬分一圖 132 号「金州廳旅順口」	100
図 4-4	十里方眼図の「旅順口」	100
図 4-5	奉天省及直隷省中部輯製三十万分一圖 19 号「旅順口」	100
図 4-6	「奉天省及直隷省中部輯製三十万分一圖一覧表」（奉天省及直隷省中部輯製三十万分一圖 11 号「大孤山」）	102
図 4-7	「五万分一北京近傍圖一覧表」	103
図 5-1	陸軍将校，海津三雄の 1883 年の旅行経路	131
図 5-2	甲申政変（1884 年）を契機に刊行された 10 万分の 1 図のうち「漢城近傍之圖」第 4 号「江華府」	133
図 5-3	「咸鏡道路上圖，第参號，自鏡城府輸城驛至穏城府柔遠鎮」	146
図 5-4	方位記号（図 5-3 の一部）	147
図 5-5	手描き原図の地磁気方位の正方位への補正に際して記入された鉛筆による書き込み（図 5-3 の一部）	148
図 5-6	「朝鮮二十萬分一圖一覧表」	153

図 6-1	酒匂景信（1850-1891 年）	172
図 6-2	酒匂景信の地図作製範囲	174
図 6-3	「満洲東部旅行図」のうち「満州東部之圖　第參」の裏書き	182
図 6-4	「満洲東部旅行図」のうち「満州東部之圖　第壹」の表側記名	182
図 6-5	「満洲東部旅行図」の図示範囲	183
図 6-6	懐仁縣城および懐仁縣兵營	184
図 6-7	懐仁縣ノ A 点ヨリ五女山ヲ望ム図	185
図 6-8	將軍塚	186
図 6-9	洞溝付近	187
図 6-10	「満洲東部旅行図」の記載ルート	188
図 6-11	「假製東亞興地圖」の「吉州」図幅（1894 年）の洞溝付近	189
扉図 3	小田新太郎「従貴州省城径清鎮安平安順至鎮寧州之圖」（1884 年）	197
図 7-1	アメリカ議会図書館蔵　初期外邦測量原図データベースのフロント・ページ	199
図 7-2	清國二十萬分一圖の 126 号（部分，北京およびその西方）	202
図 7-3	マンフロット製の背景紙サポートシステムに装着したキヤノン EOS5D を使用した手描き原図の写真撮影	205
図 7-4	津田氏より，イパレットの使用法を教わりつつ，打ち合わせを行うミーティング風景	208
図目録 2-1	清國二十萬分一圖の図示範囲	244
図目録 2-2	清國二十萬分一圖 132 号 A「清國盛京省　金州廳大聯灣旅順口」図幅	247
図目録 2-3	「臨時第七師團糧餉部之印」	249
図目録 2-4	「騎兵中隊」印	249
図目録 2-5	「屯田兵衛生隊印」	249
コラム 2 図 1	『測図教程』にみえるコンパス（右）と携帯図板の使い方（左）	114
コラム 2 図 2	『歩兵野外勤務，路上測圖ノ部』にみられる測図例	115
コラム 3 図 1	清國二十萬分一圖より遼河河口営口付近	119
コラム 3 図 2	英国海図 1256 号 "Gulf of Pe-Chili & Liau-Tung, and Northern Portion of the Yellow Sea"（1862 年版）	119
コラム 3 図 3	「盛京省第一圖」（1880 年）	119
コラム 3 図 4	「盛京省南部圖」（1882 年）	119
コラム 5 図 1	清國二十萬分一圖 154 号，假製東亞興地圖「奉天府」図幅，ドイツ製 100 万分の 1 図 Mukden 図幅にみられる奉天（現瀋陽）	168
コラム 5 図 2	ロシア製奉天省行軍路図のうちⅣ-5 図幅にみえる奉天（1901 年）	168
コラム 6 図 1	初期外邦図データベースでの空間範囲表示例（「義州徃復路上圖」）	212
コラム 6 図 2	初期外邦図データベースのイパレット・ネクサスによる画像閲覧（「義州徃復路上圖」）	212
コラム 6 図 3	外邦図デジタルアーカイブのワールド・マップ検索画面（ホーチミン市周辺）	213

〈表一覧〉

表 2-1	台湾遠征関係図	22
表 2-2	朝鮮関係図	26
表 2-3	アジア大陸図	33
表 2-4	清國沿海各省図	35
表 3-1	ガストン・ガリーの奉献した朝鮮関係海図	48

表 3-2	朝鮮半島沿海部の主な初期日本海図 ………………………………………………………	51
表 3-3	1882 年までに作製されていた朝鮮関係の地図と地誌 ……………………………………	64
表 4-1	壬午事変（1882 年 7 月）直後に刊行された清国北部に関する 20 万分の 1 図…………	94
表 5-1	朝鮮半島で初期外邦測量に従事した陸軍将校の在任期間 ………………………………	123
表 5-2	『舊韓國外交文書』記載の日本陸軍将校の護照申請，行程およびその返却 ……………	126
表 5-3	十万分一漢城近傍之圖，釜山近傍之圖，元山近傍之圖（参謀本部測量局）目録 ………	135
表 5-4	『舊韓國外交文書』に護照申請が見えない陸軍将校，岡泰郷の朝鮮国内旅行とそれによって作製された地図…………………………………………………………………	135
表 5-5	壬午事変期以降の陸軍将校による手描き原図 ……………………………………………	136
表 5-6	朝鮮半島東海岸の 19 世紀後半の地磁気偏角 ……………………………………………	145
表 5-7	興慶・會寧・吉州・洪原・元山（里）の経緯度の比較 …………………………………	150
表 5-8	「大同江概測圖」（1889 年 8 月）に記入された経緯度と植民地期作製の 20 万分の 1 図（1918 年）にあらわれた経緯度 …………………………………………………………	151
表 6-1	酒匂景信作製のアメリカ議会図書館所蔵地図一覧 ………………………………………	173
表 6-2	酒匂景信の中国大陸関連事項 ………………………………………………………………	179
表目録 1-1	アメリカ議会図書館蔵　初期外邦測量原図　中国大陸の部 ……………………………	221
表目録 1-2	アメリカ議会図書館蔵　初期外邦測量原図　朝鮮半島の部 ……………………………	238
表目録 2-1	アメリカ議会図書館蔵「清國二十萬分一圖」目録 ………………………………………	253
表目録 2-2	アメリカ議会図書館蔵「清國二十萬分一圖」の裏面の記載とカテゴリ対照表 ………	257
表目録 2-3	スタンフォード大学蔵「清國二十万分一圖」目録 ………………………………………	258
表目録 2-4	国立国会図書館蔵「清國二十萬分一圖」のうち測量データの由来を示す文言をもつ図幅の目録 ………………………………………………………………………………………	259
コラム 1 表 1	『滿洲紀行』と『東京地學協會報告』の関連記事 ………………………………………	113
コラム 4 表 1	これまで確認した「沿道指鍼」・「沿道圖説」・「沿道誌」目録 ………………………	165

viii

第1章　近代日本の海外地理情報収集と初期外邦図

小林　茂

1．はじめに

　近年，近代国家さらには 19 世紀にその姿を明確にしてくる帝国型の国家における地図・海図作製を検討する研究が増大している（Butlin 2009; Akerman ed. 2009）。この時期になると，陸上ではコンパスや測鎖によるトラバース測量にかわり三角測量が普及する。また海上ではクロノメーターのような精密機器によって高い精度の地図・海図の作製が可能になったことに並行して，近代国家の国土，さらには植民地となった地域の大縮尺地形図やその沿岸部の海図が，常設となった地図測量機関によって作製されていく。そのプロセスやそれを支える技術や組織，さらにはそれが形成した国土観や領域観について，世界各地で検討が進められているのである（Godlewska 1988; Winichakul 1994; Stone 1995; Edney 1997; Gavish 2005; Barrow 2008; Hafeneder 2008; Prior 2012 など）。

　こうした発展は、近世以来の国家が関与した地図作製の展開（Buisseret ed. 1992）なしには理解できないが，他方で新しい地図と社会との関係を開くものであった。国家や社会における地図の役割は大きく変化し，行政や徴税に不可欠となった地図は，人びとの空間認識を変えていくことになった。

　またこうした地図作製と社会との関係に注目する研究は，前近代地図に対する思想史的・科学史的アプローチが主流であった従来の地図学史の研究に新たな主題を持ち込むものでもあった。地図の国家や社会における役割に研究者の主たる関心が向けられるようになってきたのである。とくに植民地を持つようになる帝国における地図の役割は，歴史学者も注目するものとなり，広く関心が共有されて，清代の中華帝国の統治における地図の意義までも検討が試みられている（Hostetler 2001）。

　帝国型国家にともなう類似の地図作製は日本でもみられた。ただし『陸地測量部沿革誌』（陸地測量部 1922），『測量・地図百年史』（測量・地図百年史編集委員会 1970），さらには『日本水路史』（海上保安庁水路部 1971）のような「正史」ともいえる地図作製史では，充分に取り扱われてこなかった。また近年は歴史学における「帝国」への関心の高まりに応じて，こうした方面に関心を寄せる山室（2004；2006）のような著作もあらわれているが，思想史的な枠組みによるアプローチで，このプ

ロセスのごく一部分の紹介にとどまっている。

　これらに対して1945年8月まで近代日本がアジア太平洋地域について作製してきた地図である外邦図に対する関心が，1990年代末以降，それを収蔵する大学に所属する研究者の間で高まってきた。それによって，この方面に大きな問題領域があることが知られるようになり，外邦図に対するアプローチが推進されている（小林2006；2011）。以下本章では，この研究の経過を紹介するとともに，本書の主題である日本近代初期の海外地理情報の収集活動に対するアプローチが，どのように構想されたか示していくこととしたい。

2．日本の大学に収蔵されている外邦図の特色と外邦図研究

　現在日本の大学のいくつかが収蔵する外邦図は，第二次世界大戦終結当時，東京市ヶ谷の陸軍参謀本部に集積されていたものに由来する。終戦直後の参謀本部は混乱状態にあり，そこに集積された外邦図をそのままにすれば，散逸するかあるいはアメリカ軍に接収されることを危惧した渡辺正氏（当時陸軍少佐，大本営参謀として地理情報を担当）が，第二次世界大戦末期に組織した軍事研究[1]に参加した地理学者に連絡して，内密に外邦図を学術用に確保することを勧めた。これに応じて大学関係者が混乱期にあった参謀本部から外邦図を持ち出し，長期間保管されるに至ったわけである（渡辺正氏所蔵資料編集委員会2005；田村2009）。

　こうした外邦図は，戦後しばらく秘匿されたあと，徐々に学術資料としての有用性が知られるようになり，重複分が整理されてさまざまな大学に分散収蔵されるようになった（久武・今里2009）。またその本格的活用には目録が必要なことが痛感されていった。そして東北大学をはじめとして目録作製が進行し，現在までに5大学に所蔵される外邦図目録が公刊されるに至っている（東北大学大学院理学研究科地理学教室2003；京都大学総合博物館・京都大学大学院文学研究科地理学教室2005；お茶の水女子大学文教育学部地理学教室2007；駒澤マップアーカイブズ編2011, 2016；立教大学アジア地域研究所2014）。またそうした目録作製を背景として，東北大学収蔵の外邦図のスキャン画像を公開する「外邦図デジタルアーカイブ」が構築され，サービスを開始した（宮澤ほか2008）。「外邦図デジタルアーカイブ」の地図画像には，その後お茶の水女子大学，京都大学総合博物館，さらに少数ではあるが大阪大学が収蔵する外邦図もくわわって，現在約1万5千枚の地図画像が収録されている。

　こうして，多彩な外邦図があることが知られるに至り，その作製過程に対するアプローチが本格的に開始された。この成果にくわえて，1970年代以降断続的ながら続けられてきた外邦図研究の蓄積も集成する『近代日本の地図作製とアジア太平洋地域：「外邦図」へのアプローチ』（小林編2009）が刊行されることになった。またその成果の海外への発信も開始されている（Kobayashi 2012）。

　このような活動のなかで，外邦図研究の新たな課題が見え始めた。まず現在大学に収蔵されている外邦図には，昭和期の新しい外邦図が多いことがわかってきた。このなかには明治期や大正期の

ものもないわけではないが，それは主に戦前の京都帝国大学や東京女子高等師範学校の時代に受け入れた植民地の地図であることが判明したのである。大学所蔵の外邦図の大部分は，戦中期の参謀本部に集積されていた地図に由来し，終戦まで日本陸軍の使用が予定されていた地図である。明治期や大正期に作製された古い外邦図は，新しい地図ができてしまえば，置き換えられてしまったと推定される。したがって，明治以降作成されてきた外邦図の全容を知るには，大学が現在収蔵する外邦図の分析だけでは困難で，それをさかのぼる時期の外邦図の探索と検討が必要となるわけである。

　これに関連して触れておきたいのは，『陸地測量部沿革誌』（陸地測量部 1922），『測量・地図百年史』（測量・地図百年史編集委員会 1970）のような書物では，地図の国家や社会における役割だけでなく，外邦図に関する記載もきわめて少ないことである。とくに『陸地測量部沿革誌』は外部公開用の書物として，そもそも秘密事項を記載することができず，編集の段階で外邦図の作製に関連した「別冊[2)]」を準備したとされている（小林 2013）。そのため，外邦図について参照できる書物は，戦中戦後に陸地測量部に勤務した高木菊三郎が第二次世界大戦参戦直前に書いた『外邦兵要地図整備誌』（高木著・藤原編 1992）のみという状態であった[3)]。この書物は，外邦図作製の経過を簡略に記載している。

　従来の関係書にみられる，外邦図作製史への言及の少なさは，その後筆者らの解説を付したリプリントの形で刊行された資料集『外邦測量沿革史　草稿』（小林解説 2008-2009），さらに雑誌『研究蒐録　地図』（小林・渡辺解説 2011）によって補われることになったが[4)]，『外邦兵要地図整備誌』もふくめていずれも原本の編集が日中戦争〜第二次世界大戦期であったことに留意しておく必要がある。

3．アメリカ議会図書館蔵　初期手描き外邦図

　外邦図研究には，大学に収蔵された地図にくわえて，新しい資料が必要ということが感じられ始めた時期に，私たちはワシントンのアメリカ議会図書館で外邦図の調査を行った。終戦直後にアメリカ陸軍は長野県に疎開していた陸地測量部で大量に外邦図を接収し，その後この多くがアメリカ議会図書館に移管されていた。この点に注目し，すでに 2002 年，2003 年に共同研究者の久武哲也や今里悟之，長澤良太が調査を行っていたが（今里・久武 2009：長澤ほか 2009），2007 年以後これを再開したわけである。この中から 1880 年代に中国大陸と朝鮮半島の各地について，陸軍将校たちが旅行中にコンパスによる方位と歩測によって作製した手描きの地図が大量に見つかることになった。

　2008 年 3 月 3 日にアメリカ議会図書館の地理・地図部スタッフの，Tammy Wong 女史に 19 世紀に日本人の描いた朝鮮の手描きの地図があると紹介されて実見したところ，一辺数十センチのやや大型の手描き地図が多数収蔵されていることが判明した。縮尺 10 万分の 1 から 20 万分の 1 の，

精緻に描かれ，彩色された地図を主体とし，測量した日本陸軍将校の氏名が記載されている。また記載の中心は主な交通路や中心集落で，それ以外の部分は空白が目立つ。将校たちは自分が実見し，測量したところだけを図化したことがうかがえる。地名から朝鮮半島と中国大陸を描くものであることは容易に判明した。

　しばらくこれをみているうちに思い出されたのは，明治期の朝鮮半島に関する軍事地誌である『朝鮮地誌略』の復刻版に付された歴史学者の村上勝彦氏の解説である（村上 1981）。主として『参謀本部歴史草案』によりながら，明治初期からの日本軍による東アジア情報の収集を追跡し，1878年12月の参謀本部設立以後，とくに地理情報の収集に向けて陸軍将校が中国大陸と朝鮮半島に継続して派遣されたことを明らかにした。またこのために「隣邦密偵体制」が確立されたとして，その組織構成や将校の派遣時期も検討している。こうした村上氏の論考は，『朝鮮地誌略』の解説の範囲をはるかに超えて，この時期の陸軍将校の情報活動の実態を多面的に検討しつつ展望するものであった。

　村上氏の解説はまた，1960年代後半以降の広開土王碑文の将来者である酒匂景信に対する関心の高まりにも対応するものでもあった。酒匂景信は本書第6章でその中国大陸での活動を追跡しているように，1880年代の前半に華北および満洲東部で測量作業に従事し，その際に広開土王碑の立地する洞溝（現集安）を訪れ，碑文の拓本を入手した。彼の旅行をスパイ活動とする説のほか，彼自身が碑文の拓本を一部すりかえたとする説が発表されて，さまざまな議論が展開されることになったことはよく知られている。

　満洲で活動した酒匂景信による地図がこのアメリカ議会図書館の手描き地図群に含まれているはずであると思いつつ，いくつかの図を検討したところ，予想通りにそれが発見された。また Wong女史が提供してくれた，この地図群に関する作成途中の目録には，すでに注目していた朝鮮半島で活動した陸軍将校，海津三雄作製の地図もあり（小林・岡田 2008，本書第三章参照），この手描き地図群の重要性を認識するに至った。

　これに関連して，外邦図の研究を推進するために継続して開催してきた外邦図研究会（第5回，2004年6月19日）で，地図研究家の山下和正氏が「秘密測量前史について：『朝鮮地誌略』の村上勝彦氏の解題より」と題する発表を行い，自身の所蔵する中国大陸の20万分の1図（「清國二十萬一圖」，日清戦争直前期に印刷）を，この村上氏の解説と結びつけて紹介されていたことにも言及しておかねばならない（『外邦図研究ニューズレター』3：1-2）。山下氏の紹介を通じて村上氏の解説を知り，山下氏収集の地図の意義を理解するとともに，さらにこれをアメリカ議会図書館地理・地図部蔵の測量原図に結びつけることができたわけである。

　アメリカ議会図書館の手描き地図について短期間の調査と写真撮影を行ってから帰国し，あらためて『陸地測量部沿革誌』（陸地測量部 1922）および『測量・地図百年史』（測量・地図百年史編集委員会 1970）を調べたところ，1880年代に中国大陸や朝鮮半島で活動した陸軍将校の測量やそれをもとにした地図作製は，ほとんど触れられていなかった。わずかに『陸地測量部沿革誌』の日清戦争期の記述に，手描き原図から編集され，印刷された20万分の1図への言及がみられる程度であ

った（陸地測量部 1922：126, 131[5]）。

　また先行して整備された東北大学，京都大学，お茶の水女子大学の目録をあらためて調べても，すでに述べた事情により，彼らの測量にもとづく地図は発見されなかった。第二次世界大戦終結から 60 年ほどもさかのぼる時期に，コンパスによる方位と歩測にもとづいて作製された地図は，実用性の点からも参謀本部備え付けの地図から除かれ，それをもとにする大学所蔵の外邦図に含まれているはずもなかった。

　意外であったのは，日本軍のアジア大陸における地図作製の基本資料を掲載する『外邦測量沿革史　草稿』にも 1880 年代の陸軍将校の外邦測量の事績を発見することができなかった。その初編前編の冒頭では，次のように述べられている。

　　抑モ外邦測量ノ起源ハ明治二十二年以降日本ノ測量官カ南支那地方ニ教習トシテ備聘セラレシニ始マリ之ハ教習トシテ在職中或地方ノ地形圖ヲ描畫シタルニ起因ス其後明治二十七，八年日清戰役ニ於テ明治二十七年十二月臨時測圖部編制ノ動員下令是則チ外邦測量ノ第一期トス
　　（小林解説 2008：2）

　ここでは清代末期の中国で各種の技術の教育に当たった日本人教師である「教習」のなかで，測量技術の教育を担当した者（多くが陸地測量部の測量手，渡辺・小林 2004 参照）が，1889 年以降に外邦測量を開始したとしている。さらに日清戦争時に数百人の測量要員によって構成された「臨時測図部」（小林 2011：93-102）による戦時測量がその本格的開始であるとする。

　『外邦測量沿革史　草稿』の編集者である岡村彦太郎は，日露戦争時に再度編成され，その後も存続した「臨時測図部」で通訳を務めたあと，外邦測量に従事した技術者の随行者として長年過ごした（小林 2009）。こうした岡本の経歴も考慮する必要があるが，『外邦測量沿革史　草稿』の編集が開始された 1930 年代後半には，その頃まで外邦測量にあたってきた当事者のあいだですら，1880 年代の陸軍将校の事績がまったく忘れ去られていたことになる。

　以上に対して注目されるのは，すでに記した『外邦兵要地図整備誌』である。1941 年 12 月に陸地測量部に提出されたこの報告書は，外邦測量の展開を簡略に示している。ただし，測量史の研究で知られる高木菊三郎が執筆したこの報告においても，陸軍将校の原図を編集して作製された 20万分の 1 図については，以下のように述べている。

　　明治二十七八年日清戰爭時以來參謀本部ニ於テ整備編輯ニ力メラレタル結果駐在武官其他ノ手記，要圖，其他ノ依據スヘキ參考文獻ニ依リ零細ナル資料ノ蒐集編纂ニ依リ僅ニ二十万分一梯尺ヲ以テスル線路測圖的諸圖ノ輯製ヲ行ヒ…（高木著・藤原解説 1992：98，また 329-330 も参照）

　20 万分の 1 図の編集に言及するとはいえ，やはり陸軍将校たちの測量についてはほとんど言及がなく，この時期の高木ですら彼らの事績を充分に知らなかったことがわかる。

ただし，日露戦争の戦場で 20 万分の 1 図を実際に使った測量技術者である平木安之助は，第二次世界大戦期に発刊された陸地測量部の部内誌である『研究蒐録　地圖』に掲載された「明治三十七八年戦役と測量」と題する座談会で，つぎのように手描き原図から編集された 20 万分の 1 図の思い出を語っている。

　　　遼陽（現遼寧省）付近から以北は總てこの圖でした。この圖はちょいちょい私共當ってみますに，如何にその時偵察された将校が方向や距離に苦心されたか，又その製圖者が，經緯度に合せることに苦心されたかは，先づ經緯度を概略合せて見て餘り大なる誤差が無かったことでもわかり感心致しました。かういふ海の中見た様な廣大無邊の荒野によくもこのくらゐの測圖が出來たものだと思はれました。こんな粗圖で野戦部隊が或は偵察に或は作戦に，如何程苦心されたことかと思へば自然に頭が下るものがあります。……（野坂ほか 1944，括弧内は引用者）

　さすがに現場経験のある古参の測量技術者は，測量に当たった将校，製図に当たった技術者，さらにはそれを使った前線の兵士の苦労を想像できたわけである[6]。
　本書の主題の一つである 1880 年代に作製された中国大陸と朝鮮半島に関する測量原図の分析を通じた陸軍将校の情報収集活動の検討は，このような研究状況の理解と関心によって構想されたものである。彼らの作製した手描き原図により，日清戦争までに中国大陸北部と朝鮮半島の 20 万分の 1 図が整備された。アメリカ議会図書館蔵の大量の手描き原図を調査する中から，海外に進出しようとする帝国としての日本の最初の実測による地図作製プロセスが分析でき，またその作業は，近代日本の海外地理情報の収集過程の一端を明らかにすることにつながると考えたわけである。くわえてこの作業によって，冒頭に述べたような帝国の地図作製について，東アジアをフィールドにした本格的研究が可能になると予想された。

4．初期編集外邦図への関心

　アメリカ議会図書館での手描き測量原図の調査と並行して，将校たちの海外派遣に先行して行われた地図作製に関する検討も進めた。陸軍将校による 1880 年代の中国大陸や朝鮮半島の旅行によって作製された手描き原図が，近代地図の整備の遅れた地域での地理情報の不足を補うものであったとすれば，それが開始される前に，日本の陸海軍はどのようにしてこの地域の地理情報を収集したかという点も大きな関心の的になったわけである。
　日本の近世末までの「鎖国」あるいは「海禁」と呼ばれる幕府の政策によって，海外情報の収集は長期にわたって大きな制約を受けていた。この制約のなかで行われた日本人によるアジアや世界に関する地図作製については，思想史的・科学史的観点からの精緻な研究があるが（船越 1986 など），そうした制約が解除された時期にどのような情報集収が行われるようになったかについては，ほと

んど検討が行われていないことがあきらかであった。『測量・地図百年史』（測量・地図百年史編集委員会 1970：264）では，明治初期のアジア地域の地図として 1874 年印刷の「清國渤海地方図」，「陸軍上海地図」，翌 1875 年印刷の「清国北京全図」，「朝鮮国全図[7]」，「亜細亜東部輿地図」をあげているに過ぎない。

　このように先行研究が少ない状態であったが，研究に際しては，『陸地測量部沿革誌』の記載の問題点を強く意識して書かれた佐藤侊「陸軍参謀本部地図課・測量課の事績：参謀局の設置から陸地測量部の発足まで」（佐藤 1991-1993）や 1875 年から 1885 年までをカバーする『陸軍省年報』（リプリントは陸軍省［1990］）を参照しつつ，国立国会図書館や国立公文書館でこの時期の日本製アジア図の閲覧から作業を開始した。

　対象とする初期の編集による外邦図の数は多いとはいえず，その調査やリストアップは比較的順調に進みこの結果をいったん報告したが（小林・岡田・渡辺 2010），編集に使用した地図や海図の特定は，同時期に行われた台湾遠征（1874 年）に関連するもの以外については，容易ではなかった。ただし，編集によって作成された外邦図には多くの場合根拠になった地図や海図について多かれ少なかれ情報を示している。これを参考に探索を試みることになった。これに際して大きな意義を持ったのは，遅れてこの研究に加わることとなった鳴海が 2012 年にアメリカ議会図書館に訪問研究員として出張した際に，同館地理・地図部（Geography and Map Division）の書庫内での調査が認められたことである。

　三つの建物からなる同館のマディソン館の地下に地理・地図部の広大な書庫があり，サッカー場が二面ほどもとれる空間に整然と地図ケースが並んでいる。地図はそれが図示する地域によってまず分類され，さらに縮尺や年代によって整理されている[8]。この閲覧によって，編集図の元図と考えられる地図や海図の一部が発見されることになった。この発見を手がかりに，元図の作製過程を検討したところ，初期の中国関係の図については，アロー戦争が大きな意義を持っていることが判明した（Narumi and Kobayashi 2015）。

　これに関連してもう一つ触れておきたいのは，この時期の東アジアでは，海岸部では欧米製の海図が整備されながらも，内陸部については近代地図といえるようなものがなく，それぞれの地域で作られてきた地図に頼らざるをえないという状況がみられたことである。こうした状況のなかで，一方で欧米製図の和訳複製もみられるが，他方で漢字文化への理解を背景にして，欧米製の近代海図を枠組みにした伝統地図の積極的利用により編集図が作られていたことも判明することとなった。

　したがってこの時代は，欧米に由来する地理情報の摂取だけではなく，東アジアの伝統的地理情報の活用も合わせて行われた時期として評価できることとなる。近代日本の海外地理情報収集の一段階として，細部を解明すべき特色のある時代といえよう。

　編集図を検討していくと，当時の日本は東アジアにおける欧米諸国の地理情報収集活動をよくモニターするとともに，清国と朝鮮の伝統地図にもよく目配りしていることがわかる。また既存の近代地図の利用という点からすれば，この時期の外邦図作製は，欧米諸国が外交交渉や武力衝突などさまざまな機会を利用して推進した帝国地図学の成果を選択的に導入して初めて可能になっている

こともあきらかである。

5．初期外邦図の時代

　以上のように見てくると，明治以降の日本の海外地理情報の収集が段階的に進んだことがうかがわれてくる。初期は海外製の地図の複製の作製と並行してその編集作業により東アジアの地理情報を集積し，1880年代になると少数の陸軍将校を中国大陸と朝鮮半島に派遣して，地理情報を収集させ，その成果を20万分の1図に編集して，日清戦争や北清事変（義和団事件），さらには日露戦争をむかえることになる（小林 2011：81-144）。この場合，既存の図の編集による外邦図作製は，つづいて行われた将校たちによる測量作業の基礎をつくったとみることができる。

　日清戦争や日露戦争に際しては，測量技術者を中心に数百人の測量要員で構成される「臨時測図部」を派遣して戦時測量を展開した。彼らは面的な測量によって，点と線の地図であった少数の将校たちの作業の集成による上記20万分の1図に取って代わる，大縮尺の地形図を作製する。巨視的に見れば，初期の小縮尺（100万分の1や70万分の1）の編集図から，将校たちの実測による20万分の1図，さらに「臨時測図部」によって作製されることになる5万分の1や2万分の1の地形図へと，縮尺と精度をグレードアップさせながら，図示範囲を拡大していったわけである。

　本書のカバーする範囲は，したがって日清・日露戦争期に至るまでの時期の，日本の海外地理情報の収集とその集成過程ということになる。この場合，近代地図作製の遅れた東アジアでは，それが一挙に伝統地図に取って代わるというよりは，両者が併存する時期がつづき，それらの相互作用の結果ともいうべき編集図が作製されたことは注目される。また陸軍将校の旅行は探検のような性格を帯び，その旅行記が『東京地學協會報告』のような地理学雑誌に掲載されていく状況は，欧米の初期段階の地図作製に類似する（小林 2011：58-59；Kobayashi 2015）。まだ本格的な「帝国地図学」にまでは至っていないが，その準備段階として，学術研究に値するプロセスを持つ時代と位置づけられよう。

　この解明に向けて，本書では第Ⅰ部で和訳複製図や編集図を検討する第2章につづき，開国期の朝鮮半島に派遣された外交団所属の陸軍将校や海軍将校によるトラバース測量を追跡する第3章を配置する。つづく第Ⅱ部では，1880年代の陸軍将校による手描き測量原図の分析を通じた論考を配置している。中国大陸における将校たちの測量とそれによる20万分の1図，さらにはその日清戦争での利用を検討する第4章，つづいて朝鮮半島における将校たちの活動を追跡する第5章，くわえて上記酒匂景信の活動に焦点を当てる第6章がそれである。

　本書ではさらに第Ⅲ部を設け，ここ数年間その整備に努力してきた「アメリカ議会図書館蔵　初期外邦測量原図データベース」の作製過程と方法を報告する第7章にくわえ，付録として測量原図を中心に500点に達する地図の目録[9]およびアメリカ議会図書館の「清國二十萬分一圖」を中心とした目録を配置する。このデータベースは，研究用に撮影を進めて集積された初期外邦測量原

図の画像を利用しやすい形に集成するだけでなく，歴史学や地域研究の素材として，さらには地理・歴史教育の教材としても利用されることを期待して公開するものである。ここに示す解説や目録によって初期外邦測量原図がさらに多方面で活用されることを希望したい。

注

1）アメリカ軍の日本本土侵攻に備えて，その上陸地点の推定に始まり，各種資源の自給，さらに軍需産業の立地など地理学的問題を検討する研究会が組織され，兵要地理調査研究会と呼ばれた。

2）この「別冊」のタイトルや所在は不明で，今後発見できる可能性は低いと考えられる。

3）『外邦兵要地図整備誌』の冒頭に，この執筆について高木が1941年9月2日に受けた命令とそれにしたがって完成した原稿に添付した添え書きが掲載されている。それからすると執筆期間は4ヵ月弱であり，急いで完成させたことがわかる。

4）各リプリントの解説にくわえ，『陸地測量部沿革誌』のリプリントの解説でも，これらの資料の成立の事情や背景を検討している（小林 2013）。

5）将校たちの活動が海外で行われた外邦測量であったことにくわえて，『陸地測量部沿革誌』，『測量地図百年史』のいずれも1888年の陸地測量部設立以後については記載が詳しいが，それ以前については記載が不統一なこともこれに関与していると考えられる。『陸地測量部沿革誌』の明治初年事績の記載を検討した佐藤はこの問題点を指摘するだけでなく（佐藤 1988），その欠を補うことにむけて「陸軍参謀本部地図課・測量課の事績：参謀局の設置から陸地測量部の発足まで」と題する連載論文を発表した（佐藤 1991-1993）。この仕事は明治初期の資料の発掘にむけた貴重なものではあるが，ただし年次を追う記載のため，外邦図作製について判明したことはやや断片的である。

　　『陸地測量部沿革誌』の記載に関連してもう一つ触れておきたいのは，1878年の参謀本部設立以前に，参謀局にすでに第五課（地図・地誌担当）と第六課（測量担当）が設置されており，設立後には地図課・測量課があらためて設置され，さらに1884年には測量局が設置されて，三角測量課・地形測量課・地図課と組織が整備される時期にいたっていたが，将校たちの活動はこれら地図作製組織のもとではなく，参謀本部中枢直属の情報収集として行われたことも関与していた可能性も大きい点である。そのため将校らの活動は秘匿され，彼らの手描き図の編集によってできた地図も『陸地測量部沿革誌』の編集者にとって，自身の属す組織の前身の事績とは意識されず，忘れ去られかけていたと推定されるわけである。

6）この座談会の出席していた高木菊三郎は，平木安之助のこの発言に対し，20万分の1図の作製過程は，参謀本部から派遣された将校の「路上測圖」（コンパスと歩測による簡易なトラバース測量で，本書コラム2「路上測図」を参照）によるものとしつつも，平木のように20万分の1図を測図者や作図者の視点から評価していない点が留意される。高木は本書第4章以下で見ていくような，そのパイオニア的性格をよく理解していなかったことがうかがえる。第二次世界大戦後の高木の著作でも「朝鮮二十万分一図」とすべきところを「韓国二十万分一図」とするほか，1880年代の陸軍将校の活動について充分に把握していなかったことがうかがえる記述が見られる（高木 1961：9-10, 25；1966：90, 97-98）。

7）この時期に陸軍・海軍を通じて刊行された地図のなかには「朝鮮国全図」はなく，「朝鮮全圖」の誤りではないかと考えられる。なおこの名称の図は海軍が1873年に，陸軍は1875年と1876に刊行している（小林・岡田・渡辺 2010，本書第2章）。

8）このような分類のおかげで，たとえば19世紀の朝鮮全土を描いている地図を閲覧すると，日本が作製した図だけでなく，欧米諸国の作製した地図もあわせて納められたホルダーに接することができる。それから，19世紀後半の欧米各国における朝鮮半島に関する地理情報の把握状況の展望といえるようなものを容易に得ることができる。この時期の朝鮮半島では全般的に地理情報が不足していたことにく

わえ，海外から輸入した地理情報に基づいて作製された日本の朝鮮関係地図の特色についても教えられることが多かった。また本書第2章で紹介するように，日本の編集図の欧米諸国による複製も発見することができた。

9) 1枚の地図がいくつかの図片に分割されていることも多く，この数では500点に達する。

参考文献

今里悟之・久武哲也　2009.「在アメリカ外邦図の所蔵状況：議会図書館とアメリカ地理学会地図室の調査から」小林茂編『近代日本の地図作製とアジア太平洋地域：「外邦図」へのアプローチ』大阪大学出版会，55-69.

お茶の水女子大学文教育学部地理学教室　2007.『お茶の水女子大学所蔵外邦図目録』お茶の水女子大学文教育学部地理学教室.

海上保安庁水路部　1971.『日本水路史1871～1971』日本水路協会.

京都大学総合博物館・京都大学大学院文学研究科地理学教室　2005.『京都大学総合博物館収蔵外邦図目録』京都大学総合博物館・京都大学大学院文学研究科地理学教室（第二版を2010年に刊行）.

小林茂　2006.「近代日本の地図作製と東アジア：外邦図研究の展望」*E-journal GEO*（日本地理学会），1(1)：52-66.

小林茂　2009.「『外邦測量沿革史　草稿』解説」『「外邦測量沿革史　草稿」解説・総目次』不二出版，5-27.

小林茂　2011.『外邦図：帝国日本のアジア地図』中央公論社（中公新書2119）.

小林茂　2013.「『陸地測量部沿革誌』解説」小林茂解説『陸地測量部沿革誌』不二出版，1-30.

小林茂編　2009.『近代日本の地図作製とアジア太平洋地域：「外邦図」へのアプローチ』大阪大学出版会.

小林茂解説　2008-2009.『外邦測量沿革史　草稿』不二出版（全4冊）.

小林　茂・岡田郷子　2008.「十九世紀後半における朝鮮半島の地理情報と海津三雄」待兼山論叢　日本学編（大阪大学文学会）42：1-26.

小林茂・岡田郷子・渡辺理絵　2010.「東アジア地域に関する初期外邦図の編集と刊行」待兼山論叢　日本学編（大阪大学文学会）44：1-32.

小林茂・渡辺理絵解説　2011.『研究蒐録　地図』不二出版（全3冊）.

佐藤侊　1988.「創生期の陸軍参謀局：『陸地測量部沿革誌』を検証する」古地図研究200号記念号，355-369.

佐藤侊　1991-1993.「陸軍参謀本部地図課・測量課の事績：参謀局の設置から陸地測量部の発足まで(1)～(6)」地図（日本国際地図学会）29(1)：19-25, 29(3)：27-33, 29(4)：11-17, 30(1)：37-44, 30(4)：15-26, 31(2)：28-46.

駒澤マップアーカイブズ編　2011.『駒澤大学所蔵外邦図目録』駒澤大学文学部地理学科・駒澤大学応用地理研究所.

駒澤マップアーカイブズ編　2016.『駒澤大学所蔵外邦図目録. 第二版』駒澤大学文学部地理学科・駒澤大学応用地理研究所.

測量・地図百年史編集委員会　1970.『測量・地図百年史』日本測量協会.

高木菊三郎　1961.『明治以後日本が作った東亜地図の科学的妥当性』高木菊三郎.

高木菊三郎　1966.『日本に於ける地図測量の発達に関する研究』風間書房.

高木菊三郎著・藤原彰編　1992.『外邦兵要地図整備誌』不二出版.

田村俊和　2009.「参謀本部からの外邦図緊急搬出の経緯」小林茂編『近代日本の地図作製とアジア太平

洋地域：「外邦図」へのアプローチ』大阪大学出版会，383-385.

東北大学大学院理学研究科地理学教室　2003.『東北大学所蔵外邦図目録』東北大学大学院理学研究科地理学教室.

長澤良太・今里悟之・渡辺理絵・岡本有希子　2009.「旧日本軍撮影の中国における空中写真の特徴と利用可能性」小林茂編『近代日本の地図作製とアジア太平洋地域：「外邦図」へのアプローチ』大阪大学出版会，70-79.

野坂喜代松・和田義三郎・平木安之助・高木菊三郎・松井正雄　1944.　明治三十七八年戦役と測量（座談會）.『研究蒐録　地圖』（陸地測量部）昭和 19 年 3 月号：41-54.（小林茂・渡辺理絵解説 2011.『研究集録地図，第 3 冊』不二出版に再録）

久武哲也・今里悟之　2009.「日本および海外における外邦図の所在状況と系譜関係」小林茂編『近代日本の地図作製とアジア太平洋地域：「外邦図」へのアプローチ』大阪大学出版会，32-46.

船越昭生　1986.『鎖国日本にきた「康熙図」の地理学史的研究』法政大学出版局.

宮澤仁・照内弘道・山本健太・関根良平・小林茂・村山良之　2008.「外邦図デジタルアーカイブの構築と公開・運用上の諸問題」地図（日本国際地図学会）46(3)：1-12.

村上勝彦　1981.「解説　隣邦軍事密偵と兵要地誌」陸軍参謀本部編『朝鮮地誌略 1』龍渓書舎，1-48.

山室信一　2004.「文化相渉活動としての軍事調査と植民地経営」人文学報（京都大学人文科学研究所）91：227-249.

山室信一　2006.「国民帝国・日本の形成と空間知」山室信一編『帝国日本の学知 8　空間形成と世界認識』岩波書店，19-76.

陸軍省　1990.『陸軍省年報』龍渓書舎（全 4 冊）.

陸地測量部　1922.『陸地測量部沿革誌』陸地測量部.（小林茂解説 2013.『陸地測量部沿革誌』不二出版にリプリント）

立教大学アジア地域研究所　2014.『立教大学所蔵外邦図目録』立教大学アジア地域研究所.

渡辺正氏所蔵資料編集委員会　2005.『終戦前後の参謀本部と陸地測量部：渡辺正氏所蔵資料集』大阪大学文学研究科人文地理学教室.

渡辺理絵・小林茂　2004.「日本―中国間の地図作製技術の移転に関連する資料について」地図（日本国際地図学会）42(3)：13-28.

Akerman, J. R. ed. 2009. *The Imperial Map: Cartography and the Mastery of Empire*. Chicago: University of Chicago Press.

Barrow, I. J. 2008. *Surveying and Mapping in Colonial Sri Lanka: 1800-1900*. New Delhi: Oxford University Press.

Buisseret, D. ed. 1992. *Monarchs Ministers and Maps: Emergence of Cartography as a Tool of Government in Early Modern Europe*. Chicago: University of Chicago Press.

Butlin, R. A. 2009. *Geographies of Empire: European Empires and Colonies c. 1880-1960*. Cambridge: Cambridge University Press.

Edney, M. H. 1997. *Mapping an Empire: The Geographical Construction of British India, 1765-1843*. Chicago: University of Chicago Press.

Gavish, D. 2005. *A Survey of Palestine under the British Mandate, 1920-1948*. RoutledgeCurzon.

Godlewska, A. 1988. The Napoleonic survey of Egypt: A masterpiece of cartographic compilation and early nineteenth-century fieldwork. *Cartographica* 25(162): i-xiii, 1-171.

Hafeneder, R. 2008. *German Colonial Cartography 1884-1919*. Doctoral dissertation of Bundeswehr

University Munich.

Hostetler, L. 2001. *Qing Colonial Enterprise: Ethnography and Cartography in Early Modern China*. Chicago: University of Chicago Press.

Kobayashi, S. 2012. Japanese mapping of Asia-Pacific areas, 1873-1945: An Overview. *Cross-Currents: East Asian History and Culture Review*, 1(1): 137-171.

Kobayashi, S. (2015) Imperial cartography in East Asia from the late 18th Century to the early 20th century: An overview. *Jimbun Chiri (Japanese Journal of Human Geography)*, 67(6): 480-502.

Narumi, K. and Kobayashi, S. 2015. Imperial mapping during the Arrow War: Its process and repercussions on the cartography in China and Japan. *Jimbun Chiri (Japanese Journal of Human Geography)* 67(6): 503-523.

Stone, J. C. 1995. *A Short History of the Cartography of Africa*. Lewiston, New York: Edwin Mellen.

Prior, A. 2012. *British Mapping of Africa: Publishing Histories of Imperial Cartography, c.1880-c.1915*. Edingburgh: The University of Edinburgh (Edinburgh Research Archive).

Winichakul, T. 1994. *Siam Mapped: A History of Geo-body of a Nation*. Honolulu: University of Hawaii Press.

第Ⅰ部
初期編集外邦図

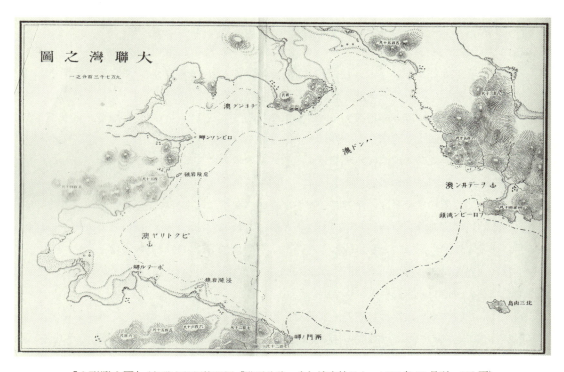

「**大聯灣之圖**」(参謀本部編纂課編『滿洲地誌 全』博文社ほか,1894年11月刊,110頁)

この大連湾図の元図は英国海図2827号で,おもにアロー戦争中の1860年に測量して作製されたTa-Lien Whan Bay(73,000分の1)である。こうした海図を,1876(明治9)年に日本陸軍参謀局が翻訳して「遼東大聯灣圖」(同様に73,000分の1)として刊行したのは,1874(明治7)年の台湾遠征以降の清国との緊張関係を反映している。英国がアロー戦争時に大連湾を天津・北京攻撃の基地としたことも,この図刊行の重要な背景である。その後この図の中央部分は,測深データなどを省略して参謀本部が1889(明治22)年に刊行した『支那地誌』巻15上(滿洲)に掲載されたが,日清戦争をむかえてこの書物が『滿洲地誌』として市販された際にも添付された。海には等深線を描き,陸寄りのものが3尋,中央が5尋,沖にみえるのが10尋となる。なお本図の縮尺は97,300分の1と示されているが,『支那地誌』巻15上に掲載された図をさらに縮小しており,実際は150,000分の1程度である。上掲図をはこれを82%に縮小(小林茂・鳴海邦匡)。

第2章　東アジア地域に関する
初期外邦図の編集と刊行

小林　茂・岡田郷子・渡辺理絵・鳴海邦匡

1．はじめに

　1945年8月まで，近代の日本がアジア太平洋地域について作製した外邦図がカバーする範囲は，日本の影響力の拡大とともに，アジア太平洋の各地域に拡大していった。ただしその展開を詳細にみれば，時期や地域によって大きなちがいがあり，複雑な様相を呈している。これを時期的にさかのぼると，明治の早期に既存の地図・海図の翻訳や編集により作製された外邦図があったことがまず注目される。幕末期まで人びとの海外渡航がみとめられていなかった日本にあって，明治初期の外国地図の作製は，既存の地図の翻訳複製か，それらの編集による以外になかった。これらを，以下では初期編集外邦図とよぶことにする。

　それに対して，測量にもとづいた外邦図がさかんに作製されるようになるのは日清戦争期以後となる。一時的にではあれ，他国の領域でも戦場となった地域では，日本の技術者の公然とした測量という，通常では不可能なことが可能となる。日本が関与したこの時期以降のほとんどの武力衝突では，数百人の要員よりなる「臨時測図部」が派遣された場合にくわえ，少人数の技術者による測図班の現地への派遣がみられた（小林 2011）。

　このような戦時期を利用した日本の外邦測量に関連して，東アジアではアヘン戦争以降欧米諸国によってしばしば戦時測量が行われていたという点にも留意しておく必要がある（Kobayashi 2015）。とくに中国大陸について，欧米諸国は戦時を利用して測量地域を海岸部から内陸部へと拡大した（Narumi and Kobayashi 2015）。こうした欧米諸国の測量は，日本の外邦図作製に大きく先行し，後述するようにその成果は初期編集外邦図の素材になったからである。またそれらは日清戦争以降の日本が実施した戦時測量の原型となったと考えられる。

　以上のように要約される経過を，大きく東アジアに関する地理情報の蓄積過程と考えると，日本における初期編集外邦図の作製は，欧米の先行する戦時測量による蓄積を消化吸収し，のちの現場での実測のために基礎的な準備を行ったものと考えることができる。以下本章では，こうした観点

から初期編集外邦図の作製過程を追跡することとしたい。

なお，初期編集外邦図は，その素材を反映して小縮尺のものが多く，情報そのものの新しさという点でも大きな意義はないように思われがちである。また図示範囲も東アジア沿岸部から，一部東南アジアにおよぶにすぎない。ただし，なかには広く流布したものもあり，さらに海外でその複製と呼んでよいものがつくられた場合さえみられる。これは，近代的地図が未整備であった時期の東アジアにおいては，この種の編集図が，時にはパイオニア的意義をもつことがあったことを示している。さらにこれらの地図の素材になった地図のなかには，欧米製の地図・海図にくわえ，中国製や朝鮮製の伝統的様式の地図もふくまれている。近代地図と伝統地図を組み合わせて，なんとかその地域の地理情報を整備しようとした努力がうかがわれるわけである。そして何よりも，これらの地図の整備過程を追跡すると，日本が海外の諸地域に対してもっていた情報の質や量，さらには関心の変化を知ることにつながる。

このような初期編集外邦図について，まずその書誌情報や記載内容だけでなく，そのもとになった地理情報，さらには流布を検討しておくことは，外邦図の作製史を考えるに際して，意義あることといえよう。のちにつづく測量にもとづく外邦図作製をよく理解するには，この時期の地図作製の概要の把握が基礎的作業として不可欠なのである。

また，日本のスタンダードな地図作製史としては，『陸地測量部沿革誌』（陸地測量部 1922）や『測量・地図百年史』（測量・地図百年史編集委員会 1970）があるが，いずれも日本本土に関する地図作製を中心に記述しており，この種の地図については，すでに第1章でも示したように，1874 年刊の「清国渤海地方図」，1875 年刊の「清国北京全図」など代表的なものの名称が後者で言及されているにすぎないこともあわせて指摘しておきたい（測量・地図百年史編集委員会 1970：264）。近代日本の地図製作機関として陸地測量部が整備される以前の，海外の地域に関する地図作製は，その前史の一部としてわずかに触れられるだけで，この具体的様相はあらためて再構成する必要があるわけである。

ところで，この時期の地図作製史については，「陸軍参謀本部と地図課・測量課の事績：参謀局の設置から陸地測量部の発足まで」という共通のタイトルを掲げる佐藤（1991a, b, c；1992a, b；1993）があり，貴重な指摘が多い。ただし，クロノロジカルな記述のため，この種の地図について概要を知るのは容易でない。また記述が陸軍のものにかぎられ，海軍の関与するものがふくまれていない。後述するように，この時期には海軍による地図も，外邦図のなかで重要な役割を果たしている。以下ではこうした先行研究の特色をふまえながら，検討をすすめたい。

2．初期編集外邦図の構成

初期編集外邦図については，現在もなお調査を継続しているところで，該当時期に作製されたことが知られている地図であっても，現物を確認できていないものが残っている。また佐藤（1991a, b, c；1992a, b；1993）以外に，この時期の外邦図作製を概観するような研究はほとんどなく，なお探索がつづいているところである。ただし，現在まで把握しているものについて，その作製時期やカバーする地域を検討すると，いくつかのグループにわけることができる。本章のもとになった小林・岡田・渡辺（2010，以下「前稿」とする）では暫定的な分類案を示したが，以後の調査のなかで予想通りに改訂の必要が感じられることとなった。大きく４つに分類する点は同様であるが，細部においていくつか重要な変更が必要である。以下ではまずこれについて簡単に解説したあと，新たな分類にしたがって，その構成を概観するところからはじめたい（後掲の表2-1〜表2-4を参照）。

　前稿では，分類の第１として，1873（明治６）年頃から作り始められた外邦図で，日本の隣接地域を小縮尺の地図でカバーしつつ，その重要地域を比較的大縮尺の図で示そうとするものを「明治初期の編集図」と命名した。また分類の第２には「台湾出兵関係図」として台湾に関連する地図・海図をふくめた。後者が1874年の台湾遠征を目的としたものであることはあらためて言うまでもない。

　その後の調査で明確になってきた重要な点は，まず「明治初期の編集図」としたもののなかで，「清國渤海地方圖」をはじめとする中国関係の地図・海図のほとんどが，アロー戦争（1856-1860年）に際して英国陸海軍およびフランス海軍が作製した図を元図にする翻訳図であるということである。加えてそうした中国関係の翻訳図が，台湾遠征を契機に作製されたという点も注目された。台湾遠征当時の日本では，この軍事行動が中国（清国）を刺激し，戦争に発展する可能性が懸念されていた（栗原1978などを参照）。こうした強い外交的・軍事的緊張の認識に応じて，上記の図を翻訳複製したわけである（Narumi and Kobayashi 2015）。その際，渤海湾など中国北部の海域およびそれに接する陸域は，開戦後に戦闘が行われる地域と予想されていたことに疑問の余地はない。

　当時のこの地域に関する欧米諸国および日本の地理情報整備状況，さらにはこれらの元図の入手や翻訳の経過については別稿を準備しているところで，詳細はそれに譲りたいが，上記のような中国関係の地図・海図の翻訳刊行は台湾遠征終了後も続けられるだけでなく，さらにフランス陸海軍刊行のアロー戦史やそれに付属する地図帳の翻訳も刊行されることとなった（陸軍文庫1877；1884a, b[1]）。これは台湾遠征後もつづいた中国との軍事的緊張関係を意識したものと考えられる。フランス陸軍のアロー戦争史および付属地図帳の翻訳が刊行された1884年は，朝鮮で発生した壬午事変の翌々年にあたり，またこの年には甲申政変が発生している点も注目されよう。壬午事変に際して日本は，一時期中国（清国）との開戦を決意するほどであった（高橋1989）。その場合，こうした戦史の刊行は，戦闘に直接関係したことだけでなく，部隊の編成や輸送など，予想される戦争全体について参考資料とするためであったと考えられる。また付図（陸軍文庫1884b[2]）については，カラー刷りの部分も忠実に再現したのは，とくに北京に近い地域での戦場の場合，同様の戦闘が行われる可能性を意識していたのではないかと思われるほどである。

　このような背景から，台湾遠征に直接関連する図にくわえて，この時期の中国北部の沿岸域に関連する図は一連のものとして理解する必要があり，本章では「台湾遠征とそれ以降の軍事的緊張に関連する図」として検討することとしたい。

前稿で「明治初期の編集図」としたもののなかから，以上のような台湾遠征および中国関係図を除くと，残りは朝鮮関係の図のみとなる。本章ではこれらを「朝鮮関係図」として検討を加えたい。また前稿では，上記以外に「アジア大陸図」および「清國沿海各省圖」と命名した図群を検討した。これらの分類については，現在のところとくに変更する点はなく，本章でもこの名称を用いる。以下では上記「台湾遠征とそれ以降の軍事的緊張に関連する図」から簡単に要点を記すこととしたい。

この図群には，すでに触れたように，まず1874年の台湾遠征に関連するものがある。小林・渡辺・山近（2010）で指摘したように，当時日本軍は台湾に関連する地理情報をほとんどもたず，フランス系アメリカ人，ルジャンドルの提供する情報に大きく依存するほか，英国海図の翻訳・複製も行った。またこれらについてはいずれも海軍によって準備された点に大きな特色がある。

つぎの中国大陸の沿岸部に関する図は，上記のようにアロー戦争に際して，英仏両軍が作製した地図・海図の翻訳・複製である。Narumi and Kobayashi（2015）ではこれらの図のいくつかについて測量の過程を簡単に検討し，戦時という制約された条件のなかでも，可能なかぎり「位置の正確さ」[3]を確保しようとする測量技術者たちの配慮がみられることを指摘した。

つづく「朝鮮関係図」は，「台湾遠征とそれ以降の軍事的緊張に関連する図」と比較すると点数が少ないだけでなく，欧米製図の単純な翻訳・複製といえるものはみられない。朝鮮はこの時期までなお鎖国状態を続け，海岸部については欧米諸国の海図が整いつつあったとはいえ，内陸部についてはその測量がほとんどおよんでいなかった。「朝鮮関係図」の中核となる「朝鮮全圖」（1875年および1876年刊）は，後述するように海岸部を欧米海図で描き，内陸部については朝鮮の伝統的地図から情報によって描くという編集作業によって作製された点に大きな特色がある。

さらに「アジア大陸図」は，アジア大陸を広範囲にカバーする小縮尺の図で，彩色が施されているものもみられる。彩色されたものは軍事的なものというより，民間に公開して，アジア地域の地理情報に対するその需要に応えようとしたものである。

末尾の「清國沿海各省圖」は，中国大陸の海岸部を中心に70万分の1の縮尺で各省の地図としたもので，「台湾遠征とそれ以降の軍事的緊張に関連する図」と比較すれば，関心を持つ地域が大きくひろがったことをうかがわせる。またベトナムに関する図もふくまれている。

以上のような図の作製時期は，1880年代前半までのものが多いが，この時期になると，本書第4章以下で検討する，少数の陸軍将校による中国大陸および朝鮮半島での測量が展開することをあわせて指摘しておきたい。陸軍参謀本部は，その体制が確立されると，のちにくわしく述べるように，陸軍将校を各地に派遣して，簡易な測量を行わせ，その成果をもとに日清戦争（1894-1895年）までに朝鮮半島から中国大陸北部にかけて20万分の1図を整備した（小林・渡辺・山近 2010，本書第4章；渡辺・山近・小林 2009，本書第5章）。近代的な地理情報の少ないこの地域について，日本は自前の地図の作製に着手していたわけである。筆者らはこの時期について，臨時測図部による多数の測量技術者の測量が展開する日清戦争以後に対して，「初期実測時代」と命名した（小林 2009；小林・渡辺・山近 2010）。この成果ともいえる上記20万分の1図の地理情報は，「假製東亞輿地圖」（100万分の1）に集約され[4]，一時期ながら東アジアの最新地理情報として国内・国外に受け取られた

という点で注目されるが（小川 1904），同時に本章で検討するような編集図の作製時代の終了をもたらすものであったと考えられる。もちろんこれによって既存の情報の編集による地図作製がまったくなくなったというわけではないが，その意義は大きく低下することになった。

　本章で検討する地図は，このような地図作製の展開以後，19世紀末期には現用の地図ではなくなってしまい，次第に忘れ去られていったと考えられる。上記20万分の1図とともに，『陸地測量部沿革誌』や『測量・地図百年史』でほとんど取り上げられなかった背景には，このような事情があったと推定されるが，初期の外邦図を考えるに際しては，その役割を当時の状況と照合しつつ検討する意義は大きい。

3．台湾遠征とそれ以降の軍事的緊張に関連する図

　この図群に属すものは，上記のように台湾に関連するものと，中国本土の海岸部に関するものの二つに大きく分かれる（表2-1）。このうち台湾に関するものは，日本の台湾遠征軍の出発（1874［明治7］年4月27日および5月2日［栗原1978］）の前に印刷を完了しており，それが台湾南端部の現場で利用されたことは確実である。

　冒頭の(1)および(2)の「臺灣南部之圖」の元図は，日本の外交顧問として，国際情勢の判断から清国との折衝まで大きな役割を果たしたフランス系アメリカ人，ルジャンドル（リゼンドル，李仙得）の提供したものである。彼は1867年に台湾南部で難破したアメリカ船ローバー号の乗組員が先住民に殺害された事件に関連して，厦門領事としての活動の過程で地理情報もふくめた台湾情報を収集しており，やはり台湾南部で遭難した宮古島民の殺害について，類似の問題に直面していた日本にこれを積極的に提供することになった（Meinheit 2015; Kobayashi 2015）。中国側の領土観に対して，西欧的な領土観を対置しつつ，台湾東部の先住民の行動をコントロールできない清国は，その領有権を主張できないと考えるルジャンドルは，この領域を明確にするために，先住民のうち「生蕃」といわれた人びとと漢人の居住域を区画する境界を示す地図（*Formosa Island and the Pescadores, China,* 1871[5])）をすでに刊行していた（Kobayashi 2015）。1872（明治5）年9月に，アメリカ公使デロングが外務卿の副島種臣に提示した，ルジャンドル作製の台湾の地図にこの図がふくまれていたことが確実である[6]。また日本軍の遠征がめざす台湾南部についても地図を作製しており，やはりデロングに提示されたと考えられる。そのタイトルは "Southern Formosa" で1872年にルジャンドルによって編集された（Le Gendre 2012: 386; Meinheit 2015: 11）。

　これを翻訳したのが表2の(1)「臺灣南部之圖」（図2-1），さらにそこにみえる長文の文言を省略して印刷したのが(2)「臺灣南部之圖」である。

　(1)「臺灣南部之圖」の右上の部分では，この図ができた経過についてつぎのように述べる。

　　臺灣南部之圖

副島外務卿ノ命ニ因テゼネラルリヂャンドル製之
　　此図海岸及高山ノ位地ハ英米海軍所ノ原図ニ基キ其他ニ至ツテハ作者ノ千八百六十七年千八
　　百六十九年千八百七十年千八百七十二年前後四回ノ旅行中見分セシ所ト自身ニ測量セル所ニ
　　係ル
　　千八百七十二年第十一月日本東京ニオイテ
　　　　　　　作者誌之

　この部分は，上記元図のタイトルの下に記された英文の翻訳である。
　またこの図の左下には，遭難者の原住民からの保護をめぐるルジャンドルと清国側の交渉の過程
を記している。この部分に相当する文章は元図にはみとめられず，別のルジャンドルの説明を翻訳
し，記入したものと考えられる。
　中央に示される地形や海岸線は茶色で描かれ，海岸部や湿地を，うすく青で着色する。上記の文
言や漢字の地名以外のカタカナ書きの地名や通行ルートとその説明は朱で記入される。
　他方，⑵「臺灣南部之圖」は，モノクロの印刷であるが，⑴「臺灣南部之圖」をよく踏襲してい
る。ただしすでに触れたように上記右上及び左下の文言は省略されている。また，⑴「臺灣南部之
圖」で朱書きになっている文言は，⑵「臺灣南部之圖」の対応部分と共通する場合もあるが，ちが
う場合もある。とくに⑵「臺灣南部之圖」の西海岸に位置する車城の部分につけられた文言は，宿
営地に適しているとして，現地での活動をあきらかに意識したものである。
　以上のような⑵「臺灣南部之圖」は，台湾遠征の目的地に関するもので，これにあわせて「臺灣
全島之圖」，「臺灣島清國屬地部」および「車城ノ錨地」が印刷された。このうち「臺灣全島之圖」
は台湾全島のほか澎湖諸島，さらに中国大陸の一部（福建省）を描く海図で，台湾南端部については，
「臺灣南部之圖」にみられる文言を簡略化したものがみられる。この海図の元図は，前稿以後のア
メリカ議会図書館での調査の結果，英国海図の China, Formosa Island（1845年測量，1850年4月刊，
1859年修正）であることがわかった[7]。ただし「臺灣全島之圖」では，元図の測深点を一部省略
している。なお，1858年には英国の測量船 Inflexible による台湾周航が行われており，これに乗り組
んでいた鳥類学者で厦門の副領事を勤めていた R. Swinhoe のほか，水路測量技術者の W.
Blakeney の記録があり（Swinhoe 1859; Blakeney 1902: 72-85），それと「臺灣全島之圖」を照合す
ると彼らの調査もこの図に反映されていることがわかる。
　他方「臺灣島清國屬地部」は，中国の伝統的地図を簡略化してモノクロで印刷したもので，台湾
島を西側から俯瞰するように描かれている。この場合，遠景は山岳地帯となり，東海岸は北部をの
ぞいて描かれていない。
　この図の原図と考えられる「臺灣清國屬地」という内題をもつ外務省旧蔵の彩色された図が国立
公文書館に収蔵されている（ただし目録等では「台湾西南部属清地図[8]」）。構図は「臺灣島清國屬地部」
とほぼ同じだが，要地の城壁の描き方や，図周辺部の島の描き方などに違いが見られる。この右下
にはつぎのようにその来歴が記されている。

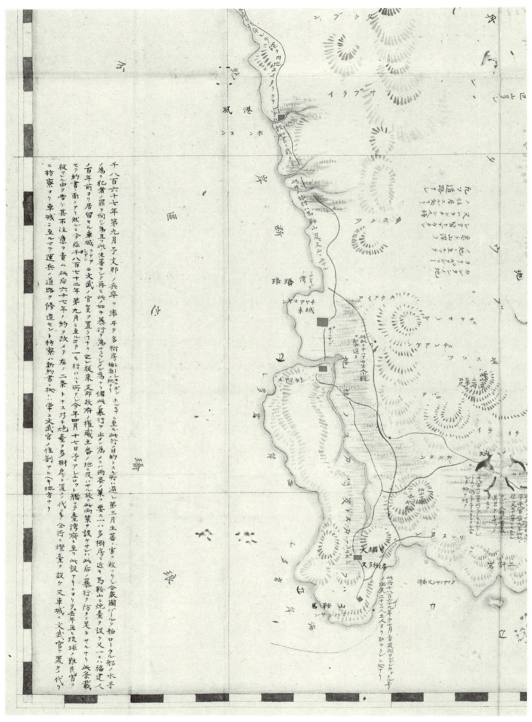

図 2-1 「臺灣南部之圖」（1872［明治 5］年製）の南西（左下）
この部分には車城をはじめとくに文言が多く，左下にはルジャンドルの交渉過程を示している。（国立公文書館蔵，資料番号：177-0061）

第2章　東アジア地域に関する初期外邦図の編集と刊行

　此図余台湾鎮台ニアリ總督張其光所蔵ノ中最精詳ナル者ヲ借密ニ之ヲ寫セリ故ニ分兵ノ事其半
　ニ居ル現實行ル、所果シテ然リヤ否ヤ路程ハ府縣ノ護衛門ニ於テ新ニ査セル所ノ図ニ因リ之ヲ
　寫セシ者ナリ其謬リ少ナカル可シ惜ラクハ図者測量ノ法ニウトク筆ニ任シテ之ヲ画シ各地ノ位
　置大ニ其処ヲ失ヘリ見ル者宜ク洋人著ス所ノ台湾全図ト照シ之ヲ領得スベシ

　以上の文言から，この図は台湾在勤の高級武官，張其光のもとにあった図を密かに写したものであ
ることがわかる。また朱の破線で示される交通路の距離は，別の図から写した模様である。こうし
た活動が可能であったのは，1873年当時「清國視察」を命じられていた福島九成で，安田老山と
いう美濃出身の画家の紹介で福州にむかう船中で張其光と知り合いになり，台湾で安田とともにそ
の「門客」としてすごすことになった（アジア歴史資料センター資料「外務省ヨリ清国視察福島九成台
湾聞見録上申」A03030099400）。その際に写したものと考えられる。
　ところでこれらの図に描かれた台湾の東部山地は「後山」と呼ばれ，先住民の世界と考えられ（Hsia
and Ethan 2008），康熙期や乾隆期の台湾図では共通の様式で描かれた（洪 2002a, b）。これに対し
て本図は，北部について一部東海岸（ただし蘇澳湾が南限）も描いているところに特色がある。こ
うした台湾図は，19世紀の中頃になると登場しており（王・胡編 2002：182-186；王主編 2007：202-
204），福島九成の写した図は，その系統に属すものであろう。ただし一部の東海岸を描くとはいえ，
なお山岳地帯から東側の多くは清国側にはコントロールできない先住民の世界と考えられていたこ
とは明らかで，このような地理観に対抗してルジャンドルは，西欧的領土観をもとに台湾の東部は
清国領ではないと主張したわけである。
　このようにみてくると，西欧的地理観による「臺灣全島之圖」と，中国の伝統的地理観による「臺
灣島清國屬地部」という対比が明確になる。ただし，王・胡編（2002：188-195）によれば，1873
年以降，清国側の図は伝統的地理観によるものにかわって，西海岸と同様に東海岸全体を図示する
もの（「台澎山海輿図」など）が主体になっていくという。そうした点で，遭難者の保護をめぐる国
際的対立は，清国側の台湾図のスタイルを大きく変えるきっかけになったと考えられる。
　なお，「車城ノ錨地」は，(2)「臺灣南部之圖」が適当な停泊地として勧める社寮の北に隣接する
車城の海岸部を沖から描写する図で，英文とその和訳の文言では目標物や海底の地質について言及
する。またこれから，元図が1872年に Douglas Cassel（アメリカ海軍少佐で，日本にやとわれて台湾
出兵にも参加した［エスキルドセン 2001；Eskildsen 2005: 199-201］）によることもわかる。
　以上のような台湾を描く図群に対し，つづく図はおもに中国大陸の北部沿岸地域を描くことにな
る。まず「清國渤海地方圖」は，左右に大きく分かれる図で，左側は小縮尺の「渤海地方略圖」（概
観図で縮尺不明）を左下におき，その上に北河（白河，海河）河口から天津，さらに北京にいたる河
道（水路）を2枚の図（縮尺14万分の1）にわけて示している。この部分のタイトルは「北河上北
京道程圖」である。さらに右半分は北河河口部および運河である北塘河の河口部を示す「北河及北
塘河口近傍圖」で，縮尺は4万分の1となる。
　本図の大きな特色は，地名の多くが漢字ではなくカタカナで表記され，欧米製の地図が原図であ

21

表 2-1　台湾遠征関係図

	タイトル	作製年月	サイズ (cm)	縮尺	作製機関	所蔵機関,資料番号	元　図
1	臺灣南部之圖	1872	94 × 64	約 1/93,000	外務省	国立公文書館, 177-0061	Southern Formosa. (1872) Charles Le Gendre
2	臺灣南部之圖	1874.4	54.6 × 37.8	約 1/140,000	海軍水路寮	国立国会図書館, YG913-2296	(1) 臺灣南部之圖の略図
3	臺灣全島之圖	1874.4	65.4 × 50.8	約 1/690,000	海軍水路寮	国立国会図書館, YG4-Z-M-2813	Formosa Island. (1845 測, corrections to 1859) 英国海図 No.1968
4	臺灣島清國屬地部	1874.4	28.4 × 72.2	—	海軍水路寮	国立国会図書館, YG913-2297	福島九成の写「臺灣清國屬地」が元図
5	車城ノ錨地	1874.4	19.6 × 28.7	—	海軍水路寮	国立公文書館, ヨ 558-0086	Douglas Cassel の図 (1872) ただし未見
6	清國渤海地方圖	1874.10	65.6 × 91.4	1/40,000 など	陸軍参謀局	国立公文書館, 186-0002	Plan pour servir à l'intelligence des operations executees par les forces alliées de terre et mer (en amont et aval du Peh-tang-ho et du Pei-ho) / Carte du Pei-ho / Vues, coupes et croquis des défenses de Peh-tang-ho et du Pei-ho (Pallu [direct.] 1863)
7	陸軍上海地圖	1874.10	42.2 × 30.7	約 1/950,000	陸軍文庫	国立公文書館, ヨ 292-0101	Military Plan of the Country around Shanghai (1865, Surveyors: Charles George Gordon and his subordinates) 英国陸軍省地形局. Map RM 372.
8	清國北京全圖	1875.4	62.4 × 42.2	1/21,100	陸軍参謀局	国立国会図書館, アジア乙3-31 など	「清國北京全圖」の注記に「此図内英國錦行測量図…」と記す
9	北河總圖第壹、天津河口至葛沽	1875.10	71.8 × 102.1	約 1/31,000	兵學寮學課部 (作) 陸軍文庫 (刊)	国立国会図書館, YG913-169	Peiho or Peking River, Sheet 1. (1858 測) 英国海図 No. 2653.
10	北河總圖第貳、葛沽至天津		61.5 × 90.0				Peiho or Peking River, Sheet 2. (1858 測) 英国海図 No. 2654.
11	北河總圖第參、天津至通州		72.1 × 102.5	1/31,500			Peiho or Peking River, Sheet 3. (1860 測, 1863 刊) 英国海図 No. 257.
12	北河總圖第四、通州至北京		72.6 × 102.2	1/31,500			Peiho or Peking River, Sheet 4. (1860 測, 1863 刊) 英国海図 No. 258.
13	直隸灣總圖	1875.10	73.0 × 97.8	約 1/370,000 など	陸軍文庫?	国立国会図書館, YG913-1964	Gulf of Pe-chili-Chi-kau to Ning-hai, with Plans of the Entrances to Chi-ho, Pehtang-ho, Ching-ho, Lau-mu-ho, Tai-cho-ho, and Yang-ho (1859 測?) 英国海図 No. 2732.
14	遼東大瞞灣圖	1876.4	52.4 × 67.8	1/73,000	陸軍文庫	国立国会図書館, YG913-2298	Ta-Lien-Whan Bay. (1862 以降刊) 英国海図 No. 2827.

ったことを示している。アルファベットによる表記をカタカナになおしているわけである。前稿では1873年に清国に派遣された陸軍将校の一人，益満邦介が購入した「北京白川之地圖」（アジア歴史資料センター資料，Ref. C09120246800）[9]がこの元図である可能性を指摘したが，アメリカ議会図書館所蔵図を検討したところ，これはすでに紹介したフランス海軍のアロー戦争史の付属地図帳の一部であることが判明した。もとは3枚に分かれていた図を巧みに統合するとともに，小縮尺の「渤海地方略圖」を組み合わせて1枚の図にしているわけである。これによって渤海から北河（白河・海河）をさかのぼって天津，さらにそこから通州を経由して北京に至るルートが描かれることになる。

　つづく「陸軍上海地圖」はサイズの小さな図で，縮尺も小さく上海と太湖を中心に江蘇省南東部と浙江省北東部を描く。図の右上に配置された文言の末尾には，この元図は1865年に「陸軍地理課」が印刷刊行したものであったと記している。その末尾で「陸軍地理課」の「長官」を「ヘンリー・ゼームス」とするところから，この地図の印刷は，Henry James（1803-1877）が長らく長官を務めた英国のオードナンス・サーベイで行われたことがわかる（Seymour ed. 1980: 158-167）。

　また陸軍部隊の中佐「ゴルドン」ほかの測量に関与した将校による1862年からの測量の経過のほか，「官音」と「土音」がある地名表記の難しさについても付記する。なお本図にみえる地名の表記はカタカナに漢字を添える場合が多く，一部にカタカナのみ，あるいは漢字のみの場合もみられる。また右下の文言で，川上寛（1827-1881，近代初期の地図作製に大きな役割を果たした画家）の作図であることを示している。

　前稿以降の検討の結果，上記「ゴルドン」はイギリスの工兵将校で中国やスーダンでの活動で有名となった Charles George Gordon（1833-1885）であることが判明した。アロー戦争終結後 Gordon が上海に勤務したおりに部下の将校とともに作製したわけである。また Gordon はそのご「常勝軍」の指揮官として太平天国軍の討伐にあたるが，その際にこの地図を使用したといわれる（モース 1965：266, 300, 307, 327, 330）。

　以上のような「清國渤海地方圖」と「陸軍上海地圖」は1874年10月に作製されている（表2-1）。この時期は，北京で大久保利通が全権大使としてルジャンドルらに補佐されながら台湾遠征に関する交渉を続けていた時期であり（栗原1978；小林1994），中国（清国）との開戦を意識して準備されたものと考えられる。「陸軍上海地圖」と次に述べる「（清國）北河總（総）圖」に関する，参謀局から陸軍卿に宛てた印刷・発行許可確認では，これらについて「要用之圖ニ候間當局第五課ニ於テ調鐫發行致度…」（アジア歴史資料センター資料，Ref. C04025549900、1874年11月5日）と述べている。

　つづく「清國北京全圖」は北京での交渉が終わったあとの印刷となるが，やはり台湾遠征とつながっているとみてよいであろう。図の中央から下部に城壁に囲まれた北京を描くとともに，上部左側には横長の「圓明園略圖」を示している。右上部分に示された文言によれば，本図はイギリスで刊行された測量図のほか，「京師城内図」，「唐土図」，「會等諸図」を参照するとともに，益満邦介が北京で目撃したことにより修正を加えたとしている。このうち「唐土図」は，日本で江戸時代刊行されていた『唐土名勝圖會』[10]と考えられる。益満は上記「北京白川之地圖」にくわえ「清國北京圖」も現地で購入しており，各種の資料を集成したことになる。

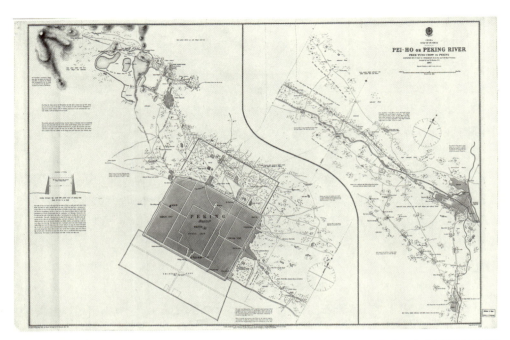

図 2-2　英国海図 258 号 "Pei-ho or Peking River from Tung-chow to Peking"（1863 年 7 月）
（アメリカ議会図書館蔵）

図 2-3　陸軍文庫刊「北河総圖第四，通州至北京」（1875 年 10 月）
（国立国会図書館蔵，資料番号：YG913-169）

つづく「北河總（総）圖」は全4枚で構成され，上記「清國渤海地方圖」と同じ地域のなかでも渤海湾から北京に至るルートを大縮尺で図示する。第1図では渤海湾から北河（白河・海河）の河口に入るルートを示し，順次これをさかのぼる。第2図で天津を経過し，第3図では通州に至り，第4図で北京に達する。各図で原図や測量者に関する注記を付し，第1図はフランス，アメリカ，イギリスの測量成果，第2図はフランス・イギリス，第3図，第4図はイギリスの測量の成果によることになる（図2-2・3参照）。そのなかには英国測量艦艦長のジョン・ウォード（John Ward）のように，日本周辺の測量史（Pascoe 1972；ビーズリー 2000など）に登場する者の姓もみられる。

「北河總（総）圖」作製のための測量は，その河口部に関して1854年にアメリカが行ったもの以外は，いずれもアロー戦争に際して行われており，Narumi and Kobayashi（2015）にそのやや複雑な過程を詳細に記した。アロー戦争では英仏両軍が戦闘を行ったが，アメリカ・ロシアの外交官もそれに必要な重要地点の地図情報の調達に協力した点も注目される。

この地名の多くは「清國渤海地方圖」と同様にカタカナで示されるが，大きな行政地名は漢字が当てられ，その現地読みもカタカナで示される。またこれらのカタカナだけでなく，図の一部の描き方も「清國渤海地方圖」にみられるものと一致しない。すでにみたように，「清國渤海地方圖」がフランス海軍のアロー戦争史付図を元図にしているのに対し，「北河總（総）圖」はおもにイギリス海図を元図としており，それがこれらのちがいの背景になっていることが明らかである。なお，時期はやや遅いが，1874年8月に上記益満邦介のほか，向郁，嶋（島）弘毅（いずれも陸軍将校）が天津地方に「地形見分」のためでかけており（アジア歴史資料センター資料，Ref. A03030232500）[11]，漢字地名はそのときに調査された可能性もある。なお，この図を兵學寮學課部が作製した背景はよくわからない。

つづく「直隷灣總圖」，および「遼東大聯灣圖」もこの地域に関連する。前者は，直隷湾から遼東湾にかけての海岸部を大きく図示するとともに（縮尺約37万分の1），図の左から上にかけて，同海岸に流入する五つの河川の河口部を小図で示す（縮尺約7万3000分の1，磁北の表示もある）。ただし天津に通じる北河の河口部は示されていないのは，「清國渤海地方圖」やさらにくわしい「北河總圖第壹」があったからであろう。なお，「北河總（総）圖」と「直隷灣總圖」は同時に印刷されたようである（アジア歴史資料センター資料，Ref. C04026525700）[12]。

他方，「遼東大聯灣圖」は，このような編集図の形式をとらずに大連湾の海図そのものである（第1部扉図を参照）。文言には，イギリスの測量船，「アクチーン号」，「ドブ号」によるもので，司令官を「ジョン・ワード」（上記ジョン・ウォードに同じ）としている[13]。また，経緯度測量の参照点を上海としていたことにふれている。なお大連湾に関する詳細な海図がこのなかに加えられているのは，アロー戦争に際してイギリス軍が北河河口から北京への進撃の基地として使用したことが関与していると考えられる（Wolseley 1862: 68-83）。清国との開戦に際しては，日本もおそらくここを基地として使用するつもりであったと推定される。

以上からあきらかなように，これらの図はいずれも欧米製の地図・海図をもとにし，とくにアロー戦争に際して作製された図に依存しつつ，渤海湾から北京にいたるルートに対する強い関心を示

している。当時の日本にとって，予想されていた清国との戦争においては，参考にできる唯一の戦争がアロー戦争であったことをまず考慮すべきであろう。また海路だけなく，「北河總圖」（第壹〜第參）で示す河川水路の水深もそれらにもとづいて漢数字で示しているのは。同様に海路・河川水路を利用しての軍事行動を予期してのことと考えられる。

4．朝鮮関係図

　朝鮮関係図に移ろう（表2-2）。この冒頭の「朝鮮全圖」は，日本海軍水路寮が1873（明治6）年10月に刊行したもので，今のところ確認されている外邦図のなかで最早期の図となる。朝鮮半島全体を図示し，その付言では前年の春日艦の航海のおりに朝鮮でえたもので，縮尺等に問題があるが，地名・島名がわかるとしている。ただしこの図は，北部の鴨緑江・豆満江上流の扁平な図形から，18世紀中期以降になると減少する朝鮮前期の地図類型（李 2005：505-506）に属すことがあきらかであり，海軍水路寮には，上記部分がより正確になる朝鮮後期の地図に関する知識が欠けていたことを示唆している。朝鮮半島の地理情報の不足がつよく感じられていた時期の複製図といえる。

　この場合1872年の春日艦の朝鮮への派遣は，外務大丞の花房義質を代表とする使節団が釜山での交渉に臨むためであったことに留意する必要がある。この使節団の目的は，対馬藩を介して行われてきた近世的な外交関係に執着する朝鮮側を説得して，外務省による近代的な外交関係に転換することにあった（安岡 1996）。朝鮮への渡航に先だって，朝鮮沿岸の海図を停泊中の欧米船から提供してもらうよう努力したところ，出航前に「米國ニテ朝鮮國ヲ攻撃之場所江華島之測量圖」をアメリカの軍艦から借り受けることができ，それを急遽写して持参したことが注目される（アジア歴史資料センター資料：Ref. C09111110000、1872年[14]）。朝鮮側では「辛未洋擾」といわれる武力衝突（1871

表2-2　朝鮮関係図

	タイトル	作製年月	サイズ(cm)	縮尺	作製機関	所蔵機関・資料番号	元図
1	朝鮮全圖	1873.10	43.4 × 61.4	——	海軍水路寮	国立公文書館内閣文庫，175-225 など	1872年に朝鮮で入手
2	朝鮮全圖	1875.11	139 × 98	1/1,000,000	陸軍参謀局	国立国会図書館，Yg913-129	英国海図，アメリカ製海図，朝鮮製図，中国製図（本文参照）
3	朝鮮全圖	1876	134 × 97.6	1/1,000,000	陸軍文庫	国立公文書館内閣文庫，178-487	英国海図，ロシア製海図，フランス製海図，アメリカ製海図，朝鮮製図，中国製図（本文参照）
4	朝鮮江華島圖	1876.5	——	1/72,000	紙幣寮	国立国会図書館，2A-009-00，リール 23900	フランス製海図
5	朝鮮八道里程圖	1882.8？	25.0 × 24.6 37.6 × 45.6 37.0 × 53.0 45.2 × 84.4	——	陸軍文庫？	国立公文書館，アジア乙 2-15	

第2章　東アジア地域に関する初期外邦図の編集と刊行

年）を行ったロジャーズの艦隊が作製したもので，今日の仁川から江華島付近を図示しており，当時最新の海図を入手したことになる（図 3-1 を参照）。それにもかかわらず，上記のように古いタイプの「朝鮮全圖」を入手し，刊行したのは，朝鮮側の地名の記入の少ない欧米製の海図の欠を補うためであったと考えられる。現地地名を確認せずに，仮に命名されたアルファベット表記の地名を主に示す欧米海図を補うには，このような方法しかなかったわけである。

　こうした事情は翌々年の 1875（明治 8）年に刊行された「朝鮮全圖」（口絵写真 1）によって事情が一変する。同図は，その間に日本による朝鮮の海岸や内陸の把握が一挙に進んだことを示している。中央部に朝鮮半島を 100 万分の 1 の縮尺で示すこの「朝鮮全圖」は，例言に示された時期から 1875（明治 8）年刊とされることが多い。ただし，同年版と翌 1876（明治 9）年版では，内容にちがいがあることにまず注意する必要がある。広く流布しているのは明治 9 年版で，この特色は左右の小さな囲みに「大同江」，「漢江口」，「ユンヒン湾」（元山付近），「釜山浦」と重要地域をやや大縮尺で示す点にくわえ，京畿道など各道のまわりを彩色する点などにある。これらは明治 8 年版にはみられない。

　両者の素材となった情報については，左下の「例言」でつぎのように述べている。

　　此圖ハ朝鮮八道全圖大清一統輿圖英米國刊行測量海圖等ヲ参訂シ之ニ加フルニ朝鮮咸鏡道ノ人某氏ニ就キ親シク其地理ヲ諮詢シ疑ヲ質シ謬ヲ正シ以テ製スル所タリ

まず海岸線や経緯度は，イギリスやアメリカの海図によったとしている。また海岸や島のところどころに西欧語のカタカナ表記の地名がみられるのは，すでに指摘したような，測量者が現地名を確認せずに命名したもので，それをアルファベットからカタカナへ転記したものと考えられる。こうした西欧語の海岸付近の地名は，本章の対象からはずれるが，海軍水路寮が 1876 年に刊行した，ロシアとイギリスの海図による「朝鮮東海岸圖 [15]」（表 3-2 参照）だけでなく，ロシアとイギリスの海図の地理情報にくわえ，日本の測量艦の成果もあわせて，海軍水路局が 1882 年に刊行した「朝鮮全岸 [16]」（図 3-6）にもみえている。またすでにふれた「遼東大聯灣圖」でも同様である。

　さらに注目されるのは，中央の図および左下の「漢江口」の囲みにみえる江華島から漢江，さらにソウルにいたる部分が 1866 年の「丙寅洋擾」におけるフランス艦隊の偵察測量の成果を反映している点である（図 2-4）。これはフランス艦隊の海図の成果を取り入れた上記のアメリカの海図を参考にしたものであろう [17]。

　この部分を除く朝鮮半島全体の海岸線に関する英米製の海図の特定にはまだ探索を要するが，東海岸についてその全容の把握が早く，フランスのラペルーズ（1787 年，ラペルーズ 1988：53-59），英国のブロートン（1797 年，Hayes 2001: 125-126），さらに幕末期のロシアの使節プチャーチンの乗船していたパルラーダ号の測量（1854 年，Lensen 1955: 70-72）があり，ロシアによって「朝鮮半島東海岸図」（*Karta Vostočnogo Berega Poluostrova Korei*）が 1857 年に刊行されていた [18]。この「朝鮮半島東海岸図」は 1876 年に海軍によって翻訳版（上記の「朝鮮東海岸圖」。表 3-2 もあわせて参

27

照）が刊行されるが，陸軍はその前にこの図をもとにした英国海図を入手して本図の東海岸を描いたと考えられる。これに対して朝鮮の西岸や南岸については，沿岸に多数の島があり，とくに朝鮮本土の海岸の測量が遅れることになった。この状況は，1863年刊，1865年修正刊行の英国海図（2347号[19]）などによくあらわれている。

　以上のような沿岸部に対し，内陸部は朝鮮や清国の伝統的地図によったとしている。「朝鮮八道全圖」は，類似の名称の図が多くあり，実際に使用したのはどの図になるか検討を要する。「朝鮮全圖」の詳細さを考えると，一枚の図に朝鮮全体を描くような図ではなく，「東國地圖」（18世紀中期）のように（李 2005：106-117），朝鮮の各道が，別々の図にくわしく書かれたものであったと考えられる。

　他方，「大清一統輿圖」は「皇輿全覽圖」（18世紀初頭）の系統を引くものと考えられ，「皇朝中外壹統輿圖」（1863［同治2］年刊）がそれにあたるといわれる（趙・楊 1998：138）。この北一巻の東二図と東三図，さらに北二巻の東三図と東四図にみられる朝鮮と清国の国境に相当する部分およびその中国側の記載は，朝鮮全図の該当部分とよく一致する。これに際して留意しておくべきは，中国全体を図示する図に朝鮮半島全体が明確に描かれるようになるのは比較的新しく，またその形状も「皇輿全覽圖」をうけついだものである（林編 2013：72, 86-93）。さらに「皇輿全覽圖」のための測量に際し，イエズス会士の朝鮮入国はみとめられず，本格的測量はその国境地帯で行われただけであった。朝鮮領内については，国境の義州からソウルまでのトラバース測量と，ソウルでの緯度観測に限られたという（Ledyard 1994）。この点からしても，上記の「大清一統輿圖」の利用は，国境地帯とそれに隣接する清国側の領域に限られることになったと考えられる。

　くわえて，地理に詳しい咸鏡道出身者の協力も得ていた点も注目される。この人物は W.E. Griffis の *Corea, the Hermit Nation* がふれる Kin Rinshio で（Griffis 1882：213 および付図の注記），金麟昇というウラジオストクの近隣に居住していた朝鮮人知識人であった（崔 1978；具 1997）。金は1875年6月に来日し，「お雇い外国人」として情報提供を行い，翌年には江華島条約の締結を行った黒田清隆の外交団に随行した。

　「朝鮮全圖」の1876（明治9）年版の隅には，「大同江」（20万分の1），「漢江口」（20万分の1），「ユンヒン湾」（20万分の1，元山付近），「釜山浦」（12万2000分の1）が掲載されていることはすでに触れた。これらの元図を検討すると，まず「大同江」については，この河川を遡航して行方不明になったアメリカ船 General Sherman 号の乗組員の捜索のため，アメリカ海軍の船がしばしば接近し，測量を行っている点が注目される。ただし刊行されて参照の容易な1868年測量，1869年刊行の Ping Yang Inlet（アメリカ海図224号，Shenandoah 号による[20]）とは細部が類似せず，同タイトルの1867年測の図（同226号，Wachusett 号による。Heynen 1978: 173）の可能性がある。

　「漢江口」については上記のように「辛未洋擾」（1871年）の際に作製されたアメリカ製のもので，1872年の春日艦による使節団が渡航の前に写した図があったと考えられる[21]。また「丙寅洋擾」（1866年）に際して作製されたフランスによる海図も[22]，お雇い外国人のガストン・ガリーから1875年に入手していた可能性が高い（小林・岡田 2008，本書第3章）。これらを比較すると類似点が多いが，

第 2 章　東アジア地域に関する初期外邦図の編集と刊行

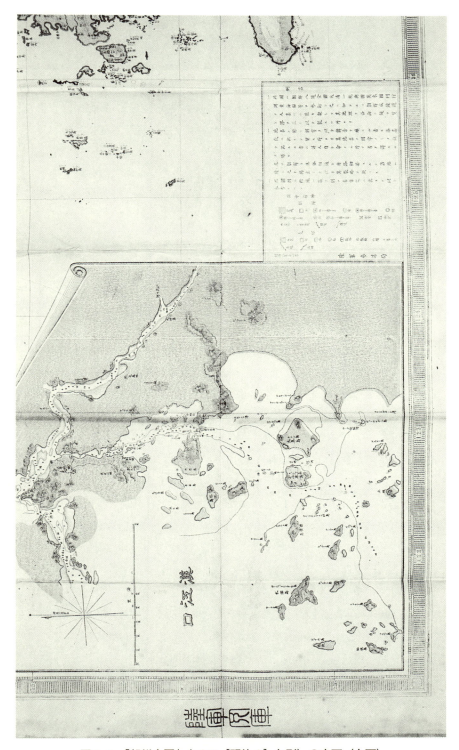

図 2-4　「朝鮮全圖」（1876 [明治 9] 年刊）の南西（左下）
この部分には「漢江口」（20 万分の 1）および「例言」が配置されている。（国立公文書館蔵，資料番号：178-487）

ただし「漢江口」の描く範囲は両者よりも広く，別の海図を元図とした可能性を考慮すべきである。これに関連して注目されるのは，時期は遅れるが1881年刊の「黄海／朝鮮西岸／小陵近傍略測圖」（国立公文書館デジタルアーカイブ，大日本海岸実測図127号。表3-2も参照）が「漢江口」とほぼ同じ地域を描いている点である。注記によれば，1879年刊の英国海図1258号を元図としている。これも上記アメリカおよびフランスの海図を元図にしているが，あるいは「朝鮮全圖」の刊行に先行する同様の英国海図を想定し，それを元図にした可能性を考えるのが妥当であろう。

　他方「ユンヒン湾」については，すでに触れたロシア製の「朝鮮半島東海岸図」（*Karta Vostočnogo Berega Poluostrova Korei*, 1857年）の左上に見える "Porta Lazareva" を元図にしていることが明らかである（ただし一部測深点を省略している）。「朝鮮東海岸圖」（1876年刊。表3-2も参照）でも同じ図が複製されている。

　さらに「釜山浦」については，1875年に測量したとされる水路寮作製の「朝鮮國釜山港」があるが（国立公文書館デジタルアーカイブ，大日本海岸実測図60号。表3-2も参照），「釜山浦」の図示範囲の方がはるかに広く，元図とは考えられない。『釜山古地圖』（キム2008：243）には，部分図ながら「釜山浦」と細部がよく符合する海図が掲載されており，すでに何度か触れた英国の海図測量家のジョン・ウォードによる "Map of Busan Harbour"（1959年）とされている。ただし図に書かれた文言はフランス語で，英国海図とは考えられない。しかしジョン・ウォードの率いる Actaeon 号（上記「遼東大聯灣圖」の元図を測量した「アクチーン号」に同じ）は1859年6月に釜山の測量をしていることが確認でき（Blakeney 1902: 177），『釜山古地圖』掲載の図は，英国海図の仏訳と考えるのが妥当であろう。

　なおこの「釜山浦」には，絶影島や和館（倭館），さらには秀吉の朝鮮出兵の際の小西行長の上陸地点などについて注記が見られる。これらは1875（明治8）年版の「朝鮮全圖」の釜山の部分にもみられる注記で，1876年版に「釜山浦」を掲載するにあたり転記されたものと考えられる。

　ところで「朝鮮全圖」については，初期にふたつの小冊子が付属していた（アジア歴史資料センター資料，Ref. A61100105700）[23]。一方の『朝鮮全圖附録』は，「朝鮮國八道各管別名録」と題する地名表が冒頭にあり，地名の読み（カタカナで示す）にくわえ，ソウル（漢城）からの里程と所要日数を示している。これに表形式の「朝鮮國京城ヨリ釜山浦迄水陸諸路」，「朝鮮國釜山鎮城ヨリ京城迄ノ里程」，「和漢度量比較表」がつづき，末尾に「朝鮮海按針書抄譯」（航海案内書の抄訳）を付している（全87頁）。他方の『朝鮮近況紀聞』は，朝鮮全体に関する制度や事情を説明するもので（全55頁），末尾には「朝鮮國各管段別石高戸數物産略表」を冒頭に7つの表を付す。この主体は「朝鮮國五衛兵備表」，「朝鮮國八道陸軍兵備表」といった軍事的なものである。ただし後者などは，基本資料を15世紀の『經國大典』としつつ，江戸時代の対馬藩通詞による『象胥紀聞』で修正したと注記しており，古い資料に頼らねばならなかったことがわかる。

　以上のように「朝鮮全圖」は，欧米だけでなく，朝鮮や中国からもさまざまな情報を取り入れ統合しながら朝鮮の地理情報を整理し，提示することをめざすもので，付属の小冊子とともに，コンパクトな案内書となったわけである。「朝鮮全圖」は，このような性格から，その後，日本政府内

だけでなく，外国人にも広く利用されることになった。上記 *Corea, the Hermit Nation* の付図（*Map of Cho-sen or Corea*, 300万分の1）だけでなく，1883年にドイツで刊行された *Korea oder Tschosen der Japaner*（Gotha: Jestus Perthes, 170万分の1）の元図として利用された[24]。後者はさらに英訳して，*Korea or Cho-sen of the Japanese* というタイトルで1894年以降に刊行されている[25]。また，1885年に朝鮮半島を旅行した，ロシアのアムール州総督官房付，公爵ダデシュカリアニは，ソウルで入手したという，あきらかに「朝鮮全圖」（明治9年版）である日本製の地図について，「既知の朝鮮地図のうちでは，これが最大で，最も詳細かつ正確な地図なのである」と述べている（井上訳 1992：66）。西欧側の地理情報（海図）と朝鮮・中国側の既存地理情報を編集統合して，鎖国状態の継続のため不足していた朝鮮の地理情報を補うものとして，国際的に評価されたことになる。なお，本図が朝鮮国内でどのように受け取られたかについては充分な情報がないが，Griffis（1882：456）は，その正確さと詳しさで朝鮮人を驚かせたとしている。

　朝鮮についてはほかに「朝鮮江華島圖」がある。大蔵省紙幣寮彫刻局石版部が石版術の「習業」のため印刷したもので，江華島と朝鮮本土の間の水路（漢江河口部）を大きく描き，右側にその位置を小さく示す「京畿忠清両道南部圖」，左側中央に江華府の拡大図（3万6千分の1）を示している。その凡例にはつぎのような文言がある。

　　　此圖ハ千八百六十七年佛兵此地ニ侵入ノ時中尉ヒユマン氏等測繪シ公刻セシモノヲ摸縮シ訂正
　　　シテ製セシモノナリ

フランス艦隊の遠征に際して行われた測量による図をもとにしていることがあきらかである。この入手についても注目されるが，上記ガストン・ガリーから入手したフランス軍による海図のなかにこれが含まれていた可能性が大きい（表3-1参照）。

　さらに，やや刊行時期がおくれるが，「朝鮮八道里程圖」に言及しておくこととしたい。この図では，八道を全4枚の図に示しつつ，最初の図（黄海道・京畿道・江原道を図示）につぎのような注記を掲載する。

　　　本圖タルヤ明治八年出版朝鮮全圖ニ拠リ補スルニ道里標ヲ用ヒ各地ノ距離ヲ記入シ以テ梯尺ヲ
　　　用ユルノ煩ヲ省クニアリ然トモ此原圖ハ素ト道里標ニ拠リ製スルモノニアラサレハ圖上自ラ距
　　　離ト里数トノ比例ヲ為サヽル者アルニ似タリ然トモ其何レカ非何レカ是ナルヲ判決スル甚タ難
　　　シ故ニ今暫ク改正ヲ加エス他日實地ニ就キ軌正スル所アラントス……

上記「朝鮮全圖」（1875年刊，1876年改訂）の場合，海岸部については近代的測量による情報がえられても，内陸部については，類似する精度のものがえられない。本図は，その距離の表示に関する欠点を補うために作製されたもので，図に示された各地点間の道路に，距離（朝鮮里）を記入する。また各地点については，漢城（ソウル）からの距離にくわえ，各道の「巡營」からの距離（カッコ

内に記入）も示す。この図に示された里数は，さらに詳細な検討を要するとはいえ，「海東輿地圖」（19世紀前期）に付載する里程表（李 2005：145-147）の数値に類似することを指摘しておきたい。

5．アジア大陸図

　これまでみてきた地図は，比較的大縮尺のものが多かったが，以下では東アジアに関する小縮尺図をとりあげる（表2-3）。また小縮尺だけあって，軍や政府の関係者が使用するものというより，民間でひろく参照される場合が多かったと考えられる[26]。

　まず「亞細亞東部輿地圖」（1875年）は300万分の1で，本初子午線を東京にするという特異的な図である。東は本州の東端から，西は四川省や雲南省の西端まで，南北は北緯19度付近〜同43度付近を図示し，朝鮮半島と中国の主要部分，さらに北海道南端部以南の日本をふくむこととなる。右下の欄には，日本，清国，満洲，朝鮮の地理を順に述べる。またこの欄の上の囲みでは，東京，京都（西京），大阪の市街図を示す（縮尺はいずれも10万分の1）。さらにこの欄の左には，北京市街図（10万分の1），上海市街図（5万分の1）を配置している。くわえて図の左下隅には，広東市街図（5万分の1）もみられる。なお，この図の刊行が1875（明治8）年であることは表紙裏に印刷されている。また，この図にみえる北京市街図は上記「清國北京全圖」とは別系統の図と考えられる。

　つづく「清國沿海諸省」は，海軍水路局により，1877年に刊行されたものであるが，その文言から，原稿は1874年には完成していた模様である。1875年12月には，この原稿を写したうえに，その図示範囲を拡大し，さらに新たな文言が加えられたものが作製されている。これを「清國沿海諸省」（写本）とよぶことにしたい。ただし説明を簡略にするために，1877年に刊行されたものから紹介したい。

　本図も約250万分の1と小縮尺で，東西は東経128度〜112度30分付近，南北は北緯21度30分付近〜同41度30分付近を図示する。このため日本の領域については右下やや高めのところに沖縄諸島から八重山諸島が図示されるだけである。また朝鮮半島も東半分が図示されない。左上のタイトルの下には，海軍大佐兼水路権頭の柳楢悦の説明があり（1874年10月），地理情報を「英人所著清國沿海圖」，「大清一統圖」（1863年），さらに『對譯英華通商事情誌』（1863年）からえたとしている。またその下には，実際に作図にあたった，水路寮出仕の大後秀勝・石川洋之助の説明を掲載する。内陸部については，大河の水系を重視したとしている。この場合，『對譯英華通商事情誌』掲載の水路誌も参照されたと考えられる。また朝鮮半島の南西部海岸については，実測図がないとしており，図に2本の海岸線を描いている。この文言の下には，さらに簡略な「北京城街」図（縮尺約7万7000分の1）を示している。本図は，中国大陸の省を色分けで示すほか水系を青で着色するなど，カラフルな図であり，民間でも歓迎されたと考えられる。

　他方「清國沿海諸省」（写本）は手描きではあるが，「清國沿海諸省」と類似する。ただし中央の図の縮尺が大きく，また図示範囲の拡大もあって，ややサイズも大きくなっている。本図が作製さ

表 2-3　アジア大陸図

	タイトル	作製年月	サイズ（cm）	縮尺	作製機関	所蔵機関，資料番号
1	亞細亞東部興地圖	1875	91.1 × 137.2	約 1/3,000,000	陸軍参謀局	国立公文書館，265-164 など
2	清國沿海諸省	1877.7	99.9 × 64.1	約 1/2,500,000	海軍水路局	国立公文書館，ヨ 292-0111 など
3	清國沿海諸省（手描き）	1875.12	113.5 × 86.4（変形）	約 1/2,200,000	外務省，河野霊巖	国立公文書館，ヨ 292-0116
4	露國版東西伯利亞圖	1881	105.6 × 245.5（変形）	1/1,680,000	参謀本部翻刻	国立公文書館，ヨ 292-0155
5	亞細亞全圖	1884	149 × 166	1/6,969,600	参謀本部測量局	国立国会図書館，YG913-2365，未見
6	滿洲全圖	1890.3	131.5 × 144.6（変形）	1/1,680,000	参謀本部	国立国会図書館，地方図 2，アジア 3-94
7	滿洲全圖	1894.9	98.2 × 105.0（変形）	1/1,680,000	参謀本部？	国立国会図書館，大山文庫 60-30
8	支那全圖	1892.1	72 × 102	1/6,961,600	参謀本部	国立公文書館，ヨ 292-0026

れた背景は，下部中央にあるつぎの文言に示されている。

　　　原圖ハ海軍省水路寮ノ裁制ニ係リテ蓋シ海陸形勢ヲ悉セシ者ナリ然トモ其諸港ノ在ル所止タ上
　　海鎮江等ノ十三口ヲ載せて獨リ瓊州淡水ノ二港ヲ缺ケリ則是レ條約書中載スル所ト名数相契ハ
　　サルヲ以テ我外務卿更ニ雪巖ニ命シテ之ヲ補ハシム……今浄圖已ニ成ル便チ繕メテ他ノ諸地圖
　　ト共ニ備フト云フ
　　　　　明治八年乙亥十二月
　　　　　　　外務権少録　河野雪巖

清国と結んだ条約（1873 年 4 月 30 日に批准書が交換された日清修好条規と思われる）にしたがってき
められた開港地のうち，瓊州（海南島）と淡水（台湾）が水路寮作製の図に図示されていないこと
から，この両者を図示することを目的としている。ただし元図には海南島が図示されていないため，
図の範囲をその下方および左下（南西）端については西側に拡張している。このため本図の輪郭は
逆 L 字型となった。また本図の台湾の中央には，のちに「蕃界線」といわれるような「生蕃」の
居住地とその他の境界を示している。なお，本図には表紙があり，そのタイトルが「大清通商十五
口圖」となっているのは，上記のような理由による。
　つづく「露國版東西伯利亞圖」（1881 年）は大型の東部シベリア図で，円錐図法により東は東経
158 度，西は同 110 度，南は北緯 41 度，北は同 54 度と広大な地域を図示する。小さく印刷した図
を貼り合わせているが，その部分はかならずしも図が整合しない。またロシア製図の翻刻であるこ
とが明記される。東南端に北海道を図示するが，その海岸線はなお今日のものと大きく違っている。
クルーゼンシュテルンの描いた蝦夷の図の海岸線が，これによく類似しており（Krusenstern 1813a:

：Ca.1838: 24)，「露國版東西伯利亞圖」の元図が，海図に接することが少なかったと考えられるロシアの陸軍によって作製された可能性をうかがわせる。なお下部右よりに幅54.4センチの突き出た部分がある。これは朝鮮の北端部に接する沿海州の南端部を図示するためと思われる。この図が翻刻された背景は不明であるが，つぎにとりあげる「満洲全圖」と同じ168万分の1の縮尺であるのは，基本的に同じ元図によるからと思われる[27]。

　「満洲全圖」は2種類あるが，1894年版は1890年版の中央部のみを印刷したもので，定価40銭とされている点からしても，日清戦争の開戦にあわせて印刷・公開されたものと思われる。以下では1890年版について述べる。

　やはり円錐図法により，東は東経144度，西は同112度付近までを，南は北緯38度付近から，北は同54度付近までを図示し，山地は茶色，水界は青で着色されている。右下に下記のような文言がある。

　　　本圖ハ大体ヲ魯版ノ東悉伯里全圖ニ基ツキ沿岸ハ魯英両國ノ海軍測量圖ヲ以テ之ヲ補足ス其都
　　　城及ヒ沿道ノ如キハ概シテ遊歴諸氏ノ報告スル所ニ因ツテ之ヲ取捨記入ス……
　　　　　　参謀本部編纂課
　　　　　　　陸軍　　屬木下　賢良編輯
　　　　　　　陸軍技手堀越恒四郎製圖

ロシア製の東シベリア図にもとづきながら，ロシアとイギリスの海図を使い，都市や交通路については，満洲地域に派遣された陸軍将校のもたらした情報（本書第4章以下参照）も利用したわけである。編集した木下賢良は陸軍満洲語学生徒としてウラジオストクなどに留学していた（アジア歴史資料センター資料，Ref. C07080349300など）[28]。

　なお中国（清国）では，やはりロシア製の原図（1884年刊とされる）を利用して「中俄交界全圖」が1890年に刊行されている。その縮小した複製は（林編 2013：362-363），「露國版東西伯利亞圖」と類似する点が多い。「満洲全圖」の元図も合わせて，今後相互関係を検討すべきであろう。

　「支那全圖」にうつろう。この図も小縮尺の彩色図で，民間に販売されたと考えられる。関連して注目されるのは，左下の枠外に，印刷出版を参謀本部，発行人を東京市京橋区在住の宇津木信夫としている点である。宇津木は他の地図の発行人もつとめており，民間公開用の地図の販売をひろく引き受けていたと考えられる。この種の地図の刊行が，軍から民間に移行しつつあったことをうかがわせる。

　本図では，チベットをふくむ清国の領土を中心に東側に日本列島を配置する。左下の囲みにはつぎのような文言がある。

　　　本圖ハ大体ヲ英版ノ亞細亞全圖ニ取リ旁ラ最近ノ魯版中央亞細亞圖英人金（キーン）氏ノ亞細
　　　亞全誌獨逸版萬國圖英版印度圖及支那一統輿圖等ヲ採撮シテ編製セシ者トス其山脈河江ノ如キ

ハ概シテ亞細亞全誌ニ基キ遊歷諸氏ノ紀行ヲ以テ之ヲ補フ其名稱ノ如キハ一統誌及水道提綱ニ
因テ塡註スト雖トモ間〻亦支那音ヲ以テ譯記セシモノアリ是レ歐人記スル所ノ名稱ニシテ支那
誌中ニ之レナキヲ以テナリ

明治廿四年六月　　　校閱　陸軍編修書記　下村修介

　　　　　　　　　　編輯　陸地測量手　松本安四郎

　さまざまな情報源を使用しており，中国大陸の偵察を行った陸軍将校の紀行文も参照している点は，
上記「滿洲全圖」と同様である。またキーン（Augustus Henry Keane［1833-1912 年］と思われる）
のアジア地誌の使用，地名の表記の問題など興味ぶかいものがある。なお，この図の校閱にたずさ
わった下村修介は，1877 年の朝鮮への使節団に参加するほか（小林・岡田 2008），上記木下賢良と
ともに『滿州地誌』（支那地誌第 15 巻，参謀本部 1886）の編集にあたっており，その活動が注目さ
れる。

　こうした参謀本部が民間に供給してきた編集図は，情報源の増加とともに，徐々に民間の刊行す
る地図にとってかわられていったと考えられるが，このプロセスについては，さらに検討する必要
がある。近代地図の整備が遅れた東アジアでは，この種の図はまず国家機関によって整備されたこ
とに留意しておきたい。

6．清國沿海各省圖

表 2-4　清國沿海各省圖

	タイトル	作製年月	サイズ（cm）	縮尺	作製機関	所蔵機関・資料番号
1	直隷山東両省全圖	1879	144.8 × 116.7	1/700,000	図に記入なし	大阪大学人文地理学教室 292.211CHO
2	（清國）江蘇省全圖	1879	81.3 × 94.5	1/700,000	日本参謀本部	大阪大学人文地理学教室 292.221SAN
3	福建省全圖	1879	116.4 × 98.3	1/700,000	日本参謀本部	国立国会図書館 YG915-26
4	（清國）廣東省全圖	1879 ～ 1780 ?	118 × 136	1/700,000	日本参謀本部	国立国会図書館 YG915-24
5	（清國）湖南省全圖	?	99.0 × 83.8	1/700,000	図に記入なし	国立国会図書館 YG913-2368
6	（清國）山西省全圖	1887 上版	141.9 × 80.1	1/700,000	参謀本部陸軍部測量局	国立国会図書館 YG913-190
7	安南東京全圖	1884	54.2 × 73.8	1/700,000	大日本参謀本部	国立国会図書館 YG913-221

注：直隷山東両省全圖，福建省全圖，江蘇省全圖の刊行年については，アジア歴史資料センター資料 Ref. C07080130800，
　　広東省の作製年月については，同 Ref. C07080172500 による。安南東京全圖については，『陸軍省年報』（龍溪書舍，
　　1990 年刊）掲載の刊行年を示す。

初期編集外邦図に関連してもうひとつふれておかねばならないのは，清国の各省について作製された地図である（表2-4）。はじめは「清國沿海各省圖」として作製され，「沿海輪廓ハ英國海圖ニ基キ且内部者一統輿圖及道中記等ヲ以テ毎省切圖ニ調製」するように指示された（アジア歴史資料センター資料，Ref. C07080084800)[29]。海岸部を外国製の海図により，内陸部を当該地域の地図により作製するという手法は，すでに「朝鮮全圖」や「清國沿海諸省圖」の場合でみたが，清国の各省図についても適用された。

ここでも内陸部については「一統輿圖」が登場し，旅行記類も参照したとするが，「清國江蘇省全圖」（70万分の1）の場合，上記「皇朝中外壹統輿圖」に類似せず，他の地図によったと考えられる。これ以外に原図になったものの候補として，曽國藩・丁日昌撰の「江蘇全省圖」（1868年，約10万分の1[30]）があるが，よく類似せず，むしろ刊行時期が遅い「江蘇全省輿圖」（1895年，清代古地図集／古道編委員編2005）に類似することとなった。この背景については，さらに検討する必要があるが，原図はむしろ欧米製の中国図（Kobayashi 2016; Narumi and Kobayashi 2016 参照）である可能性が高い。

ところで，清国沿海各省図の対象になったのは，直隷・山東，江蘇，安徽，浙江，福建・広東，広西の各省であったが，表2-4に示すように，まだその所在を確認できていないものがある。また湖南省や山西省についても，時期はやや遅いが，類似した様式と同じ縮尺で刊行されたものがあり，さらに探索をすすめる必要がある。くわえて，「安南東京全圖」のように，清国固有の領域外についても図を作製している。この場合は，地名等の表記からみてフランス作製の図に全面的に依存したと考えられる。

なお，いずれの図でも経緯度を記入しているのは，海図を基本的な枠組として使用したからであろう。また，すべての図についてみられるわけではないが，図の周辺には小さな囲みをつくり，そこに都市図を示している。上記「清國江蘇省全圖」の場合は，「南京江寧府城之圖」（8万5000分の1），「蘇州府城之圖」（2万6000分の1），「上海略圖」（5万分の1）を左下に配置している。清代の各省に関する地図作製は，1886年にはじまったという指摘がある（礪波2007）。このような角度からも，この一群の図を評価する必要があろう。

本図群は，別の資料から参謀本部設立後，管西局長の桂太郎の指示で作製されたことがあきらかである。その経緯については第4章第3節でふれたい。

7．むすびにかえて

本章の冒頭では，初期編集外邦図は既存の地理情報によることを指摘したが，これまでの検討により，この地理情報の性格が明確になってきた。まず欧米諸国が作製した海図が大きな役割を果たしていたことがあきらかである。欧米諸国の東アジアにおける測量史を検討し，一部初期編集外邦図と比較してみた結果（Kobayashi 2015; Narumi and Kobayashi 2015）からも，その具体的様相が

みえはじめた。天測を軸とする海図は，それまでよりはるかに精確な海岸線を示し，初期編集外邦図の骨格をつくったわけである。中国大陸や朝鮮半島の内陸部については，両地域の伝統的な地図に依存したが，この骨格によってはじめて，経緯度や縮尺をともなう，近代的な装いをもった地図が作製できたといえよう。また台湾南端の内陸部のような，清国側の図がないような地域については，ルジャンドルの探検的な調査による図が利用されたことも，欧米の地理情報への依存を示すものであろう。

　もう一つ指摘しておくべきは，『朝鮮近況紀聞』の表の注記が示すように，同時代の情報が入手できず，古い情報で補わねばならないこともあった点である。この時期には，秀吉の朝鮮出兵の際にえられた地図の献納を受けるほか，フランスの宣教師ダレの『朝鮮教会史』（原著仏文，1874年刊）の翻訳などが行われた（小林・岡田 2008，本書第3章）。鎖国体制がつづいた朝鮮に関する情報の乏しさを克服するのは，容易なことではなかったわけである。

　ともあれ，このようにして準備された初期編集外邦図により，東アジア地域の地理情報が統合整理されていくことになった。日本陸軍に参謀本部が設置され，中国大陸の偵察と簡易な測量のために若い将校たちが最初に送り込まれたのは1879年であった。また朝鮮で同様の偵察と測量は，壬午事変をうけて1883年から開始される（小林・渡辺・山近 2010，本書第4章，第5章）。彼らの作製した測量図に，こうした初期編集外邦図の利用が記されることがあるのは[31]，その偵察や測量作業がこれらの地図を基礎にしていたことを示している。この点もふくめ，さらに初期編集外邦図の探索と検討をすすめたい。なお，これに際して，編集図のもととなった欧米諸国製や中国製，朝鮮製の地図の探索がさらに必要なことは，あらためていうまでもない。

［付記］
　本稿ができるまで，外邦図研究会の皆様，国立公文書館，国立国会図書館地図室・憲政資料室の係の方にはさまざまな形でお世話になった。またアメリカ議会図書館地理・地図部ならびに同国立公文書館地図・建築部では，閲覧や写真撮影に便宜を図っていただいた。本稿にむけた研究には，国土地理協会の助成ならびに科学研究費，基盤研究（A）（課題番号，JP14208007，JP19200059 および JP24240115）および基盤研究（C）（課題番号，JP24501299）を使用した。記して感謝したい。

注
1）　フランス海軍のアロー戦史は Pallu, L.（rédig.）（1863）および Pallu, L.（direct.）（1863）として刊行されたが，後者の付図は日本では翻訳刊行されなかったようである。また同陸軍のアロー戦史は，Dépôt de la Guerre（rédig.）（1862）として，また付図は Dépôt de la Guerre（rédig.）（1861-1862）として刊行された。
2）　フランス陸軍の『佛國陸軍清國遠征日誌附圖』は国立国会図書館の近代デジタルライブラリーでマイクロフィルムに撮影されたモノクロ画像をデジタル化したものみることができるが，古書として購入した大阪大学所蔵本を参照した。近代デジタルライブラリーは，入手困難な書籍を参照するのにたいへん便利であるが，今後カラー画像への対応を望みたい。
3）　1838 ～ 1842 年に太平洋で行われた United States Exploring Expedition における測量技術を検討し

た Burnett（2009）は，この時期までに欧米諸国の測量技術者のあいだで共通した測量器具とそれにともなう技術，さらに測量に対する態度や倫理観が成立していたとし，その目標を "positional accuracy" と表現した。ここではこの用語を援用している。

4）假製東亞與地圖は，作製後まもなく一般に公開された（1894年）。

5）この図の写真については，國立臺灣博物館主編（2007：132），頼・魏（2010：64-65）ならびに Le Gendre（2012：382-383）を参照。

6）「壬申九月廿三日外務卿副島種臣米利堅合衆國公使シイデロングえ應接記の内」（外務省編 1955：5）.

7）林（2009：46）は，イギリスの 1845 年の測量成果にもとづき、1873 年 4 月に復刻されたものとしている。

8）国立公文書館の資料番号は 177-0021。

9）「12.12 外務省より益満邦介於清国買入白川の図代戻入の件」1874 年 12 月 2 日。

10）『唐土名勝圖會』は近年刊行された北京の古図集にも収録されている（《北京歴史興図集》編委会，2005: 99-115）。

11）「渡辺与一郎北京ヨリ田辺太一外九名該地着并公使総理衙門応接云々来翰」1874 年 9 月。

12）「直隷湾北河総図出版に付届」1875 年 10 月。

13）ビーズリー（2000）では，船名がアクタイオン号，ダブ号と，ジョン・ワードはジョン・ウォードと表記されている。

14）このアメリカ海図のタイトルは *Approaches to Seoul River* と *Salée River with the Fort Taken by a Force from the Asiatic Fleet* である。二図をあわせて掲載し（64.6 × 86cm），印刷図を手書きで模写した国立国会図書館蔵図［YG-アジア-Z-2-32］には「朝鮮國小陵河口近傍実測圖」というタイトルが付されている（図 3-1 を参照）。

15）国立公文書館内閣文庫，ヨ 558-0088-100.

16）国立公文書館内閣文庫，ヨ 558-0088-198.

17）フランス艦隊の図は，国立国会図書館蔵，*Plan croquis de la rivière Hang-Kang ou de Séoul depuis son embouchure jusqu'à Séou*l（72.5 × 104.5cm 日本語タイトル「漢江口ヨリ京城ニ至ル河圖」，ただし印刷図を手書きで模写［YG-アジア-Z-2-28］）。

18）この図は，上記「朝鮮東海岸圖」（1876 年刊）の元図である。

19）この図は島根大学が画像を公開している。
http://museum-database.shimane-u.ac.jp/specimen/detail/186920150214125433

20）1882 年に刊行された日本海図（「大同江」と「大東江」）は，英国海図 1257 号の「覆版」（翻訳）であるが，前者の元図は明らかにこのアメリカ海図 224 号である（ただしその西端部分を削除している）。

21）注 14 を参照。

22）注 17 を参照。

23）「朝鮮全図同附録同近況紀聞同上（陸軍停年名簿編纂概測刻成届）」1875 年 12 月 28 日。

24）この図はドイツの地理学雑誌 *Petermanns Geographische Mitteilungen* 29（10）の付図として刊行された。

25）Washington, D.C.: Norris Peters 刊。

26）『陸地測量部沿革誌』は「亞細亞東部興地圖」が「兵要地理日本小誌」の付図である「大日本全圖」とともに好評を博したとしている（陸地測量部，1922：7）。

27）168 万分の 1 の縮尺は 1 デュイム（0.0254 センチ）で 40 ヴェルスタ（1 ヴェルスタは 1.067 キロメートル）を示すので 40 露里図ということになる（金窪，2010 参照）。

28）「加藤繽他満洲語学生徒申付等の件」1880 年 4 月。

29）「清国沿海各省図製作の方法」参謀本部大日記，1879 年 1 月。なお「清国分省図」という名称が佐藤（1992a）によって使われている。

30）アメリカ議会図書館地理・地図部蔵，資料番号 G2308.J48 Z3 1868 Vault（LC Control No. 2002626744）による。

31）アメリカ議会図書館蔵「両江楚浙五省行路圖」第 1 号，砲兵中尉玉井曨虎，明治 16 年，（資料番号 G7821 .P2 S100 .T3 Vault）の注記には，「江蘇省全圖」の利用にふれている。

参考文献

バード，イザベラ著，井上紘一訳　1992.『朝鮮旅行記』平凡社（東洋文庫，547）.

エスキルドセン，ロバート　2001.「明治 7 年台湾出兵史料について：在台北国立中央図書館台湾分館の収蔵物評価」東京大学史料編纂所研究紀要 11：53-60.

王自強主編　2007.『中国古地図輯録，福建省-台湾省輯』北京：星球地図出版社.

王存立・胡文青編　2002.『台灣的古地圖：明清時期』新店：遠足文化.

小川琢治　1904.「日清交戦地方の主要なる地図に就いて」地學雑誌 16：260-264.

外務省編　1955.『日本外交文書（10）第 7 巻』日本外交文書頒布會.

金窪敏知　2010.「ロシア軍による日露戦争戦場の地図作製」外邦図研究ニューズレター 7：9-27.

キム、キヒョク　2008.『釜山古地圖』釜山：釜山広域市（韓文）.

栗原純　1978.「台湾事件（1871 ~ 1874 年）：琉球政策の転機としての台湾出兵」史学雑誌 87(9)：1328-1353.

具良根　1997.「日本外務省七等出仕瀬脇壽人と外國人顧問金麟昇」韓日關係史研究（韓日關係史研究會）7：116-163（韓文）.

洪英聖　2002a.『畫説康熙台灣輿圖』台北：聯經.

洪英聖　2002b.『畫説乾隆台灣輿圖』台北：聯經.

國立臺灣博物館主編　2007.『地圖臺灣：四百年來相關地圖臺灣』台北：南天書局.

小林茂　2009.「『外邦測量沿革史　草稿』解説」（『『外邦測量沿革史　草稿』解説・総目次』不二出版）3 -27.

小林茂　2011.『外邦図：帝国日本のアジア地図』中央公論社（中公新書 2119）.

小林茂・岡田郷子　2008.「十九世紀後半における朝鮮半島の地理情報と海津三雄」待兼山論叢　日本学編（大阪大学文学会）42：1-26.

小林茂・岡田郷子・渡辺理絵　2010.「東アジア地域に関する初期外邦図の編集と刊行」待兼山論叢　日本学編（大阪大学文学会）44: 1-32.

小林茂・渡辺理絵・山近久美子　2010.「初期外邦測量と日清戦争」史林（史学研究会）93(4)：473-505.

小林隆夫　1994.「台湾事件と琉球処分(I)(II)」政治経済史学 340：1-16; 341：13-32.

参謀本部　1986.『滿洲地誌』国書刊行会 .

崔書勉　1978.「日本外務省御雇外国人『金麟昇』について」韓 7(6)：94-112.

佐藤侊　1991a.「陸軍参謀本部と地図課・測量課の事績：参謀局の設置から陸地測量部の発足まで，1」地図（日本国際地図学会）29(1)：19-25.

佐藤侊　1991b.「陸軍参謀本部と地図課・測量課の事績：参謀局の設置から陸地測量部の発足まで，2」地図（日本国際地図学会）29(3)：27-33.

佐藤侊　1991c.「陸軍参謀本部と地図課・測量課の事績：参謀局の設置から陸地測量部の発足まで，3」

地図（日本国際地図学会）29（4）：11-17.

佐藤侊　1992a.「陸軍参謀本部と地図課・測量課の事績：参謀局の設置から陸地測量部の発足まで，4」地図（日本国際地図学会）30（1）：37-44.

佐藤侊　1992b.「陸軍参謀本部と地図課・測量課の事績——参謀局の設置から陸地測量部の発足まで，5」地図（日本国際地図学会）30（4）：15-26.

佐藤侊　1993.「陸軍参謀本部と地図課・測量課の事績：参謀局の設置から陸地測量部の発足まで，6」地図（日本国際地図学会）31（2）：28-46.

清代古地図集／古道編委員編　2005.『江蘇全省地図』西安：西安地図出版社.

測量・地図百年史編集委員会　1970.『測量・地図百年史』日本測量協会.

高橋秀直　1989.「壬午事変と明治政府：江華島条約より壬午事変までの朝鮮政策の展開」歴史学研究601：1-17.

趙栄・楊正泰　1998.『中国地理学史（清代）』北京：商務印書館.

礪波護　2007.「中国の分省地図：陝西省図を中心に」藤井讓治・杉山正明・金田章裕編『大地の肖像，絵図・地図が語る世界』京都大学学術出版会，425-447.

ビーズリー，W. G.　2000.「衝突から強調へ：日本領海における英国海軍の測量活動（1845-1882）」木畑洋一ほか編『日英交流史 1600-2000，1，政治外交1』東京大学出版会，99-121.

《北京歴史輿図集》編委会　2005.『北京歴史輿図集，第一巻』北京：外文出版社.

モース，H.B. 著・外山軍治訳　1965.『太平天国異聞』創元社.

安岡昭男　1996.「花房義質の朝鮮奉使」岩瀬義光・広瀬順晧・堀口修編『花房義質関係文書』北泉社，11-35.

頼志彰・魏徳文　2010.『臺中縣古地圖研究』臺中縣：臺中縣文化局.

ラペルーズ（著）小林忠雄（訳）　1988.『ラペルーズ世界周遊記：日本近海編』白水社.

陸軍文庫　1877.『佛國海軍遠征日記』陸軍文庫.

陸軍文庫　1884a.『佛國陸軍清國遠征日誌』陸軍文庫.

陸軍文庫　1884b.『佛國陸軍清國遠征日誌附圖』陸軍文庫.

陸地測量部編　1922.『陸地測量部沿革誌』陸地測量部.

李燦著，楊普景監修，山田正浩・佐々木史郎・渋谷鎮明訳　2005.『韓國の古地圖』ソウル：汎友社.

林春吟　2009.「台湾出兵から日清戦争までの日本製台湾地図に関する一考察」地域と環境（京都大学人間・環境学研究科）8・9：43-54.

林天人編　2013.『皇輿捜覧：美國國會圖書館所藏明清輿圖（Reading Imperial Cartography: Ming-Qing Historical Maps in the Library of Congress）』台北：中央研究院數位文化中心，ワシントン：美國國會圖書館.

渡辺理絵・山近久美子・小林茂　2009.「1880 年代の日本軍将校による朝鮮半島の地図作製：アメリカ議会図書館所蔵図の検討」地図（日本国際地図学会）47（4）：1-16.

Blakeney, W. 1902. *On the Coasts of Cathay and Cipango Forty Years Ago*. London: Elliot Stock.

Burnett, G. 2009. Hydrographic discipline among the navigators: charting an "empire and science" in the nineteenth century Pacific. In *The Imperial Map: Cartography and the Mastery of Empire*. ed. J. R. Akerman, 185-259, Chicago: University of Chicago Press.

Dépôt de la Guerre（rédig.）1861-2. *Atlas de l'expédition de Chine en 1860: d'après les documents officiels*. Paris: Dépôt de la Guerre.

Dépôt de la Guerre（rédig.）1862. *Relation de l'expédition de Chine en 1860: d'après les documents*

第2章　東アジア地域に関する初期外邦図の編集と刊行

officiels. Paris: Imprimerie Impériale.

Eskildsen, R. ed. 2005. *Foreign Adventurers and the Aborigines of Southern Taiwan, 1867-1874: Western Sources Related to Japan's 1874 Expedition to Taiwan*. Taipei: Institute of Taiwan History, Academia Sinica.

Griffis, W. E., 1882. *Corea, the Hermit Nation,* New York: Charles Scribner's Son.

Hayes, D. 2001. *Historical Atlas of the North Pacific Oecean: Maps of Discovery and Scientific Exploration 1500-2000*. London: British Museum Press.

Heynen, W. J. 1978. *United States Hydrographic Office Manuscript Charts in the National Archives 1838-1908*. Washington: National Archives and Records Service.

Hsia, L. M. and Ethan, J. 2008. *Hou Shan* in maps: Orientalism in Taiwan's geographic imagination. *Taiwan in Comparative Perspective* 2: 1-20.

Kobayashi, S. 2015. Imperial cartography in East Asia from the late 18th Century to early 20th century: An overview. *Jimbun Chiri* (*Japanese Journal of Human Geography*), 67(6): 480-502.

Krusenstern, I.F. 1813a. *Atlas k putešestviju vokrug sveta kapitana* [*Ivan Fedorovič*] *Kruzensterna*. Sanktpeterburg: Morskoi Tip. [Repinted original copy of Tenri Central Library in 1973 from Yushodo, Tokyo].

Krusenstern, I.F. ca.1838. *Atlas de l'ocean Pacifique, Tome 2. Hémisphère Boreal*. Saint-Pétersbourg: L'imprimerie du Départment de L'instruction Publique.

Ledyard, G. 1994. Cartography in Korea. In *The History of Cartography, Volume 2, Book 2*, edited by J.B. Harley and D. Woodward, 235-345, Chicago: University of Chicago Press.

Le Gendre, C. W. [Fix, D.L. and Shufelt, J. eds.] 2012. *Notes of Travel in Formosa*. Tainan: National Museum of Taiwan History.

Lensen, G.A. 1955. *Russia's Japan Expedition of 1852 to 1855*. Gainesville: University of Florida Press.

Meinheit, H. E. 2015. The consul's maps: Diplomacy, cartography and Japan's 1874 Formosa Expedition. *Portolan* 94: 7-24.

Narumi, K. and Kobayashi, S. 2015. Imperial mapping during the Arrow War: Its process and repercussions on the cartography in China and Japan, *Jimbun Chiri* (*Japanese Journal of Human Geography*) 67(6): 503-523.

Pascoe, L.P. 1972. The British contribution to the hydrographic survey and charting of Japan: 1854 to 1883. In *Researches in Hydrography and Oceanography in Commemoration of the Centenary of the Hydrographic Department of Japan*. Ed. D. Shoji, 355-386, Tokyo: Japan Hydrographic Association.

Pallu, L. (rédig.) 1863. *Relation de l'expédition de Chine en 1860: d'aprës les documents officiels*. Paris: Imprimerie Impériale.

Pallu, L. (direct.) 1863. *Expédition de Chine en 1860: Atlas d'aprës les documents officiels*. Paris: Dépôt de la Marine.

Seymour, W.A. ed. 1980. *A History of the Ordnance Survey*. Folkestone, Kent: Dawson.

Swinhoe, R. 1859. Narrative of a visit to the islands of Formosa. *Journal of the North-China Branch of the Royal Asatic Society*, 1(2): 145-164.

Wolseley, G. J. 1862 *Narrative of the War with China in 1860*. London: Longman, Green, Longman, and Roberts.

第3章　19世紀後半における朝鮮半島の地理情報の収集と花房義質

小林　茂・岡田郷子・鳴海邦匡

1．はじめに

　日本の外邦図のなかで初期の編集によるものを検討すると，その図示する対象は近隣の中国（清国）および朝鮮に集中していたことがわかる（本書第2章）。日本と清・朝鮮両国は江戸時代には近隣国としてそれぞれ相互に長期間安定した国際関係を維持してきた。しかし近代になって，西欧諸国がつくりあげてきた国際的枠組みにしたがった外交関係に転換されるとともに，とくに清国との関係については琉球の帰属のような未解決の課題もあり，緊張したものへと変化してきた（坂野1973：372-381）。日本と清・朝鮮両国との間では，通商関係だけでなく，武力行使の可能性も考えられるようになったのである。他方それ以外の国や地域は，遠隔地となるだけでなく，西欧諸国の作製した海図などの地理情報も整備されつつあり，さしせまって地理情報を収集する必要はないと考えられていたとみてよい[1]。

　ただしこの場合留意すべきは，日本と清・朝鮮両国との関係は同一というよりは，むしろ大きな差があったという点である。清国との関係からみると，その西欧との関係がアヘン戦争以後，とくにアロー戦争にいたって大きく変化した。北京には西欧諸国の公使館が置かれるほか，開港地には領事館も開設され，また清国側には總理各國事務衙門のような外交を担当する機関が設置された。さらに主に西欧人によって運営される海関も整備されて，近代的な外交・通商関係が実現されつつあった。西欧諸国と清国の武力衝突を含む交渉の結果できあがったこうした枠組みにあわせて，日本は清国との外交関係を転換した（坂野1970：242-247；坂野1973：234-267）。地理情報という点から見ても，アロー戦争など戦時における西欧側の測量の急速な進展とともに部分的ながら清国の主要地域について近代地図が作製されており，日本はこの成果を利用しつつ外邦図作製を進めることができたわけである（Narumi and Kobayashi 2015，本書第2章）。

　これに対して朝鮮の場合は，西欧諸国との関係はまだこの段階にまで展開していなかった。朝鮮は外交・通商関係をもとめる西欧諸国との接触を嫌い，朝鮮側で「丙寅洋擾」や「辛未洋擾」と呼

第3章　19世紀後半における朝鮮半島の地理情報の収集と花房義質

ばれる武力衝突が発生していた（坂野 1973：377-379；李 2006：405-410, 413-416）。前者は 1866 年の
フランス艦隊との衝突，後者は 1871 年のアメリカ艦隊との衝突で，いずれも漢江河口部，とくに
江華島がおもな戦場となった。こうした事情もあって，西欧側の地理情報収集も充分に進んでおら
ず，1872（明治 5）年以後朝鮮との交渉にあたった日本の外務省の高官，花房義質（1842-1917）は
その頃の事情をつぎのように回想している。

　　　私共が最初朝鮮に参つた時は釜山に参つたので，丁度明治五年であつたが，餘り古い時から御
　　話するには及ばぬ，十年から十五年の間には年々京畿道にも慶尚道にも通ひ，咸鏡道にも参つ
　　た，其時分はまるで地圖がない，唯簡短なものが出来て居つたので，それを當てにする，外に
　　は何もなく唯僅かに元山の邊などが明かになり，所安島の邊ぢやの，仁川から漢江へ入つて，
　　京城へ行く漢江筋などがヤヽ明かになつて，往返り出来る様になつた，（後略）（花房 1908）

ここで東海岸の元山は外交交渉の結果開港地となったところ，所安島は全羅南道の南端部に位置す
る島，さらに仁川から漢江をさかのぼるのは京城（ソウル）への重要なルートであった。こうした
要地についてすら，はじめは充分な地理情報がなかったのである。
　朝鮮半島全体についても，東海岸については，ブロートンやプチャーチンらの測量船の活動によ
ってほぼ全容が把握されていたが（Broghton 1804: 96, 322-361; Lensen 1955: 70-72），沿岸に島が多
く分布し，干満の差が大きく潮流の速い西海岸や南海岸については（水路部 1933：10-13），なお未
測量の部分が多かった。第二章で触れた「朝鮮全圖」（1875 年刊，1876 年改訂版刊）でもこの部分の
朝鮮本土の海岸線は確定したものが描かれていない。花房はやはり全羅南道南西部の重要港である
木浦について，つぎのように回想している。

　　　木浦は必要な所で，後日必ず貿易の港になるべき所であるから行つて見やうとしたが，何分港
　　が何處にあるやら海軍でも分らぬ，珍島の邊へ船を留めて三日も掛つて小蒸気を下ろして，頻
　　にやって見るけれども，とうとう見出し得ずして，まあ今度の時にしやうと云つて出て行つた
　　こともあった，（後略）（花房 1908）

木浦の調査は 1877（明治 10）年 9 月に外務卿の寺島宗則から花房に「内訓」として指示された（ア
ジア歴史資料センター資料，Ref. B03030184100[2]）。その使節団の記録（アジア歴史資料センター資料，
Ref. B0303018370）や参加した海軍少尉高杉松祺の記録（花房義質文書 404-1 の「海軍少尉高杉松祺所
送」）から，珍島から小さな蒸気船で木浦を探索するのに 2 日間を要したことがわかり，花房の記
憶の一部は正確とは言いがたいが，この文は自身で現地を視察できなかった気持ちを表していると
考えられる。朝鮮本土の半島や島の背後に位置する木浦への到達は本格的な海図なしでは容易では
なく，この使節団の報告書に添付された木浦の位置を示す略地図は，不備な地図や海図をおぎなう
ものであった（アジア歴史資料センター資料，Ref. B03030184400）。こうした朝鮮の地理情報の不足は，

当時開港の候補地を検討していた日本の外交団を悩ませたわけである。

　沿岸部すらこの状態なので，内陸部についても近代測量はおよんでおらず，清国の場合とは大きくちがって参照できるものがまったくないという状態であった。Lautensach（1988: 37-56）の示す西欧人による朝鮮調査の経過を見ても，その内陸部への到達は1882年のアメリカと朝鮮との国交開始以降となる[3]。

　このような状況のなかで，日本による明治初期の朝鮮の地理情報の収集は開始された。すでに花房義質の回想によって地理情報の不足をみたが，同時に江戸時代の朝鮮に対する関心のあり方もその蓄積に大きく関連していたと考えられる。同様に近隣地域の中国については，長久保赤水の「大清広興図」や「唐土歴代州郡沿革地図」のような地図やアトラス（海野 2005：522-548），さらには『唐土名勝図会』のような地誌が刊行され，また蝦夷（北海道）およびその周辺についてはひろく北方図といわれる地図が，探検や測量の成果を背景として整備されていた（船越 1976；秋月 1999など）。それぞれ別の関心を背景としていたとはいえ，これらの蓄積は以後の地図情報収集の基礎となったと考えられる。明治初期までの日本における朝鮮の地理情報の把握がどのようなものであったのかは，まだ本格的に検討されていないが，国内にのこる朝鮮図は，いずれも北部の鴨緑江・豆満江上流の扁平な図形から18世紀中期以降になると減少する朝鮮前期の地図類型（李 2005：505-506）に属すとみられる（河村 2009など）。中国との国境線もふくめて，朝鮮半島全体の把握が大きく進展する朝鮮後期の類型に属す地図の導入は明治初期まで行われなかったと推定される[4]。

　以上のような事情もふまえ，本章では日本による地理情報の収集を主にしながらも，欧米諸国の沿岸測量も考慮しながら検討を進めたい。以下ではまず日本国内で行われた情報収集について述べ，つづいて日本と朝鮮の外交交渉の経過のなかで行われた測量の展開を追跡する。さらに外務省の高官であった花房義質がこの過程および壬午事変の収拾局面で果たした役割に触れながら，それがどのような地理思想に支えられていたか検討する[5]。

　なお，本章で取り扱う初期の地理情報収集は壬午事変（1882年）までで，それ以降は少数の陸軍将校による主要交通路の実測とそれによる地図作製，さらに日清戦争・日露戦争を契機とする臨時測図部による大規模な地形図作製，そして韓国併合（1910年）後の土地調査事業における地籍図ならびに本格地形図の作製と展開する。壬午事変以後，地図作製の精度の向上や範囲の拡大，さらには組織の高度化が段階的に進行したわけである（谷屋［岡田］，2004）。そうした点で，本章で取り扱う時期は，陸上での継続的な測量実施の前段階となるが，外交交渉を機会に行われた沿岸測量を主体とした外邦図作製過程を示すものとして注目される。

2．国内における朝鮮半島に関する地理情報の収集

　すでにみたように，明治になってからの日本にとって，朝鮮の地理情報の不足は，外交関係の展開にとっても大きな問題であった。以下ではまず，日本が国内でおこなった情報収集活動について

検討する。

　まずとりあげたいのは，1872（明治5）年に釜山に派遣された上記花房義質の使節団の準備過程である。近世には対馬藩に任されていた朝鮮との外交は，明治維新後は外務省が担当するようになった。しかし，日本側がこの変更を通告しても，朝鮮側はさまざまな慣例に縛られていた対馬藩を介した外交の仕組みに固執した。こうした状況の打開にむけて，1872年の花房の使節団は釜山に設置されていた対馬藩の施設，和館（倭館）の接収を目的として派遣された（田保橋 1940：292）。これに際して留意されるのは，従来の使節が伝統的な和船で釜山に往復していたのに対し，前年（1871年）の使節は汽船に便乗し，さらに花房の使節では海軍の軍艦（春日艦）で往復したという点である（田保橋 1940：153, 227, 247, 269-271；安岡 1996）。欧米諸国の洋式船に強い反感をもつ朝鮮側は，前年の使節に対して汽船の使用を禁じていた[6]。このような朝鮮側に対しあえて軍艦を差しむけたのは，朝鮮外交や和館（倭館）の主体はもはや対馬藩ではなく明治政府であることを印象づけるためだったと考えられる。

　ただし，当時としては大型の軍艦をさしむけるに際しては，整備された海図が必要だったようで，春日艦の艦長は出発前に「朝鮮海圖」および「同國諸港圖」を他の必需品とともに支給するよう申し出ることになった（アジア歴史資料センター資料，Ref. C09111136400，1872年8月9日）。しかし海軍には朝鮮の海岸の「詳細之圖面」がないので，やむなく停泊中のロシア艦に外務省を通じて借用を依頼しようとするが[7]，ロシア艦は見つからず，外務省備品の海図を写すことになった。ところが横浜に停泊中のアメリカ船および上海の外国船から海図が貸与されることになり[8]，それも写している（アジア歴史資料センター資料，Ref. C09111110000；B03030170100）。

　ここで借用することになったのは，「米國ニテ朝鮮國ヲ攻撃之場所江華島之測量圖」あるいは「米佛ニテ朝鮮國ヲ攻撃ノ場所江華島ノ測量圖」とされるものにくわえて「朝鮮國都府近海測量圖」とされるが，あきらかに前章第4節で触れた「丙寅洋擾」および「辛未洋擾」に際して作製された図である。当時欧米諸国は武力衝突に際して，偵察やその後の戦闘や通行のためだけでなく，戦史の準備のためにも戦場とその周辺の地図や海図を作るのが普通で，これもその一環として作製されたと考えられる（Kobayashi 2015）。また日本側の要請に対してアメリカ船が協力的であったのは，やはり同様に朝鮮の開国をめざして努力を続けていたからであろう（Paullin 1910）。

　「丙寅洋擾」と「辛未洋擾」に関係する海図の系統はいくつかあると考えられるが，国立国会図書館が収蔵する「朝鮮國小陵河口近傍実測圖」という日本語のタイトルを持つ海図の写し（64.6×86cm，YG-アジア-Z-2-32）からその特色をみておきたい（図3-1）。2図をあわせて掲載するアメリカ製海図で，これとほとんど変わらない手描き図がアメリカ国立公文書館Ⅱにも収蔵されている[9]。

　2図のうち主な図（約15.5万分の1）は Approaches to Seoul River／Topography from the French／Soundings in June, 1871 by the Vessels of the Asiatic Fleet／Rear ADML John Rogers というタイトルとなる。地形はフランスが1866年に行った測量により，測深はアメリカのアジア艦隊（ジョン・ロジャーズ少将）によりソウル川（漢江）へのアプローチのルートを示している。上記のようにこの海域も干満の差が大きく，干潮時には広く干潟があらわれ，その間の水深の大き

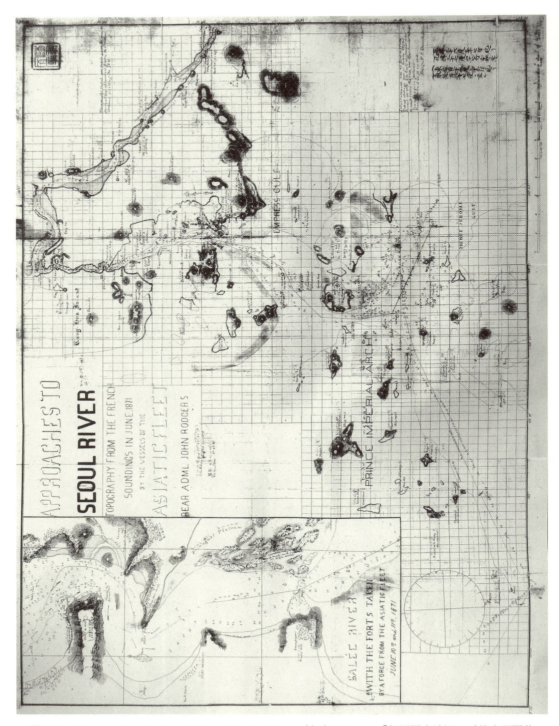

図 3-1 "Approaches to Seoul River/ Salée River"(和名タイトル「朝鮮國小陵河口近傍実測圖」)
(国立国会図書館蔵(YG-アジア-乙-2-32) 64.6 × 86.0cm)
本図は 1872 年にアメリカ船から借用した図の写しと考えられ,江華島事件(1875 年)に関する雲揚艦艦長の報告に見られる「カットル島」に相当する "Cattle I." の記載がある。

第 3 章　19 世紀後半における朝鮮半島の地理情報の収集と花房義質

な部分を選んで航行せねばならず，干潟の範囲と航行可能な部分の水深を詳細に記載している。

　他方この左上に配置された図（1.2 万分 1）は Salée River, with the Forts Taken by a Force from the Asiatic Fleet, June 10th and11[th], 1871 で，より大縮尺で，江華島と朝鮮本土との間の水路（漢江の河口部）の南端部分を図示している。この部分を大きく図示するのは，ソウルに向かう水路が屈曲する難所で，しかも「丙寅洋擾」だけでなく「辛未洋擾」でも戦場になったからと考えられる。高台に防衛のために朝鮮側が設置していた砦も記載する。また本図は，後掲の図 3-2 の中央部分について拡大して示すことを指摘しておきたい。

　この経過は当時の日本海軍に近隣諸国の海図がなかったことを示すことになるが，海軍部水路局が前年に設置されたばかりであることを考慮する必要がある（高橋・沖野 2006）。またこののち，大量の「英版各國諸港圖」を購入しようとしたのは（アジア歴史資料センター資料，Ref. C09111112000; C09111781100，1872 年 9 月および 1873 年 4 月），そうした状況を急速に改善するためだったと考えられる。なお春日艦は上記の海図だけでは釜山港に入港できなかったと考えられるが，同港については Broughton（1804: 96）をはじめとしてすでに海図が整備されており，それを参照した可能性も考えられる（第 2 章の「朝鮮全圖」改訂版の説明を参照）。

　以上のような欧米製海図の入手に関連して注目されるのは，1875（明治 8）年の 11 〜 12 月におこなわれた，お雇い外国人であったガストン・ガリーのフランス製海図の献納である（アジア歴史資料センター資料，Ref. A01100094600）。形式は献納であるが，かなりの謝礼金が払われており実質的には売買と思われる[10]。別の資料からわかる，海図の一覧を示したのが表 3-1 で，図の説明から元図が英国海図であったものもわかる。

　このうち 7 番は，国立国会図書館蔵（YG-アジア-Z-2-28）の Plan croquis de la rivière Hang-Kang ou de Séoul depuis son embouchure jusqu'à Séoul（72.5 × 104.5cm 日本語タイトル「漢江口ヨリ京城ニ至ル河圖」，ただし印刷図を手書きで模写）の元図と考えられる。江華島付近から首都の漢城にいたるルートを詳細に描く。刊行は 1868 年であるが，1866 年に Roze の命により作製と注記されている。1866 年は「丙寅洋擾」の年に当たり，ローズはフランス艦隊の司令官である。

　これに関連して，国立公文書館内閣文庫には『朝鮮西海岸并ニ「セウル」河ノ通船実測書』（178-476）と題する，上記フランス艦隊による水路誌の翻訳もみられることを付記しておきたい。航路の説明だけでなく，干満の差の大きなこの海域で強い潮流のなかをどのように操船するか詳しく説明している。この翻訳が行われた年代は，それが元老院の罫紙に書かれていること，さらに訳者のジブスケ（Albert Charles du Bousque）のお雇い外国人としての任期から見て（アジア歴史資料センター資料，Ref. A07060693400），ガストン・ガリーによる海図の献納が行われたころと推定される。

　つぎにこれらの点をふまえ，アメリカ議会図書館蔵の 1873 年刊のフランス海図目録および英国海図を検討したところ，表 3-1 に示したようにほぼ全部のフランス海図の原名（ただし目録掲載のためその一部が省略されている）が判明するほか，英国海図を元図にするものについても，明らかにそれに対応するものが発見された。これらの点から，ガストン・ガリーの提供した海図は当時最新の朝鮮に関するフランス製海図をカバーしていること，また当時のフランスは朝鮮関係の英国海図

47

表3-1 ガストン・ガリーの奉献した朝鮮関係海図

番号	名称	年代等	対応すると考えられるフランス海図	関係参考図
1	ハンホーア図	1867年水師提督ローズの命によって作製	2556号 Kang-Hôa, Bochet 1866. Pub. 1867.	—
2	ヘルナンド島碇泊場ノ図	1867年同氏の命によって作製	2555号 Mouillage de l'île Fernande, Bochet 1866, Pub. 1867.	—
3	ハミルトンルベー港ノ図	1845年刊行の図を1866年改正	2980号 Port Hamilton (Archipel de Corée), E. Belcher 1866, Pub. 1871.	China/ Korean Archiprlago/ Port Hamilton 1845, Pub. 1846, Additions to 1856 (英国海図1280号) (アメリカ議会図書館)
4	ハンホーア碇泊場ノ図	1866年11月水師提督ローズの命によって作製	2557号 Mouillage de Kang-Hôa, Humann, Suenson, Desfossés, Marliave. 1867. Pub. 1867. Corr. 1868.	—
5	サレー河ノ図 (第一ノ河)	1867年ローズの命によって作製	2618号 Rivière Salée Humann, Suenson. Desfossés. Marliave. 1867. Pub. 1867, Corr. 1868.	国立公文書館蔵「高麗西岸/鹽河之圖/第一」1867年佛国海軍圖庫製の翻訳、表3-2, 55号海図
6	サレー河ノ図 (第二ノ河)	1867年水師提督ローズの命によって作製	2619号 Rivière Salée Humann,Suenson. Desfossés. Marliave. 1867. Pub. 1867. Corr.1868.	国立公文書館蔵「高麗西岸/鹽河之圖/第二」1867年佛国海軍圖庫製の翻訳、表3-2, 53号海図
7	セウル (即ハンカン) 河ノ図并に下図	1866年ローズの命により作製	2745号 Rivière Han-Kang ou de Séoul, Bochet. 1866, Pub. 1868.	Plan croquis de la rivière Hang-Kang ou de Séoul depuis son embouchure jusqu'à Séoul (フランス海図2745号) (国立公文書館蔵 YG-アジア-乙ホ2-28) 国立公文書館蔵「高麗西岸/小陸河之略圖」1868年佛国海軍圖庫製の翻訳、表3-2, 59号海図
8	ボアセー島并ジエエル二湊ノ図	1866年ローズの命により作製	2747号 Mouillage de l'île Boisée et basin de Siéron, Bochet. 1866, Pub. 1867.	—
9	セウル河南西部上陸場ノ図	1866年ローズの命により作製	2750号 Atterrage S.O.de la rivière de Séoul, Bochet. 1866. Pub. 1868.	
10	アンビエ湾并ニエクスペジション及ヒノアゴルト小湾ノ図	1870年英国の製に倣う	2862号 Baies Expédition et Novogorod (golfe d'Anville), Pub. 1870.	?
11	朝鮮半島全図	1848年の製に係わる	1173号 Presqu'île de Corée, De La Roche -Poncié.	Carte de la Presqu'île de Corée dressée par Me. J de La Roche -Poncié, 1848 (フランス海図1173号) (アメリカ議会図書館) LCCN: unk84027369)
12	朝鮮南部群島ノ図	1871年英国水師提督刊行図に倣う	?	Preliminary Chart/ Korea/ Korean Archipelago/ Southern Portion, (30th June 1871, 英国海図104号) (アメリカ議会図書館)

資料：「千八百七十五年十一月三十日ジーガリーョリ日本政府ニ奉献献シタル朝鮮国東沿海図目録表」日本政府『朝鮮国東沿海図目録表』フランス海図の名称は、Catalogue par ordre géographique des cartes, plans, vue de côtes, memoires, instructions nautiques, etc. qui composent l'Hydrographie Française. Ministère de la Marine et de Colonies (No 514)．Paris: Imprimerie Nationale, 1873による。

の翻訳刊行（覆版）も行ってそれを充実させていたことが確認された。後述するように，このガストン・ガリーの提供海図の一部がすぐに翻訳刊行されて，日朝修好条規締結の交渉にあたった黒田清隆の率いる使節団が持参することになったのは，その有用性を示している。

このような状態からすれば，西欧諸国が作製した当時最新の地誌や地図への関心がたかまるのは当然である。フランス人神父，ダレ著の『朝鮮教会史』の導入書（Dallet 1874）への注目と翻訳のプロセスは，それをよく示している。すでに釜山の倭館に関連する交渉にたずさわり，その後の対朝鮮外交で活躍する花房義質は，榎本武揚駐ロシア公使とともにペテルスブルグに滞在したおり，この書物の刊行を知った。早速フランスから原著を入手して，長崎海軍伝習所の医師を勤めたあと，ペテルスブルグでは榎本の外交顧問を務めていたポンペ（1829-1908）に依頼して，オランダ語に必要部分を抄訳させ，さらにこのオランダ語訳を榎本が日本語に翻訳し，口述したものを花房が書き取って，はやくも 1876（明治 9）年に『朝鮮事情』として刊行している（榎本重訳 1876，梶村1979）。原著の入手や翻訳作業は海外でおこなわれたものではあるが，この書物が当時としては比較的くわしい朝鮮半島全体を示す地図を付していたことも，注目された理由と考えられる。

やや時期が遅れるが，釜山に在勤した外交官，近藤眞鋤が朝鮮の伝統的な地誌を読んで，その抄訳を『朝鮮八域誌』として 1881（明治 14）年に刊行したのは，上記榎本武揚らの翻訳に刺激を受けたものであった（青華山人著・近藤和解 1881 序文）。榎本らの翻訳には地理に関する記載が少ないので，『朝鮮八域誌』を刊行するとしている。この抄訳は，朝鮮国内で著述された地誌の最初の翻訳刊行書となると考えられる（櫻井 1979：131-134 参照[11]）。

このような状況なので，日本国内にあった朝鮮関係資料も参照の対象となった。1874（明治 7）年 11 月に陸軍からの依頼により地理寮地理課は『對馬紀事』などの書物・地図を貸与している。ただしこの中には朝鮮で編集された地誌類は見当たらず[12]，上記近藤の翻訳刊行の意義はなお大きかったと考えられる。

関連して，秀吉による文禄・慶長の役以来保存されていた地図までも，朝鮮半島の地理情報として収集しようとしたことにも触れておきたい。1874（明治 7）年 7 月，これに応じて，近世初頭以来保存してきた「朝鮮国繪圖」の写しを，三田藩士族が兵庫県を通じて献呈したところ，太政官正院はこれを「奇特」として報奨金を下賜している（アジア歴史資料センター資料，「兵庫県士族野津茂朝鮮国絵図献上願ニ付伺」，Ref. A01100072100）。その添書では，この元図は，寄贈者の「家祖其藩祖九鬼嘉隆ニ随従シ豊公征韓之役彼地ニ於テ所獲之地圖」とし，「八道切繪圖」で，「内地里程表」を付しており，ふつうにみられる地図とちがい，すぐれているように見受けられると述べている。各地方（道）を別々に図示する点や里程を示す点は，時期が 18 世紀中期と大きくずれるが，『韓国の古地図』に掲載されている「東國地圖」（李 2005：114-117）と同形式であったと考えられる。

すでに第 2 章でも触れたように，「朝鮮全圖」（陸軍文庫，1875 年刊）や「朝鮮江華島圖」（1876 年刊）の編集や印刷は，このような情報収集を背景にしていたと考えられる。他方，すでに一部見たような朝鮮開国に関連する交渉の過程で行われた地理情報の収集も，その素材を急速に増加させていった。以下，これに焦点を合わせたい。

3．朝鮮開国に関連する交渉と地図作製

　日本と朝鮮の外交関係の近代化への努力は明治維新直後から開始されていたが，そのなかで地理情報の入手に向けた活動がはっきりわかるのは，やはり 1872 年に派遣された花房義質を代表とする釜山への使節団からである。第 2 章第 4 節で触れたように，日本海軍水路寮が 1873（明治 6）年 10 月に刊行した「朝鮮全圖」（第 2 章および表 3-2 を参照）の元図は前年に春日艦の航海のおりに朝鮮で得たものとされており，その乗組員が釜山で得たものと推定される。古いタイプの地図ではあるが，おもに欧米製の地図（海図）だけからではわからない現地の地名を知るために収集されたと考えられる。刊行された「朝鮮全圖」は，海外の地域について日本陸海軍が最初に刊行した地図という点でも注目されるが，同時に古地図と呼んでさしつかえない図にまで依存せねばならないほどの状態であったことを示している。

　この使節団には陸軍将校も加わっており，とくに山県有朋の要請で春日艦に乗船した北村重頼（少佐）・河村洋與（同），別府景長（晋介）（大尉）（アジア歴史資料センター資料，Ref. B03030170100）のうち北村と別府は，『西南記傳』によれば「韓服を着け，釜山より上陸して，三南地方を視察」したというが（黒龍會本部編，1911：323[13]），どのような調査を行ったかは知られていない。

　加えて言及しておくべきは，この使節団の滞在中の 9 月 22 日の深夜に連絡用の有功丸に乗船を希望する朝鮮人が現れ，その示した紙片に「及携帯書目」として『天機大要，乾坤』，『八道京城路程記并地圖』，『河圖洛書綱説　全』が記されていたという（アジア歴史資料センター資料，Ref. C09110639000; C09110639100）。このうち『八道京城路程記并地圖』は書名からも地理書であることが明らかで，日本側が朝鮮の地理情報に対して強い関心を持っていることが，現地でも知られていたことがわかる。

　これ以後日本と朝鮮との外交関係について大きな進展がなく膠着状態がつづくが，台湾遠征が終わり 1875（明治 8）年になると大きな変化をみせる（広瀬 1968）。海軍の雲揚艦と第二丁卯艦が釜山に派遣され，測量を行うだけでなく，空砲を放って示威を行うことになった（アジア歴史資料センター資料，Ref. B03030132700; B0303132800）。釜山については，英国の Broughton の測量以降，第 2 章でも述べたように 1859 年にはジョン・ウォードのひきいる Actaeon 号と Dove 号による測量が行われており（Blakeney 1902: 177-197），測量も示威活動の一環としておこなわれた可能性もある。この測量で 1879 年に作製されたのが水路寮の第 60 号海図「朝鮮國釜山港」で，第二丁卯艦の艦長青木佳貞大尉と吉田重親中尉の測量と記している（表 3-2 参照）。ただし同艦には文官で水路寮の測量技術者と思われる狩野應春・大木延建・高野瀬廉も乗船していた。

　もう一つ注目されるのは雲揚艦が東海岸の永興湾の測量を短期間行ったあと西海岸にまわり，江華島付近を測量中に朝鮮側から発砲されて，江華島事件が勃発することとなった点である。地理情報という点からすると，釜山港の場合と同様にこの海域でも「丙寅洋擾」に際してのフランス海軍による海図のほか，「辛未洋擾」に際してのアメリカ海軍の海図があり，すでに 1872 年に後者（図

第3章　19世紀後半における朝鮮半島の地理情報の収集と花房義質

表3-2　朝鮮半島沿海部の主な初期日本海図

番号	海図番号	タイトル	測量機関と入手	刊　行（年）	資料など
1	丙第1号	朝鮮全図	1872に朝鮮で入手	1873年	国立公文書館（177-0225），のち第21号に変更，米議会図書館，赤門目録276・277
2	53号	高麗西岸／鹽河之図　第二／白須／袁孫堡岩至小陵河口	フランス，1867年製図？	1876年？	国立公文書館（ヨ558-0088D-23），赤門目録282.
3	54号	朝鮮東海岸図	ロシア海図1857年	1876年前半？／1876年12月改正	国立公文書館（ヨ558-0088A-42，ヨ558-0088D-4），米議会図書館，赤門目録277，河村（2012）
4	55号	高麗西岸／鹽河之圖　第一／白留／以受島至須袁孫堡岩	フランス，1867年製図	1875年末？	国立公文書館（ヨ558-0088D-22）
5	59号	高麗西岸／小陵河之略図／白河口至小陵	フランス，1866年	1875年末？	国立公文書館（ヨ558-0088D-21），赤門目録277.
6	60号	朝鮮／國釜 山港	1875年7月，第二丁卯艦	1875，3月31日 ※測量時期と整合しない	国立公文書館（特77乙-0001, 1），海洋情報部，米議会図書館，赤門目録269.
7	67号	朝鮮南岸／全羅道順天浦／略測図	1876年9月以前，海軍大尉／青木住真等	1876年10月31日	国立公文書館（特77乙-0001, 1），海洋情報部，米議会図書館，赤門目録279.
8	71号	朝鮮國四岸／濟物浦泊地／略測図	1876年2月，孟春艦，経緯度などはフランス製図による	1876年6月29日	国立公文書館（ヨ558-0088D, 17），海洋情報部，米議会図書館，赤門目録277.
9	74号	朝鮮國／巨濟島猪仇坑／略測図	記載なし	1976年7月3日	国立公文書館（特77乙-0001, 1），海洋情報部，米議会図書館，赤門目録279.
10	75号	朝鮮西岸／裏江口頂山泊地／略測図	1876年2月，日進艦	1876年6月29日	国立公文書館（特77乙-0001, 1），海洋情報部，米議会図書館，赤門目録270.
11	76号	朝鮮國／巨濟島加背梁／略測図	記載なし	1876年6月28日	国立公文書館（特77乙-0001, 1），海洋情報部，米議会図書館，赤門目録277.
12	78号	朝鮮國南岸／巨濟島及閑山浦	1876年2月鳳翔艦	1876年2月28日	国立公文書館（特77乙-0001, 1），海洋情報部，米議会図書館，赤門目録273.
13	79号	朝鮮國京畿道／月尾島海峡／略測図	1876年8月，海軍大尉，中村雄飛，同少尉，児玉包孝など	1877年3月8日	国立公文書館（特77乙-0001, 1），海洋情報部，米議会図書館，赤門目録269.
14	80号	慶尚道海岸図	英国シルビア号による図および日本海図67, 78号，英版104号図	1877年11月22日	国立公文書館（特77乙-0001, 5）
15	98号	朝鮮國西岸／蛇梁島狭口／略測図	1876年3月，1875年12月，孟春艦	1879年3月10日	国立公文書館（特77乙-0001, 1）
16	100号	朝鮮國南岸／忠清道／熊川湾門	鳳翔艦，孟春艦	1879年4月30日	国立公文書館（特77乙-0001, 1）
17	101号	朝鮮國／長浦江／浅水湾門／略図	天城艦	1879年4月	国立公文書館（特77乙-0001, 1）
18	102号	朝鮮國／元山津／新浦錨地	1878年5月天城艦／1878年6月天城艦	1879年4月30日	国立公文書館（ヨ558-0088A-44），朝鮮國／慈源碌地
19	119号	朝鮮國／忠清道／牙山錨地	1879年5月，高雄丸	1880年6月9日	米議会図書館
20	122号	長箭洞錨地	1880年，天城艦	1880年10月26日	国立公文書館（ヨ558-0088D-2）
21	127号	黄海／朝鮮西岸／小陵近傍略測図／鹽河及小陵河	フランス海図／日本海図・英国測量をもとにした1879年英国海図1258号による	1881年4月22日	国立公文書館（特77乙-0001, 1），赤門目録276・280.
22	133号	朝鮮沿岸諸錨地／江原道蔚珍／竹辺灣／巨濟島蔚南岸／慶尚道海南岸／京畿道／喬桐錨地／略測図	1880年10月天城艦／78号海図の稿小，対写図を補入／1881年12月清頴艦，1880年天城艦／1879年清頴艦	1881年9月25日 ※測量時期と整合しない	国立公文書館（ヨ558-0088D-1），赤門目録276.

注（1）　ここに示した海図は、1882年11～12月に在朝鮮弁理公使に海軍書水路局が提供したものを示している（アジア歴史資料センター資料「外務省へ回答」「竹添公使朝鮮へ地任に付朝鮮国図額回送」Ref. C11082393100）。当時同局が提供できる朝鮮関係海図をカバーし、初期の日本製朝鮮海図の刊行状況をよく表すものと考えられる。なお図のタイトルや測量時期、刊行時期の調査については十分でないものがある。

注（2）　「赤門目録」は杉本編（2015：268-282）の「赤門文庫旧蔵地図」分野別概要目録「海図」編の①日本版海図をさす。なお、数字は報告書の頁数をさす。

注（3）　119号海図の刊行時期は、アジア歴史資料センター資料、Ref. C09102810200による。

3-1 参照）を入手していたことは上記の通りである。

　江華島事件に関する雲揚艦の報告書はさまざまな角度から検討され，従来知られていたものは事件直後に書かれた報告書と比較すると粉飾が加えられていることも明らかになっている（鈴木2002）。ともあれ，事件直後の報告書には海図に関する記載があり，なかでも9月20日の「鷹島（海図カットル島）」という記載から上記アメリカ製の海図を参照しつつ行動していたことが明らかである。後者にみられる "Cattle I.（Mal-eum)" はその記載に一致する。またこの海図がアメリカ製海図あるいはその写しであったか，それとも和訳海図であったかが気にかかるが，隣接する永宗島にあたる島について「リエンチョン」島と記しており，アメリカ製海図の "IEUNG-TJONG" とは差があって，和訳海図を持参していた可能性もある。

　さらに雲揚艦が砲撃された，江華島と朝鮮本土の間の水路の入り口（南部）付近については，フランス艦だけでなくアメリカ艦が砲撃を受けた場所であり，この海図の記載は詳細である。このような場所について，さらに測量を繰り返さねばならなかった背景も問われることになるが，先に進みたい[14]。

　1875年に進行したことでもう一つ触れておきたいのは，外交官，瀬脇寿人がウラジオストクに派遣されて，その郊外に住む亡命朝鮮人の金麟昇と親しくなり，金は6月に瀬脇とともに来日し，そのご「朝鮮地誌等取調」のためお雇い外国人として第2章第4節でふれた陸軍文庫刊の「朝鮮全圖」の編集にたずさわったことである（加藤1972；崔1978；アジア歴史資料センター資料，Ref. A1100100900）。この「朝鮮全圖」の1875年版は11月刊行とされており，金は来日以後短期間に作業を終了したことがわかる。また金は翌年の江華島条約締結のために派遣された黒田清隆の使節団にも参加した。

　江華島事件を受けた。1876年の日朝間の交渉は，朝鮮半島の地理情報の取得にあらたな局面をもたらした。使節団が漢城（ソウル）付近まではいり，直接地理情報をえる機会が飛躍的に増大したのである。

　まずふれておくべきは，1876（明治9）年2月の江華島における日朝修好条規の締結を行った黒田清隆特命全権弁理大臣が率いる外交団である。すでに出発前の1875年12月に，上記の金麟昇の協力などによりできたばかりの陸軍文庫による「朝鮮全圖」および付録を入手するほか，「佛人ヨリ差出候朝鮮地図拾二枚[15]」の謄写図を借り出し，さらに海軍が刊行したばかりの「朝鮮川口之図」3枚についても各5部，計15枚を入手している（「携帯圖書類ノ借入及返付一件」アジア歴史資料センター資料 Ref. B03030139900）。ここでいうフランス人の提供の図は，すでに紹介したガストン・ガリーの提供した図に相当し，「朝鮮川口之図」がそれから作成した江華島と朝鮮本土の間の水路および漢江の下流部の図であることに疑いの余地はない（表3-2の53号「高麗西岸／鹽河之圖／第二」，55号「高麗西岸／鹽河之圖／第一」，59号「高麗西岸／小陵河之略圖」に相当。55号については図3-2を参照）。すでに触れたように，それまで収集された地理情報が，すぐに黒田の代表団の江華島への上陸に際して活用されたことを示している。

　つぎに注目されるのは使節団の随員の活動となる。陸軍からは少将の種田政明，陸軍中佐の樺山

第3章　19世紀後半における朝鮮半島の地理情報の収集と花房義質

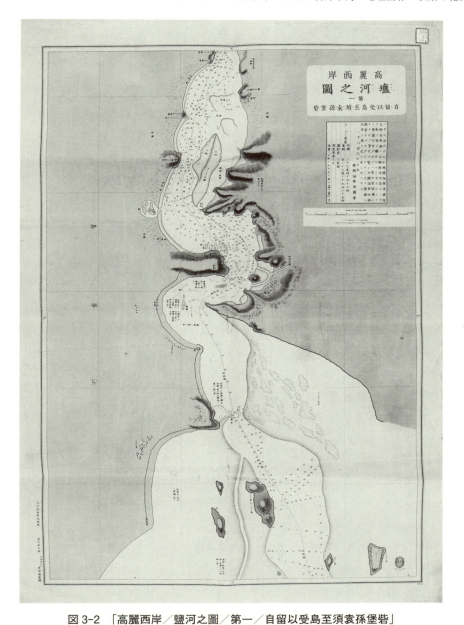

図 3-2 「高麗西岸／鹽河之圖／第一／自留以受島至須袁孫堡砦」
(国立公文書館蔵（ヨ 558-0088D-22）104.0 × 72.8cm（表 3-2 の 55 号海図))
中央水路の左が江華島，右が朝鮮本土。中央部の東から西に鋭くつきだしているのが孫突頂（ソントルモク）

資紀以下，陸軍少佐1名，同大尉3名，同中尉・少尉各4名と多数が同行した。このなかには，のちに朝鮮半島の測量で活躍する磯林真三（当時少尉），中国での地理情報収集に活躍する益満邦介（同）が含まれていた。ただし，外交交渉が江華島で行われたこともあり，陸上の測量はあまりできなかったようである。表3-3に示した地図のなかで「朝鮮江華島内江華府城図」や「従江華島草芝鎮至

江華府路上図」は，まだ現物を検討する機会がないが，この際の測量によると推定される。またこの使節団では漢江付近の測量に際しては，朝鮮側から詰問を受けたとされているのは、関連して興味深い（「使鮮日記」，アジア歴史資料センター資料 Ref. A03023619300）。

　他方海軍の動員した艦船は沿岸測量を行い，孟春艦は江華島と朝鮮本土の間の水路の南端部を，矯龍艦は北端部を担当した。まだ確認を要するが，1876年後半に刊行されたこの地域の海図は，それらによる測量と考えてさしつかえないと思われる（表3-2の71号，75号）。

　江華島条約の締結は，水路測量にも大きな変化をもたらした。その第5款で2箇所の開港地の開設が予定され，第7款で日本の航海者が自由に沿海測量を実施することが認められた（統監府編1906：57-62）。上記雲揚艦や第二丁卯艦の測量が強引なかたちで行われてきたのに対し[16]，合法的な沿海測量が可能になり，開港地選択のための候補地の調査も可能になったのである。海軍ではそれまで国内の測量を優先し，英国艦「セルヒヤ号」（シルビア号[17]）は四国・九州の沿岸測量を担当することとしていたが，日本側は朝鮮沿岸の測量を優先することを願い出てみとめられ，外務省からはこの測量にあたって朝鮮側とのトラブルを避けるための詳細な指示を与えられた。この中には現地住民との意思疎通をはかるため釜山に在勤する韓語生徒を雇い入れる指示もある（アジア歴史資料センター資料，Ref. A01000041500［1876年3月］：A01000041600［1876年3月]）。

　ここで注目されるのは，上記のような1875年の釜山や永興湾，さらには江華島付近での第二丁卯艦や雲揚艦の測量は，日本国内での沿岸測量を英国艦にまかせた状態で行われただけでなく，その後も英国艦の国内での活動を継続させながら，沿岸測量の重点を朝鮮沿岸へと移そうしている点である。すでに第二丁卯艦や雲揚艦の測量は，海図がある程度整備されていた地域で行われたことを指摘したが，国内での沿岸測量の状態に照らしても，特別の事情があったことをうかがわせる。

　翌1877年初頭になると，海軍は上記の計画を受けてその後の海図作製のための沿岸測量についてつぎのように計画を明確にしている。国内の沿岸調査は前年9月に「東南全岸」についてほぼ終了し，未測の地域については英国の測量もあるので，当面作業は不要であるとしつつ，これまで西欧各国の測量も合わせても略測図があるだけの「西北岸」から朝鮮にかけての海域を主に測量したいというわけである。そこで「北岸」の下関から竜飛崎の測量を担当する一組と，朝鮮沿岸を担当するもう一組のために，測量艦をもう1隻「貸渡」してほしいと願い出ることとなる（アジア歴史資料センター資料，Ref. C091000064300）。

　以上のように日朝修好条規の締結は朝鮮の沿岸測量の推進へと大きな転換をもたらしたが，1876年にはさらに朝鮮との交渉が続いた。7月には関連する規則の締結にむけた交渉が漢城（ソウル）で開始され（Kim, 1980: 259-262)，これを担当した宮本小一外務大丞は，朝鮮製の「朝鮮全圖」のほか漢城とそのまわりの地図（アジア歴史資料センター資料「陸軍士官朝鮮紀行」・「朝鮮都府略図」，Ref. B03030157500, B03030155000）を朝鮮側から借見した。随伴した陸軍大尉の勝田四方蔵と少尉の益満邦介（1849-1899，東亜同文会，1936：126-127）が写しを作製した後者の図では，漢城の城内を中心にまわりの山や河川が描かれている（図3-3）。ただし，1840年代刊行の金正浩による「首善全圖」（李 2005：204-205）と同じような構図ながら，はるかに簡素である。景福宮のような重要な

第3章　19世紀後半における朝鮮半島の地理情報の収集と花房義質

図 3-3　宮本外務大丞が朝鮮側から提供された図を写した「朝鮮都府略図」
(資料：アジア歴史資料センター，Ref. B0303155000)

場所でさえ敷地の概形を示さず，位置を円形の図形で示すにすぎない。勝田と益満は「梯尺ノ如キハ城郭内ハ概シテ一万分一ト為セハ甚シキ差謬ナカルヘシ然レトモ山河ノ大小ハ隨テ斟酌セサルヘカラス」と，図の中心部については縮尺を示すことができるほどではあるが，図の周辺部については検討を要すると述べざるをえなかった。

　もう一つ言及を要するのは，この使節団は各種の書物を朝鮮側に贈与しており，そのなかには兵法書のほか，「亜細亜圖」，「地球圖」，「朝鮮全圖」およびその付録，「高麗西岸塩河圖」，「高麗小陵河之圖」，「朝鮮東海岸圖」が含まれていたことである（アジア歴史資料センター資料，Ref. B03030154800）。世界やアジアの地理，さらには朝鮮の地理について日本がどのように把握しているかを示すものであったと考えられる。この場合「朝鮮全圖」は陸軍文庫が1875年11月に刊行したもので，その付録は第2章で示したような内容であった。他方「高麗西岸塩河圖」は表3-2の53号海図と55号海図，「高麗小陵河之圖」は同59号海図で，上記のように黒田清隆を代表とする使節団も持参した，1875年末に刊行された「朝鮮川口之図」3枚に相当する。他方「朝鮮東海岸圖」は表3-2の54号海図にあたり，第2章で触れたように，ロシア製の *Karta Vostočnogo Berega Poluostrova Korei*（「朝鮮半島東海岸図」1857年）を元図とする翻訳図である。国立公文書館やアメリカ議会図書館の収蔵図，東京大学赤門書庫旧蔵地図の目録を照合すると，「朝鮮東海岸圖」には「明治九年十二月改正」，「明治二十二年二月　小改正」と刊行時期を示すもののほかに，刊行時期を示さないものと計3種の版があり，記された文言からも刊行時期を示さないものが最も古いと考えられる[18]。黒田清隆を代表とする使節団が持参した地図の中にこれが見当たらないところからすると，その刊行時期は，黒田の朝鮮への出発以後，宮本小一を代表とする使節団が乗船した浅間艦の出発までの間と推定できる[19]。

　以上からすれば，宮本の使節団は，陸軍刊の「朝鮮全圖」とその付録にくわえて，フランス製やロシア製図を元図とする，刊行されて間もない翻訳海図を持参したことになる。このような地理情報の提供が朝鮮側にどう受け取られたかは明確ではない。ただし黒田の使節団の場合と同様に，朝鮮側が自国の地理情報の提供だけでなく，使節団に参加した軍人の行動を規制したことも合わせて考慮すべきであろう。この点については，上記勝田と益満の報告である「陸軍士官朝鮮紀行」（アジア歴史資料センター資料，Ref. B0303015750）によくあらわれている。陸軍卿の山県有朋から「地理兵制等軍務ノ枢要ナルモノヲ探偵」することを指示された彼らは，国内旅行だけでなく宿舎の周辺の散歩までも規制された。他方仁川付近に停泊した浅間艦から海軍将校が連絡のため徒歩で漢城に来ることもあったが，朝鮮側の護送兵が随伴し，主要交通路を離れて「山野ノ路ナキ地ヲ迂回」させられたという。なお浅間艦では，停泊中に周辺の海域の測量を行い，帰国後「朝鮮国出測日記」および「全國月尾島海峡略測図」を提出した（アジア歴史資料センター資料，Ref. C09112211200）。後者は表3-2の79号海図の原図となった。

　花房義質が代表をつとめることとなったその後の使節団の派遣でも，地理情報の取得はその主目的のひとつであった。とくに重要であったのは，本章の冒頭でも触れたような開港候補地の探索で，1877（明治10）年に派遣された最初の交渉に際して外務省は，朝鮮東海岸について1875年に雲揚

第 3 章 19 世紀後半における朝鮮半島の地理情報の収集と花房義質

艦が行った測量日記や翌 1876 年の龍驤艦の報告，さらに 1875 年に駐ロシア公使の榎本武揚が翻訳して海軍に送付したロシア海軍の雑誌，「モールスコイスボルニク」（1855 年 1 号）の記事も収集している。この記事はプチャーチンの使節団のパルラーダ号によるものと考えられ，上記 *Karta Vostočnogo Berega Poluostrova Korei*（「朝鮮半島東海岸図」1857 年）に関連するものであった（アジア歴史資料センター資料，Ref. B03030183300; C09100253200）。

測量船高雄丸で出発したこの使節団は，釜山から仁川湾まで各地の海岸を視察し，一部測量を行った。ただし高雄丸は 10 月 4 日に釜山に到着するが，船内でコレラ患者が発生し，それに対処するためにいったん長崎にもどり，釜山から改めて出発したのは 11 月 3 日とおくれることとなった。まず目標になったのは，本章の冒頭に示したように全羅道の木浦で，海図が未整備のため珍島からの探索に 2 日間を宛てている。そのご北方の忠清道との境界に近い沃溝をめざすが，風雨のため接近できず，さらに北方の忠清道と京畿道の境界となる牙山湾にはいって 5 日間かけて測深などを行ったが風雪に悩まされることになった（アジア歴史資料センター資料，Ref. B03030183700）。開港候補地の選定を報告する「復命概略別記第一」の「開港ノ事」の末尾には木浦と牙山湾（南陽湾）の見取り図を付している。

11 月 20 日に済物浦（仁川）に到着し，そこから漢城へは，前年の宮本使節団と同様にいったん北上してから南東方向に向かう回り道のルートを指示された。ただし花房義質は，部下に命じてそのルートのトラバース測量を行わせ，「入京路程概測図」というタイトルの図を描かせ，その冒頭につぎのように記すこととなった（岩壁ほか編 1996？，リール 20，406，公文録・公信類）。

明治十年□月予カ始メテ京城ニ入ル時済物浦ヨリ漁艇ニテ遡リ孫突頂ノ激湍ヲ経過シ控海門下ニ上陸シ通津ヨリ金浦ニ至リテ一泊シ楊川楊花鎮ヲ径テ京城ニ入リ清水館ニ至ルノ間ヲ実測セシ圖也
　随員山ノ城祐之カ輿中ニ坐シナカラ輿丁ノ歩数ト海中時計ト磁石トニ依リ距離ト時間ト方向トヲ測リ其大概ヲ記セルモノナリ
　此時未タ済物浦ヨリ陸路仁川府ヲ径テ京城ニ入ルノ路アルヲ知ラス朝鮮政府指導ノマヽ通行シタレトモ此概測ニ由リ迂回ノ甚シキヲ知リ後日考究シテ直通ノ道ヲ見出シ当時使節往来ハ通津一路ニ限ルヘシトノ彼レノ提議ヲ論破スルノ料トナリシモノ也

済物浦からまず江華島と朝鮮本土の間の水路に入り，激しい潮流をさかのぼることになる。とくに水路が大きく屈曲する「孫突頂」（ソントルモク）は難所として知られていた（図 3-1，3-2 を参照）。これを過ぎてさらに北上し，途中控海門で朝鮮本土に上陸して方向を転じ，通津・金浦を通過して漢城郊外の楊花鎮で漢江を渡り，漢城に入るわけである（後掲の図 3-4 を参照）。この控海門からの陸路を通過中，進行する方位と経過時間をはかって作製した図を使い，朝鮮側の指定ルートは無駄の多い回り道で，済物浦から直接陸路で漢城にむかうのが最も便利なルートであることを主張した（桜井，1959 参照）。開港場の選定のほか日本の外交代表の首都駐劄についても課題をかかえていた

57

花房にとって、「入京路程概測図」のようなかたちで地理情報を得ることは、その職責遂行上不可欠のことであった。なおこの測量は、日本陸軍では「路上測圖」と呼ばれるものに属し（本書コラム2「路上測図」を参照）、おそらく随伴していた陸軍将校の海津三雄の指導によるものと考えられる。

11月25日に漢城郊外の宿舎（清水館）に到着して以後の開港場をめぐる交渉で、朝鮮側は東海岸について咸興道の北青、西海岸について全羅道の珍島を勧めた。これに対し日本側は、東海岸ではやはり咸興道の文川郡松田里を候補地としてあげるが、朝鮮側は文川郡には王室の陵墓があるとして許さず平行線をたどり[20]、それに近い元山が朝鮮側から示唆された。他方西海岸では木浦のほか、上記沃溝、さらに京畿道の江華島から仁川を考えており、すでにみたように沃溝については天候のため調査ができないという状態であった（アジア歴史資料センター資料、Ref. B03030184400）。開港場が備えるべき条件としては、大型の汽船が出入りできる地形や、その後背地の経済活動の大きさ、さらに他の開港場との距離が関与しており、候補地の決定までにはさまざまな調査が必要であったが、当時は朝鮮側にもしっかりした地図がなく、交渉でも陸軍作製の「朝鮮全圖」がしばしば利用された。

なおこの使節団の報告のなかには陸軍将校の海津三雄と事務官の下村修介の記した「明治十年朝鮮紀事」があり（アジア歴史資料センター資料、Ref. B03030183400）、各所での見聞を「英国海圖並ニ我海軍士官の実測図」で「裨補」しつつ記述したと冒頭で述べている。また航海の途中に現地の住民を水先案内人として雇用したことに触れている。この報告では各所の説明のなかで付図があることに言及するが、残念ながらアジア歴史資料センターが公開しているもの（外務省外交史料館所蔵）だけでなく、国立公文書館内閣文庫のもの（271-362）にも、これが付されていない。ただしその多くは、見取り図のようなものであったと考えられる。

1877年の使節団に関連して触れておくべきは「従朝鮮國楊花鎮至濟物浦陸路見取圖」というタイトルをもつ図で（国立公文書館内閣文庫、177-226、52.0 × 62.0cm）、表紙には「明治十年冬代理公使（花房義質）彼ノ京ニ入リシトキ海軍士官児玉高杉等済物浦ヨリ京地ニ往返シ該官等ノ図セシモノナリ」（カッコ内引用者）と述べている。児玉包孝と高杉松祺はいずれも海軍少尉で測量を専門としていたようである（アジア歴史資料センター資料、Ref. C09100501600）。すでに前年にも海軍将校が徒歩で漢城まで来訪したことに触れたが、この使節団でも12月7日に高雄丸から海軍将校6名と水兵1名が徒歩で漢城郊外の使節団宿舎に来訪しており、児玉・高杉はそれに加わっていたと考えられる（アジア歴史資料センター資料、Ref. B03030183800）。コンパスで方位を確認しながら、歩測によって距離を測るのは、彼らにとっては容易な業務であった。

この「従朝鮮國楊花鎮至濟物浦陸路見取圖」で注目されるのは、児玉と高杉の測量した楊花鎮から済物浦までのルートは右下から中央下（南）部に小さく描かれるのみで、図の下（南）部左寄りに済物浦や仁川、左（西）側上（北）部に江華島をえがき、そこから右下（東南）にむけて上記楊花鎮に遡る漢江の下流部を上記フランス海軍やアメリカ海軍の作製した図にしたがって記入している点である（図3-4）。その構図からして、伝統的な江華島や通津を経由するルートよりも済物浦から直接漢城に至るルートの方がはるかにみじかいことを示そうとしていることが明らかである。済

第3章　19世紀後半における朝鮮半島の地理情報の収集と花房義質

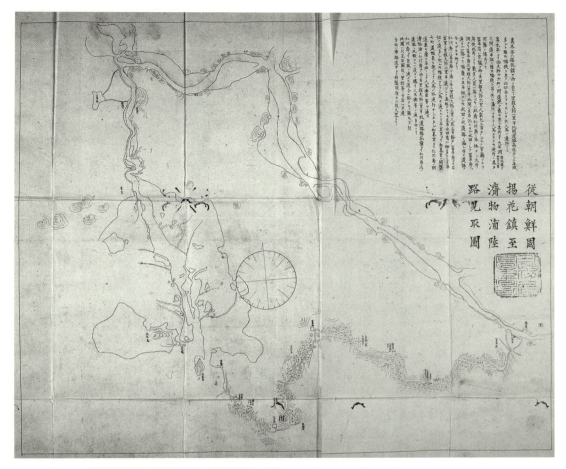

図 3-4　「従朝鮮國楊花鎮至濟物浦陸路見取圖」（国立公文書館内閣文庫蔵（177-226）52.0 × 62.0cm）
左側上〜中央が江華島。同島の東の水路の中央部分が図 3-2 の図示範囲。右の朱印付近が漢城で，漢江は漢城付近から北西に流れ，西に方向を転じて江華島東北部に至る。児玉と高杉が歩いたのは漢城付近から西に向かい海岸（済物浦）に至るルート。

物浦から漢城へ往来は，仁川開港後はこれがおもなルートとなるのも当然である。すでにみた「入京路程概測図」とあわせて，「従朝鮮國楊花鎮至濟物浦陸路見取圖」も朝鮮側との交渉のために準備されたものと考えるのが妥当であろう。なお楊花鎮は，漢江の渡河だけでなく，漢城の河港としても重要な意義を持っていた。

　翌 1878（明治 11）年になると，前年の花房の使節団の開港場に関する交渉をふまえて，天城艦による海岸測量が本格的に展開された。まず東海岸では 5〜6 月に元山津を第一候補に行われ，その経過は「明治十一年六月，朝鮮國海岸測量日誌」によくあらわれている。小型蒸気船やボートを使い，基線を定めて三角測量と考えられるようなことが行われたことがわかる。臨時の検潮所も設置された。この一連の作業で作製されたのが表 3-2 の 102 号海図となる。この日記には「朝鮮東海岸水路雑誌」や「元山津・松田及ヒ・北青新浦地方景況見聞記」も添付されており，後者からは元山津がすでに定期市を持つ地方中心地として繁栄していたことがよくわかる。また陸軍刊の「朝鮮

全圖」にみえるその位置の表示が正しくないことも指摘している（アジア歴史資料センター資料，Ref. B07090444400[21]）。

　西海岸で8〜9月にかけて行われた海岸測量についても，海軍将校によるものではないが「天城艦乗組中日誌」から概要をうかがうことができる（アジア歴史資料センター資料，Ref. B0709044450）。前年まで沃溝と呼ばれていた地域については，その北側に隣接する錦江河口部の測量が進み，その北方では忠清道と京畿道の境界となる牙山湾にまで至らず，その南側の浅水湾での測量が中心になった。これでできあがったのが表3-2の101号と100号海図である。

　花房にとって5回目の朝鮮渡航になる1879（明治12）年の交渉では，元山の開港がおもな協議の課題となったが，高雄丸および護衛の鳳翔艦の二隻で出発し，漢城に入る前に釜山に寄港して，そのご朝鮮半島東南部の調査を行った。それに際して作製された地図のひとつが同行した陸軍将校の海津三雄による手描きの「朝鮮國鎮江略圖」（国立公文書館内閣文庫，177-233，50.2 × 121.2 cm）で，全羅道と忠清道の境界をなす錦江（日本側は「鎮江」と表記）の河口部を示している。西側の海に接する部分は前年の測量による表3-2の101号海図と同様であるが，さらに東に錦江を遡航した部分まで，彩色により示している。

　この図の右下部分には長い文言があり，1879年5月に高雄・鳳翔は湾外に碇泊し，「小汽船」に花房以下随員が数十名乗り，調査が行われたことなど，測量の経過を示している。開港の候補地を探すため，かなり内陸まで船を進めており，両岸の地形や村落やその戸数，烽火台の位置なども記し，この調査のおもな関心がどこにあったかうかがわれる。

　この図に関連して触れておかねばならないのは，やはり海津による，姉妹図ともいうべき「朝鮮國長浦江口略圖」がアメリカ議会図書館に収蔵されていることである（LCCN: 2010360472）。ただしこの図は「朝鮮國鎮江略圖」と比較すると彩色や地形表現ちがうだけでなく，描写の範囲も河口部分にかぎっている。また文言もみられない。この図は上記表3-2の101号図とほぼ同じで（ただし水深やスケールを省略），その写しと考えられる[22]。

　錦江河口部の調査のあと，もう一つの開港場候補である忠清道と京畿道の境界に位置する牙山湾の調査を10日以上かけて行った（アジア歴史資料センター資料，Ref. B03030245600）。これによる海図が表3-2の119号海図で，この湾の入り口付近について測深をふくめたデータを詳細に示している。

　陸軍将校の海津はさらに牙山湾の奥まった部分の測量も行い，上記水路測量の成果も合わせて「朝鮮國牙山江略圖」（3万分の1，アメリカ議会図書館蔵，LCCN：2010360473）を作製した。さらに海津は，6月に牙山湾に面する古温浦より水原をへて漢城までを陸路のトラバース測量を行って「自古温浦至漢城略圖」（国立公文書館内閣文庫，177-202，36.5 × 102.1cm）を作製し，縮尺を5万分の1と明記している（図3-5）。ただし海津らの内陸部通過は先例がなく，また水原は「崇敬ノ土地」ということで，朝鮮側から一時期通行を差し止められることになった（アジア歴史資料センター資料，Ref. B03030245600）。この測量が，開港場の候補地の一つであった牙山湾の後背地とともに漢城との連絡路の調査も兼ねて行われたことに疑問の余地はない。

第 3 章　19 世紀後半における朝鮮半島の地理情報の収集と花房義質

図 3-5　海津三雄「自古温浦至漢城略圖」（1879 年）（国立公文書館内閣文庫蔵（177-202），177 × 202cm）
　　　　左半のやや下部をトリミング（左端が漢城），米突のスケールの 1 目盛りが 1,000m，図の左が北

7月になると，海津はさらに漢城（ソウル）から済物浦にむけて歩き，「自漢城至済物浦略圖」（国立公文書館内閣文庫，177-201，33.4 × 90.0cm）も作製している。「済物浦ニ至道路探知ノ為メ」と注記しつつ，済物浦に近づいたところで日没となり，それ以後については充分な測量ができなかったとしている。すでに海軍将校による測量が行われていたのに，この調査を行った背景は不明であるが，前述の「従朝鮮國楊花鎮至済物浦陸路見取圖」（図3-4）が，上記のようなかたちの図に仕立てられたのは，あるいはこの海津の図もふまえてのことであったかも知れない。

　その間に高雄丸船長と鳳翔艦艦長は連名で錦江（鎮江）河口と牙山湾の調査結果から，前者の湾口は浅く満潮を待たないと船が出入りできず，後者も湾内に砂州があって良港ではないとしつつ，これに対して仁川湾は「大舶」が停泊でき，済物浦は充分な水深があるとする報告書を花房に提出した（アジア歴史資料センター資料，Ref. C09102111100，1879年6月26日）。

　また花房の担当した東海岸の元山の開港交渉はすすみ，港湾整備のための「豫約」がとりきめられたが，西海岸の開港場についての交渉では，朝鮮側は漢城に近い京畿道での開港する事を望まず，またそこに開港する場合でも日本側が希望する仁川をみとめず，牙山に近い南陽か江華島の北西に位置する喬桐島が望ましいとした。このため帰途には喬桐島を視察することとなった（アジア歴史資料センター資料，Ref. A01000052800; B03030245600）。表3-2の133号海図のうち「京畿道／喬桐錨地／略測圖」のための測量は，それに際して行われた。

　使節団はその後船内に病人が多かったためいったん長崎に戻り，10月に開港の決定された東海岸の元山に回航し，居留地予定地などを視察した。このときの調査をもとに，海津は「元山津之記」および「元山津居留地略測并埠頭道路目論見圖」を『東京地學協會報告』に寄稿している（海津1880）。

　1880（明治13）年11月になると，弁理公使として派遣された花房は朝鮮国王に国書を奉呈し，漢城への公使駐在が可能となった。また翌1881（明治14）年には1月から仁川開港のための交渉がはじまり，2月には20ヵ月後にそれを実施することとなった（安岡1996）。

　他方，1882（明治15）年に漢城の公使館に派遣された水野勝毅陸軍歩兵大尉らは，「朝鮮京城圖」（4万分の1，国立公文書館内閣文庫，177-0207，60.0 × 48.8cm）を作製している。中央やや下に京城（漢城）市街を描き，上（北）方には要害である北漢山城を大きく描いている。また東から南，西にかけては漢江の流路（一部推定）も示す。注記として下記のような文章があり，まだ首都の地理情報さえ充分でなかったことがわかる。

　　　此圖ハ朝鮮京城在留中北漢山城及ヒ南山白岳山圓喬山等ヲ跋渉シ目測及想像ヲ以テ漢城圖ヲ校
　　　正スル者ニシテ固ヨリ完全ノ者ニ非スト雖モ聊今日ニ裨補アランヲ希フ而已

　同年7月の壬午軍乱では，陸軍中尉の堀本禮蔵などが殺害されるほか，日本公使館が襲撃され，花房らは仁川，さらに長崎へと避難せねばならなかった。これにつづいて済物浦条約とともに締結された日朝修好条規続約は日本軍の地図作製に大きな転機をもたらしたが，それについては次節で

検討したい。

　なお仁川開港に関連して，済物浦条約締結後も開港場選択のための測量が行われた。仁川南方に位置する南陽湾の麻山浦を対象として天城艦が実施し，略測図も作られたが，開港場としては仁川に及ばなかった（アジア歴史資料センター資料，Ref. C09103597500; C09103599400 末尾の略測図，1882年 12 月）。

　以上のように，日朝修好条規締結後の朝鮮半島における地図作製は，開港場の決定のための水路測量を主体に進行した。近代的な海図が未整備なだけでなく，朝鮮側の協力が充分に得られない状況のなかで，外交や通商のために不可欠な港湾の整備にむけて，その適地を求めての作業であった。その場合，漢城に近い仁川の開港の正式決定が最も遅れることになったことも注目される。こうして 1882 年までに整備された海図を示したのが，表 3-2 となるが，これからもそれらはまだ朝鮮半島の全岸をカバーするにはほど遠かったことが理解される。

　これは同年に刊行された「朝鮮全岸」（アメリカ議会図書館蔵）によくあらわれている [23]。同図の朝鮮本土や島嶼の海岸線には，東海岸を除き，まだ確定されていないことを示す破線で示された部分が少なくない（図 3-6）。同図に付された文言にもこれは明らかである。

　　朝鮮沿海ノ圖ハ従來英版ノ圖アリ又其東岸海圖ハ露測ノモノアリ皆倶ニ航海ノ用ニ供スト雖ト
　　モ其略測ナルヲ以テヤ之テ比較スルニ皆經度ニ約六分ニ及ブノ差アリ今此圖ハ明治十一年天城
　　艦乗員海軍中尉吉田重親等ノ測量シタル元山津新浦淺水灣門長江浦ノ四圖十二年高雄丸船長海
　　軍少佐青木住眞等ノ測量シタル牙山錨地ノ圖十三年天城艦乗員海軍少尉三浦重郷等ノ實測シタ
　　ル龍湫岬長箭洞元山津ノ經緯度及其數回ノ航海中ニ目撃記畫シタル海岸形狀トヲ併セテ之ヲ英
　　露ノ二圖ニ參照シ以テ編スル所ニ係ル其欠漏アルヲ免レスト雖トモ之ヲ英露ノ圖ニ比スレバ其
　　改良裨益スル所モ亦少ナカラスト云爾
　　　明治十五年　　　　　　　　　　　　　　　　　　　　　　　　　　　　　　海軍水路局

　本図が一部を除いて本章で見てきた日本の水路測量の成果であることがわかる。また英国やロシアの作製した図に依存しながらも，独自の測量によって，それを大きく改良している点について自負していることがうかがえる。しかし，依然として「欠漏」している部分が多いことも認めざるを得なかった。

　他方，陸上の測量についても 1882（明治 15）年時点までに蓄積された地理情報をうかがう資料がある。砲兵局に入用ということで，貸し渡された地図と地誌のリストで，表 3-3 に示すように，すでにみてきた図が主体をしめる。まだ漢城付近のごくわずかの部分に地図作製がおよんでいただけであったことがあきらかである。なお，ここにみられる『朝鮮地誌』は坂根達郎によるものと考えられる（坂根 1880）。同書は冒頭に花房義質の 1880（明治 13）年 6 月の書を掲載し，各所に風景画を配置するほか，末尾には経緯度いりの「朝鮮國全圖」も付載する。朝鮮全体の概説にはじまり，京畿道から順に地理を概説している。18 世紀中葉に朝鮮で著述された『択里志』（李著・平木訳

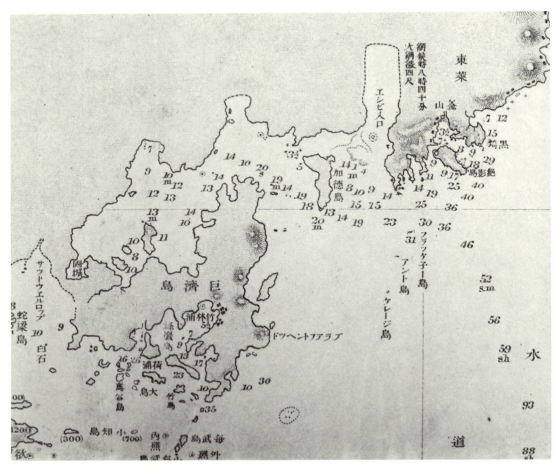

図 3-6 「朝鮮全岸」の釜山～巨済島付近（1882年刊）（アメリカ議会図書館地理・地図部蔵、99.0 × 63.8cm）
巨済島と朝鮮本土とのあいだの海峡が描かれておらず，釜山港は測量されているが，洛東江の河口部の海岸も未確定。

表 3-3　1882年までに作製されていた朝鮮関係の地図と地誌

番号	名　　　称	推定される作製者	備　　　考
1	朝鮮国八道里程図		表 2-2 参照
2	自漢城至済物浦略図	海津三雄	国立公文書館内閣文庫，177-201
3	自古温浦至漢城略図	海津三雄	国立公文書館内閣文庫，177-202（図 3-5）
4	漢城図	水野勝毅ら	国立公文書館内閣文庫，177-0207
5	従江華島草芝鎮至江華府路上図		未見
6	従通津至漢城目撃図	花房義質ら	花房義質関係文書 406-3
7	朝鮮江華島内江華府城図		未見
8	朝鮮地誌	坂根達郎	国立国会図書館デジタルコレクション
9	草稿抄譯		未見
10	従楊花鎮至済物浦図	児玉包孝・高杉春棋	国立公文書館内閣文庫，177-226（図 3-4）

資料　アジア歴史資料センター資料，「朝鮮国八道里程図其外渡方照会」，Ref. C04030276800

2006）の記載を参考にしている点がめだつが，第2章でふれた「朝鮮全図」付録の『朝鮮近況紀聞』や外務省が1876（明治9）年に編集していた箇条書きの『朝鮮國詳細』（アジア歴史資料センター資料，Ref. A03023622600）が18世紀末に対馬藩の通事が著述した『象胥紀聞』（小田1979）の短い記述に依存していたのと比較すると，そのちがいがあきらかである。

　以上，1882年における日本による朝鮮の地理情報の把握を検討したが，海図についてはようやく欧米諸国のものへの依存を脱したばかりであった。他方陸上については，朝鮮の地誌の参照に加えて，コンパスと歩測によるトラバース測量（路上測図）がはじまったばかりで，その全土の把握にはほど遠い状態であった。すでにふれたように壬午事変後に済物浦條約とともに締結された日朝修好条規続約は，この状態を大きく変えていくことになった。以下では，この経過を紹介するとともに，それに大きな役割を果たした花房義質の地理思想を検討することとしたい。

4．花房義質の地理思想と日朝修好条規続約

　壬午軍乱ともばれる壬午事変は，日本軍将校に指導された軍の改革に不満を持つ朝鮮の兵士たちの反乱を利用した国王の実父である大院君のクーデタで，日本の公使館や日本人も襲撃の標的とされた。襲撃をうけて花房をはじめとする日本人は仁川に逃れたが，陸軍将校の堀本禮造をはじめとする人びとは殺害された。花房らは追撃を受け，海上に小舟で避難し漂流しているところを英国の測量船フライング・フィッシュ号に救助され長崎に帰還した。そのご花房は陸海軍に護衛されて仁川にもどり，一時は漢城に入って朝鮮側とこの事変の処理をめぐる交渉を開始しようとするがこれは停滞した。ただしこの間に清国の高官や軍も到着し，その主導によって大院君が拘束され清国の天津に護送された。これによって朝鮮側の体制が整い，交渉が再開された。この結果，公使館襲撃や日本人殺害の実行犯の処罰や賠償，さらに公使館護衛のための日本軍駐留などに関する済物浦条約にあわせて日朝修好条規続約が締結されることになった（田保橋1940：770-858）。

　壬午事変の処理をめざす済物浦条約とは別に日朝修好条規続約が締結されたのは，日本側が懸案と考えてきた問題を処理するためであった。その「第一」が日本人の行動できる開港場の周囲の区域に関する取り決めで，10里（約4km）四方と狭かったが，当面50里四方，さらに2年後には100里四方と大きく拡大されることになった。「第二」が公使館員や領事館員とその随員の地方旅行で，禮曹が発給する護照を持参して，地方官の護送のもとにこれが行われることとした（統監府編1906：82[24]）。この取り決めのもとで，1883年より陸軍将校が朝鮮国内を旅行し，主としてコンパスと歩測によるトラバース測量を行って地図を作製することになり，朝鮮国内の地理情報の収集が大きく変化したわけである。この具体的な様相は第5章で詳述するが，ここでは朝鮮の地方旅行に関する日朝修好条規続約第二に至る経過を追いながら，その締結を推進した花房義質の地理思想について検討しておきたい。

　花房義質は，すでに触れたように倭館に関する交渉のため1872（明治5）年に釜山に出張した際，

65

米艦より借りいれた江華島の測量図を随行員の遠武秀行に写しとらせた（第2章第4節，本章第2節，諸 1997：6）。その後ペテルスブルグで榎本武揚との千島樺太交換条約の締結に至る交渉に際しての，ダレの『朝鮮教会史』に対する注目やその翻訳作業への関与でも，朝鮮の地理情報へのつよい関心がうかがえる（花房 1913a：80-94）。1877（明治10）年以降，代理公使，さらには弁理公使として釜山港以外の二港について開港場を選定するほか，日本の外交代表の首都駐劄についても課題をかかえていた花房にとって，地理情報の整備はその職責遂行上，不可欠であった。1877年の使節団の出発前に，榎本武揚の提供したロシアの水路雑誌の記事および前年の龍驤艦の偵察で作製された「咸鏡道文川郡松田港見聞誌」の閲覧を海軍に申請し（アジア歴史資料センター資料，Ref. C09100253200），さらに出発後は木浦の探索のあと牙山湾の大きな潮の干満差に悩まされながらの測量作業を見守り（花房 1913a：110-112），くわえて初めての漢城入りに際して「入京路程概測図」を部下に作製させたことをみると，自らの努力で相手国の地理情報を得ようとした気迫がうかがえる。1879年の錦江の調査で，小蒸気船に乗って現場を見学したのもそうした姿勢の表れといえよう。また朝鮮側との交渉に際して，花房が地図をしばしば提示したことが「朝鮮國代理公使花房義質復命書」にあらわれるのは（アジア歴史資料センター資料，Ref. A01000051300），しっかりした地理情報によって交渉相手との共通理解を作っていこうとする姿勢の表れともいえる。

　ただし，花房の関心を，こうした実務上の要請だけから理解するのは充分ではない。花房はさらに広い視野のなかで地理情報を理解していた。1879（明治12）年4月の東京地学協会の設立に際しては，榎本武揚や桂太郎などともにその中心メンバーとなり，発表の行われる会合には毎回のように出席し，その運営を支えていくことなる（井上 1930，石田 1948：88）。花房（1913b：180）は東京地学協会創立についてつぎのように回想する。

　　元來日本の外交の初まりに樺太問題などがあるので誰も少しも外交の方に心を懸ける人は地理論が頭にあるが此樺太問題のやうなことを外交談としては妄りに外國人中でいへないが學問上として世間にいひ又事實を明らかにして同情を惹くには諸國とも專ら研究を主として互いに論ずる事も出來調らべる事も出來る地學協會というものがあるといふので此等の人（東京地学協会の創立メンバー）も皆大底到る處で會員にもなったのであった。各國でも外國公使などは希望すれば名譽會員にして在留中自由に出入を許すので各國に往て居る日本公使なり書記官なり多少關係して居ったので，それ等が段々日本にも立てなければあらぬという論を起して立てたのである，…（括弧内引用者）

この引用からもわかるように，東京地学協会は欧米の列強諸国の各地で設立された地理学協会をモデルにしていた（石田 1984：91-103）。この種の協会はパリで1821年に設立されたのが最初で，1894年までに84に達していたという（Butlin 2009: 275-324）。東京地学協会の設立は早くはないが，イタリア（1867年），オランダ（1873年），ポルトガル・スペイン（ともに1875年），ベルギー（1876年）と比較すると極端に遅いというわけではない。遠隔地域の探検や調査，旅行などの成果を報告

第3章 19世紀後半における朝鮮半島の地理情報の収集と花房義質

し，情報交換を行うのが主目的で，植民地にも設置された。西欧系の国や植民地に設置された場合がほとんどで，非西欧系である国に設置された東京地学協会は珍しい例となる。

こうした地理学協会が遠隔地域との通商関係だけでなく，その資源や交通路の開発，さらには植民地化に際して一定の役割を果たしたことはしばしば指摘されるが（Stafford 1989）、この時期に遠隔地に関する地理情報の交換に外国人の参加が許され，また発刊された雑誌が国際的に流通していた背景についてはなお検討すべき点が多い。とくに軍事的な秘密測量の成果がイギリスの地理学雑誌に掲載されたことは広く指摘されており（薬師 2006：125-197 など），当時の地理情報のあり方には未解明の点が残されている。ともあれ，こうした慣例にならって花房とともに朝鮮を訪問した陸軍将校の海津三雄や外交官の近藤眞鋤が東京地学協会の例会で発表し，その文章が同会の報告に掲載されている。

この第一は，1879（明治12）年11月29日に発表された海津の「朝鮮國漢城ノ地形概略」で，まず漢城の位置や来歴にふれたあと，市街地のまわりにそびえる山地の配置を述べ，さらに烽火台についてやや詳しく紹介する。朝鮮半島各地からの烽火による通信は，漢城市街南方の南山の烽火台に集約されるとしつつ，それらからの眺望のよさを指摘する。これに関連してつぎのような文章を示していることは，注目されてよい。

予屢當國ニ遊ヒ處々歴覽セシニ韓人ハ所業ノ迂拙ナルニ係ハラス此烽燧臺ノ位置ハ全國實ニ，其宜シキヲ得タリ仮令ハ一烽燧臺アリ其頂嶺甚タ高カラサルモ之ニ登リテ四顧スレハ眺望最モ妙ナリ思フニ後年全國大三角測量ヲ爲スカ如キ日アルニ當テ此烽燧臺ヲ以テ標點ト爲サハ大ニ其成功ヲ助クルコトアルヘシ（海津 1879a：8）

こうした，朝鮮半島の将来の植民地化への意識は，つづく部分にもあらわれてくる。漢城の城壁や城門，王宮の石郭，背後の軍事施設である「北漢山城」の紹介は，それにむけた軍事行動に必要な情報といえよう。

他方同日発表された近藤の「鎮江記」は，海津の描いた上記「朝鮮國鎮江略圖」にみえる錦江河口部について，干満の差が30尺に達するなど，河口部の状況や集落について述べている（近藤 1879）。いずれも花房のすすめで寄稿されたものであろう。

海津はさらに1879年12月20日にやはり東京地学協会の例会で「漢城風俗」と題する発表をおこなった。まず「丙寅洋擾」（1966年）と「辛未洋擾」（1871年）のあとに大院君が各地に建立させた石碑の排外的な碑文の紹介からはじめている。碑文の内容を時代錯誤的とするその紹介は，1875年の雲揚号事件のあと，朝鮮の開国にむけて主導的な役割を果たした日本の軍人の自負ともいえる。

このあとには，人びとの服装や食習慣，家屋，農業，儀礼や社会にふれるが，文末では「自國ノ政治ヲ外國ニ洩スハ國禁ニ係ルカ故ニ官民ヲ問ハス只不知々々ト云フノミニテ其詳ヲ知ル能ハス只外面ヨリ其一班ヲ窺フノミ隨テ歴史地理ノ如キモ其要ヲ得ル能ハス」（海津 1879b：12）と，朝鮮の文化や社会に対して深い理解をえることのむつかしさを指摘する。

67

翌年の2月28日に行ったやはり海津の発表は「元山津ノ記」と題するもので、長い交渉のすえに開港が決定したばかりの場所について紹介する。まず海図にみられる西欧語の地名，経緯度について述べたあと，湾や島の配置についてふれ，さらにすでに確保された居留地の概況を述べている。くわえて元山津が東海岸の一大中心地であることのほか，そこにあつまる産物，とくに海産物を紹介し，気候についてもくわしく報告する（海津 1880）。巻末にはすでにふれた「元山津居留地略測并埠頭道路目論見圖」が掲載されている。

　この種の報告は日朝修好条規続約が締結されたあとに許可された国内旅行についてもみられるが，それは第5章で紹介することにして，さらに花房の地理思想を考える際に意義を持つと思われる点に触れたい。花房のこの方面に対する配慮は公使館での気象観測にもあらわれている。1881年6月に，「気象経験録」と称する観測データが外務省を経て海軍水路部に送られたという記録がある（アジア歴史資料センター資料，Ref. C09115111800）。送られた観測データそのものは見つかっておらず，その後の観測も壬午事変，さらに甲申政変（1884年）で中断したが，1886（明治19）年2月以降，データの送付が再開され1900年5月以降は「京城気象観測月表」と名称を変えて1903年11月のデータまで外務省に送られた。花房の任地は壬午事変以後朝鮮を離れるが，この観測は花房の始めたものが受け継がれたとみてさしつかえない。「気象経験録」は毎日の天候に加え，3回の気温の定時観測結果を報告するものであるが，19世紀のソウルの気象観測記録は少なく，今後の解析が期待されている（小林・山本・関根 2014）。在外公館での気象観測は当時広く行われ，日本本土でもいくつか行われたことが指摘されているが（岡田 1904），日本の在外公館で行われたものとして注目されよう。

　このようにみてくると，花房の地理情報へのアプローチは一方では職務上の必要性に迫られつつも，他方では当時の欧米諸国に広くみられた地理学協会の開設や在外公館での気象観測を一種の標準として導入し，海津三雄や近藤眞鋤の寄稿にみられるような発表を着実に行っていくところにあったと考えられる。日朝修好条規続約第二で可能になった公使館員や領事館員の国内旅行の実現も，その一環とみてよい。朝鮮に出発しようとする花房に1879（明治12）年3月に与えられた訓条の附属（乙）には，朝鮮国内での日本人の商行為や希望する朝鮮人の日本訪問を認めるよう要請する項目にくわえて，学術研究のため朝鮮国内旅行を要望する者についてはそれを許可するよう要請する項目がある（アジア歴史資料センター資料，Ref. A03023631000）。日朝修好条規続約第二はこの指示の実現とみることもできるが，いままで検討してきたところからすれば，むしろ1872年以来の花房の念願の実現とみるのが妥当であろう。

5．むすびにかえて

　以上，明治初期の朝鮮半島における地理情報の収集とそれに関連した花房義質の地理思想について検討した。欧米製海図の翻訳複製，さらに外交交渉の機会を利用した実測の開始と，徐々に本格

第 3 章　19 世紀後半における朝鮮半島の地理情報の収集と花房義質

的な地図作製にむかって努力が積み重ねられ，また朝鮮政府との関係でも日朝修好条規による海岸測量の承認，さらに済物浦条約とともに締結された日朝修好条規続約第二よる公使館員や領事館員の国内旅行の承認と，順次準備をすすめてきたことが判明した。このようなプロセスは，陸海軍と外務省を主体として，国内外の多様な資料を参照しつつ進められたことも留意される。

　これに際して，欧米諸国が先行して作製した海図を利用したが，それらの入手は難なく行われたというより，アメリカ艦から借用した江華島付近の海図やガストン・ガリーの提供したフランス海図の場合が示すように努力だけでなく偶然の作用にもよって，かろうじて必要な情報を確保したという状態であった。当時海図はすでに「国際公共財」になっていたという主張があるが（鵜飼2004），それは欧米諸国のあいだでの役割であって，近代初期の日本にとってはまだアクセスの容易でない情報であった。しかも本格的な海図が未整備な朝鮮半島の西岸や南岸についてはそうした情報も不充分で，開港場の探索のためには，朝鮮側に日本船の沿岸測量をみとめさせつつ，自前の作業を行わざるを得なかった。

　こうしたプロセスを陣頭で指揮した花房義質は，当面の職務遂行に必要な地理情報の確保だけでなく，欧米諸国の標準ともいえる地理学協会の設立に努力し，気象観測にも関心を持つなど，広い視野を持っていたことも明らかとなった。この時期になると，中国各地に設置された欧米諸国の公館を拠点に，地図作製を含む調査活動を行った外交官が登場してくる（Fan 2004; Kobayashi 2015）。はじめての漢城入りに際して「入京路程概測図」をつくらせた花房は，こうした外交官の存在にも気を配っていたと考えられ，さらにその地理思想の検討が望まれる。

　以上のようにみてくると，朝鮮半島の地理情報の整備という視角からすれば，1872 年以降の約10 年間は，1883 年以降の陸軍将校のコンパスによる方位と歩測による朝鮮全土のトラバース測量の前段階と考えることができる。この前段階は，朝鮮の開国のプロセスでもあり，朝鮮と欧米諸国との国交の開始が 1882 年 5 月の朝米修好通商条約締結以後という点も合わせて考慮すると，朝鮮と日本の 2 国間関係のなかで進行したことも特筆しておく必要があろう。地理情報の集積という点からすれば，成果は大きくないが，これによってつぎのステップがほぼ準備されたわけである。

　ところで本章であつかった地図作製は，第 2 章でみた外国製図の翻訳複製や編集による外邦図の作製を大きくこえて Imperial mapping の段階に到達している。これまで積み上げられてきた欧米諸国の帝国地図学の研究では，その重要な特色として，地図を作製し利用する社会と地図を作製される地域の社会は厳しく分離されており，後者に属す人びとは前者の作る地図に接し，それを利用することがなかったとされている（Edney 2009）。これに対してすでに本章では 1876 年の宮本小一が代表をつとめた使節団が翻訳複製や編集による外邦図を朝鮮側に進呈したことに触れたが，類似の寄贈が 1880 年に来日した朝鮮修信使に対しても行われ，その目録に名称を記された海図の多くは，表 3-2 にみえるものと同一であることをさらに指摘しておきたい。開港場の探索の過程でその時点までに日本の海軍水路局が測量・作製した図が少なからず含まれているのである（アジア歴史資料センター資料，Ref. C09114710900）。筆者のうち鳴海と小林は，中国と日本では 19 世紀後半に欧米製海図や地図の翻訳が実施されていることに注目し，それは東アジア諸国に共通する長期間に

69

わたる地図作製の伝統のなかで理解すべきであるとの考えに至った（Narumi and Kobayashi 2015）。本稿で触れた日本から朝鮮への海図の寄贈についても，そうした伝統への考慮なしに理解が困難であることを指摘しておきたい。

［付記］
本稿は，2006年8月，ソウル大学で開かれたPNC 2006 Annual Conference in Conjunction with PRDLA and ECAIで発表したKobayashi and Okada, "Japanese military cartography in the Korean Peninsula" および2006年度11月の人文地理学会大会（近畿大学）で発表した岡田・小林「植民地期以前の朝鮮半島における日本の軍用地図作製」の前半部を発展させ，さらに2012年の鳴海のアメリカ議会図書館での資料調査の成果を反映させたものである。お世話になった外邦図研究会のみなさんに感謝したい。また本研究には科学研究費（課題番号JP19200059；JP24240115；JP24501299）を使用した。

注
1) 1873（明治6）年に水路局が購入を要請した海図が（アジア歴史資料センター資料，Ref. C09111791700，1873年10月23日），東アジア海域の航海案内書であるChina Pilotの翻訳に必要とされていたことは（同，Ref. C09111838700，1973年9月13日，），当時の日本が取得していた地理情報の少なさと，そうした情報への関心の範囲を示している。
2) 花房（1913a：109–110）は，ここで紹介しているのと同様の話のなかで，木浦について「文禄の役にも加藤嘉明などの日本海軍はあすこでとうとう喰止められて仕舞った處で至極の要所である…」と述べているが，木浦の重要性がどのように知られたかについては検討を要する。なお日本で著述された『象胥紀聞』（小田 1979）には木浦に関する記載はなく，また櫻井（1979：131–149）からしても本格的な地誌である『朝鮮八域誌』（『択里志』）や『新増東国輿地勝覧』はまだ参照できなかった可能性が大きい。
3) 関連して，李鎮昊（1991：8–19）は外国人による朝鮮の測量について，日本の関連したものを主に年代を追って記述しているが，初期については本稿で触れるものにほとんど言及していない。
4) 萩藩で朝鮮語通詞を勤めた松原正軒の描いた略絵図（木部・松原 2008：54）もそうした事情を物語っている。なお近世から近代の日本における朝鮮観や朝鮮イメージについては多くの論考があり（矢沢 1969，姜 1994など），また朝鮮半島の古地図についても多くの論考や地図集があるが（李 2005；韓国古地図輯編纂委員会 2012など），近世から近代への地理情報の転換については，まだほとんど検討がないと考えられる。
5) 前稿（小林・岡田 2008）では，この間の測量で活躍した海津三雄の役割に注目したが，ここでは多方面で朝鮮情報の収集に尽力した花房に注目して，この時期の地理情報の収集の特色を考えたい。
6) その理由としては難破した際に保護を受けられず，逆に攻撃される恐れがあるとした。また日本人外交官の洋服の着用も朝鮮側から問題視された。
7) 停泊地への言及がないが，横浜と考えられる。
8) 上海への連絡はすでに開通していた上海–長崎間の電信（大野 2006）を使ったものと考えられる。
9) 資料番号RG376b/451.343#1, 1A, 2.
10) 後述する古地図を提供した三田藩士族への報奨金が1円50銭であったのに対し，ガストン・ガリーへの報奨金が50円であったのは，地図の数にくわえて，そうした情報に関する評価を示すものであろう。
11) 櫻井（1979：133）では1880年に近藤が管理官として釜山に滞在した時に読んだとしているが，1877年の可能性が高い（アジア歴史資料センター資料，Ref. A01100163100）。

12) 貸与されたのは，『對馬紀事』のほかは『外國叢書』，『朝鮮物語』，『朝鮮人来朝記』のほかは「四邊海岸圖」，「朝鮮國圖」「同地理圖」であった。さらに検討を要するとはいえ，このうち『對馬紀事』，『朝鮮物語』，『朝鮮人来朝記』はあきらかに国内で著述されたものである。

13) 別府は桐野利秋に，北村は板垣退助に近い人物である。

14) 雲揚艦の井上良馨艦長（のち元帥）は『海軍逸話集』に収録された談話記録の中で，「海圖は曩に米佛が戦争をした時のものを横濱の西洋人が持って居るのを探がし出して来たが，實地に徴してみると，丸で當にならぬ。之を信用すると船が山に上る虞があるので，短艇で測量をしながら，航海を續行する有様であった」と語っている（有終會編 1930：10-11）。これは明らかに測量の必要性を示すための作り話であり，測量の背景を示唆する内容である。

15) アジア歴史資料センター資料「携帯圖書類ノ借入及返付一件」Ref. B03030139900 では，これらの図は「朝鮮東沿海圖」とも表記されている。ガストン・ガリーの提供した図の多くは朝鮮の西海岸に関するものであるにも係わらずこのように表記された背景には，その目録の翻訳のタイトルが「千八百七十五年十一月三十日ジーガリーヨリ日本政府に奉献シタル朝鮮国東沿海図目録表」（国立公文書館蔵『翻譯集成原稿，第一号』所収）とされているからであろう。なお，前稿（小林・岡田 2008：10）では後述の宮本小一を代表とする使節団がこれらの図および海図2枚を借りたとしたが，これは誤りであった。記して訂正したい。

16) 19 世紀中葉の欧米船による東アジアの沿岸測量に際しての現地社会との交渉については，Kobayashi（2015）を参照。

17) 1868 年以降のシルビア号（Sylvia）の活動域については，Pascoe（1972：375-379）を参照。

18) 図の左側中段に配置された文言のうちロシアを示す語が，刊行時期のないものでは「魯国」とあるのにその他では「露国」とする点など。

19) 中嶋（1994：5）は「朝鮮東海岸圖」の最初の刊行は 1875 年 2 月としており，河村（2012：27-28）もそれにしたがっているが，中嶋（1995：1）が中嶋（1994：3-18）に示した海図の変遷表には訂正すべき点が多いとしている点に加え，本文で示したような点から 1876 年前半と考えるのが妥当と思われる。なお中嶋は訂正表を作成したとしており，関係者に問い合わせているところであるが，早急な発見が待たれる。

20) 朝鮮側は 1868 年の南延君陵墓盗掘事件（鈴木 2010 を参照）をあげてその理由とした。

21) 田保橋（1940：696）はこの東海岸の調査を「日本國海軍の外國水路測量として空前のもの」と評価するが，東海岸の港湾候補地は西海岸と比較して地形や潮の干満に大きな差があったことを考慮すべきであろう。

22) 「朝鮮國長浦江口略圖」は，「朝鮮國沃溝灣略圖」および「朝鮮國浅水灣略圖」とおなじ用紙に描かれている（本書の表目録 1-2 の京 16-1 ～ 3 を参照）。このうち「朝鮮國浅水灣略圖」も表 3-2 の 100 号図の写しと考えられる。「朝鮮國沃溝灣略圖」については印刷図を発見しないが，元図は海軍作製の図と考えられる。おそらく 1879 年の調査に備えて海津が写したものであろう。

23) 2007 年 9 月にアメリカ議会図書館地理・地図部で急いで行った調査と撮影した写真もとづく。なお当時は資料番号が付されておらず，現在も同図はオンライン・カタログには登録されていないと考えられる。この地図のタイトルの下には "Japanese and Foreign Government surveys to 1880" と注記されている。なお，河村（2013）も「朝鮮全岸」2 点を検討しているが，一方は 1889 年，他方は 1891 年に最終的な小改訂を受けていることを付記しておきたい。

24) 1883 年からはじまる公使館・領事館所属の陸軍将校の旅行では，儀礼や祭事，外交を担当する禮曹ではなく壬午事変後に再設置された統理衙門（統理交渉通商事務衙門）から護照が発給された（酒井

2016：30-38；67-70）。

参考文献

秋月俊幸　1999.『日本北辺の探検と地図の歴史』北海道大学図書刊行会.

石田竜次郎　1984.『日本における近代地理学の成立』大明堂.

井上禧之助　1930.「故副會長花房子爵」地學雑誌 42(10)：571-573.

岩壁義光・広瀬順晧・堀口修編　1996?『花房義質関係文書，東京都立大学付属図書館所蔵』北泉社（マ
　イクロフィルム）.

鵜飼政志　2004.「海図と外交」鵜飼政志ほか編『歴史をよむ』東京大学出版会，120-123.

海野一隆　2005.『東洋地図学史研究　日本篇』清文堂.

榎本武揚（重訳）　1876.『朝鮮事情：原名高麗史略』有吉三七・東洋社（のち再版を集成館から 1882 年
　に刊行）.

大野哲弥　2006.「明治期対外交渉で見る日本の国際通信政策」情報化社会・メディア研究（放送大学）3：
　73-84.

岡田武松　1904.「本邦の氣象觀測に付き西人の事蹟」地學雑誌 16(7)：436-442.

小田幾五郎　1979.『象胥紀聞』（対馬叢書第 7 集）村田書店.

海津三雄　1879a.「朝鮮國漢城ノ地形概略」東京地學協會報告 1(6)：6-10.

海津三雄　1879b.「漢城風俗」東京地學協會報告 1(7)：3-12.

海津三雄　1880.「元山津之記」東京地學協會報告，1(9)：1-8.

梶村秀樹　1979.「解説」ダレ著・金容權訳『朝鮮事情』平凡社（東洋文庫 367），331-350.

加藤九祚　1972.「浦塩物語(1)：瀬脇寿人とそのウラジボストク紀行」機関ユーラシア 4：55-109.

河村克典　2009.「松浦史料博物館所蔵『朝鮮輿地図』の記載内容について」地図（日本国際地図学会）
　47(4)：17-23.

河村克典　2012.「1875 年『朝鮮東海岸図』（海図番号第 54 号）の作成経緯について」エリア山口 41：26
　-30.

河村克典　2013.「明治 15 年（1882）『朝鮮全岸』（海図番号 21）の作成経緯」エリア山口 42：31-37.

韓国古地図輯編纂委員会　2012.『国土の表象』ソウル：東北亜歴史財団.（韓文）.

木部和昭・松原孝俊　2008.「萩藩朝鮮語通詞・松原正軒の『朝鮮物語』について」韓国研究センター年
　報（九州大学韓国研究センター）8：27-57.

姜　徳相　1994.「近代日本の朝鮮認識」部落解放研究 96：34-43.

黒龍會本部編　1911.『西南記傳，下巻二』黒龍會本部.

小林茂・岡田郷子　2008.「十九世紀後半における朝鮮半島の地理情報と海図三雄」待兼山論叢　日本学
　編（大阪大学文学会）42：1-26.

小林茂・山本健太・関根良平　2014.「『朝鮮國漢城日本公使館氣候経驗録』ならびに『朝鮮國漢城日本領
　事館氣候經驗録』にみられる気象データの観測地点について」外邦図研究ニューズレター 11：57-64.

近藤真鋤　1879.「鎮江記」東京地學協會報告，1(6)：115.

杉本史子編　2014.『近代移行期歴史地理把握のタイムカプセル「赤門書庫旧蔵地図」の研究』東京大学
　史料編纂所.

崔書勉　1978.「日本外務省御雇外国人『金麟昇』について」韓 7(6)：94-112.

酒井裕美　2016.『開港期朝鮮の戦略的外交』大阪大学出版会.

坂根達郎　1880.『朝鮮地誌』大阪，前川源七郎他発売.（国立国会図書館近代デジタルライブラリー）

桜井義之　1959.「花房義質代理公使『入京路程概測図』について」朝鮮学報 14：363-379.

櫻井義之　1979.『朝鮮研究文献誌　明治大正編』龍溪書舎.

水路部　1933.『朝鮮沿岸水路誌』第 1 巻，水路部.

鈴木淳　2002.「『雲揚』艦長井上良馨の明治八年九月二九日付け江華島事件報告書」史学雑誌 112(8)：1947-1957.

鈴木楠緒子　2010.「ドイツ帝国創建と在華ドイツ人管理・管轄問題：朝鮮南延君陵墓盗掘事件への対応を中心に」史学雑誌 119(12)：1999-2020.

青華山人著・近藤眞鋤和解　1881.『朝鮮八域誌』日就社.（国立国会図書館近代デジタルライブラリー）.

高橋堅造・沖野幸雄　2006.「水路図誌の編集調製初期における事情」地図（日本国際地図学会）44(1)：27-38.

谷屋［岡田］郷子　2004.『朝鮮半島の外邦図の作製過程』大阪大学文学部卒業論文.

田保橋潔　1940.『近代日鮮關係の研究，上巻』朝鮮總督府中樞院.

東亜同文会編　1936.『対支回顧録（下）』（原書房，1968 年再刊）.

統監府編　1906.『韓国ニ関スル條約及法令』統監府.

中嶋逞　1994.「明治期刊行海図の表題の変遷について（その 1）（海図番号 1 ～ 400）」水路部技報（海上保安庁水路部）12：1-18.

中嶋逞　1995.「明治期刊行海図の表題の変遷について（その 2）（海図番号 401 ～ 1021）」水路部技報（海上保安庁水路部）13：1-18.

花房義質　1908.「韓國懐舊談」地學雑誌 20(1)：1-15.

花房義質　1913a.「花房子爵實歴談」黒瀬義門編『子爵花房義質君事略』小林武之助，62-159.

花房義質　1913b.「地學協會の關係」黒瀬義門編『子爵花房義質君事略』小林武之助，179-181.

坂野正高　1970『近代中国外交史研究』東京大学出版会.

坂野正高　1973『近代中国政治外交史』東京大学出版会.

広瀬靖子　1968.「江華島事件の周辺」国際政治 37：23-40.

船越昭生　1976.『北方図の歴史』講談社.

諸　洪一　1997.「明治初期における日朝交渉の放棄と倭館」年報朝鮮学 6：15-34.

薬師善美　2006.『大ヒマラヤ探検史：インド測量局とその密偵たち』白水社.

矢沢康祐　1969.「江戸時代における日本人の朝鮮観について」朝鮮史研究会論文集 6：14-39.

安岡昭男　1996.「花房義質の朝鮮奉使」岩壁義光・広瀬順晧・堀口修編（1996 ？）『花房義質関係文書，東京都立大学付属図書館所蔵』北泉社，11-35.

有終會編『海軍逸話集，第一輯』有終會.（国立国会図書館近代デジタルライブラリー）

李重煥著・平木實訳　2006.『択里志：近世朝鮮の地理書』平凡社（東洋文庫 751）.

李成茂著・金容権訳　2006.『朝鮮王朝史（下）』日本評論社.

李燦著，山田正浩・佐々木史郎・渋谷鎮明訳，楊普景監修　2005.『韓国の古地図』汎友社.

李鎭昊　1991.『増補大韓帝國地籍及び測量史』ソウル：土地.（韓文）

Blakeney, W. 1902. *On the Coast of Cathay and Cipango Forty Years Ago*. London: Elliot Stock.

Broughton, W. R. 1804. *A Voyage of Discovery to the North Pacific Ocean*. London: T. Cadell and W. Davies.

Butlin, R. A. 2009. *Geography and Empire: European Empires and Colonies c.1880-1960*. Cambridge: Cambridge University Press.

Dallet, C. 1874. *Histoire de l'église de Corée, précédée d'une introduction sur l'histore, les institution, la langue, les moeurs et coutume coréenes*. Paris: Victor Palmé.

Edney, M. 2009. The irony of imperial mapping. In *The Imperial Map: Cartography and the Mastery of Empire*, ed. J.R. Akerman, 11–45, Chicago: University of Chicago Press.

Fan, F.-T. 2004. *British Naturalists in Qing China*. Cambridge, MA: Harvard University Press.

Kim, K.-H. 1980. *The Last Phase of the East Asian World Order: Korea, Japan, and the Chinese Empire, 1860–1882*. Berkeley: University of California Press.

Kobayashi, S. 2015. Imperial cartography in East Asia from the late 18th Century to early 20th century: an overview. *Jimbun Chiri (Japanese Journal of Human Geography)*, 67(6): 480–502.

Lautensach, H. 1988. *Korea: A Geography Based on the Author's Travel and Literature*. Berlin: Springer-Verlag.

Lensen, G. A. 1855. *Russia's Japan Expedition of 1852 to 1855*. Gainesville: University of Florida Press.

Narumi, K. and Kobayashi, S. 2015. Imperial mapping during the Arrow War: its process and repercussions on the cartography in China and Japan, *Jimbun Chiri (Japanese Journal of Human Geography)* 67(6): 503–523.

Pascoe, L. N. 1972. The British contribution to the hydrographic survey and charting of Japan, 1854 –1883. In *Researches in Hydrography and Oceanography in Commemoration of the Centenary of the Hydrographic Department of Japan*, ed. D. Shoji, 355–386, Tokyo: Nihon Suiro Kyokai.

Paullin, C. O. 1910. The opening of Korea by Commodore Shufeldt, *Political Science Quarterly* 25(3): 470–99.

Stafford, R. A. 1989. *Scientist of Empire: Sir Roderick Murchison, Scientific Exploration and Victorian Imperialism*. Cambridge: Cambridge University press.

第Ⅱ部
初期外邦測量原図

Cart crossing Ferry, near Peking.

Cart crossing Ferry, near Peking（William Gill 1883. *River of Golden Sand*. John Murray, p.1 より）
情報活動に従事しつつ地図も作製した英国の軍人で探検家のWilliam Gill（1843-1882）は，その中国大陸での旅行と探検（1876～1877年）にあたって，天津から北京に向かう際に馬車を利用した。スプリングがなく乗り心地が悪いとしながらも（pp. 12-14），1880年に刊行された旅行記の冒頭にその図を掲載している（タイトルはThe Ferry）。上掲図は彼の死後刊行の旅行記に掲載された同じもので，やはり冒頭に配置されている。第4章で述べるように，中国大陸における日本陸軍将校の旅行でも馬車がよく使われたが，それがどのようなものであったか，ほとんど書き残していない。この図からそれが軽快な乗り物であったことを想像することができる。Gillは，馬車の一日の標準的な行程を100里（約58キロメートル）としており，陸軍将校の一人，酒匂景信の馬車の時速を6,000メートル（難路は5,160メートル）とする記述とおおざっぱながら一致する（小林茂）。

第4章　中国大陸における初期外邦測量の
展開と日清戦争

小林　茂・渡辺理絵・山近久美子

1．はじめに

　外邦図の作製は，明治の比較的早い時期から開始されたことが知られているが，本格的な展開は日清戦争以降と考えられてきた。日本近代の地図作製史を記述する『地図・測量百年史』では，外国資料による初期の編集図の存在を指摘するが，これ以降の外邦図作製については，日清戦争時に編成された臨時測図部（第一次）によるものとしている（測量・地図百年史編集委員会編 1970：439，460，479）。初期の編集図作製から臨時測図部（第一次）の編成まで，約20年間の外邦図作製については，陸地測量部でこの方面の調査を行っていた高木菊三郎が，陸軍将校の「旅行図」および他の資料をもとに「韓国二十万分一図」などが編集・印刷されたことをみじかく指摘している程度である（高木 1992：318：1961：9-13）。

　第1章でふれたとおり，2008年3月，筆者らはワシントンのアメリカ議会図書館で外邦図の調査をするうち，1880年代に日本軍将校が中国大陸および台湾，さらに朝鮮半島について測量・作製した手描き原図の存在を知ることとなった。手描き原図に記入された作製者の氏名は，高木が示す旅行図の提出者の氏名（高木 1961: 9-10[1].）だけでなく，村上勝彦が『参謀本部歴史草案』によって検討した，同時期に東アジアで「軍事密偵」として活動した陸軍将校の氏名（村上 1981: 3-48）ともほぼ一致し，彼らが各地の視察にくわえて，これらの手描き原図に結びつく測量を行っていたことがあきらかである。またこれらに示された彼らの活動範囲は，中国大陸については沿海部を中心にしており，さらに朝鮮半島全域もくわえて広範囲におよんでいる。

　陸軍将校の活動がこのように持続的かつ広範囲に行われた点は，高木菊三郎のいう「旅行図」の作製が明確な目的をもって計画的に実施されたこと，さらにその大きな目的が東アジアの地理情報の収集にあったことを示している。その背景には，東アジアにおける近代的な測量による本格的な地図の整備の遅れがあり，このような形での暫定的な地図作製以外に，方法がなかったからとみてよい。

これに関連して，第3章でふれたような，陸軍将校の関連記事の『東京地學協會報告』への掲載が（小林・岡田 2008），さらに広く行われたことも，あわせて留意すべきである。西欧諸国で相次いで設立された地理学協会に刺激されて設立された東京地学協会でも世界各地の地理情報が報告され（石田 1984：87-169），そのなかに将校たちの収集した地理情報が登場したことは，それがもともと軍事情報であっただけに，彼らの活動の性格を考えるうえで示唆的である。

本章の目的は，従来ほとんど知られていないこうした陸軍将校の中国大陸における活動に注目して，明治初期から中期の日本の地図作製活動を概観し，その特色を示すところにある。将校の偵察活動とともに，測量に用いられた技術，さらに手描き原図の様式を検討し，それらをもとに刊行された地図の日清戦争における役割について考察をくわえたい。

ところでこれらの将校の活動については，佐藤（1965；1984：135-158）以降，日本軍将校の情報活動の一環として検討がくわえられてきた（小林・岡田 2008：591-613）。とくに彼らの一人である酒匂景信については，そのもたらした広開土王碑文の拓本に関連して多くの検討がある（佐伯 1972；李 1973；永井 1973；古田 1973；武田 1988 など）。ただしその場合，酒匂の現地での任務に関しては，必ずしも正確に把握されてきたとはいえない。すでにふれた村上（1981）は，酒匂を含むこの時期の陸軍将校の属した組織と任務を的確にとらえる画期的なものであった。ただしこの種の情報活動は，その性格からして存在自体が秘密にされることが多く，現地でのその具体的様相についてはなおアプローチが困難であった。また関（2008）は，この時期の東アジアにおける日本陸軍の情報活動を俯瞰的にとらえようとしているが，情報活動の具体的様相にほとんど立ち入っていない。

これに対して，本書で取り扱う測量原図は，彼らの活動の直接の成果であり，それによって，彼らの活動時期と活動範囲，さらには基本的関心を把握することが可能である。本章および第5章，第6章では，このような点も留意しつつ検討をすすめる。第5章では朝鮮半島での彼らの活動を，第6章では中国大陸における酒匂の活動を取り扱う。なお，以下に示すアメリカ議会図書館所蔵図については "LCCN" として同館の登録番号を示すこととする。

以下ではまず，明治初期段階での中国大陸における陸軍将校の情報活動を展望し（第2節），ついで参謀本部の設立以後の地図作製を主な目的とした陸軍将校の中国大陸への派遣の開始を検討する（第3節）。さらに派遣された将校の旅行の特色をみたあと（第4節），将校たちの測量の技術的特色ならびに地図の編集や印刷について触れ（第5節），末尾の第6節では将校たちの測量をもとに作製された20万分の1図の日清戦争における役割にアプローチする。

2．明治初期の中国大陸における陸軍将校の情報活動

陸軍将校の海外派遣は早くから開始されたが，ただし地図作製を主目的とした派遣の開始は，後述するように，1879（明治12）年以降となる。以下ではまず，それにむかう推移から検討したい。

中国大陸への陸軍将校の派遣は，朝鮮と同様に最初は1872（明治5）年で，池上四郎（少佐），武

市正幹（少佐），彭城中平（外務権中録）が派遣された（アジア歴史資料センター資料，A03023010900。1872年8月）。池上・武市は外務省出仕として命令をうけたが，それは表面上のことという（東亜同文会編 1968：40）。また池上は西郷隆盛の側近であり，この派遣の目的が政治・軍事情報の収集にあったことは，彭城執筆の復命書（1873年7月）に明らかである（黒龍會本部編，1908：22-60）。

つづく派遣は翌年の1873年末に指令された。美代清元（中尉）を中心とした6名にくわえ，島弘毅（中尉）などの同行も指示された（アジア歴史資料センター資料，Ref. A01000017000，1873年11月，同Ref. A01000017100，1873年12月）。このときに下附された「心得書」の大綱案の第一条には，「彼国ニ在テ彼国ノ事ヲ学ハント欲セハ彼国ノ語学ニ通暁セサルベカラス故ニ此レヲ以テ最初ノ専務トス」として，語学学習を重視している。これにつづく「心得書條目案」は大きく3つに分かれており，清の軍備に関することは美代らの担当，地理や人口に関することは，すでに朝鮮での活動にふれた益満らの担当，政治や政府，税制，外交などに関することは他の将校・下士官の担当とされている（アジア歴史資料センター資料，Ref. C08052181400，1873年12月）。ただし，地理に関する調査項目には，測量や地図作製はふくまれていない。また1874年7月の清国在留者の名簿によれば，全員北京駐在であった（アジア歴史資料センター資料，Ref. A03030190000，1874年7月）。なお，この時期には，台湾遠征に関連して，大尉の大原里賢など7名の派遣も行われており（アジア歴史資料センター資料，Ref. A07061505500，1874年4月），上記の在留者名簿によれば，その駐在地は広東・鎮江・福州であった。

その間，益満らは8月に北京から天津に至るルートやアロー戦争に際し英仏連合軍の上陸した北塘を視察した（「樺山資紀臺灣記事，第四稿」，西郷都督樺山總督記念事業出版委員会 1936：334-339）。この視察は，時期からみても本書第2章第3節でふれたような中国（清国）との開戦を意識したものであろう。また益満は「清国北京圖」や「北京白河之地圖」，さらにイギリス製海図や「長江図説」と地図類を購入した（アジア歴史資料センター資料，Ref. C09120212200，1874年9月，同Ref. C0912246800，1874年12月，同Ref. C09120279600，1875年5月）。やはり第2章第3節でふれたように「清國北京全圖」の注記に，英国製の測量図をもとにしつつ，「京師城内圖」などで地名を補い，さらに自身が清国で目撃したことをもとに誤りを訂正し，この図を作製したと述べ，その活動の一端を示している。

1875（明治8）年には，初めての在外公館付武官として福原和勝（大佐）が在清国公使館に派遣され（アジア歴史資料センター資料，Ref. A01000006400，1875年2月），さらに翌年になると，大原里賢がとりまとめていた清国在留将校たちを，再度派遣された福原が監督するようになる（アジア歴史資料センター資料，Ref. C09060289300，1876年6月，同，Ref. C09060289400，1876年6月〜7月）。これはその組織化がはかられたことを示すものであろう。ただし将校は上海，漢口，広東，北京に分散配置されていた。

この時期の将校のなかで，島弘毅は『東京地學協會報告』に紀行文「滿州紀行抜書」，「清國運河紀行」を掲載している（島弘毅，1879；1882）。この時期の陸軍将校の地方旅行については不明な点が多いが，「清國運河紀行」では1875年5月に上海を出発し蘇州を経由して鎮江に至り，揚子江を

渡って大運河に入り，淮安付近以北は陸路によった天津までの行程を短く記述している。

　他方 1877 年 4 月から約半年にわたって行われた満洲旅行については，まず印刷されたのは「満州紀行抜書」であるが，これは後に印刷されることになる『滿洲紀行　乙號』の原稿にもとづいていることがあきらかである（コラム 1：『滿洲紀行』参照）。その行程は，北京から山海関を経て盛京省に入り，さらに吉林省から黒竜江省のチチハルにまで及んだ。その間地図としては「大清一統圖」および本書第 2 章で紹介した「亞細亞東部輿地圖」（300 万分の 1，表 2-3 の 1）を参照している。後者に描かれた盛京（奉天［現瀋陽］）の北や西の山地について，島は現地をみてそうした山地はみられないとして，これは誤写によるものではないかと指摘している（島，刊期不詳：27）。

　島は経由した重要地点について，しばしばその緯度を記し，日本各地の同緯度の地域をあげて，現地の気候を読者に理解させようとしている。ただし「亞細亞東部輿地圖」では盛京省（今日の遼寧省）については全域を図示するが，吉林省については南部のみ，さらに黒竜江省については表示しない。緯度の値が「亞細亞東部輿地圖」の範囲をこえた地点についても示されているのは，「大清一統圖」によったものであろう。この「大清一統圖」は，第 2 章で 1885 年刊の「朝鮮全圖」に関連してふれた「大清一統輿圖」で，それに相当する「皇朝中外壹統輿圖」（1863 年刊）では，島の示した緯度の記載を確認することができる [2]。

　以上に関連して，島が『滿洲紀行　乙號』の付録として作製した「滿州紀行附圖」（100 万分の 1，口絵写真 2 [3]）では円筒図法による「亞細亞東部輿地圖」とちがい，円錐図法によっている点も留意される。また「滿州紀行附圖」は，既存の図をベースに自身の観察をくわえたものであり，1880 年代に陸軍将校たちが作製したものとは縮尺だけでなく，記載内容も大きく違うことを付記しておきたい。

　福原は 1877（明治 10）年 2 月には日本によびもどされて西南戦争に従軍し（アジア歴史資料センター資料，Ref. A01100169900），その後は大原らが駐在したようであるが，翌 1879 年前半までに将校たちは順次帰国した（アジア歴史資料センター資料，Ref. A01000054600）。

3．参謀本部設置以後の地図作製を主目的とした陸軍将校の清国派遣

　1878 年 12 月になって参謀本部が設立されるとともに中国大陸における陸軍将校の活動は大きく変化する。1879 年 6 月，管西局長の桂太郎中佐は「方今清國朝鮮沿海ノ地誌並ニ地圖ヲ詳カニシ有事ノ日ニ當テ其ノ參画ノ圖略ニ供スルハ目下緊急ノ用務」（広瀬監修・編集 2001: 142）として，地理情報の収集を主体にした将校の派遣を実施に移したのである。これにあわせて中心的役割をはたす将校のための「管理將校心得」にくわえて「清國派出將校兵略上偵察心得」，「清國派出將校心得」を示している（広瀬監修・編集 2001：143-163）。

　「管理將校心得」は，派遣された将校との連絡や会計報告に関する事務的なものであるが，「清國派出將校兵略上偵察心得」では明確に清国（「支那」と表記）との交戦にむけて，まず上陸地点の選

定にはじまり，その周辺地域での食糧調達の便，交通条件の調査を指示する。つづいて清国軍の兵種や交戦の場所，首都への進撃にむけて地形や交通路の調査の必要性を説き，その主要項目（城堡や橋，山脈を越える道路，港湾）を示す。さらに末尾には清国軍の編成だけでなく，その組織としての特色の調査も指示している。

　他方「清國派出將校心得」では，冒頭に偵察を行う際の基本姿勢にふれたあと，「地形風土」の節では各地での観察の成果を「圖誌ニ記シ或ハ看取圖ヲ製シテ以テ將来ノ用ニ供ス可シ」と地図の作製を義務づけている。さらにつづけて「但シ寫圖筆記ニ係ハラス之ヲ作ルハ成ル可ク彼■ノ嫌疑ヲ避ルノ法ヲ用ユ可シ」と述べて，疑念をもたれないよう作業することも指示する。つづく「運輸ノ便否」では，弾薬や食糧の輸送に関連する事項を示し，現地居住者の雇用の可能性や賃金まで調査せよとしている。類似の指示は「糧食薪炭」，「被服陣営」でもみられ，主に現地で調達する資材について触れる。末尾の「兵制及諸製造所」では，清国の兵制一般から始まり，各地での軍の駐屯や守備体制，さらに軍事関係物資の調達や製造の調査にまで言及する。

　これらの指示がどのような背景を持つかは検討されていないようであるが，清国との交戦を前提にしつつ示されたことは，その活動の性格を考えるに際して大きな意義を持つと考えられる。他方，指示されている個々の項目については，前年まで桂がドイツ公使館附武官としてその軍事行政を研究していた点を考慮すれば，ドイツ軍の地理情報収集が重要な意義を持ったことが推測される。この点で注目されるのは，当時参謀本部長であった山縣有朋による序文（1881 年 5 月）を持つ『獨乙参謀要務』（原本は 1875 年刊 [4]）の翻訳・印刷について 1879 年 5 月には準備が進行し（アジア歴史資料センター資料，Ref. C07080129200），同年中には一部仮印刷が終了しており（アジア歴史資料センター資料，Ref. C07080180700），1881 年には「前編」全 6 巻が刊行されたことであろう。この前編の第七篇「探候（レコン子サンス [5]）」には，今日偵察と呼ばれる情報収集業務が紹介されており，この中には桂の地図作製に関する指示のもとになったと思わせる部分がみられるのである（フォン・セルレンドルフ 1881：第七篇，1-56）。

　そこで注目されるのは，「……探候ノ主要ナル補助タル者ハ精好ノ地圖ナリ」に始まる部分で，目測や歩測など簡易な距離推定法を紹介したあと，「略圖速製術」と題する項目を設け，その練習が必要なことを強調しつつ，末尾には略図の縮尺や方位，使用する彩色，作製日や作製者名の記入など「定則」までも示すことである。偵察における地図作製の要領を示しているわけである。

　また偵察に際しての乗り物にふれる部分では，国内では乗馬して「探候」するとしつつも，「時宜ニ由テハ乗車シテ探候スルコトアリ是レ外國ニテ人目に觸レサル為メ必用フヘキ法ナリ外國ニテハ通常ノ旅人ノ如キ行装ヲ爲ス可シ然レトモ之カ爲ニ地圖及雙眼鏡ヲ自由ニ使用スル能ハサルニ至ル如キコトアルヘカラス」と述べて，国外での偵察には馬車を利用することを勧めている点も興味深い。コラム 1『滿洲紀行』で触れた紀行文から，陸軍将校の旅行では現地で雇った馬車による移動が多いことが判明する。この背景を推測させる記述である。

　さらに筆記用具にふれて，「内國ニテハ袖中羅盤，色筆ノ添ヒタル製圖嚢透明ニシテ方眼アル紙及手帳ヲ携フヘシト雖モ外國ニテハ途中ニ於テ百事ヲ記臆シ必要ノ覺書ハ屋内ニ休息ノ時書スルヲ

以テ足レリトスヘシ」とするくだりは，「清國派出將校心得」の上記「但シ寫圖筆記ニ係ハラス之ヲ作ルハ成ル可ク彼■ノ嫌疑ヲ避ルノ法ヲ用ユ可シ」という指示を思い出させる。

清国に派遣された将校への指示は，こうした『獨乙參謀要務』が周到に示す留意点をふまえたものと考えられるが，くわえて留意されるのは，冒頭の「探候」の意義を説明する部分で，つぎのように指摘している点である。

　　輓近ニ於テハ廣キ地方ヲ探候スルノ要旨漸ク減少シ且斯ノ如キ探候ヲ行フコト頗輕易ニナリタルハ疑ヲ容リサルナリ是レ一ニハ地圖ノ製作日ヲ追テ精好ヲ極メ隨テ其數多キニ至リ又地理學ニ關シテモ文運日一日ヨリ伸暢セシニ在リ（フォン・セルレンドルフ 1881: 第七篇，4）

当時のヨーロッパでは，近代地図の作製や地理学研究の進歩とともに広域的な偵察が不要になったと指摘している。これから地図整備と偵察の様式には緊密な関係があり，日本の参謀本部では，かつてのヨーロッパでさかんに行われた様式の偵察を東アジアで実施するために，将校の派遣が必要と考えられた可能性がうかがわれる。清国への将校の派遣は，ヨーロッパでは広く行われてきた地理情報の収集様式の適用としても理解できるわけである。

陸軍将校の清国派遣に関連してあわせて言及すべきは，第2章で紹介した「清國沿海各省圖」の作製が陸軍将校の清国派遣以前に桂太郎の指示によって開始されたという点である。管西局長に就任（1878年12月）間もない翌年1月7日には，清国の「地理取調」のため，直隷，山東，江蘇，安徽，浙江，福建，広東，広西の各省の地図を70万分の1の「切図」として作成することを指示し，直隷山東省の図（表2-4の1）については7月に訂正を行い，10月には「再摺」を完成している（アジア歴史資料センター資料，Ref. C07080145100：C07080168900）。

くわえて注目されるのは清国関係の地理書（一部英書を含む）にくわえ「南京府城図」をはじめとする都市図[6]や「自呉淞至上海水路図」のような水路図，さらに「上海寧波近傍海図」のような沿岸海図も清国から帰国する陸軍将校に購入させている（アジア歴史資料センター資料，Ref. C07080116000）。これらの水路図や海図は主として英国製と考えられるが，すでに「大清一統海道總圖」のような英国海図の翻訳が刊行されていた時期であり（Narumi and Kobayashi 2015），これらとの関係についても検討を要する。いずれにせよ，これらには経緯度が記入されており，「清國沿海各省圖」の編集にとっても貴重な資料になったと考えられる。類似の資料として清国各省の「通誌」や英国軍人の探検家「ウイリヤムギール」の旅行記付図[7]なども購入するほか（アジア歴史資料センター資料，Ref. C07080407000：C07080410600），清国の地名の原音の調査も命じている（同，Ref. C07080176100）。

こうした「清國沿海各省圖」や収集資料は，交戦の相手国の地理の調査というだけでなく，清国に派遣される将校にとっても必要なものであったと推定される。将校らが「清國沿海各省圖」に言及することは少ないが（第2章注31参照），近代地図をふまえた編集図として常時参照されたと考えられる。

4．中国大陸における陸軍将校の旅行と滞在

　以上のような指示をもとに，長瀬兼正ら11名をはじめとして，1879年7月以降中国大陸に陸軍将校が続々と派遣された（アジア歴史資料センター資料，Ref. A01000054900）。またあわせて「支那語通譯生」の養成も行われることになった。これは第5章で触れる朝鮮における語学生徒の養成と並行して開始されたもので，派遣された将校の通訳としての役割も期待された（広瀬監修・編集2001：165-167）。中国大陸におけるこの時期の派遣将校の組織やその変遷については，朝鮮半島の場合と同様，村上（1981）の詳細な研究があるのでそれにゆずり，以下では彼らの旅行の実情に焦点をしぼりたい。

　すでに1877年に島弘毅が行った滿洲旅行については，その『滿洲紀行　乙號』を手がかりに検討した。地図作製が推進されるようになった1879年以降に中国大陸へ派遣された将校で，島と類似の資料を残しているのは1880（明治13）年に清国公使館付として派遣された梶山鼎介（少佐）で，『東京地學協會報告』に「鴨緑江紀行」を掲載するほか（梶山1883），そののちに刊行された『滿洲紀行　丁號』（梶山，刊期不詳）が参照できる（コラム1『滿洲紀行』参照）。

　梶山はやはり陸軍将校の玉井曨虎とともに1881年8月3日に北京を出発した。その記述の冒頭には，彼らが持参した旅行許可に関する書類の概要が記載されており，すでに安達（2001）の簡単な紹介があるが，重要資料なので掲載しておきたい（梶山　年代不詳：1）。

　　光緒七年七月初六日。
　　准大日本国，署大臣田邊函開。
　　據，附駐本欽差府某某二人欲遊歷内地跟帯順天府，宛平縣人呉承霖田廷柱二名。
　　於，八月初三日。即中歷七月初九日，出都。
　　取路直隸，赴山海關。經牛莊詣盛京遍遊鳳凰城，鴨緑江。抵旅順口。傭舟至烟臺。經過山東省。
　　至天津，保定府。順路回京。
　　請發給護照。
　　以便沿途放行云々[8]

ここで田邊とあるのは，北京の日本公使館で臨時代理公使をつとめていた田邊太一（アジア歴史資料センター資料，Ref. A01100215500など参照）で，同館に駐留する日本人2名および帯同する2名の中国人の出発日と旅程を示し，清国側の地方官に護照を発給するよう要請している。

　当時の清国における外国人の旅行に際しては，1858年の英清条約第9条とそれにつづいて調印された仏清条約第8条の規定が準用されており，旅行者の帰属国の領事（あるいはその代理）が発行し，清国側の地方官が副署する旅行免状を持参することになっていた（南滿洲鐵道株式會社總務部交渉局遍1915：224-232；貴志2006）。ここではこの形式に従っている。またこうした旅行免状は，

第 4 章　中国大陸における初期外邦測量の展開と日清戦争

旅行中清国側の官憲に提示すべきものであり，梶山らは 8 月 17 日に山海関を通過するに際し，検査を受けている。その際，中国側の官吏はこれを謄写したという（梶山 刊年不詳：67）。

　旅行先での中国の地方官との交渉の状況は示さないが，盛京（現瀋陽）の状況の記述では，将軍の岐元[9]のほか，上級官吏の部署と氏名を記し，また将軍衙門から派遣された護衛にも言及しており（梶山 刊期不詳：130-135），1877 年の島弘毅の場合と同様に関係者と接触があったことは明らかである。また盛京で布教を行っていたフランス人宣教師とも会見したとしている。

　『滿洲紀行　丁號』の毎日の記載は，将来の日本軍の軍事行動を強く意識したもので，道路事情や橋の種類（石橋・土橋など），橋のない河については，渡し船の有無やその積載能力，徒渉を要する場合は水流の幅や深さなどに詳しく配慮している。沿道の集落の戸数，都市の場合は城壁や門についても記し，物資の調達に関連する物価についてもしばしば言及する。さらにのちに日清戦争や日露戦争の戦場となった，鴨緑江沿いの平野を望む九連城については，その軍事的重要性を指摘している（梶山 1883：35；梶山 刊期不詳：173-175）。また毎日の天候と正午の気温を記載しているのは，経由する地域の気候にも配慮するもので，梶山の『東京地學協會報告』への寄稿を考慮すると，あるいは第 3 章でその地理思想についてふれた花房義質の勧めによる可能性も考えられる（小林・山本・関根 2014）。

　また島弘毅の『滿洲紀行　乙號』の場合と同様，「亞細亞東部輿地圖」も参照し，その記載を批判的に紹介する一方，大連付近では鳳凰山という山の上から英国海図をもとにした「大聯灣圖」（第 2 章の表 2-1 の 14）を参照しつつその位置や方位を確認しているのは，蓄積された地理情報の利用という点でも注目される（梶山 1883：27-29；梶山 刊期不詳：169-170，233-234）。

　梶山らの旅行でもう一つ注目すべきは，9 月 11 日に遼陽と鳳凰城の間に位置する連山關という集落でやはり派遣将校の伊集院兼雄（大尉）との邂逅についてもふれ，お互いに情報を交換したという点である（梶山 1883：18-19；梶山 刊期不詳：155-156）。伊集院はその根拠地の牛荘から鴨緑江の河口，さらに鳳凰城をへて遼陽から興京，吉林などを経て牛荘に戻る旅程の途中であったとされる。この旅程は参謀本部が伊集院に指示したこの時期の旅行コース（広瀬監修・編集 2001：259-260，267-268）とは必ずしも同じではなく，派遣将校の裁量が認められていたことがうかがえる。

　『東京地學協會報告』掲載の梶山らの報告では，盛京から遼陽，鳳凰城，鴨緑江河畔，さらに大東溝に至る自作の通過ルートの地図を掲載していることもあわせて注目される。当時の常識からすれば，この程度の地図の公開は問題ないものとして判断されたことがうかがえるが，中国人の参照が意識されていたかどうかは，その性格を考える際に考慮すべきであろう。

　以上の例は，派遣将校の偵察について検討する際によく引用される『対支回顧録，下』の，彼らの多くは「身分を秘して旅行した」とする記載（東亜同文会編 1968：307）について，さらに詳細に検討する必要を感じさせる。とくに梶山の場合は公使館付で，清国駐在将校や語学生徒の管理を行う立場にあり，外交関係を通じた明確なステータスをもち，その旅行の様式は他の将校とちがっていた可能性も考えられるため，他の将校の旅行免状についてもわかる範囲で検討しておきたい。

　1880 年に派遣された小川又次（少佐）は，清国入国後，地方旅行にでる前に北京で「内地旅行」

83

の護照を取得することが指示された（広瀬監修・編集 2001：264-265）。この場合も梶山らと同様，在北京日本公使が発給する旅行免状を獲得したと考えられる。ところでこの時期に派遣された将校の多くは，旅行先に関する「看取圖」（地図）と報告書の提出が指示されているが，小川の場合は，地理的情報の収集というより，遼東半島の金州湾や大連湾，さらに山東半島北岸の威海衛を「有事」の際に日本軍の「中央屯兵所」とする可能性の調査を主目的としていた[10]。これは桂太郎の1879年の中国視察を補うような性格をもつもので（徳富 1917：386-389），アロー戦争に際して，英国が大連湾を，フランスが山東半島北岸の芝罘（煙台）を天津・北京進撃の根拠地にしたことが参謀本部では強く意識されていたことがうかがえる（本書第2章第3節ならびに Narumi and Kobayashi［2005］を参照）。他方1888年に清国からの帰国に際し，国境を越えて朝鮮に入ろうとした柴五郎（中尉）も在北京日本公使館を通じて入手した清国内通過の「護照」を携帯していた（アジア歴史資料センター資料，Ref. C03030367300 [11]，村上 1992：291-292）。以上のような例から，陸軍将校たちはこうした旅行免状を携帯して各地を旅行したことが明確である。

　これに関連して注目すべきは，1884年に清国側の官憲に旅行中逮捕された派遣将校の倉辻靖二郎の場合である。倉辻の逮捕についてはなお検討すべきことが多いが，概要を示しておきたい（アジア歴史資料センター資料，Ref. B07090484000；B07090484200；B07090484300[12]）。牛荘に駐在した倉辻は，営口駐在のアメリカの代理領事 J. J. Frederick Bandinel から東靖民という偽名で吉林方面への「護照」を得て，1884年2月に営口を出発し，寧古塔（現黒竜江省）で中国人の従者とともに嫌疑を受けて逮捕された（マイクロ番号 189-195）。嫌疑の第1は剃髪して中国人に変装したこと，第2は「護照」に記載のない寧古塔に入域したこと，第3はさらに別の地域に行くために中国人の名前を使って新たな「護照」を得ようとしたことである。とくに変装は日清修好条規第11条違反とされた。逮捕した中国側は倉辻の任務の性格をスパイとして取り調べたが[13]，法的にはこれを問題にすることはできず，最終的には上海で日本側の領事裁判を受け，罰金10円を課されることとなった（マイクロ番号 263-264）。また裁判での氏名は最後まで東靖民とされた。清国側の官憲は倉辻の日記も押収しており，旅行目的が地図作製にあったことを認識していた可能性は高い（口絵写真3も参照）。

　以上のようにみてくると，倉辻が逮捕されたのは雇用していたボーイの密告によるとする『対支回顧録』の記載（東亜同文会 1968：307-308）は間接的な伝聞によるものと考えられる。あわせて言及しておくべきは，以上のような一件文書の中にふくまれている，井上馨（外務卿）宛ての山縣有朋（参謀本部長）の書簡（密第36号，1884年8月，マイクロ番号 177）である。清国派遣将校には「変名改装」を禁止している旨記しており，日本の軍人であることは明示しないにせよ，彼らは公式的には日清修好条規の範囲内で偵察活動を実施することとしていたことがわかる。

　なお，これに関連して注目されるのは，1879年に海軍から派遣されて情報活動を行っていた曽根俊虎・清水元一郎・町田實一が，やはり剃髪して変装していたため，清国側当局に感知され，清水・町田は護照がなく捕縛されることになったことも付記しておきたい（アジア歴史資料センター資料，Ref. B07090444800）。彼らは福州で当時「琉球救国運動」の拠点になっていた琉球館内の様子

84

を探索するために変装したが（西里 1987），倉辻がどのような理由で変名し，変装したかという点については，さらに検討を要する。

倉辻の逮捕に関連する書類のなかには，1884年11月6日発行の上海 Daily News 誌に掲載された，中国服を着て中国語を話す日本のスパイの活動に関する記事の写しもみられる。これは總理衙門から在東京清国公使の報告として流布されたもので，末尾にこれらのスパイは清国の地図を作製していると言われていると付記している（マイクロ番号 279-282）。これに対して日本の領事館は「辯駁」の投書を行ったが，このスパイに関する記事は倉辻の活動の内容が中国側によく知られていたことを示すものであろう。

以上のような清国における派遣将校の滞在に関連して，その滞在目的について，まわりの知人に虚偽の言い訳をしていたケースもあることにふれておきたい。1879 ～ 1882 年に広東に滞在した島村干雄（当時少尉）の場合，「言語動作ノ末ニ到ルマデ自然常人ト異ナル処有之」ということで，親しい知人にも「其官ノ廻シ者ヲ疑ハレ，頗ル辨解ニ苦ミ」，当時航路を香港に延長しようとしていた三菱会社の社員と名乗り，その準備のための滞在を装っていたという。島村はさらに 1884（明治17）年に広東・福州駐在の陸軍士官取り締まりのため香港に在留することになるが，それに際しては，以前のような言い訳が通じず，香港の領事館員を名乗るようにしたいと申し入れることになった（アジア歴史資料センター資料，Ref. B07090446500.）。この場合は身分を偽っていることになるが，その相手は清国側の官憲というより，広州や香港在住の日本人であった可能性が高い。

清国側との関係でもう一点ふれておきたいのは，将校たちの旅行に付き従った護衛についてである。護衛に関する記述は，旅行の時期は早いが島弘毅の『滿洲紀行　乙號』にしばしば登場する。永平府以降，「知府」の手配した者（陳穀宜）が山海関まで随行した。山海関から威遠堡門（盛京省と吉林省の境界）までは，盛京将軍の派遣した二名（春恒および郭大鵬）が随行している。これに際し「盛京省ノ成規ニヨリ外國人ノ疆上ニ入レハ必ス二人ノ官ヲ派シテ道路ヲ護衛ス」と言われたという（島，刊期不詳 6-10，29-30）。また威遠堡門以降は，吉林将軍の派遣する「驍騎校一員馬隊十人」に護衛されることになった。ここで護衛の人数が増えたのは，この地域では馬賊が横行していたからと推測される。島の「滿洲紀行附圖」（LCCN：92682886）では，今日の吉林省の東北部から黒竜江省の東南部を「住所不定ノ馬賊出没ノ地」として，範囲を図示している（口絵写真 2 参照）。さらに諢心站では黒龍江将軍の派遣する護衛の出迎えを受け，帰路でも吉林将軍の派遣する護衛，盛京から派遣された護衛の随行を受けることになった（島，刊期不詳 52-53，70-71，98）。

梶山鼎介らの『滿洲紀行　丁號』も護衛について言及し，永平府で護衛の随行について告げられ，それを断ったが，以後「護衛騎兵二名隠然附キ來レリ」という状態で，彼らは山海関まで護送する予定であったという（梶山　刊期不詳 51）。『滿洲紀行　丁號』ではその後も散発的に護衛に関する記述があり，とくに盛京で盛京将軍の指示で派遣された「練軍騎兵」二名は遼陽まで梶山らを護送したとしている（梶山 1883：5，12；梶山　刊期不詳 134，145）。

こうした護衛の随行は制度化されたもので，日本人将校を護衛するだけでなく，監視するような役割も果たしたと考えられる。ただし，時に護衛が道案内だけでなく，外国人の宿泊を断る客店の

店主を説得するような場合があり，これらに対し将校たちが謝礼を行う場合もあって（島 刊年不詳，14，16；梶山1883，5-7，12；梶山 刊期不詳，134-137，145），彼らの旅行の性格を考えさせられる。

ただしこうした護衛が他の地域についても随行したかどうかについては，現在のところ確認することができない。また山海関以北だけでなく，それより北京に近い永平府から護衛が随行する背景も不明である。さらに倉辻靖二郎の旅行に護衛が随行したかどうかについても，今後さらに検討が必要である。

ところで，梶山の旅行は基本的に馬車によっており，泥濘のため車が進まないことや，破損したことにしばしばふれている（梶山1883：6，17，33など）。島弘毅の『満洲紀行 乙號』でも馬車の雇用などにふれる箇所があるが，とくに東三省（盛京・吉林・黒竜江）の運送事情について「四月ヨリ十月ニ至ルノ間車馬ノ徃來絶テ希ナリ此間降雨多ク道路泥淖且概ネ農事ニ従事スルヲ以テナリ十一月ヨリ三月ニ至ルノ間徃來人ハ肩摩穀撃ス」（島 刊期不詳22-23）とする記述は注目される。これからすれば，彼らの旅行は適期を外していることになる。冬は凍結して通行が容易になる道路を夏に通行しているわけである。朝鮮経由で帰国した柴五郎が天津を1888年1月にやはり馬車で出発したのは，朝鮮政府の旅行許可の到来との関係でやや遅くなったとはいえ，適期を利用したものといえる（村上1992：291-303）。

当時のこの地域の馬車がどのようなものであったかについてはまとまった描写が少ないが，1885年夏にアムール河畔のブラゴベシチェンスクから清国に入国し，満洲を縦断した菊地節藏の『満洲紀行 甲號』の「水陸運搬の概況」では，馬車には大小があることをはじめとして，それを引くウマやラバについても述べている（菊地 刊期不詳206-207）。派遣将校たちが使用したのは，そのうち「有蓋小車（元來行人ヲ載スル爲メ蓋ヲナスモノ……）」といわれるものであったと考えられる（本書第2部の扉に示した"Cart crossing Ferry, near Peking"を参照）。このような馬車であれば，上記『参謀要務』の馬車の利用に関する記述の応用が可能であったであろう。

このほか，轎（駕籠）も乗り物として使われ，1881年10月に北京を出発して山東省から江蘇省にいたった酒匂景信（大尉）の場合，馬車にあわせて使ったとしている（酒匂による「従山東省煙台経黄縣茉州膠州安邱縣沂州等至江蘇省宿遷縣漁溝路上図」の第1図「山東省第弍圖」［20万分の1，LCCN：92682877_001，1882年］の注記）。また，1883年頃に四川省から湖北省を旅行した小田新太郎（大尉）の場合は船も使い，川の流れにより船の速度が大きく変わることにふれている（小田の「湖廣雲貴旅行図」17号［10万分の1，LCCN：92682906_009］の注記）。乗り物の速度は距離の計測に重要な意義をもつが，これについては次節で検討したい。

旅行中の昼食や宿泊についての記述は，やはり梶山の『満洲紀行 丁號』に限られることになるが，昼食に際しては交通路に沿った「小店」や「客店」を利用した。宿泊に利用する「客店」については屋号を示すことが多い。遼陽から鳳凰城の途中で通過した「魔天嶺」（摩天嶺）について地元民の説話を紹介するところからみると，住民との交渉もあったと考えられるが，その具体的な状況は記されない（梶山 刊期不詳153-154）。

これと比較すると，島の『満洲紀行 乙號』では，前年に福原和勝[14]が宿泊したと申し出る店主

や外国人の宿泊を拒否する店主，さらには宿泊客に「本國姓名」を帳簿に書かせそれを役所に届ける店主の話が登場し，まだ外国人の旅行が一般的でなかったことをうかがわせる。また病気の住民に手持ちの薬を与えたことも記しているように，記述のスタンスの違いも感じさせる（島 刊期不詳4，16-18，74）。

　以上に関連して，1886 ～ 1887 年に北京近郊で測量に従事した柴五郎の伝記で紹介される住民との交渉は，『満洲紀行』のような公式的な記録には書かれなかった事情が記されていて興味深い。旅宿がないような場所では，関帝廟で夜を過ごすこともあった。また農家に泊めてもらうこともあったが，南京虫と蚊に悩まされることとなった。他方大きな中心地の旅宿では，外国人を珍しがって見物人が部屋の中まで入ってきたという（村上 1992：290-291）。こうした場合は，昼間の測量作業の成果を整理することができなかったとしている。

　ともあれ彼らの旅行では，道路の泥濘や馬車の故障，さらに馬賊の出没に悩まされることがあったが，現地の交通システムにあわせて行われたものと判断される。彼らの行動を清国側がどのように監視し，把握していたかは興味深い問題であるが，柴の伝記の記載からすれば，住民によっても彼らは観察されていたことになる。倉辻の清国官憲による逮捕やその処理もふくめて，さらに多角的に検討すべき問題であろう。

　また彼らの残した手描き地図を検討すると，その旅行範囲は旧満州や北京周辺，沿海地帯だけなく，内陸部の貴州省や雲南省における，日清戦争の戦場を大きく越える範囲に達した（本書第 3 部の「初期外邦測量原図目録」［表目録 1-1］ならびに第 3 部扉掲載写真を参照）。それぞれの地域で旅行がどのように行われたかも興味深い問題であるが，つぎに移りたい。

5．測量の技術と地図の集成

　陸軍将校たちの旅行に際して，梶山鼎介らの旅行のように，護衛が付きそう場合をすでにみた。彼らは必ずしも将校たちに密着して行動したわけではないが，その活動を監視するという役割も果たしていたことに疑問の余地はない。その他の将校の旅行について，こうした護衛を確認することは容易でないが，北京周辺で柴五郎が経験したように，住民や他の旅行者から好奇心をもって観察されていた。このような状況下では，彼らは本格的な器具による測量を行うことはできなかったと考えられる[15]。

　すでにふれた梶山鼎介のものや次章でふれる海津三雄のものを含め，将校たちが残した旅行記には，測量作業への言及はほとんどないが，アメリカ議会図書館蔵の手書き原図には，それをうかがわせる記載がみられる。倉辻靖二郎は「従営口至甯古塔城路上圖」の一号（従溝営至大窪路上図，10 万分の 1，LCCN：92682902）の余白に，「注意」として「方向ハブウソールヘルニヘヲ使用シ巨离（原文のまま）ハ時間及ヒ馬ノ歩度ニ依ル者トス」（括弧内引用者）と述べている。この場合，「ブウソールヘルニヘ」は，フランス語の boussole vernier（遊標つきコンパス）で，今日簡易測量器具

87

としてよく使用されるブラントンコンパス程度のものであったとみられる [16]。また，距離は移動時間あるいはウマの歩数をカウントするという方法で計測されていたわけである。

　類似の注記は酒匂景信の「従北京至牛荘旅行圖」の3号（20万分の1，LCCN：92682899，1883年）にもみられ，「器具ハ『ヒルニエー』ヲ使用シ巨离（原文のまま）ハ行進ノ速力ニ依リ又ハ里数ニ對照シ之ヲ平均シテ定メタルモノナリ」（括弧内引用者）と述べている。ここで「ヒルニエー」はコンパスをさしている。また距離の求め方についても言及するが，これはやはり酒匂の描いた上記の「従山東省煙台経黄縣茉州膠州安邱縣沂州等至江蘇省宿遷縣漁溝路上圖」（20万分の1，LCCN：92682877）の第1図「山東省第弐圖」の備考をみると理解しやすい。

　　巨離（原文のまま）ノ測量ハ驕子或ハ馬車ニ據ルモノニシテ驕子ハ一時間五千〇四十米突則チ五分間四百二十米突トス山中ノ難路ハ一時間四千八百米突則チ五分間四百米突トス馬車ハ一時間六千米突則チ五分間五百米突難路ハ一時間五千百六十米突トス如斯豫定スト虽モ道路ノ景況又日雇ノ馬車ニ従ヒ其速力ヲ変スル甚シケレハ又加減ヲ加ヘサル可ラス（括弧内引用者）

ここで「米突」はメートルを示している。距離計測の目安となるような驕子（駕籠）や馬車の平均速度を示しつつ [17]，道路や個々の日雇いの馬車の能力も考慮する必要があるとしている。

　以上から彼らの測量は，主要交通路をたどる通過ルートについてコンパスで方位をはかり，歩数や通過にかかった時間をもとに距離を推定するという簡易なトラバース測量を基本にしていたことがわかる。この場合，上記の柴五郎の伝記に描かれているように，昼間の作業で得られた方位や距離のデータをもとに，夜はそれを整理して，図面に描く作業が行われた [18]。

　このような測量は，陸軍将校たちが現地に持参した用具とよく対応する。1882年に派遣された倉辻靖二郎と牧野留五郎は，出発前に測量器具として「パロメートル（バロメーター）」（気圧高度計），「フーソルベルニエ」，「双眼鏡」，「路時計」（歩数計と思われる）のほか，製図器具として「製圖器械」（製図用のパンタグラフか？），「補備半円規」（分度器と思われる），「長定規」，「三角定規」，「復垪止米突尺」（20センチ定規と思われる）の貸与とともに，彩色等のための「画ノ具及彩色筆」，「製圖用ヘン及軸」（丸ペンと軸），「鉛筆軟硬共」，「色鉛筆」，「透明紙」（トレースペーパー），「ゴム」，「鵞ベン（ペン）」の支給を要請している（アジア歴史資料センター資料，Ref. C07080840000，同，Ref. C07080840100，同，Ref. C07080840200）。現場で使う測量器具や製図器具は軽量で，めだつものではなかったことにくわえて，当時の路上測図のマニュアル（コラム2「路上測図」参照）に記されているような「携帯図板」（携帯測板ともいい，画板のように紐で首〜肩にかけて用いる）に関する言及がない点も留意される。当時の路上測図では，これにはりつけた方眼紙にルートを記入しながら歩行するとされるが，作業の目的がすぐにわかるこの道具は使用できなかったと考えられる。すでにくりかえしてみた「清國派出將校心得」の「但シ寫圖筆記ニ係ハラス之ヲ作ルハ成ル可ク彼■ノ嫌疑ヲ避ルノ法ヲ用ユ可シ」という注意は，この点に関連するとみてよいであろう。

　以上のような作業の結果，陸軍将校たちの通過した地域のルート図ができあがることになるが，

彼らの手描き原図は，このような測量データを整理した単なるルート図ではなく，それらを広域的に集成し丁寧に彩色したものがほとんどである。またこうして清書されたものではあるが，その多くには鉛筆による書き込みがみられる場合が多い。その内容は多岐にわたるが，清書された地名を修正する場合や，後に編集される清國二十萬分一圖の図幅の範囲を示す場合からすると，測量と作図を行った将校たちとは別に，それらの編集を行った技術者たちが後に書き入れたものであることがあきらかである。鉛筆による記入でさらに多いのは，主要集落を結ぶ直線やそれを軸にグリッド状に直線を記入する場合である。これらはルート図の補正や転写のために記入されたことがうかがえ，その時期は地名の修正や図幅の範囲の指示とほぼ同じで，清國二十萬分一圖の編集のためのものと考えられる。

このようにみてくると，将校たちの手描き原図とは，測量のデータをある程度まで集成したものを基盤としつつ，それを編集するための作業の痕跡も示しているということになる。したがって，その特色を分析するには，将校たちの測量から手描き原図作製までのプロセスと，その後の清國二十萬分一圖の編集のプロセスと大きく二つに分けて検討する必要があり，まず言及しておかねばならないのは，手描き原図作製までのプロセスの多様性である。

これに関連して最初に注目されるのは，中国大陸の海岸部に関するものには，図に経緯度線を記入するものが少なくないという点である（図4-1）。それに対し内陸部になるとこうした図は少なくなる傾向がある。以下この点から検討したい。

将校たちは天測に必要な器具は携帯しておらず，とくに経度測定に必要なクロノメーターのような精密で高級な器具を利用することは，不可能であった。したがって，経緯度を記入するには，他の既存のデータを利用するほかはなかった。上記の酒匂景信「従北京至牛荘旅行圖」三号にみられる注記は，これを明確に示している。

経緯度ハ英国ノ書中ヨリ取リシモノナレ共實地大差ヲ生スルモノハ此度数ニ因ラサル所アリ他日ヲ待ツテ確定センノミ

「英国ノ書中」という記述だけでは，残念ながら酒匂が参照した資料を特定できないが[19]，他から得た天測によるデータに依りつつも，自身の測量の成果と大きな差があるものについては，採用できなかったことがわかる。またやはり酒匂の上記「従山東省煙台経黄縣茉州膠州安邱縣沂州等至江蘇省宿遷縣漁溝路上図」の第1図「山東省第弌圖」の注記には，次のような記述がある。

経緯度ハ未タ確定ノモノヲ得サレハ之レニ関セス只測量ノ■■シテ改正ヲ加エサレハ本部ニテ確定ノモノ調製ノ上ニテ再ヒ改正ヲ加フヘシ故ニ経緯度共ニ図上ニ表セサルナリ現時己ニ（原文のまま）編製済ミナラハ此図上朱線ヲ以テ度数ヲ記シ地図課ニ於テ改正アランコトヲ請フ尤此地方ハ己ニ（原文のまま）先輩ノ経過スル所ナレハ要用ニ非サルヘシ此図ノ附記ハ追テ送致スヘシ（括弧内引用者）

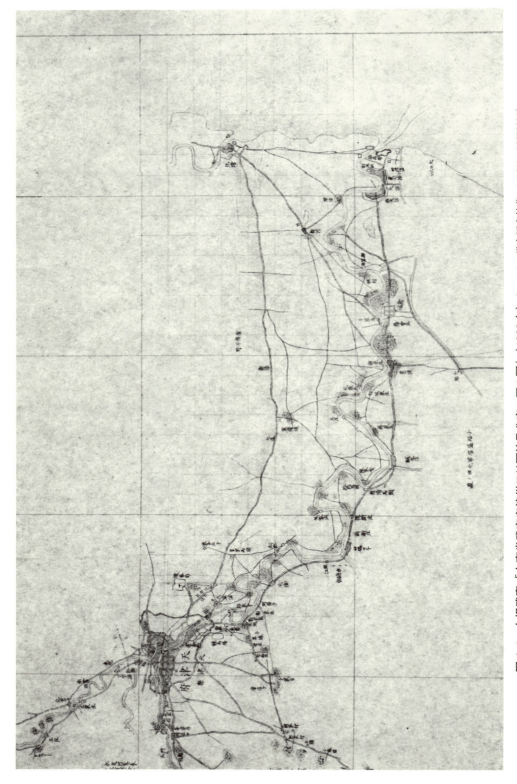

図 4-1　山根武亮「山東省武定府徳州ヨリ天津及北京ニ至ル圖」(1880年)（アメリカ議会図書館蔵, LCCN：92682901）下の緯線は北緯39度, 右端の経線は東経117度40分。経線・緯線とも10分間隔で示されている。

頼るべき経緯度データがない地域についてはこの記入をあきらめ，将来の検討にゆだねざるを得なかったわけである。

これからすれば，経緯度を示すデータが入手できる場合にはそれを積極的に利用したと推定されるが，初期は必ずしもそうではなかったことも留意される。この例として「盛京省第一圖」（20万分の1，LCCN：92682873，注10も参照）をあげておきたい。同図は左下の注記からすでに紹介した小川又次が山根武亮とともに行った北京から営口までの旅行に主にもとづくことがわかるが，「英國海圖制造局開刷ノ支那東岸圖ニ據ル其圖ハ千八百六十年（中略）測量セシ者也而■千八百六十六年（中略）増補也」とベースマップとなった海図を明示している。ただし，あわせて「緯經度モ亦同圖ニ従フ或ハ他ノ記録ニ依テ改正ス」と述べているにもかかわらず，図中では経緯度を記入していない。経緯度を記入する他の手描き原図で時期の早いものは1882年となっており，この時期から経緯度の記入が重視されるに至ったと推定される。

この「盛京省第一圖」の例が示すように経緯度データは英国製の海図による場合が多く（コラム3「清國二十萬分一圖と英国海図」参照），沿海部を描く手描き原図に経緯度の記入が多いのはそのためと考えられるが，「両江楚浙五省行路圖，第一号」（10万分の1，LCCN：92682905，1884年）には「重ナル都府縣城等ハ経緯度ヲ以テ其位置ヲ確定スト虽モ（原文のまま）測点ノ詳ラカナラサレシハ城塞内ノ中央点ヲ以テ其測点ト定ム」（括弧内引用者）と注記されている。このような主要中心地の経緯度を示すのは，Mayers et al.（1867）のような案内書が考えられる。

これに関連してさらに考慮しておかねばならないのは，経緯度を示す手描き原図の図法である。この種の図には20万分の1の縮尺が多い。これらでは，直線で描かれた経線の間隔は緯度に対応して北の方ほど小さくなっている場合もみられるが，そうでない場合もあり，一様ではない[20]。前者の場合では，栗栖亮の描いた「盛京直隷山東河南安徽江蘇六省旅行圖」（20万分の1，全28枚，LCCN：92682894）のように，北緯32度から42度にわたるものがあり，両者の経線の幅には10パーセント以上の違いがみとめられる。他方，各図幅の上辺と下辺の緯線は基本的に直線で示されており，日本国内で作製された多面体図法による20万分の1図（輯製図と帝国図）の図郭の描き方（政春2011）とはちがうと考えられる[21]。むしろ当時国内で作製された5万分の1や2万5千分の1地形図のように台形になっている。こうした点から，これらの図は多面体図法とは考えられるが，その図郭の描き方は日本国内について作製された当時の20万分の1図とはちがい，その簡略版という位置づけが可能であろう。

現場での測量データを海図などから得られる経緯度の枠組みのなかに位置づけていくには，コンパスによる地磁気方位の正方位の転換など，さらに別の操作が必要と考えられるが，これは第5章で触れることにして，つぎに経緯度を記入しない手描き原図の検討に移りたい。一般にトラバース測量の場合，ある地点から出発して測量を重ね，出発点に戻るようなコースを採用する場合には，測量データをもとに作図すると出発点と到着点が一致しないのが普通である。出発点と到着点は同じであるにもかかわらず一致しない原因は測量の誤差で，データを元に作図してあらわれる出発点と到着点の距離を閉合差と呼んでいる。閉合差は精密な機械を使うほど縮小するが，将校たちのコ

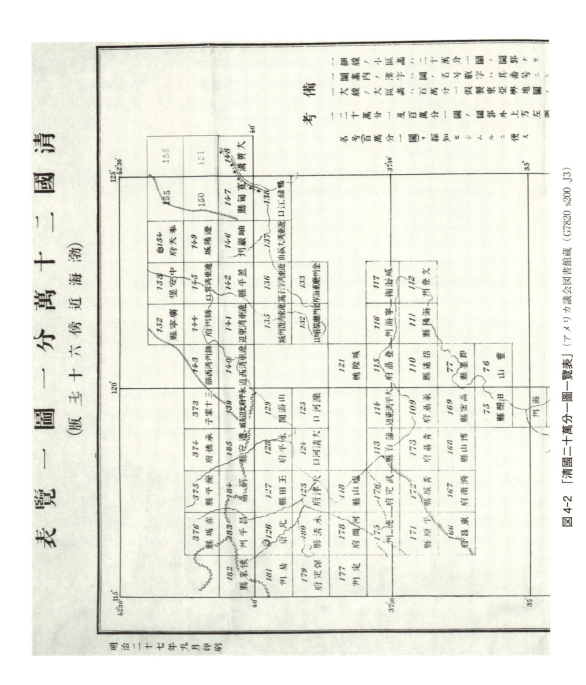

図4-2 [清國二十萬分一圖一覧表]（アメリカ議会図書館蔵（G7820 s200 .J3）

第4章　中国大陸における初期外邦測量の展開と日清戦争

パスによる方位や，歩測などによる距離の計測ではかなり大きなものになったと推定される。

将校たちはこうした閉合差についてなにも示していない。しかし，1912年に内モンゴルで日本の測量技術者たちが行った類似の方法による秘密測量の場合の閉合差を参考にすると，延長数十キロのコースで閉合差がその30分の1～100分の1程度になったことがわかる（『外邦測量沿革史草稿，第六編前』，小林解説2008：151-153，170-172）。閉合差がこの程度におさまるのは，測量従事者の技量の高さを示すように思われる。もちろんさらに大きな閉合差を示す場合もあり，それには通過するコースの屈曲や起伏も関与していたと考えられる。平坦な地域で直線的なルートが多ければ，閉合差は小さくなったと推定される。こうした数値を考慮しながら手描き原図でループを作るコースを検討すると，経緯度を示さない手描き原図でもルートが閉合するように作図されていることがあきらかである。

あらためていうまでもないが，この種の補正の方法は当時の将校に対する教育用の測量術書にも記載されている。1880年に陸軍士官学校学科部が刊行した『地理圖學教程，實行教方』（大阪大学蔵[22]）では，閉合差（「閉塞誤差」と表記）が許容範囲を超えた場合には，問題箇所を発見して再測すべきとしつつも，それだけでは解決しない場合には，誤差の配分を行うことを勧めている（第四十条～四十三条）。

以上からすれば，経緯度を示さない手描き原図の場合でも閉合するルートについては補正が行われており，将校たちはその種の作業に通じていたことに疑いの余地はない。その場合，通過ルートの概形を崩さずにこれを多角形に直し，まずその内角の和（180度の倍数）に合わせて各角に誤差を配分し，つづいて多角形の各辺についても補正を行って[23]，出発点と到着点が重なるように作図したと考えられる。

他方ルートが閉合しない場合は，こうした補正を行うことができず，図示されたものは現場で得られたデータをよく反映していると考えられる。ただし，こうしたルートの場合，清國二十萬分一圖の編集に際し，他の手描き原図もあわせて閉合するようなルートを描く場合には，類似の補正が行われたと考えられる[24]。この種の図では中心集落間を結ぶ鉛筆書きの直線が書き込まれていることが多いのは，そのためと推測される。

ところで，将校たちの通過したルートを追跡すると，別の将校の通過したルートと交差する場合や並行する場合が多い。測量の重複を避けるため，できるだけ同じルートを通らないように配慮したと考えられる。このような状態なので，清國二十萬分一圖の個々の図幅は，複数の将校のルート図をモザイク状に採用して描かれることになる。描かれたルートのどの部分がどの将校の図によるかについては，その最も古い版と考えられるものの場合，図の左側に注記されているので，それを参照すれば判明するが[25]，ただしこうした版はすべての図幅についてそろっているわけではない（第Ⅲ部目録2を参照）。

以上に関連してふれておくべきは，手描き原図にみられる鉛筆描きのグリッドのルートを清國二十萬分一圖にみられるものと対照すると，道路の屈曲や地名が一致する場合が多いという点である。こうしたグリッドは，ルート図を転写するために記入されたと推定される。ただし清國二十萬分一

表4-1　壬午事変（1882年7月）直後に刊行された清国北部に関する20万分の1図

タイトル	刊行年月	元図あるいは関係図	図示範囲	作製将校	備　考
「盛京省東部圖」	1882年8月	「盛京省東部圖」（LCCN：92682874）「満州中部図」（LCCN：2009668629）	123°～124°50′E 39°30′～41°10′N	伊集院兼雄	国立国会図書館（大山60-32），国立公文書館（ヨ292-0172），大阪大学
「盛京省西中部圖」	1882年9月	「満州中部之圖」（LCCN：2009668629）など	121°～124°E 41°～43°N	伊集院兼雄など	国立公文書館（ヨ292-0172）
「盛京省南部圖」	1882年9月	「盛京省第一圖」（LCCN：92682873）	119°40′～123°E 39°50′～41°20′N	山根武亮・小川又次および伊集院兼雄	国立国会図書館（大山60-31），国立公文書館（ヨ292-0172），大阪大学
「直隷東部細圖」	1882年8月	「北京近傍圖」（LCCN：91684759），「山東省武定府及徳州ヨリ北京ニ至ル圖（図）」（LCCN：92682900；92682901）など	？	酒匂景信・山根武亮など	井田浩三氏蔵井田（2012）参照

圖の古い版にみられる注記を手がかりに手描き原図の対応部分を対照しても，グリッドがみられないこともあり，両者の関係は単純ではない。

　さらに関連して，手描き原図の印刷図への編集が清國二十萬分一圖の作製以前にも行われたことにもふれておきたい。第3章第4節でふれたように1882年7月下旬に朝鮮で発生した壬午事変以後，急速に高まった清國との戦争の可能性を強く意識して作製・印刷された地図群がそれにあたる。表3-3に示した朝鮮国内の図のなかには，そうして作製された図がふくまれているが，清国領内については，表4-1に示す図が急遽編集・印刷された。全体として鴨緑江河畔から北京近傍までを20万分の1図でカバーするのは，あきらかに本章第3節で示した清国との交戦の予想を背景にしていたことを示している。このうち「盛京省南部圖」はすでにふれた，英國海図をベースマップにした「盛京省第一圖」をもとにしている。また「盛京省東部圖」は早期にこの地域で活動した伊集院兼雄によるものとなるが，他の「盛京省西中部圖」，「直隷東部細圖」は複数の将校の図を編集している。壬午事変以後1～2ヵ月で刊行しているのは参謀本部の強い危機意識の表れとみてよいであろう。ただしいずれの図も空白の多いルート・マップであった。またいずれの図にも経緯度の記載があり，清國二十萬分一圖作製への予備作業とも位置づけられる[26]。

　以上のような手描き原図，さらには1882年に編集・印刷された20万分の1図は，1890年代になると清國二十萬分一圖に編集されていく。すでに手描き原図にみられる鉛筆による記入の意義に関連してこのプロセスについては一部触れたが，さらに残されている留意点についてふれたい。

　手描き原図の縮尺は，一部の都市図などをのぞき，20万分の1と10万分の1が多い。また書き込まれたルートやそれに沿った集落，水系などは詳細をきわめ，記入されている地名も判読に拡大鏡が必要なほど小さい場合が多い。上記の路上測図のマニュアルに，「路上測図一般ノ梯尺ハ二万分一トス[27]」とされているところからしても，10万分の1，さらに20万分の1は，いささか小縮尺にすぎ，得られた測量データを省略せずに記入すると，このようにならざるを得なかったと考え

られる。こうして，やや無理をしてまで，提出図が小縮尺とされたのは，すでに規程があったこと
にくわえて（陸地測量部 1922：64[28]），現場で測量されたルートの密度が低く，それ以上の大縮尺に
すると，空白の部分がひろくなるという事情も関与していたと考えられる。このように縮尺は規定
されていたが，図の凡例記号についてはかなりのバラエティーがあり，また同じ将校の作製図でも，
図群によりこれに差がみとめられる。なかには沿道の景観を絵画に描いて図の脇に示しているもの
もあり，彼らの個性が感じられるものも少なくない。とくに伊集院兼雄の「盛京省附圖」（LCCN：
gm71005157）に添えられた風景画は，旅行に際しての将校たちの関心や感性を示すものとして興
味深い [29]（大扉掲載図および図 7-1）。

　これに対して，できあがった清國二十萬分一圖は，一般的な地形図・地勢図の様式をもち，原図
を作製した将校たちの個性は感じられなくなっている。また第 7 章で述べるように，同じ図幅でも
後の版になるほど表現は画一的になる。図郭は東西が 1 度，南北が 40 分で，そのカバー範囲は朝
鮮国境から北京周辺，さらに山東半島に達する。経緯度で示すと東経 115 度〜 126 度，北緯 35 度
20 分〜 42 度で，1894 年 9 月の段階で 63 図幅に達し，その後さらに 4 図幅がくわえられたようで
ある（「清國二十萬分一圖一覧表」[30]，図 4-2）。また，各図幅で記入がみられるのは主要都市とそれ
らを結ぶルートのみで空白部分が大半をしめる場合がほとんどである [31]。

　この場合，上記のような手描き原図を集成して，隣接する図を相互に接続できる 20 万分の 1 図
幅を整備するのは，容易ではなかったと考えられる。手描き原図に示された経緯度と清國二十萬分
一圖の関連図幅に示された経緯度を比較してみると，たとえば表 4-1 に示した「盛京省東部圖」は
伊集院兼雄による同名の手描き原図（20 万分の 1，LCCN92682874）と経緯度も含めてよく類似し，
後者が前者の元図になったことがあきらかである。ただし清國二十萬分一圖と比較してみると，鴨
緑江の河口に近い大東溝（東経 124 度 7 分，北緯 39 度 52 分付近）は，「盛京省東部圖」（手描き原図お
よび印刷図）では東経 124 度 35 分，北緯 39 度 42 分付近に描かれているのに対し，清國二十萬分一
圖 138 号「鴨緑江口」では東経 124 度 10 分，北緯 39 度 54 分付近となっている。その差は直線距
離にして 40km 程度に達する。また遼東半島の東側の付け根に位置し，日露戦争に際して日本軍の
上陸地点の一つとなった大孤山港（東経 123 度 35 分，北緯 39 度 53 分付近）は前者では東経 123 度
52 分，北緯 39 度 53 分付近であるのに対し，清國二十萬分一圖 137 号「遼東灣大孤山港」では東
経 123 度 34 分，北緯 39 度 53 分付近に描かれている。やはり東西に 30km もの差がある。このよ
うな大きな差は，伊集院が依拠した経緯度データにも問題があったことを示すものであろう。

　なお伊集院兼雄はさらにこの付近について，東西 1 度，南北 1 度を図郭とする「満州中部之圖」（20
万分の 1，全 17 枚，LCCN：2009668629）を描いている。この該当部分（015「鴨緑江口大東勾」と 016
「大孤山港」）をみると，上記の「盛京省東部圖」（手描き原図および印刷図）と同様の経緯度を示し
ている。これからしても，清國二十萬分一圖 138 号「鴨緑江口」，137 号「遼東灣大孤山港」の作
製に際し，他の将校の手描き原図を書きくわえるだけでなく，経緯度の大幅な調整が行われたこと
があきらかである。

　ただし手描き原図と清國二十萬分一圖の経緯度が一致する場合もみられる。「山東省武定府及徳

州ヨリ天津及北京ニ至ル圖（図）」（20万分の1，LCCN：92682900 & 92682901）の渤海湾から天津に至る地域については（図4-1），清國二十萬分一圖123号「天津府大沽北塘」図幅の経緯度とよく一致する[32]。いうまでもないことであるが，この地域は第2章でみたように，アロー戦争に際し，フランスとイギリスによって詳しい海図（表2-1の「北河總圖」など）が作られ，日本はその翻訳図を作製していた。手描き原図はこれを参考にできたわけである。ただし内陸部に至ると，両者のズレが発生し，たとえば保定府（東経115度30分，北緯38度52分付近）の場合，「山東省武定府及德州ヨリ天津及北京ニ至ル圖（図）」では東経115度34分，北緯38度53分付近に描かれているのに，清國二十萬分一圖179号「保定府定興縣肅縣安州高陽縣望都縣滿城縣完縣唐縣」では東経115度39分，北緯38度54分と差がみられる。経緯度が判明する地点が少なく，将校たちの測量データをもとにそれから離れた地点の位置を決定していく過程で，このようなズレが発生したと考えられる。

　経緯度が記入されていない手描き原図に示された中心地や交通路が，経緯度を明示する清國二十萬分一圖にどのように位置づけられていったかについては不明な点が多い。ただし上記のような作業で補正された経緯度が与えられた中心地や交通路を基準としつつ，これらの図にみられる中心地や交通路の経緯度を決めていく以外に方法はなかったと考えられる。またルートがループを作る場合は，すでに経緯度が与えられた中心地を軸としつつ，閉合差の形であらわれる誤差を配分しつつ作図が行われたと考えられる。次の例はそれを示している。

　承徳（東経117度57分，北緯40度58分付近）は，花坂円の「直隷承徳府近傍圖」の第3号（20万分の1，経緯度なし，LCCN：92682878_003）や石川潔太の「直隷東北地方旅行圖」の第3号（20万分の1，経緯度あり，LCCN：92682904_003）に記載されている清朝の皇帝の避暑地である。石川の図に示されたその経緯度は，東経117度56分，北緯41度3分付近となり，清國二十萬分一圖374号では東経117度57分，北緯41度2分付近に位置づけられている。この場合，後者にみえる承徳から南東に向かうルートは石川の記載したもの，また承徳から北に向かうルートは花坂の記載したものであることが確認できる。清國二十萬分一圖374号では承徳を通過するルートはさらに別の方向についても記載されており，他の将校も来訪したことが推測されるが，このような形で測量データをつなぎ合わせつつ，経緯度の記載のない図のデータを統合していったと考えられる。

　なお，1793年9月に乾隆帝の謁見を受けるために承徳に来訪したマカートニー使節団は緯度観測を行って，北緯40度58分と記載している（マカートニー著・坂野訳1975：83）。石川や清國二十萬分一圖の作図者は，このデータを参照しなかった可能性が高い。

　手描き原図から清國二十萬分一圖の編集に関連してさらに注目されるのは地名の表記である。手描き原図にみられる地名については，しばしば鉛筆書きの補足や訂正がみられ，将校たちの記載が必ずしも現地名を反映していなかったことがわかる。なかでも酒匂景信の「滿洲東部旅行圖」の第3号（20万分の1，LCCN：92682890_003）の西端の海城付近にみられる地名の訂正は，「十里方眼図」とその典拠を示しつつ，それとの文字の違いを指摘している。十里方眼図（正式には「十里方眼盛京圖」）は，後述するように中国の伝統図法で作られた図をもとにして，日本でリプリントしたも

ので，縮尺を25万分の1としている。近代地図ではないが，地名の記載が豊富でその漢字表記を確認するために利用されたと考えられる[33]。ただし，清國二十萬分一圖145号，149号にみえる地名と照合すると，訂正されているものがある一方で，訂正されていないものも少なくない。

　地名表記でもう一つ注目されるのは，第2章第3節でみた渤海湾から北京に至る「北河總（総）圖」にみえる地名との関係である。1875年に北河總（総）圖が翻訳・刊行された頃には，原図にアルファベットで書かれた地名の多くを対応する漢字が不明な場合はカタカナで表記せざるをえなかった。さきに触れた「山東省武定府及德州ヨリ天津及北京ニ至ル圖（図）」（図4-1）を検討すると天津から通州に至る部分には，なおカタカナ表記が散見するが，清國二十萬分一圖123号「天津府大沽北塘」，127号「玉田縣三河縣香河縣寶坻縣寧河縣」，126号「北京通州武清縣東安縣永清縣固安縣良郷縣房山縣涿州」では，これを漢字に書き換えるほか，消去している。おそらくこのために地名の調査を行ったのであろう[34]。

　第2章でとりあげた「陸軍上海地圖」（表2-1の7号）の原本には「官音」と「土音」が併存する中国の地名表記の問題の指摘がみられることを紹介した。漢字表記においても類似の問題があったことがわかる。

　以上のようにみてくると，手描き原図に示されたデータを清國二十萬分一圖に集成していくことは，多面的で複雑な作業を要請したことがあきらかである。『陸地測量部沿革史』の1895（明治28）年の節にみられる，日清戦争時の地図の編集作業を示す文章は，つぎのように述べている。

　　　　前記地圖ノ主ナルモノハ隣邦二十万分一圖（朝鮮及清國）奉天直隷兩省三十万分一圖其ノ他諸
　　　　局地圖假製東亞輿地圖等ニシテ此ノ急遽ノ際ニ於テ散漫零砕ナル資料ニ就キ同地異稱同韻異字
　　　　ヲ比較校定シ特ニ僅少ナル既知ノ經緯度點ニ依據參酌シテ地圖ノ骨骼ヲ作リ且諸般ノ地誌旅行
　　　　記等ニ據リテ地形ヲ稽ヘ地物ヲ補ヒ以テ外邦未開地ノ地圖ヲ輯成セントス其困難ハ實ニ意料ヲ
　　　　絶スルモノアリシナリ……（陸地測量部 1922：131）

ここでは，清國二十萬分一圖のほかに，後述するような「奉天直隷兩省三十万分一圖」（以後「奉天省及直隷省中部輯製三十万分一圖」と表記）や「假製東亞輿地圖」（100万分の1図）についてもふれている。「同地異稱同韻異字」のあたりは，後述するようにとくに輯製30万分1の図の作製作業に関係する。地図類だけでなく，地誌や旅行記も参照しての集成であったことを示している。

　清國二十萬分一圖の製版・刊行年は第3部の目録2で検討したいが，概要を示すと「明治十七年創製」とのみ記される場合が多いが，製版年月さらには修正年月を示すものがあり，製版年は1893（明治26）年もあるが，1894年のものが多い。また修正は1895年となる。なお，一覧図（図4-2）の製版は1894年9月で日清戦争の開戦まもない頃に，あわただしく行われたと推測される。

6．清國二十萬分一圖と日清戦争

　1893（明治26）年1月末には，清國二十萬分一圖の原図が一部完成していたようで，写真版で作製するように参謀本部第二局が依頼している（「参人第五四号第一」，アジア歴史資料センター資料，Ref. C07081943600）。翌1894年8月になると，日清開戦をうけて，「朝鮮廿万分一図」の前線部隊への配布が完了しており（アジア歴史資料センター資料，Ref. C06061159200），さらに同10月には，戦争の展開にともなって「清國二十万分一図」がやはり前線部隊に送られた（アジア歴史資料センター資料，Ref. C06061187200）。

　こうした清國二十萬分一圖が日清戦争でどのように使用されたか，わかっていることは少ないが，まず当時の記録のなかにあらわれるものをみてみよう。日清戦争時に第一軍の第三師団に従軍した将校の日記である『征清戦袍余滴』には次のような記述がみられる。

　1894年11月7日の記載では，遼東半島の東側の付け根に位置する大孤山付近の農村での穀物の調達に関し，第18連隊第2大隊を率いていた福島安正中佐は，その護衛を担当する著者の山岡金藏中尉（第6連隊）に対して，20万分の1図によって目的地とする「打項」という村名を示したという（井ヶ田・山岡2006：151）。この地名は，清國二十萬分一圖137号「清國盛京省 遼東灣大孤山港」の大孤山港の北北東方7キロメートルに確認でき，本図群が日常的な軍務に使われていたことがうかがわれる。またこれよりさかのぼる1894年10月25日の記載では，鴨緑江の渡河作戦に関連して，著者山岡に大隊長から呼び出しがかかり，渡し船を用意して待機する地点が20万分の1図に示されたという（井ヶ田・山岡2006：141）。これも清國二十萬分一圖（おそらく147号「清國盛京省 寛甸縣安東縣鳳凰廳」）であることが確実であるが，ただしこの図が余りに小縮尺だったためか，山岡は「現地の様子は一向不案内なり」として水泳の上手な兵卒を偵察に出すことになった。以上からそれが戦闘準備に際して参照されていたことがあきらかである。

　ただしこれらの例では，清國二十萬分一圖の限界もあきらかである。目標とする箇所の大まかな位置を示すのに用いられることはあっても，その詳細をみるには偵察が必要であった。これは戦闘詳報に添付された地図の場合も同様で，1894年12月の鳳凰城から北方に向かうルート沿いの戦闘を報告する場合，縮尺20万分の1の図は橋や道路の補修箇所を示す場合には用いられるが，清国軍との戦闘の詳細については，現場で偵察により作製したと考えられる，縮尺を2万分の1や1万分の1と明記した図に記載されている（「十二月十日樊家台附近ニ於ケル混成第十旅團戦闘詳報」アジア歴史資料センター資料，Ref. C06062041200）。

　このような清國二十萬分一圖の役割に関連してふれておかねばならないのは，「沿道指鍼」および「沿道圖説」をタイトルの一部にもつ小冊子があわせて現地部隊に配布されていたことである。このうち「沿道指鍼」は刊行時期やタイトルからみて1882年の壬午事変後に刊行された盛京省と直隸省東部の20万分の1図の説明書，「沿道圖説」は日清戦争の開戦にあわせて清國二十萬分一圖と次章で検討する朝鮮二十萬分一圖にあらわれる重要ルートの説明書というべきもので，それに沿

った地域の地誌や案内を示している（コラム4「沿道指鍼」・「沿道圖説」・「沿道誌」参照）。この性格からしても，清國二十萬分一圖の主たる役割は軍隊の行進のガイドと考えられていたことになろう。

　ところで清國二十萬分一圖の限界は，その縮尺や性格の問題だけではなかった。派遣将校たちの通過したルートとその両側だけの記載に限られる清國二十萬分一圖では，何も記載されない空白部分が多すぎ，そのコースを外れるとほとんど役に立たなかったと考えられる。地名の補正に関連してふれた十里方眼図は，こうした清國二十萬分一圖の空白部について，地理情報を充填するものとして印刷され，現場の部隊に配布されたと考えられる（旅順口附近を例に清國二十萬分一圖と十里方眼図を示した図4-3と図4-4を参照）。

　十里方眼圖について，戦中・戦後期に陸地測量部・地理調査所に勤務した高木菊三郎は「支那製「皇輿全覽圖」ニ據ル繪畫式地貌表現法ノ「十里方眼図」ヲ方眼ニ依リ伸圖編纂シ約二十五万分一梯尺ニ依ル遼東半島近傍圖トシテ戦用ニ供セリ[35]」と述べている（高木著・藤原編 1992：329）が，清国では，1889（光緒15）年に毎方格10里の地図の整備が指示されたとされており（日比野1977：393），それが十里方眼圖の元図になった可能性が高い[36]。十里方眼圖は盛京省について全37図幅，直隷省については全17図幅作られたことがわかる（アジア歴史資料センター資料，Ref. C07082112700）。その印刷は1894年11月頃に始まり，翌1895年の3月には現地への発送が開始されたようである（アジア歴史資料センター資料，Ref. C06060840600；C07082112600[37]）。

　ただし，十里方眼圖の示す地理的情報は清國二十萬分一圖の示すものとはちがいすぎて，両者を統合しつつ現場を理解するのは容易ではない。十里方眼圖に記入された多くの地名は，立地を清國二十萬分一圖上で明確に対照できる地点からその位置を類推する以外にないわけである。

　この困難を克服するために作製されたのが上記の奉天省及直隷省中部輯製三十万分一圖（図4-5）と考えられる。20万分の1図幅にみられる主要ルートと海岸線を骨格に，十里方眼圖にみられる集落や山地を配置して地名を記入し，この図群が編集されたことがうかがえる[38]。図4-4にみられるように，十里方眼図の地名が奉天省及直隷省中部輯製三十万分一圖の地名とよく一致するのはそれを示しているといえよう。主要交通路中心で，ブランクの多い20万分の1図の不足を補うために十里方眼圖に記載された地名を転記したわけである[39]。

　奉天省及直隷省中部輯製三十万分一圖は，図4-6に示すように北京付近（東経115度30分）から朝鮮国境附近（東経127度30分）までの地域をカバーする。どのような背景で30万分の1の縮尺となったかは不明であるが，各図郭は東西（経度）が1度30分，南北（緯度）が1度で，図の上辺は下辺よりも狭くなっており，清國二十萬分一圖と同様の多面体図法を採用したと考えられる。図示範囲の北端は北緯44度に達し，図4-2に示した清國二十萬分一圖のカバー範囲を超えているが，これは奉天省及直隷省中部輯製三十万分一圖が準備される頃までに，清國二十萬分一圖のカバー範囲が北方に拡大されたのを受けたものであろう。派遣将校のうち酒匂景信の「滿洲東部旅行図」や「従北京至牛荘旅行図」（アメリカ議会図書館蔵，LCCN：92682890；92682899）ならびに倉辻靖二郎の「従営口至寧古塔城路上圖」（アメリカ議会図書館蔵，LCCN：92682902）にみえる測量ルートはこの地域まで到達しており，細部はともかく主要交通路を描くことができるほどにまで至っていたので

図 4-3　清國二十萬分一圖 132 号「金州廳旅順口」
（アメリカ議会図書館蔵（G7820 s200 .J3），約 68％に縮小）

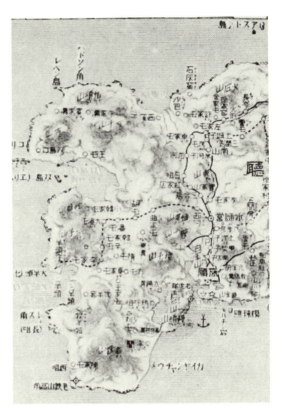

図 4-5　奉天省及直隷省中部輯製三十万分一圖
19 号「旅順口」
（国立公文書館蔵（ヨ 292-0182），約 96％に縮小）

図 4-4　十里方眼図の「旅順口」（国立国会図書館蔵（YG819-2264），約 76％に縮小）

ある。また南端は北緯38度に達し，山東省の一部をふくむことになる。

　なお，奉天省及直隷省中部輯製三十万分一圖の製版時期は全図幅について1895年4月となっている。1895年の3月には，下関で日清戦争の講和条約の折衝がはじまり，中国大陸での戦闘はほぼ終了していた（原田2008：255-257）。この点からすれば日清戦争には役立てることができなかった地図ということになる。

　以上のような，清國二十萬分一圖，十里方眼圖，奉天省及直隷省中部輯製三十万分一圖をあらためて眺めてみると（図4-3〜4-6），上記『陸地測量部沿革誌』の引用にみられる「同地異稱同韻異字ヲ比較校定シ」という文言は，その作業の実情を示すことがわかる。また手描き原図を作製した将校たちの測量成果をベースに清国側の地理的資料を取りこみ，現場での利用の便を図っている点も注目される。手持ちの資料を組み合わせて，その限界まで利用しようとする態度がうかがえる。

　ところで，上記の地図がカバーする範囲で，日清戦争に際して準備された地図はこれだけではなかった。まとまった地図群として刊行されていたものとして「北京近傍圖」がある。縮尺は5万分の1で，北京市街を中心に全24図幅で構成されている（図4-7）。現在まで確認できたのは，アメリカ議会図書館蔵の印刷図15図幅（LCCN：91684753p）と版下用図24図幅揃い（LCCN：91684753）で，製版時期はいずれでも1894年となっているが，版下用図には当時まだ建設されていなかった鉄道（京奉鉄道）が記入されており，補正がくわえられたものであることがあきらかである（口絵写真5）。

　この図群については井田（2012）が古地図収集家の山下和正氏の所蔵図にくわえ，インターネットで閲覧できるアメリカ議会図書館所蔵図を参照して詳細な検討をくわえているが，さらに必要な点について言及したい。北京およびその周辺はアロー戦争に際して戦場となり，英国製やフランス製の地図や水路図が作られたことを第2章でみた。とくに重要なのは北河（海河）河口から天津を経由して北京周辺に至る4枚の図で，これは翻訳されて「北河總（総）圖」として1875年に刊行されていた。この縮尺は31,500分の1であるが，図2-2，2-3に示したように関心が通州から北京，さらに北西の円明園へと，当時の英仏連合国軍の展開にあわせたものであった。また翻訳と前後してロシアやドイツの外交官や医師などによって北京周辺部の地図作製が行われたが，小縮尺（最大で33万分の1）で戦闘用には適さなかった（Kobayashi 2015：493-494）。このような点を考慮すると，清國二十萬分一圖とならんで北京近傍圖が準備された背景がうかがわれる。また北京近傍圖の作製は清國二十萬分一圖作成にむけた測量図の転用だけでは縮尺のため困難である。北京近傍圖の最も重要な元図である酒匂景信作製の「北京近傍西部」（LCCN：91684758）および玉井曦虎作製の「北京近傍之圖」（1884年，LCCN：91684754）の縮尺が4万分の1となっているのは，最終的には5万分の1程度の縮尺の図を作製するつもりで酒匂と玉井の測量や作図が行われたことをうかがわせる。

　北京近傍圖の作製時期を示す資料は印刷図や版下図の図郭の左上に記された「明治二十七年」（1894）となるが，アジア歴史資料センターの公表している資料では，1894年10月15日に参謀本部の藤井大佐から大本営の大生中佐に送られた北京近傍圖と旅順口圖の第4面の送付に関する電報が最も早く（Ref. C06060833500），この時期までには同図が完成していたことがわかる。関連して

101

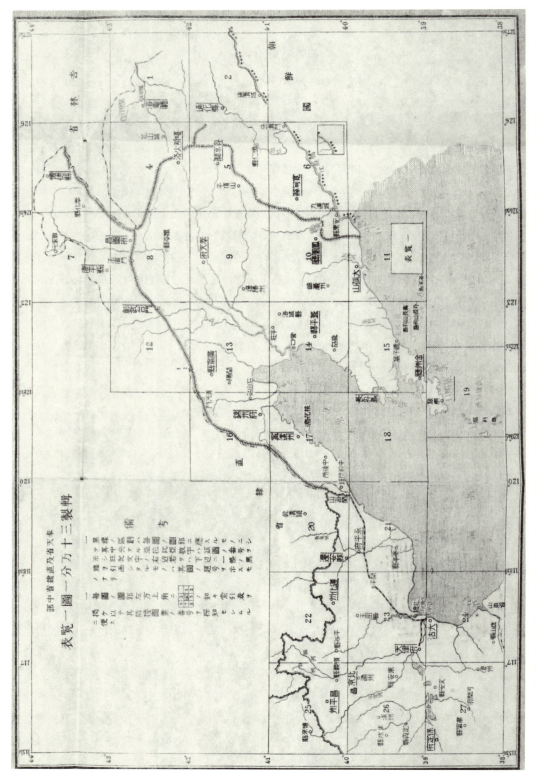

図4-6 「奉天省及直隷省中部輯製三十万分一図一覧表」(奉天省及直隷省中部輯製三十万分一図11号「大孤山」)(国立公文書館蔵(ヨ292-0182))

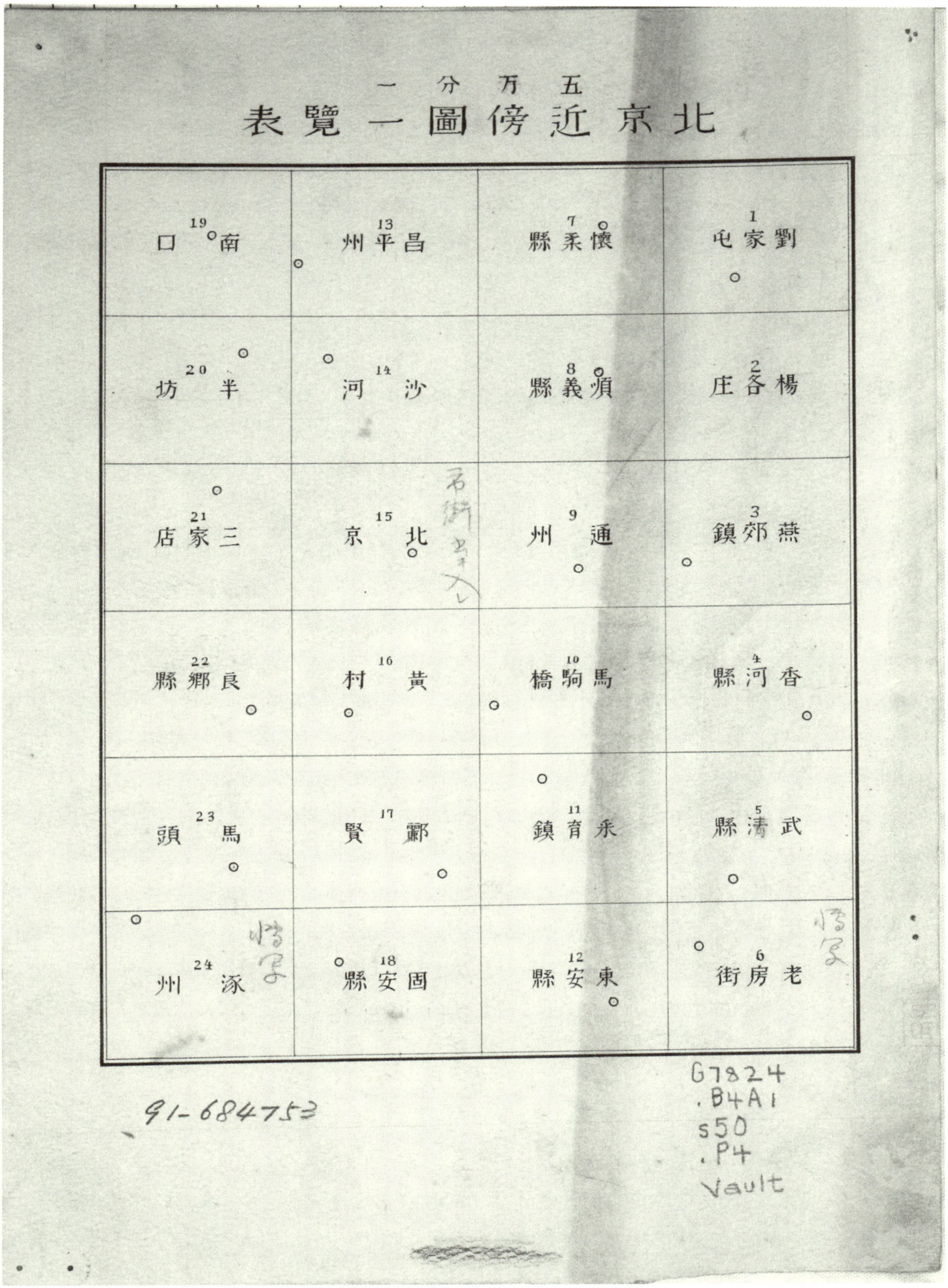

五万分一　北京近傍圖一覧表

南口 19	昌平州 13	懷柔縣 7	劉家屯 1
半坊 20	沙河 14	頻義縣 8	楊各庄 2
三家店 21	北京 15	通州 9	燕郊鎮 3
良郷縣 22	黄村 16	馬駒橋 10	香河縣 4
馬頭 23	鄗賢 17	永育鎮 11	武清縣 5
涿州 24	固安縣 18	東安縣 12	老房街 6

91-684753

G7824
.B4A1
s50
.P4
Vault

図4-7　「五万分一北京近傍圖一覧表」（アメリカ議会図書館蔵（LCCN：91684753））

注目されるのが1895年3月18日の電報で，大本営の大生大佐[40]から参謀本部の藤井大佐に「山海関及洋河口附近十萬分一図」500部，「北京近傍五萬分一図」400部，さらに「北京市街全図」（200部）を至急送るよう依頼していることである（Ref. C06060883800）。当時日本軍の大本営は山東半島での作戦を進めると同時に，直隷省での決戦の準備をしたところで（原田2008：249-250），この部数は進撃部隊に送られる予定のものであったと考えられる。山海関及洋河口附近十萬分一図は直隷省への上陸のため，北京近傍圖および北京市街全図は北京への進撃のためのものであろう[41]。なお4月26日には，上記大生はこれらの三図にくわえ4図幅よりなる「天津近傍十萬分一圖」の送付を求める第2軍参謀長の請求を大本営に伝えている（Ref. C06060919600）。まだ山海関及洋河口附近十萬分一図や天津近傍十萬分一圖に接する機会を得ないが，これらは日清戦争末期の緊張状態のなかで中国大陸の現地部隊に配布されたと考えられる。

　なお北京近傍圖にみられる道路や集落は清國二十萬分一圖とは比較にならない密度で記入され，上記4万分の1図だけでなく，頻繁に行われた将校たちの調査も反映するものと考えられる（口絵写真5参照）。ただし北京近傍圖では経緯度を示さず，清國二十萬分一圖との対応関係をみるのは容易ではないが，それを基準としていない可能性が大きい。

　以上にくわえて言及しておくべきは，「假製東亞輿地圖」（100万分の1，全10図幅，1894［明治27］年製版）である。朝鮮半島から満州南部，北京周辺，山東半島と，日清戦争の関連地域をカバーしている。これまでみてきた将校たちの測量成果は清國二十萬分一圖に集約され，さらにそれがこの假製東亞輿地圖に集約されて，十九世紀末の東アジアの一角を近代的な装いを持った地図で広域的に描くのに成功することとなった[42]。またこれらは小縮尺図なので，とくに秘密にする必要がないとして1894年11月には地図に対する一般の需要に応じることにした点も留意される（アジア歴史資料センター資料，Ref. C06061212200）。これによって假製東亞輿地圖は国内だけでなく，国外でも参照されるようになった。日露戦争当時，地理学者の小川琢治（1904）は，假製東亞輿地圖が最新の東アジア図であったことを指摘し，ドイツやフランスの小縮尺図に成果が取り入れられたとしている。短期間であったと考えられるが，国際的にはパイオニア的地理情報としての意義を持ったことになる。コラム5「日本作製図の国際的利用」で検討するように，日露戦争前後には類似の地図作製が西欧諸国によって行われ，そうした意義を持ったのは短期間にすぎなかったと考えられるが，東アジアの地図作製史のなかで一定の意義を果たすことになった。

7．むすびにかえて

　これまで，陸軍将校の中国大陸における初期の情報活動から始めて，参謀本部設置後の地図作製を大きな目的の一つとした彼らの旅行，その測量技術，手描き原図の編集，さらには清國二十萬分一圖の編集と刊行と検討をすすめてきた。その結果，少数の将校によって行われた測量は『獨逸參謀要務』の示す偵察行動に準じて行われた可能性が高いことが判明した。この種の偵察活動は，近

代地図作製の進んだヨーロッパでは過去のものとなりつつあったが，それが遅れていた東アジアではこれ以外に急速に地理情報を集める方法がなかったということになる。

　また将校たちの清国における滞在や旅行を検討したところ，旅行免状を携帯して行われたもので，彼らの地図作製に関する活動がめだたないかたちで行われたこともあって，とくに大きな国際問題を起こすようなことはなかったことも判明した。倉辻靖二郎の逮捕にみられるように，清国側の官憲が彼らの測量活動を感知していた可能性は高いが，領事裁判権のためにそれを取り締まることはできなかったと考えられる。また日本陸軍の高官も，日清修好条規の枠内で活動を進めることを奨励していた。さらにこの問題に関連して，日清修好条規で日本と清国は相互に領事裁判権を認める関係であったことも留意しておく必要があろう。満洲方面にむかった将校たちに限られると思われるが，清国側の護衛を受けていたことに留意されるほか，日本公使館付の梶山鼎介は島弘毅と同様に現地の高官に挨拶したと考えられる。将校たちは従来「軍事密偵」（村上 1981）と呼ばれることもあったが，清国における彼らの活動を一律に非合法の情報活動と考えるのは適切ではない。また次章で検討するように朝鮮で活動した将校たちは，公使館員や領事館員としてステータスを持ち，旅行にあたって朝鮮側の護衛が同行したことを考えると，とくにその感が強い。

　十九世紀後半の東アジアでは公使館員や領事館員，さらにはそれに準じるステータスにあった欧米人が測量に従事し，地図を作製していることが少なくない（Kobayashi 2015：14-18）。第 2 章でふれた英国人の R. Swinhoe やアメリカ人のル・ジャンドルがそれにあたる。日本の派遣将校たちの活動もそのような欧米人の活動と比較対照しつつ検討すべきものであろう。

　他方，彼らの測量活動の成果を集成して作製された清國二十萬分一圖は，広範囲な地域をカバーするものではあったが，精度に大きな限界のある，密度の低いものであったことがあきらかになった[43]。主要中心地のあいだの主なルートを示すにすぎず，点と線の地図にならざるをえなかった。この 20 万分の 1 図は，十里方眼圖のような既存の地理情報と組み合わせて利用されるとともに，假製東亞興地圖のような小縮尺図に集約されて，社会にも開かれていくこととなった。

　このプロセスを他方で支えていたのは，当時欧米諸国が主導して整備していた東アジアの地理情報で，コラム 3「清國二十萬分一圖と英国海図」に示すように，その参照が不可欠であった。第 2 章や Narumi and Kobayashi（2015）でみたような欧米諸国による東アジアの地理情報の翻訳と吸収はなおつづいていたわけである。ただし他方で，日本が収集した東アジアの地理情報の一部が国際的に参照されるようになっていったことも無視できない。派遣将校の収集した情報の一部が地理学雑誌に発表されたのも，その一環と考えることができる。探検の対象となるような，地理的情報が少ない地域については，その収集プロセスは別として，軍事的にさしつかえないかぎり，得られた知見が公表されていった。

　また清國二十萬分一圖に付された案内書とも言うべき沿道指鍼，沿道圖説は以後記載内容が増加し（コラム 4「沿道指鍼」・「沿道圖説」・「沿道誌」），のちの時代の兵要地誌（源 2009）の作製につながっていったと考えられる。

　他方，日清戦争の進展とともに，20 万分の 1 図の限界が明確になり，それにともなって，当時

の陸地測量部長，藤井包聰は臨時測図部（第一次）の編成を提案するにいたる。

　　清國測圖ノ義ハ従来特別ノ御計画モ有之候得共今回ノ事件結了ノ後ハ假令密行等ノ手段ニ依ル
　　モ容易ニ為シ得可キノ事業ニ無之ト存候果シテ然ラハ此際陸地測量部ニテ一ツノ臨時測図部ヲ
　　編成シ之ヲ大本營ノ管轄ニ属シ最モ簡易ナル測図式ニ依リ我軍隊ノ占領進軍セシ後方ノ地形ヲ
　　可成測図セシメ他日ノ資料ヲ収集シ置クハ此時ヲ措テ他ニ得ルノ途無之ト存候……（アジア歴
　　史資料センター資料，「11.9　臨着 995 号　参謀本部御用取扱陸軍少将児玉源太郎発　参謀総長熾仁親
　　王宛　清国測図の件」，Ref. C06061244100．1894 年 10 月 9 日）

中国大陸の測量は，従来の方法ではとても完成できないとして，臨時に新組織を編成し，戦争状態
を利用して，前線よりも後方の地域の大規模な測量を計画したわけである。これはすぐに実行にう
つされ，それまでの少数の陸軍将校による，簡易な器具を使用した密度の低い測量にかわって，測
量技術者を中心とした大規模な組織による，平板測量を主とした面的測量が行われることになった
（小林 2009）。同様の組織は，日露戦争時，さらにはシベリア出兵時にも編成され，これ以降の日本
軍による外邦測量を特徴づけていく。またこれにともない，測量成果はきびしく秘密にされ，測量
者の地理学雑誌への寄稿もなくなった。
　　本章で検討した外邦測量を，このようなプロセスの中でながめると，高木菊三郎が陸軍将校の測
量から 20 万分の 1 図の作製までを，「第二期　實測（整備）時代」ではなく「第一期　準備（編纂）
時代」に位置づけているのは（高木著・藤原編 1992：317-322），適切ではないことに気づく。この
時期の地図作製は，外国製の海図や天測結果に依存していたにせよ，陸軍将校の独自な測量を基礎
にしているのであり，本格的な「第二期　實測（整備）時代」となる臨時測図部以後に対し，「初
期実測時代」とでもいうべき段階を作ったのである。

[謝辞]　本稿ができるまで，アメリカ議会図書館地理・地図部（Geography and Map Division, the Library of
Congress）の皆さんならびに外邦図研究会の皆さんのお世話になった。また本研究には，国土地理協会の助
成ならびに科学研究費，基盤研究(A)（課題番号：JP14208007 および JP19200059）を使用した。

　注
　1）ただしこのリストには，あきらかな誤りが認められる。
　2）Matsuura（2010）はこの地域で 1709 年に行われたイエズス会士のレジスらの測量について紹介し
　　　ている。この際の緯度計測が「大清一統圖」，ひいては『滿洲紀行　乙號』の緯度の記載の基礎になっ
　　　ていると考えられる。なお，『滿洲紀行　乙號』の記述では，錦州府付近の地名（大凌河驛・禿老婆店・
　　　十三山驛）の位置関係について，「大清一統圖」と「亞細亞東部輿地圖」は共通して誤っていると指摘
　　　しており（島，刊期不詳：11-12），後者は前者にもとづいて作製されたものと考えられる。またその
　　　詳しさからも，島の持参した「大清一統圖」は井田（2014）の検討した「大清一統圖」よりもはるか
　　　に大縮尺の図であった。

第 4 章　中国大陸における初期外邦測量の展開と日清戦争

3）アメリカ議会図書館蔵「滿州紀行附圖」（LCCN：92682886）による。

4）この原本は Paul Bronsart von Schellendorff による *Der Dienst des Generalstabes*（1876）と考えられる。

5）変体仮名もまじえたこのフリガナ（「レコンネサンス」）に相当するドイツ語を見つけることができなかった。1904 年刊の同書第 4 版の英訳本では，Recconnaisance とされており，フランス語からの流用と考えられる（von Schellendorff　1905: viii, 392）

6）都市図としては「南京府城図」のほか「蘇州府城図」，「杭州府城図」があり，「清国江蘇省全圖」に付載された「南京江寧城之圖」や「蘇州府城之圖」の元図は，この購入図である可能性がある。

7）この書物は，Gill（1880）と考えられる。

8）原文には改行がないが，出発日と行程を示す部分以外は句点ごとに改行した。

9）岐元は愛新覚羅姓であり，1879（光緒 4）～ 1882（光緒 7）年のあいだ盛京将軍をつとめた。
http://archive.ihp.sinica.edu.tw/ttsweb/html_name/search.php

10）ただし「盛京省第一図」（LCCN：92682873）の左下にみえる「清國盛京省沿海圖或清國遼東湾圖」と題する注記によれば，小川は後述のように派遣将校の山根武亮と 1880 年 5 月に北京を出発し，同 20 日に山海関を出て錦州府を経由して同 28 日に営口に到達した。その間山根が測量を行い，この図にルートを示している。

11）「柴中尉清国より朝鮮国旅行の件」1888 年 4 月。この場合は，清国と朝鮮の国境で清国側が発給した「護照」に朝鮮側の目的地である「義州」の文字が記入されていなかったことが問題になった。

12）これらには一括して「在牛荘帝国陸軍将校東靖民清国内地踏査一件」という書冊になっている（アジア歴史資料センター資料，Ref. N07090483900）

13）取り調べ中，海軍から派遣されて情報活動を行っていた曽根俊虎・清水元一郎・東次郎・町田實一の姓名を示して，彼らを知っているかどうか，さらに倉辻は東次郎ではないか，と訊問されたという（マイクロ番号 192）。

14）福原はその後帰国して西南戦争に従軍して負傷し，1877 年 2 月 23 日に死亡した（アジア歴史資料センター資料，Ref. C08010470500）。同年 4 月 28 日に北京を出発した島はもちろんそれを承知しており，福原を偲んでいる。

15）中国（清国）が外国人旅行者の測量を法令で禁止するのは 1908 年で，その背景には日露戦争後の第二次臨時測図部のモンゴル方面での測量活動があった（顧維鈞著・南滿洲鐵道株式會社總務部交渉局編 1915：227；小林 2011:152）。これ以前の中国での外国人の測量については，検討すべき点が多いが，めだつかたちでの測量行為は中国側からの要請で行われるもの以外では避けられていたと考えられる。

16）回転する遊標（vernier）により，目標物の方向と磁針との角度を読みやすくしていたと考えられる。

17）距離がわかっている道路の区間を通過するのに要した時間を計り，速度を求めたと考えられる。

18）このような夜の作業についての記述はほとんどないが，1919 年に彰徳（現安陽）から太行山脈をこえて山西省の太原まで類似の測量を行った陸軍将校の佐々木到一の自伝の一節は，旅行の苦労に加えて，昼間の各種器具を使った作業から夜の資料整理まで，比較的詳しく述べており参考になる（佐々木 1967：37-46）。

19）この種のデータを示すものとして航海案内書が想定される。

20）本来ならば手描き原図の現物の計測が必要であるが，ここではその写真やスキャン画像による。またすべての経緯度を示す手描き原図を検討したわけではない。

21）政春（2011）の紹介する 1915 年の『製圖實行法』では，20 万分の 1 図の上辺と下辺を含めた緯線は，一本の直線ではなく，経度 10 分ごとに屈折する直線をつなげて弧のように描くよう指示している。ま

たこうした折れ線による 20 万分の 1 図の緯線の描き方は明治期の輯製図でもみとめられる。

22）この「緒言」に「西暦一千八百七十三年佛國工兵中佐「グーリエー」氏著述の「エクリメートル」測
図教法ニ原キ天野貞省關定暉ヲシテ之ヲ折衷編纂セシメ以テ五千分一測図教法ニ充ツ」と記している。

23）この操作をする場合には直交する座標を用いて行うのがふつうである。

24）高木（1966：72）はこの点について「……これらの測図は，秘密に測量されたものが大部分で，い
わゆる路線測量で，まれに略測の経緯度を有する程度のものが多く，その製図にあたっては，止むを得
ず画線を平均し，多角形を作り，さらにその誤差を配布（分）して，地点を定める等の苦心を重ね完成
したものであるが，……」（括弧内引用者）と述べている。

25）この点については，牛越（2009：156-161）も参照。

26）「盛京省東部圖」ならびに「盛京省南部圖」の緯線を確認したところ，判断に苦しむ点もあるが，折
れ線ではなく基本的に一本の直線と考えられる。

27）『路上測圖教程全』（1885 年頃刊行）大阪大学蔵，12 丁。

28）1884（明治 17）年の「測量局服務概則」につづく「地圖課服務概則」の第 18 条では，「外邦圖ノ製
法ハ別ニ定式ノ設アリト雖モ概シテ内國ノ假圖即チ二十万分一圖ニ準シテ製造スルヲ常トス」と述べて
いる。

29）これらの風景画は，関東地方の迅速測図の原図にみられる風景画の系譜をひくものと考えられる（長
岡 2004 参照）。

30）同図のタイトルの下には「（渤海近傍六十三版）」との注記があるが，ゴム印で訂正し六十七版として
いる。増加した 4 図幅は朝鮮との国境地帯にあたる。

31）以上からすれば，この範囲からはずれる地域に関して派遣将校たちが描いた手描き原図は，この時点
までには利用されなかったことになる。ただしそれ以後になると，20 万分の 1 図がさらに清國二十萬
分一圖として，また東亜二十万分一地図として刊行されたことが確認される（アジア歴史資料センター
資料，Ref. C06040589100；C03022569900）。この地域に関する手描き原図に，こうした 20 万分 1 図の
編集作業の際に記入された鉛筆描きのグリッドなどがみられるのは，それに対応するものであろう。

32）河口部の塘沽は，東経 117 度 40 分，北緯 39 度付近に示されている。

33）十里方眼圖の原本が日本にもたらされた時期はあきらかでないが，酒匂景信の「滿洲東部旅行図」の
地名の修正にもちいられたのは，後述する日本での印刷時期からみて清国製の原本であろう。

34）ただしこれらの図のうち依拠した資料を示した初期の版を参照できたのは 126 号のみで，他の図につ
いては新しい版を参照した。

35）方眼の一辺（2.3cm）が 10 里に対応する。中国の 1 里は 500 メートル強となる。

36）『天津城市歴史地図集』には 1884 年および 1899 年の「天津縣圖」が掲載されており，いずれも「毎
方十里」の方眼が記されている（天津市規劃和国土資源局 2004：61-62，75）。時期はやや前後するが，
この系統の図を編集して十里方眼圖が作製されたものであろう。なお高木のいう「皇輿全覧圖」系の地
図（江・劉（整理）2007）は，十里方眼圖よりはるかに小縮尺で，その元図になった可能性はない。

37）十里方眼圖は最近まで盛京省の第 33 号「旅順口」図幅のみを国立国会図書館で確認していたが（YG819
-2204，図幅の左肩に「明治二十七年製版」と記入），宮内庁書陵部に盛京省のもの（全 37 点）が収蔵
されているようである（ただし利用が制限されている）。

38）野坂ほか（座談会）（1944：44）にみえる高木菊三郎の発言では，20 万分の 1 図をもとに輯製 30 万
分の 1 図ができたとするが，その十里方眼圖との関係は明確ではない。

39）時期は遅いが，注 36 で触れた天津縣圖（1899 年）の地名と奉天直隷両省三十万分一圖の 23 号図幅
の地名を対照すると，一致するものが多いことを指摘しておきたい。

40）大佐となったのは昇任によると考えられる。

41）派遣将校の一人で，「盛京省第一圖」の作成に関与した小川又次の手になるとされる「清国征討策案」（山本1964）では，山海関からその南西80kmに位置する灤河河口の間（洋河河口はその中間に位置する［清國二十萬分一圖129号「山海関撫寧縣昌黎縣」を参照］）に上陸する計画を示していたことが留意される。

42）湾曲した緯線をもつ假製東亞興地圖の図法に関心が持たれるが，測量・地図百年史編集委員会編（1970：361）はそれを示していない。

43）近代地図作製史に詳しい高木菊三郎（1961：9-10）は，「……本図は近代地図に比較すればその精度を欠くものである……」と，20万分の1図を近代地図としていない。

参考文献

石田龍二郎　1984.『日本における近代地理学の成立』大明堂.

井ヶ田良治・山岡高志　2006.「『征清戦戦袍余滴』（二）：山岡金藏中尉の日清戦争従軍日誌」社会科学（同志社大学人文科学研究所）76：139-164.

井田浩三　2012.「簡易測量による外邦図（清国）の新たな図の紹介」外邦図研究ニューズレター9：13-39.

井田浩三　2014.「新発田収蔵遺稿『大清一統図』の考察」地図（日本地図学会）52（2）：17-31.

牛越国昭　2009.『対外軍用秘密地図のための潜入盗測，第一編「外邦図」はどのように作られたか』同時代社.

小川琢治　1904.「日露交戦地方の重要なる地図に就きて」地学雑誌184：260-263.

梶山鼎介　1883.「鴨緑江紀行」東京地學協會報告5（1）：3-45.

梶山鼎介　刊期不詳『滿洲紀行　丁號』陸軍参謀本部.

菊地節藏　刊期不詳『滿洲紀行　甲號』陸軍参謀本部.

貴志俊彦　2006.「第一次大戦後の在華外国人管理問題」アジア研究52（3）：35-50.

顧維鈞著・南滿洲鐵道株式會社總務部交渉局編　1915.『支那ニ於ケル外国人ノ地位』天野滿書堂書籍部.

江前進・劉若芳（整理）2007.『清廷三大實測全圖集：康熙皇輿全覧圖』外文出版社所収.

黒龍會本部編　1908.『西南記傳，上巻一』黒龍會本部.

小林茂　2009.「『外邦測量沿革史　草稿』解説」小林茂解説『『外邦測量沿革史　草稿』解説・総目次』不二出版，5-25.

小林茂　2011.『外邦図：帝国日本のアジア地図』中央公論新社（中公新書2119）.

小林茂解説　2008.『外邦測量沿革史草稿，第2冊』不二出版.

小林茂・岡田郷子　2008.「十九世紀後半における朝鮮半島の地理情報と海津三雄」待兼山論叢　日本学編（大阪大学文学会）42：1-26.

小林茂・山本健太・関根良平　2014.「『朝鮮國漢城日本公使館氣候経験録』ならびに『朝鮮國漢城日本領事館氣候經驗録』にみられる気象データの観測地点について」外邦図研究ニューズレター11：57-64.

西郷都督樺山總督記念事業出版委員会1936.『西郷都督と樺山總督』台湾日日新報社.

佐伯有清　1972.「高句麗広開土王陵碑文再検討のための序章」日本歴史287：1-17.

佐々木到一　1967.『ある軍人の自伝，増補版』勁草書房.

佐藤三郎　1965.「日清戦争以前における日中両国の相互国情偵察について：近代日中交渉史上の一齣として」軍事史学1：2-19.

佐藤三郎　1984.『近代日中交渉史の研究』吉川弘文館.

島弘毅　1879.「滿州紀行抜書」東京地學協會報告 1（1）：11-20.

島弘毅　1882.「清國運河紀行」東京地學協會報告 3（4）：1-7.

島弘毅 刊期不詳『滿洲紀行　乙號』出版者不明.

関誠　2008.「日清戦争以前の日本陸軍参謀本部情報活動と軍事的対外認識」国際政治 154：12-28.

フォン・セルレンドルフ，ブロンサルト 1881.『獨乙參謀要務　前編　巻之五』陸運文庫.

測量・地図百年史編集委員会編 1970.『測量・地図百年史』日本測量協会.

高木菊三郎　1961.『明治以後日本が作った東亜地図の科学的妥当性について』高木菊三郎.

高木菊三郎　1966.『日本に於ける地図測量の発達に関する研究』風間書房.

高木菊三郎著・藤原彰編　1992.『外邦兵要地図整備誌』不二出版.

武田幸男　1988.「『碑文之由来記』考略：広開土王碑発見の実相」榎博士頌寿記念東洋史論叢編纂委員会
　　編『東洋史論叢』汲古書院，277-296.

東亜同文会編　1968.『対支回顧録　下巻』原書房.

徳富猪一郎　1917.『公爵桂太郎傳，乾巻』故桂公爵記念事業會.

永井哲雄　1973.「高句麗広開土王碑文の将来者をめぐる一，二の資料追加について」日本歴史 296：196-
　　203.

長岡正利　2004.「関東平野の迅速測図と陸軍図画教育」測量（日本測量協会）54（8）：26-27.

西里喜行　1987.「琉球救国運動と日本・清国」沖縄文化研究 13：25-106.

野坂喜代松・和田義三郎・平木安之助・高木菊三郎・松井正雄　1944.「明治三七八年戦役と測量（座談会）」
　　研究蒐録地圖（昭和 19 年 3 月号）41-54.（小林茂・渡辺理絵解説『研究蒐録地図，第 3 冊』不二出版，
　　2011 年刊に復刻）

原田敬一　2008.『戦争の日本史 19，日清戦争』吉川弘文館.

日比野丈夫　1977.『中国歴史地理研究』同朋社.

広瀬順晧監修・編集　2001.『参謀本部歴史草案，第 1 巻』ゆまに書房.

古田武彦　1973.「好太王碑文『改削』説の批判：李進煕氏『広開土王碑の研究』について」史学雑誌 82
　　（8）：1161-1200.

マカートニー著・坂野正高訳　1975.『中国訪問使節日記』平凡社（東洋文庫 277）.

政春尋志　2011.「日本の地形図等に用いられた多面体図法の投影原理」地図（日本国際地図学会）49（2）：
　　1-7.

南滿洲鐵道株式會社總務部交渉局編　1915.『支那ニ於ケル外國人ノ地位』大連：天野滿書堂書籍部.

源昌久　2009.「日本の兵要地誌作製に関する一研究：中国地域を中心に」小林茂編『近代日本の地図作
　　製とアジア太平洋地域：「外邦図」へのアプローチ』大阪大学出版会，256-298.

村上勝彦　1981.「隣邦軍事密偵と兵要地誌（解説）」陸軍参謀本部編『朝鮮地誌略 1』龍渓書舎，3-48.

村上兵衛　1992.『守城の人：明治人 柴五郎の生涯』光人社.

薬師義美　2006.『大ヒマラヤ探検史：インド測量局とその密偵たち』白水社.

山本四郎　1964.「小川又次稿『清国征討策案』（1887）について」日本史研究 75：100-109.

陸地測量部　1922.『陸地測量部沿革史』陸地測量部.

李進煕　1973.「広開土王碑と酒匂景信」日本歴史 307：12-29.

Gill, William 1880. *The River of Golden Sand*（2 volumes）. London: J. Murray.

Kobayashi, S. 2015. Imperial cartography in East Asia from the late 18th Century to early 20th
　　century: an overview. *Jimbun Chiri*（*Japanese Journal of Human Geography*），67（6）: 480-502.

Matsuura, S. 2010. The survey of the Maritime Province in 1709 by the Jesuit Father Régis. *Ajia*

Shigaku Ronshu（Kyoto University）3: 1–29.

Mayers, W.F., Dennys, N.B. and King, C. 1867. *The Treaty Ports of China and Japan.* London: Trübner and Co., Paternoster Row.

Narumi, K. and Kobayashi, S. 2015. Imperial mapping during the Arrow War: Its process and repercussions on the cartography in China and Japan, *Jimbun Chiri*（*Japanese Journal of Human Geography*）67（6）: 503–523.

von Schellendorff, B.（Translated for the General Staff, War Office）1905. *The Duties of the General Staff*（*Fourth Edition*）. London: Wyman and Sons.

コラム 1

『滿洲紀行』

　刊行機関と刊行年が不明で，執筆者名を明記しない『滿洲紀行』と題する紀行文が甲，乙，丙，丁の4巻あり，いずれも1880年代の日本陸軍将校の中国東北部における地理情報収集に関連するので，簡単に紹介しておきたい。なおこれらについてはすでに安達（2001）の紹介があり，参謀本部が編集したものとしつつ，主として『対支回顧録』の記載を手がかりにその執筆者の特定を試みている。ただしこれに際して参照したのは防衛大学校図書館蔵の甲，乙，丁号であり，ここでは東京大学総合図書館蔵の甲，乙，丙，丁号を参照して，安達（2001）の記述に補足しつつ紹介する。

　まず，東京大学総合図書館蔵の『滿洲紀行』の特色について述べておきたい。『滿洲紀行』は他では東京大学東洋文化研究所が甲，丁号，愛知大学国際問題研究所が甲，乙，丁号，国立国会図書館が甲号を収蔵するだけで，活字印刷されたものとはいえ，作製されたのは少数で，東京大学総合図書館に甲号から丁号までそろっている点がまず注目される。つぎにこれらの表紙にはいずれも大正13年11月7日の有栖川宮家の寄贈印があり，来歴が明確である。おそらく1885年5月〜1888年5月のあいだ参謀本部長を務めた有栖川宮熾仁親王（秦2005：10）の遺品であろう。

　筆者は安達（2001）の行った執筆者の推定を補強，訂正する資料を発見しており，これらは『滿洲紀行』の性格を考える上でも重要なのでつぎに紹介したい（コラム1表1）。

　甲，乙，丙，丁号については，その内容や旅行期間に明確に対応する記事が『東京地學協會報告』に掲載されており，その著者の氏名を特定することができる。とくに甲号については執筆者の菊地節藏にくわえ，随行者が満洲語学生の加藤纊と石川群治であったことがわかる（アジア歴史資料センター資料，Ref. C07080349300，1880年4月）。安達（2001）はやはり満洲語学生の小島泰次郎と木下賢良を想定したが，いずれも菊地の満洲旅行の随行者にはならなかったようである。

　これに対して乙号執筆の島弘毅，丁号執筆の梶山

鼎介には各1名の随行者がいたことがわかるが，その氏名は『東京地學協會報告』の記事にはあらわれない。ただし梶山の随行者が，玉井曨虎であったことは，清國二十萬分一圖147号図幅（本書第8章）の注記からも特定でき，『対支回顧録』の記載を検討した安達（2001）の推定と一致する。梶山執筆とされる「鴨緑江記行」には，旅行の途中に通過したルート（盛京［現瀋陽］から鴨緑江河畔まで）の地図（「鴨緑江記行附圖」）が付載されているが，これは玉井が描いた可能性も考えられる。

　表1で注目されるのは，甲号だけでなく丙号も菊地によることである。甲号は冒頭の「各城應説」（通過した都市での地方官吏との交渉過程を記載）を除けば満洲の地誌で，兵備や交通，貿易などに関する項目を立てて記載している。丙号はこれに対し，黒竜江河畔のブラゴヴェシチェンスクから営口までの毎日の紀行文で，途中の地名を漢字だけでなく，聞いたままにカタカナで表記する場合も多い。こうした旅行ルートに沿った記述は，本章で紹介する「清國二十萬分一圖」やコラム4で紹介する「沿道指鍼」・「沿道圖説」・「沿道誌」の編集に必要で，そのために印刷されたものであろう。

　クロノロジカルにみると，『東京地學協會報告』に掲載された記事の方が『滿洲紀行』の各号よりも前に印刷されたことに疑問の余地はないが，『滿洲紀行』として印刷されることになった原稿が先にできていたことが確実である。その場合，「滿州紀行抜書」というタイトルからわかるように，乙号は概要が『東京地學協會報告』に掲載されたのに対し，甲号ではその全部を『東京地學協會報告』に連載している。他方丁号の場合は，元の原稿の一部（盛京〜大東溝付近の行程記述とその簡単な地誌的記載）だけが「鴨緑江紀行」というタイトルで『東京地學協會報告』に掲載された。丁号の文章と「鴨緑江紀行」の文章を比較対照してみると，とくに軍事的な性格の強い箇所を書き換えている点がめだつ。丁号には，将来の軍事行動を露骨に想定した記述が多く，「鴨緑江紀行」では，それを普通の紀行文の装いに改めようとしているわけである。旅行の途中でたまたま

コラム1　『満洲紀行』

コラム1表1：『滿洲紀行』と『東京地學協會報告』の関連記事

号	記載のもとになった旅行の期間および出発地・到着地	『東京地學協會報告』の記事	旅行者
甲	1885年8月1日〜11月11日	菊地節藏演述「滿洲紀行」8巻3,4,5,6号（1886）	菊地節藏・加藤績・石川群治
乙	1877年4月28日〜10月12日 北京〜盛京省十三山站	島弘毅「満州紀行抜書」1巻1号（1879）	嶋弘毅ほか1名
丙	1885年8月1日〜11月6日	［菊地節藏演述「滿洲紀行」8巻3, 4, 5, 6号（1886）］	［菊地節藏・加藤績・石川群治］
丁	1881年8月3日〜10月17日	梶山鼎介述「鴨緑江記行」5巻3号（1883）	梶山鼎介・玉井曨虎

であったやはり参謀本部所属の陸軍将校の氏名についても丁号155頁では「伊集院兼雄」とするのに「鴨緑江記行」19頁では「伊集院氏」としている。同様に『東京地學協會報告』の文章の途中で示された菊地節藏の随員の石川群治の氏名（8巻3号48頁）は甲号の該当箇所（68頁）では「学生某」と書き換えられている。

このようにみてくると『東京地學協會報告』掲載の記事では普通の紀行文を装いつつ，執筆者の氏名を明記するのに，『滿洲紀行』は元の原稿の形を残しつつも，執筆者や随行者の氏名を秘匿しようとしていることが明らかである。『滿洲紀行』は基本的に参謀本部の内部資料として取り扱われたと考えられるが，すでに『東京地學協會報告』に公開されている執筆者の氏名を秘匿しようとした背景については検討を要する。

ところで，これらの紀行文を検討すると，旅行者は清国側の発行した護照を携帯し，各所で提示するとともに，清国側の護衛が随行していたことが明らかである。島の旅行に際しては，山海関以北の外国人旅行者に護衛が随行するのは盛京省（現遼寧省）

の規則とされ（乙号9-10頁），吉林省や黒竜江省でも同様の規則があったようである。また梶山・玉井の旅行に際しても，「隠然」と護衛が付き添っていたという記載がみられる（丁号51, 121頁など）ほか，盛京〜遼陽では盛京将軍衙門の派遣する護衛に随行されている（同134, 144頁，「鴨緑江記行」5, 12頁）。くわえて，島の場合，盛京将軍・黒竜江将軍に面会するほか，吉林将軍にも面会を試みている（乙号18, 32-33, 55-56）。これから，彼らの旅行は基本的に清国側の規制に従ったもので，秘密旅行ではなかったことがあきらかである。

他にもこれらの紀行文からわかることは多く，さらに検討が必要である。なお，乙号に添付されていたと考えられるのが「満州紀行附図」（300万分の1，口絵写真2）で，これについては本文で検討したい。

（小林　茂）

文献
安達将孝 2001.「（史料紹介）参謀本部編『満州紀行』」
　軍事史学 37（2, 3）: 271-281.

コラム2

路上測図

　本書で検討する手描き原図の作製者である陸軍将校は,「路上測圖」といわれる方法を基本にして測量を行った。教科書どおりの路上測図では, コンパスを装着した携帯図板をもちいるので（コラム2図1), 一見するだけで測量をしていることがあきらかである。ただし将校たちの測量の場は中国大陸や朝鮮半島であり, 外国人がめだつかたちでの測量をすることはできなかった。そのため, 携帯図板のような道具を用いないでも, それとほぼ同等の成果が得られるように, 工夫しながら行われることになったと考えられる[1]。第5章で触れたように, 路上測図の方法が充分実施できなかったことを明記しようとする場合（海津三雄) もあり, ここでは測量の教科書に示された路上測図とはどのようなものであったかをまず示し, 将校たちが現場で実施した測量について考えてみたい。

　なお, 路上測図をふくむ簡易な地図作製は海外に出兵した際に若手将校や下士官の日常業務として行われた。日露戦争時のものとなるが, 茂澤祐作の従軍日記（茂澤 2005: 207, 210, 211) では路上測図以外にも「記憶測図」, さらには「略図」の作製について触れており, 場所と状況に応じてさまざまにスキルが発揮されたことがうかがえるが, 路上測図は明確にプロセスが指定された測量法であった[2]。おおざっぱにいえば, おもな用具はコンパスと携帯図板で, コンパスで方位をはかり, 歩測[3]で通過した距離をはかって携帯図板に貼り付けた方眼紙に書きこむ, ということになるが, そこには後述するような仕掛けがあり, 能率的に作業ができるようになっていた。

　ともあれ, こうした路上測図が海外から導入された測量法であったことは, 初期の教科書に添付されているその実施例の図が西欧の農村地帯となっていることからわかる[4]。ただし, その実施例が架空の場所のものなのか, あるいは実際例を転用したものなのかも, 現在のところ判断する材料がない。同じ図柄の文言を和訳したものが, 教導團砲兵學教官による『測地學講本:迅速測圖・路上測圖』(1883年, 大阪大学蔵), 上田 (1887), 『測圖教程』(著者年代不詳, 大阪大学蔵[5]) にみられ, さらに探索すれば, もっと多くの教科書からみつかると考えられる。また使われている測量器具の名称やカタカナ書きの地名から, 原著はフランス語で書かれていたことがうかがえる。

　ただし, これらを添付の実施例の図と対照しながら読んでも, 上記のような仕掛けは理解しにくい。これは図の複製のほか, 翻訳をもとにするその説明に問題があるように思われ, のちに刊行された, 日

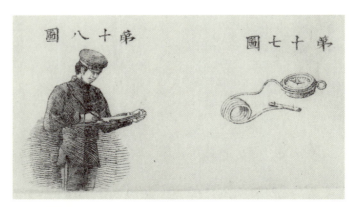

コラム2図1　『測図教程』（大阪大学蔵, 題簽『路上測圖教程　全』）にみえるコンパス（右）と携帯図板の使い方（左）

本の実施例の図を掲載する教科書を読んで，その役割が理解できることとなった（河井 1892；陸軍砲兵工科學校 1897；兵事會編 1905：235-242）。この図の一つをコラム２図２に示す。

さて，路上測図では，写生に使う画板のような携帯図板の上に貼りつけた方眼紙に通過コースを示す際に，上から下に向かって書きこんでいくという点に特色がある。調査ルートを前進するというイメージからすれば，方眼紙の下から上に向って描いていくのが当然のように思えるが，逆になっているわけである。下記にそのもっともくわしい説明を示す。

　…出行點ヲ定ムルヤ先ツ前方ニ於テ停止スヘキ地點ヲ觀定シ置キテ歩ヲ起シ歩數ヲ算シツヽ前ニ撰定セシ地點ニ至リ止マリテ身體ヲ回轉シ背後ニ面シ出發點ニ向ヒ圖板ヲ旋廻シ羅針ト〔あらかじめ描いておいた〕子午線ヲ一致セシメ然ル後歩測スル所卽チ米突ニ化セシ長サノ道路ヲ紙上ニ（己[6]ノ胸部ニ向テ）一線ヲ畫クヘシ是レ則經過セシ道路ナリ…

　　但シ己レ未タ經過セサル所ノ地形ハ決シテ之ヲ圖スヘカラス…（河井 1892: 24-25，〔　〕内は引用者。なお「米突」はメートルを示す）

行進しながらも，道路の屈曲点のようなところにきたら，ふりかえって歩数を数え始めた地点に向きあい，同時に携帯図板を回転させて，コンパスの方位に図に記入した方位を一致させてから，経過したコ

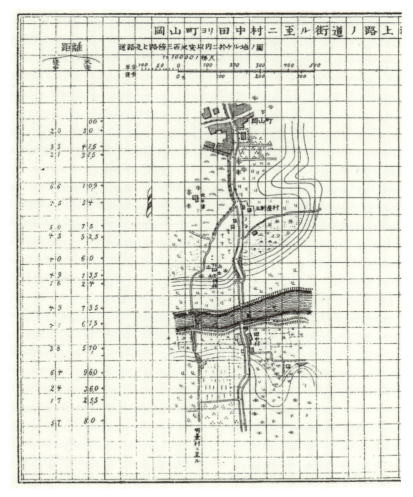

コラム２図２　『歩兵野外勤務，路上測圖ノ部』（国立国会図書館デジタルコレクション）にみられる測図例

115

ースを描きこむというやり方である。ここでは，コンパスの方位の角度を読むような時間のかかる作業をさけ，コンパスの針の方向と紙上の方位線を一致させるという単純なやり方で携帯測板の方位を現場に合わせ，コースの縮図を描くわけである。携帯図板はルートの両側をスケッチするための画板であるだけでなく，この場合は平板測量における平板と同様の役割を果たすことになる（小林2011：25-26を参照）。なおコラム2図2に描かれた道路上の小さな点は，その屈曲点に位置し，測量者がふりかえって前の測点と向かいあった点となる。

　以上のような巧妙な携帯図板やコンパスの使い方からすれば，教科書どおりの路上測図をしようとすれば，携帯図板が不可欠である。しかし将校たちは，多くの場合それなしで作業をしなければならなかった。また将校たちの使っていたコンパスは，コラム2図1に示した平板測量用のものではなく，コンパスカードを使った，フランス語でboussole vernierという高級なものであったが（小林2011：71-74），それを使って目標地点を視準して方位をはかるような作業も，人目を気にしながら行われたと考えられる。将校たちはいずれも路上測図の訓練をうけていたと考えられ，教科書通りにできたら，もっと精確な図ができることを痛感していたことに疑問の余地はない。

　なお，第3章第3節で紹介した1877年の朝鮮への使節団で花房義質が随員の山ノ城祐之に命じて行わせたコンパスによる方位と通過時間の記録にもとづく地図作製も，教科通りではないが，広い意味での路上測図の一例になることはあらためていうまでもない。

（小林　茂）

注
1）測量の方法に関する将校たちのコメントが手描き原図に記載されている例はきわめて少ない。彼らにとって，それはルーティンのようにして行われたことで，敢えて記録する意義がなかったからと考えられる。ごく少数の将校が記すだけのこの種のコメントは，基本的に地図の精度に関与する。第4章と第5章では，できるだけそうした記載をとりあげ検討したが，なお細部は不明の点が多い。

2）旧日本軍では平板測量（「迅速測圖」とよばれ，地図作製の中心的方法であった）や路上測図のような現場で図ができるような測量は，測図とよばれ，測量という用語は三角測量のような高級なものをさしていた。

3）測量者の歩数のほかにウマに乗って旅行する場合はその歩数，さらに速度がわかっている馬車の場合などは，通行にかかった時間を記録して距離を算出した（第4章に示した酒匂景信が手描き原図に記した注記を参照）。

4）以下に述べる路上測図の様式はヨーロッパの大陸部にみられたが，Lendy（1869）やMcElfresh（1999：29-35）の記述からイギリスやアメリカではみられなかったのではないかと推測している。

5）表紙には「路上測圖教程　全」と記した題簽がみられる。

6）原文では「已」が使われているが訂正した。以下同じ。

文献
上田文三編述 1887.『路上製圖』西野駒太郎.（国会図書館デジタルコレクションで閲覧可）
河井源藏 1892.『歩兵野外勤務，路上測圖ノ部』河井源藏.（国会図書館デジタルコレクションを閲覧）
小林茂 2011.『外邦図：帝国日本のアジア地図』中央公論新社（中公新書2119）.
兵事會編 1905.『騎兵須知，上』鍾美堂.（国会図書館デジタルコレクションを閲覧）
茂澤祐作 2005.『ある歩兵の日露戦争従軍日記』草思社.
陸軍砲兵工科學校 1897.『測圖法』陸軍砲兵工科學校.（アジア歴史資料センター資料，Ref. C10061363800）
Lendy（Captain）1869. *A Practical Course of Military Surveying.* London: Atchley and Co.
McElfresh, E. B. 1999. *Maps and Mapmakers of the Civil War.* New York: Harry N. Abrams, Inc., Publishers.

コラム3

清國二十萬分一圖と英国海図

第4章で紹介した，陸軍将校らが1880年代に作製した手描き原図は，日清戦争を契機に刊行されはじめた「清國二十萬分一圖」の元図としての役割を果たした（小林ほか 2014，本書目録2）。しかし，これらは主に内陸の道筋を対象とした図であったことから，それのみで中国東部沿岸を含む広域図の作製は困難であり，経緯度や沿岸部の地形については英国製の海図に頼ることとなった。

清國二十萬分一圖の多くの図幅は改訂をくわえられたことがあきらかであるが，残念ながらその各版の刊期の記載は充分でない。ただしその最も古いと考えられる版では，地形表示にケバ様式をもちいるほか，図郭左側に元図とした地図のデータや陸軍将校の測量ルートと年次を詳しく記している（図7-2）。最近までこの種の注記のある図の例はまだ少なかったが，スタンフォード大学図書館蔵の清國二十萬分一圖がインターネットで閲覧できるようになり，それにはこうした注記のある図を数多く含むことから，本格的な検討が可能となってきた（http://library.stanford.edu/guides/gaihozu-japanese-imperial-maps）。私たちが調査を進めてきたアメリカ議会図書館や国立国会図書館などにも注記のある図が所蔵され，海岸を含む図は例外なく英国海図を参考資料として挙げている。

こうした清國二十萬分一圖と英国海図との関係を，営口周辺を例にみてみたい。当時営口は，遼東半島北側の付け根にある遼河口に開発された新興の港で，上流に位置する牛荘の名称で1864年に条約港とされた。のちに大連が港湾として勃興するまで，海路による満洲の入り口としての役割を果たし，日清戦争に際して日本軍は，要地として牛荘攻撃の後，1895年3月に占領した。コラム3図1は，この付近における清國二十萬分一圖である。ここでは南の142号と北の145号図を接続しており，両図の図郭左側の注記には河口や海岸については「英國海軍水路局出版一千八百八十年改正ノ直隷并ニ遼東灣圖第一千二百五十六号」を参照したと記されている。この英国海図1256号をアメリカ議会図書館で探したところ，当該の1880年版は無いが1862年版 "Gulf

of Pe-Chili & Liau-Tung, and Northen Portion of the Yellow Sea" がみつかった。コラム3図2がその営口付近の拡大図であるが，地形などの共通性は一目瞭然である。特に営口へアプローチする水路とその両側の描写がよく一致する。

一方，両図では経線がずれている点が注目される。コラム3図1の左端が東経122度00分の経線に相当するが，コラム3図2では左側のラインがそれに相当し位置が大きく異なる。やはりアメリカ議会図書館で1902年版英国海図1256号を確認したが，その経線の位置は清國二十萬分一圖と同じであることから，コラム3図1作製に際し参照された1880年版1256図では経度が修正されていたと推測される。

この清國二十萬分一圖発行の前に，英国海図をベースにして将校らの測量成果をまとめた図として「盛京省第一圖」（コラム3図3，アメリカ議会図書館蔵）と「盛京省南部圖」（コラム3図4，1882年刊，大阪大学蔵，表4-1参照）がある。このうち前者の1880年9月付の注記では，清國二十萬分一圖の時よりも古い1866年版英国海図1256号を参照したと記し，さらに経度は山東省のスタウントン島を東経122度16分19秒とする旨を記している。このスタウントン島（Staunton Island）は山東半島南部に位置する小島であり，この地の経緯度観測の基準点のひとつとなっていた。同島は，日本が英国海図を元に1874（明治7）年に作成した「北河総圖」（表2-1 ならびに Narumi and Kobayashi 2015 を参照）にも基準点として紹介されており，そこでは東経122度12分50秒を同16分19秒に変更した旨を記し，その変更は「ウワイルツ」氏による上海での観測値によるとしている。

この「ウワイルツ」氏は，英海軍の測量艦アクタイオン号（Actaeon）を指揮して中国や日本の沿岸を広範囲に測量したワード（John Ward）の後，1861年から1866年に北部中国で測量艦スワロー号を指揮した Edward Wilds に該当し（Dawson 1885: 160, 172），上述したスタウントン島の東経122度16分への変更は，E. Wilds が作業に従事し始めた年に刊行された航海案内書 The China Pilot（3rd

Edition, King ed. 1861: 218）に早くも記載されている。ただし，経度変更の海図への反映はやや時間を要しており，先に例示した1862年版1256号では古いデータのままとなっている。ともあれこの改定された経度は，朝鮮での壬午事変を受けて刊行された「盛京省南部図」に記入され，さらに清國二十萬分一圖の142号と145号が作製されることになったわけである。

　日本陸軍は清國二十萬分一圖を作製するに際し，沿岸部の地形や経緯度を確定するための不可欠な資料として英国海図を活用した。しかし，当時の東アジア沿岸部の海図は，英国製が最も信頼されるものであったとはいえ，こうした経度の変更例にもみられるように，19世紀中頃以降，修正を繰り返しながら徐々に完成度を高めていく途上にあった。参照された英国海図1256号が，1880年作製の「盛京省第一圖」では1866年版，清國二十萬分一圖142号，145号では1880年版と変化しているのは，日本軍がこのような事情を考慮しつつできる限り新しい海図の入手を図ったことを示している。ここに示した清國二十萬分一圖およびそれに関連する図は，日本軍による新しい海外諸国の地理情報の導入の一端を示す事例として興味深い。

（鳴海邦匡・小林　茂）

付記　本コラムで使用した地図の多くは，アメリカ議会図書館（地理・地図部）で調査を実施した。これらの調査では，科学研究費補助金（課題番号：JP24240115，JP24501299）を使用した。記して感謝したい。

文献

小林茂・渡辺理絵・山近久美子・鳴海邦匡（解説）／藤山友治・小林基（目録）2014.「アメリカ議会図書館蔵「清國二十萬分一圖」の解説と目録」外邦図研究ニューズレター11：66-78.（本書第Ⅲ部目録2）

Dawson, L. S. 1885. *Memoirs of Hydrography: Including Brief Biographies of the Principal Officers Who Have Served in H.M. Naval Surveying Service between the Years 1750 and 1885, Part II.* Eastbourne: Henry W. Key, the "Imperial Library".

King, J. W. ed. 1861. *The China Pilot, Third Edition.* London: J. D. Potter.

Narumi, K. and Kobayashi, S. 2015. Imperial mapping during the Arrow War: Its process and repercussions on the cartography in China and Japan, *Jimbun Chiri（Japanese Journal of Human Geography）* 67（6）: 503-523.

コラム3 清國二十萬分一圖と英国海図

コラム3図1 清國二十萬分一圖より遼河河口營口付近（145号「清國盛京省遼東湾營口港」（上）・142号「清國盛京省蓋平縣熊岳城遼河口」（下）の一部を接続）
（アメリカ議会図書館所蔵）

コラム3図2 英国海図1256号 "Gulf of Pe-Chili & Liau-Tung, and Northern Portion of the Yellow Sea"（1862年版）
（アメリカ議会図書館所蔵）

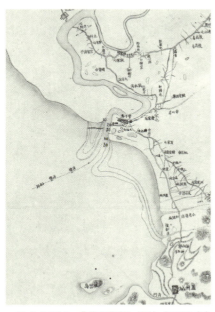

コラム3図3 「盛京省第一圖」（1880年）
（アメリカ議会図書館所蔵，LCCN：92682873）

コラム3図4 「盛京省南部圖」（1882年）
（大阪大学蔵）

119

第5章 朝鮮半島における初期外邦測量の展開と「朝鮮二十萬分一圖」の作製

渡辺理絵・山近久美子・小林　茂

1．はじめに

　中国大陸で行われた陸軍将校による初期外邦測量と同様の測量は，やや遅れて朝鮮半島でも開始された。本章では，第3章に示したような朝鮮半島における将校たちの測量に至る過程をふまえつつこの展開を追跡し，さらにそれをもとにした「朝鮮二十萬分一圖」の作製過程を検討する[1]。

　これに際してまず触れておくべきは，この地域での彼らの測量活動が前章で検討した中国大陸における測量活動とはかならずしも同じ条件のもとで行われたわけではないという点である。以下，これについて検討し，朝鮮半島における初期外邦測量の特色を示すことからはじめたい。

　中国大陸における将校たちの旅行や地図作製を巨視的にみると，将校たちが偵察のために清国に入国した際にはすでに欧米人の活動があり，彼らの旅行や滞在について法律的枠組みが形成されていた。西欧諸国と清国との間で形成された外国人の旅行規定やアロー戦争およびその後の西欧諸国の地図作製の成果に追従するかたちで，将校たちの活動が行われてきたことがあきらかである。不充分ではあれ，地図作製でも欧米人により初期的な作業が進行していた。

　これに対して朝鮮の場合は，将校たちの旅行には壬午事変後に締結された日朝修好条規続約が不可欠であった。この場合，旅行コースについて朝鮮側の当局[2]に届けを出し，それが発給する護照（旅行免状）を旅行先の地方官に提示して，その護衛をうけることとなっていた。また欧米諸国の測量も，1854年のパルラーダ号（ロシア）の航海で東海岸についてはかなりの部分をカバーするに至っていたが，他については一部に及んでいただけで，内陸部についてはほとんど手つかずの状態であった。第3章でみたように，開港地の探索を目的とした沿岸の測量は日本の手で徐々に進められていたとはいえ，陸上については海津三雄らの短距離のトラバース測量が行われただけであった。くわえて，朝鮮半島については，イエズス会士が18世紀前半に中国大陸で行ったような地図作製の成果もほとんど利用できなかった。朝鮮と清国との国境地帯については，第2章，第3章で触れたような「皇朝中外壹統輿圖」の参照を通じて彼らの測量成果が利用できたが，朝鮮領内にお

120

第 5 章　朝鮮半島における初期外邦測量の展開と「朝鮮二十萬分一圖」の作製

ける経緯度についても，その指導を受けた中国人数学者が行った漢城（ソウル）の緯度測量の成果（北緯 37 度 38 分 20 秒）があるだけであった（Ledyard 1994：299[3]）。

　さらに言及すべきは，第 3 章で触れたような，外国人との接触をさける人びとの態度である。当時は朝鮮側で丙寅洋擾（1866 年），辛未洋擾（1871 年）といわれる欧米より派遣された艦隊との交戦からすでに十数年を経過していたとはいえ，なおその傾向はつよかった。また後述するように，甲申政変（1884 年）に際しては将校 1 名とその通訳など随行者が殺害されたこともこれに関係する。清国には数十名の将校が派遣され，倉辻の逮捕のような例はあったが，殺害された例は知られておらず，それよりもつよい緊張のなかで彼らの活動が行われたことを示唆している。

　朝鮮半島での将校たちの活動の検討に関連してさらに触れておきたいのは，これによって作製された朝鮮二十萬分一圖が現在のところ防衛研究所千代田史料だけにみられることにくわえて，それらの全部について，図郭の周囲が切り取られている点である。清國二十萬分一圖は軍事的な目的で作られたため，国内では国立国会図書館や国立公文書館にも収蔵されていないが，まれに古書として市場に出ることがある（井田 2012；小林ほか 2014）。またアメリカでは，終戦直後にアメリカ軍によって日本で接収されたものが移管されてワシントンの議会図書館はじめ各地の大学のコレクションにみられる（小林ほか 2014；小林 2014）。これに対して朝鮮二十萬分一圖は，国内だけでなく国外でも他に見つかっていない。この背景として，清國二十萬分一圖が日清戦争だけでなく日露戦争に際しても盛んに印刷されて使用されたのに対して，朝鮮二十萬分一圖は日露戦争に際してほとんど印刷されなかったという事情が考えられる [4]。

　そのため，朝鮮二十萬分一圖については防衛研究所の千代田史料を参照する以外にないという状態である。また関連してさらにこの資料の性格についても検討が必要である。防衛研究所史料閲覧室の「千代田史料経歴抄」（土谷一郎，1988 年）によれば，千代田史料はもともと明治天皇の参照資料であったが，「昭和初期に侍従職から図書寮に移蔵されていたため，終戦時の焼却処分を免れ，宮中に残存した唯一の軍事記録類」になり，その後防衛研究所に移管されたものという。これに含まれる朝鮮二十萬分一圖が上記のように図郭の周囲が切り取られているのは，いくつもの図幅を接合してみるためと考えられる [5]。図郭に接する狭い部分だけは，図の裏側に帯状に貼り付けられているとはいえ，第 4 章で触れたような，清國二十萬分一圖の最も古い版の左側に示された，資料となった海図や将校たちの旅程等に関する記載（口絵写真 4，図 7-2，図目録 2-2 参照）は全くみられないし，そうした記載が添付されていたかどうかさえ確認できない。またこの帯状の部分に印刷されていたと考えられる経緯度についても，ごくわずかな例を除きみることができない。このため，個々の図幅の検討にあたって，その編集に利用された資料を知ることができず，資料にされたと想定される海図や将校たちの手描き原図と比較対照しつつ，その元図を特定する以外にない。

　こうした点からすれば，朝鮮二十萬分一圖については千代田史料に収蔵されたもの以外の例の探索自体が課題となるが，ただし陸軍将校の活動に関する資料という点からすると，中国大陸の場合とはちがって，さらに次のようなものもあることに言及しておかねばならない。上記のように，将校たちの朝鮮国内旅行は朝鮮側が発給した護照を携帯して行われた。この護照発給申請とそれに関

121

連する資料が，朝鮮の外交文書集『舊韓國外交文書』（亞細亞問題研究所舊韓國外交文書編纂委員会 1969a,b）に収録されており，これを参照することにより将校たちの旅行の全容がほぼ把握できるのである。またコラム1『滿洲紀行』で触れたような長文の旅行記はないが，将校の中で中心的役割を果たした海津三雄の報告が『東京地學協會報告』に掲載されているほか，柴山尚則も後述するような報告を残しており，彼らの旅行の細部についても検討が可能である。以下ではこうした点に留意しつつ，将校たちの旅行と測量作業について検討していくこととしたい。

　なお，朝鮮半島については参謀本部による地誌である『朝鮮地誌略』もあることに触れておきたい。このうち慶尚道および京畿道・忠清道・咸鏡道，平安道・江原道・全羅道のリプリントが刊行されている（陸軍参謀本部 1977，陸軍参謀本部編 1981, 1985）。『朝鮮地誌略』の記載様式は東アジアに見られた近世地誌の形式[6]を踏襲しているが，記述の各所に陸軍将校の報告によると考えられる部分もみられる。

2．陸軍将校の旅行と滞在

　日朝修好条規続約の締結後に朝鮮半島の公使館・領事館に派遣された陸軍将校の活動期間を知るために，おもに『参謀本部歴史草案』に記載された彼らの派遣や帰朝（任務を終えて帰国）の発令時期を示したのが表 5-1 である。これらは任地への着任やそこからの離任の日付ではないとはいえ，彼らの活動時期をおおざっぱながら示している。これから朝鮮滞在の経験をもつ海津が二度にわたって派遣されていること，またアメリカ議会図書館蔵の手描き原図に氏名を残している磯林・海津・渡邉述・岡・三浦・柄田・柴山・渡邊鐵太郎[7]のほかにもう1名大平正脩がいたことがわかる。大平は釜山への着任まもなく病死したとされており，測量をともなう偵察旅行も行わなかったと考えられる。

　将校に加えて言及が必要なのは彼らに随行した通訳で，『舊韓國外交文書』に収録された護照発給申請とそれに関連する資料を年代順に示した表 5-2 では，彼らの氏名についても判明するものを示している。このうち川本準作，武田甚太郎，赤羽平太郎，新庄順貞は，1880 年に「参謀本部朝鮮國語学生徒」として朝鮮に派遣されていた（アジア歴史資料センター資料，Ref. C07080344200）。また川本らしい人物（長崎県士族，ただし津吉準作と記載）が 1872 年対馬の厳原に設置された韓語学所の生徒であったこと，さらに武田（やはり長崎県士族）が 1873 年に韓語学所を釜山の倭館に移転した草梁館語学所の生徒であったこともわかり（南 1991；松原・趙 1997），いずれも対馬の出身と考えられる。またこの二人は 1883 年に参謀本部御用掛となった（アジア歴史資料センター資料，Ref. C04031117900）。他方赤羽平太郎と新庄順貞は東京府士族とされ，朝鮮語の学習歴は川本や武田よりは短かったと考えられる。このほか上野茂一郎と樋口将一郎は，壬午事変に際して「韓語通辯」として雇われるようになった者で，のちに他の通訳と同様の職についたと思われる（アジア歴史資料センター資料，Ref. B03030178500）。また川久保常吉は長崎県士族とされているので，やはり

122

第5章　朝鮮半島における初期外邦測量の展開と「朝鮮二十萬分一圖」の作製

表 5-1　朝鮮半島で初期外邦測量に従事した陸軍将校の在任期間

氏　名	おもな滞在地	派遣命令	離任命令など	資　料
磯林　眞三	漢城	1882 年 10 月 4 日	1884 年 12 月 7 日語学生赤羽平太郎とともに殺害	広瀬監修・編集（2001a：371；2001b：321-330）
海津　三雄	元山	1882 年 4 月には釜山駐在,壬午事変後に元山駐在？	1884 年 9 月 27 日	アジア歴史資料センター資料 Ref. C09115480700, 広瀬監修・編集（2001b：167）
渡邉　　述	釜山	1882 年 11 月 2 日	1885 年 12 月 24 日	広瀬監修・編集（2001a：397；2001b：489）
岡　　泰郷	元山	1884 年 5 月 17 日	1887 年 4 月 22 日	広瀬監修・編集（2001b：75；2001c：351）
海津　三雄	漢城	1885 年 2 月 3 日	1887 年 4 月 22 日	広瀬監修・編集（2001b：435；2001c：351）
大平　正脩	釜山	1885 年 5 月 28 日	1885 年 7 月 15 日死去	広瀬監修・編集（2001b：489, 543）
三浦　自孝	釜山	1885 年 8 月 5 日	1888 年 5 月 7 日	広瀬監修・編集（2001b：563；2001c：533）
柄田鑑次郎	釜山	1886 年 5 月 26 日	1888 年 4 月 18 日	広瀬監修・編集（2001c：107）, アジア歴史資料センター資料 Ref. C10060124400
柴山　尚則	漢城	1888 年 5 月 7 日	1891 年 6 月 7 日離任	広瀬監修・編集（2001c：533）, 亞細亞問題研究所舊韓國外交文書編纂委員会（1969b：213）
渡邊鐵太郎	漢城	1891 年 7 月 21 日に漢城の公使館へ赴任のため出発	1896 年 2 月 23 日漢城の公使館付として在任中	アジア歴史資料センター資料, Ref. B13091253600；C06061604300.

対馬出身であろう。なお武田尚は武田甚太郎の改名の可能性が高い。

　参謀本部朝鮮國語学生徒となった者は壬午事変を体験したが，人命が失われるようなことはなかったようである[8]。ただし上記のように，甲申政変（1884 年）では，中心的な将校であった磯林眞三と行動をともにしていた赤羽にくわえて，上野も殺害された（アジア歴史資料センター資料，Ref. C08070090100[9]）。

　表 5-2 に戻ろう。これを一瞥するだけでも，10 年足らずの間に護照の申請と発給に変化があったことがうかがえる。まず将校とその随伴者の肩書の記載が徐々に変化している。とくに注目されるのは 1884 年 8 月の岡泰郷の護照申請以後，朝鮮側に対して将校たちの軍人としての階級が明記される点である。将校たちの偵察旅行が開始された当時の日本公使であった竹添進一郎は，それを公使館員・領事館員として行うものとして，外務卿の井上馨に次のように要望していた。

　　向後陸軍士官当国内地游歴之為メ出張ノ節ハ公使館又ハ領事館随員之名目ヲ以テ派遣相成候様
　　兼テ其筋へ御掛合被下度候也（1883 年 3 月 9 日「在朝鮮旅行ニ関シ竹添公使ヨリ外務大臣ニ具申ノ
　　移牒」広瀬監修・編集 2001a：511 ）

これに対し，岡の護照申請以後は朝鮮側も旅行者が陸軍の軍人であることを承知して護照を発給するようになったことを示している。

また初期は，護照の発給申請にあたって随行者（とくに通訳）の氏名がみられないが，1884 年の秋以降は記載されるようになる。さらにわかる範囲で示した護照申請日と発給日の間隔を見ると，初期には申請から発給までにやや日数が掛かった場合もあるが，すぐに短期間で発給されるようになるのも注目される。これから申請の審査が形式化したことがうかがえる。

　なお，護照の返還日もあわせて示しているのは，発給日から返還日の間に旅行が完結しているはずであり，その期間をおおざっぱながら知ることを目的としている。これから旅行の期間は半年に達するような長いものはなく，短い場合は 1 ヵ月程度であったことも判明する。

　さらに申請にあたっての行程の表記も変化している。この項目は基本的に原文に近い形で記載しており，初期の申請では要地のみを簡略に示しているが，その後詳細に経由地の地名を示すようになり，さらに 1888 年以降は簡略な記述へと変化することがわかる。

　以下，将校たちの旅行の検討は，このような護照申請の記載やその変遷にも留意しつつ行うことにしたい。

　ところで，以上のようにして申請され，発給された護照については，まだ例を見つけていないが，1883 年 4 月に開港地の仁川に比較的近い地域を旅行した海軍将校（比叡艦副艦長）の鮫島員規と通訳の吉松豊作の護照申請が『舊韓國外交文書』（亞細亞問題研究所舊韓國外交文書編纂委員会 1969a：85）に，護照写しがその報告（「鶏林紀行」，アジア歴史資料センター資料，Ref. C10101015500）の末尾に掲載されているのでみておこう。

〈護照発給申請〉
　　　逕敬者，茲有兼充本館随員海軍少佐鮫島員規，及吉松豊作二名，欲遊歴貴國内地，自仁川府起程，至富平府・始興・果川・龍仁之三縣，經水原府，到南陽府及該府旁近各處，為此，函懇貴督辨查証，請煩發給護照，以便旅行可也，敬具
　　　　明治十六年三月二十九日　　　弁理公使　上全（竹添進一郎）
　　　督辨交渉通商事務　上全（閔　泳穆）
〈護照〉
　　　統理交渉通商事務衙門　　　　　　　　　　　　　　　　　　　　　　為
　　　給護照事得日本海軍少佐鮫島員規通辯吉松豊作欲爲游歴自仁川府起程經富平始興果川龍仁水原南陽而直回仁川准此合行給照但此事創行恐小民致有意外仰沿海地方官員按所開路程驗照後替派兵役二名沿途護送准其前徃不得欄阻切切

　　　右　　　　　　　　　　　照
　　　仰所經沿途各官准此
　　　癸未二月二十三日
　　　　護照
　　　　并於護照内批明過境時日以使查據

第 5 章　朝鮮半島における初期外邦測量の展開と「朝鮮二十萬分一圖」の作製

　申請では旅行者の鮫島の肩書きを海軍少佐としながらも，「本館随員」と公使館員の随行者としての立場を示している。また吉松についてはその肩書きを示していない。しかし護照では，鮫島の随員としての立場を示さないのに対し，吉松については「通辯」とその任務を明確にしている。他方旅行ルートについては，申請にあらわれる地名を踏襲しつつ，末尾では初めてのことなので地方官に彼らの案内をするとともに護照の確認後は護衛をつけて障害のないようにせよと指示する。測量にあたった陸軍将校の場合も，これと類似の護照が発給されたと考えられる。

　なお吉松豊作は，鮫島の旅行に際し臨時に雇われた対馬在住者で（アジア歴史資料センター資料，Ref. C10101028900），上記厳原の韓語学所の生徒であったことが確認でき（松原・趙 1997），川本や武田と類似の経歴であったことがわかる。

　鮫島の旅行目的は護照や報告には明示されないが，漢城より南南西約 25 キロメートルの南陽に滞在してそこから清国兵の駐在する馬山浦に出かけており，その視察を主にしていたと考えられる。この馬山浦は第 3 章で触れた麻山浦で，一時期開港地の候補とされたが，天城艦の調査により不適と判断されていた。鮫島の視察は陸路でそれに接近し，前年末の決定の妥当性を確認するものであったとみてよいであろう。清国兵の軍紀の状態やその長期にわたる駐在で地元が受けた影響についても記載している。また通過する各地で地方官に挨拶し，その接待を受けており，そのなかには南陽府の役人，李秉輝 [10] のように長時間語り合った者もいたことがわかる。日本海軍の将校にこのような旅行が認められたのは，その旅行範囲が起点となる仁川に近かったことも関与していたであろう（酒井 2016：82-85 も参照）。また鮫島が海軍将校であることが明確であったにもかかわらずすぐに護照が支給されたのは，それが開港地の選択に関連していたからであろう。

　なお護照を発給した統理交渉通商事務衙門は統理衙門と略称され，壬午事変以後に進行した条約締結にもとづく対外的な交渉や通商に対応することにくわえ，さまざまな機関に分散していた外交業務を一括して担当する機関で，1882 年 12 月に発足したところであった（酒井 2016：30-38）。以後将校たちの護照発給もこの機関が行うこととなる。

　陸軍将校たちの最初の護照申請は，鮫島らの申請に先立って，1883 年 2 月 13 日に統理衙門へ提出された（「竹添弁理公使機密信抄録，在朝鮮将校旅行ニ関スル件 [11]」広瀬編 2001a：515-518）。漢城（ソウル）駐在の磯林眞三（当時中尉）は楊州（京畿道）・開城（黄海道）を経由して平安道平壌へと北方に向かうコース，元山駐在の海津三雄（同中尉）は清国との国境に位置する義州に至り，その後帰路に平壌に至る北西方に向かうコース，さらに釜山駐在の渡邉逑（同少尉 [12]）は慶尚道の東莱・大邱・尚州を経て鳥嶺に至る北方に向かうコースをとる予定であった。しかし，壬午事変後でなお取り締まりが行き届かないということを理由に，護照は磯林に交付されただけであった（2 月 15 日）。また磯林の旅行に際しては朝鮮側武官の趙存億が護衛することとなった [13]。

　ただしその間参謀本部の管東局長，黒木爲楨より磯林と渡邉の旅行ルートを変更したいという連絡があった（2 月 22 日付）。磯林の場合は当初の計画が北方に向かうものであったのに対し，南方の驪州（京畿道），忠州（忠清道）を経由して鳥嶺へむかい，また渡邉の場合は慶尚道の大邱，永川，義興，比安を経由してやはり鳥嶺へとむかうもので，両者が鳥嶺で「遭遇」できるよう打ち合わせ

125

表5-2 『舊韓國外交文書』（亞細亞問題研究所舊韓國外交文書編纂委員会 1969a.b）記載の日本陸軍將校の護照申請，行程およびその返却

申請時期	將校名	隨伴者	發給日	行程	護照返還	資料番号	表5-5に示した地図番号
1883年2月12日	磯林眞三（本館隨員）・海津三雄（元山津領事館屬員）・渡邊述（釜山浦領事館屬員）		2月15日 磯林のみ支給	漢城→楊州・坡州・江西・平壤府・江西・長淵→漢城	（磯林）5月7日	104, 111, 145	I-3
1883年4月24日	海津三雄（元山津領事館屬員）	＊川本準作（御用掛）		元山→羲州→平壤	8月31日	137, 175	K-4
	渡邊述（釜山浦領事館屬員）	＊武田甚太郎（御用掛）	4月26日	釜山→東萊・大邱・尙州・鳥嶺	7月30日	137, 171	W-1
1883年9月1日	磯林眞三（本館隨員）		9月14日	漢城→廣州・利川・驪州・陰竹・忠州・槐山・清安・清州・燕歧 公州・定山・鴻山・舒川・庇仁・藍浦・保寧・洪州・沔川 牙山・平澤・文川・高原・永興・定平・慶興・浦鹽斯德→日本，または 慶源・穩城・鍾城・會寧・鏡城→元山		177, 178	なし
	海津三雄（元山津領事館屬員）			元山→德源・文川・高原・永興・定平・慶興・浦鹽斯德→日本 端川・吉州・明川・鏡城			K-5
	渡邊述（釜山浦領事館屬員）	武田甚太郎		釜山→金海・熊川・固城・統營・泗川・陽智・昌寧 玄風・武溪・星州・金山・黃澗・永同・文義・清州・清安 鎭州・竹山・陽智・廣州城等		177, 178, 282	なし
1884年5月17日	磯林眞三（本館隨員）	上野口茂一郎（學生，從僕久太幾名）二名	5月21日	漢城→楊州・抱川・永平・金化・平康・伊川等 安邊・德源・通川・淮陽→漢城	8月5日	243, 244, 282	なし
1884年8月26日	岡泰卿（本館隨員步兵中尉）			元山→德源・安邊・高原・定平・寧遠・熙川・楚山 碧潼・雲山・泰川・南川・安州・永柔・平壤・江東・陽德等		296	O-1
1884年9月17日	渡邊述（本館隨員步兵中尉）		9月18日	釜山→東萊・梁山・清道・清州・陝川・安義・長水 任實・長城・務安・居昌・扶安・萬頃・沃溝 臨陂・咸悅・全州・珍山・茂未・知禮・金山 開寧・善山・仁同・漆谷・慶山・慶州・機張等→釜山		298, 299	なし
1884年10月18日	磯林眞三（本館隨員）	赤羽平太郎（學生）幾度久太（從者）	10月18日	漢城→楊州・驪州・原州・平昌・江陵・三陟・蔚珍 永春・丹陽 豐基・聞慶・延豐・清州・木川・天安・櫻山・陽城・楊城→漢城		311, 312	なし
1885年7月3日	平井直（參謀本部東局員工兵大尉）	新莊順一（參謀本部御用掛）	7月4日	楊州・鎭原・平康・安邊・元山等		510, 511	なし
1885年9月21日	海津三雄（本館隨員步兵大尉）	新莊順一（御用掛）	9月21日	漢城→加平・春川・麟蹄・襄陽・江陵・平海・英陽 禮安・奉化・順興・聞慶・豐基・蔚珍・底平・楊根 廣州→漢城	12月1日	552, 558, 599	K-10, K-11
1885年9月18日	三浦自孝（本館隨員步兵中尉）	武田尙（御用掛）	9月21日	釜山→東萊・彦陽・慶州・迎日・寧海・眞寶・青松 安東・尙州・善昌・星山・熊川・南原・丹城・釜山 晉州・咸安・昌寧→釜山	12月1日	552, 558, 599	なし
1886年4月	三浦（本館隨員步兵大尉）	樋口將一郎（陸軍省七等屬）	4月2日	釜山→巨濟・昆陽・左水營・谷城・南原・任實 全州・礪山・恩津・魯城・天安・溫陽・果川 漢城・廣州・利川・陰竹・槐山・振威・青山・善山 仁川・大邱・慶山・密城・金海→釜山	6月10日	665, 666, 686	M-1

第5章　朝鮮半島における初期外邦測量の展開と「朝鮮二十萬分一圖」の作製

年月日	氏名（所属）	随伴者	出発日	経路	提出日	図番号	記号
1886年5月20日	海津三雄（本館員陸軍工兵大尉）	新荘順貞（陸軍七等属）	5月22日	漢城→江華・長連・三和・義州・坡州→漢城　喬桐・延安・海州・康州・豊川・殷栗　龍連・咸従・飯山・永柔・定州・郭山・鐵山・水　開城・龜城→漢城　長淵・義州・坡州→漢城	8月18日	676, 679, 716	なし
1886年9月13日	岡泰卿（本館員歩兵大尉）	川木準作（陸軍省六等属）	9月14日	元山→徳源・平康・鐵原・安東・寧越・水　春・榮州・安東・義城→漢城		738, 739	O-6
1886年9月17日	三浦自孝（本館附歩兵大尉）	樋口將一郎（陸軍属）	9月17日	釜山→晋州・山清・狼川・金化・寧越・平昌・龍安・恩津　石城・青陽・大興・雲峰・長水・全州・益山・漢城　洪州・礼山・新昌・興安・延日・水原・安山→漢城	12月7日	740, 741, 780	なし
1886年11月9日	海津三雄（本館附陸軍工兵大尉）	樋口將一郎（陸軍属）	11月11日	漢城→（結城）南陽・（京畿道）・忠清道　牙山・河川・（全羅道）舒川・藍浦・瑞山・海美・古阜　洪州・府城・高敞・萬頃・金堤・興陽　興徳・樂安・順天・咸平・務安・康津・長興・金海→釜山	1887年1月7日	768, 770, 794	K-12
1887年4月18日	柄田鑑次郎（當館員陸軍少尉）	樋口將一郎（陸軍属）	4月	金海・昌原・長城・金山・純天・光陽・綾州　羅州・井邑・開寧・全州・益山・龍潭　茂朱・仁同・大邱・玄風・靈山地方	6月21日	861, 862, 914	T-1
1887年4月24日	三浦自孝（當館員歩兵大尉）	新荘順貞（陸軍属）	4月25日	開城・白川・海州・長淵・松禾・遂安　瑞興・兎山・開城・交河地方	5月26日	871, 873, 894	なし
1887年7月31日	柄田鑑次郎（當館附陸軍中尉）	樋口將一郎（陸軍属）	7月31日	彦陽・河陽・新寧・義興・安東・豊基　丹陽・清風・麗州・京城・安城・天安・全義・陜川　燕岐・懷徳・報恩・尚州・星州・高靈・陜川　三嘉・宜寧・漆原地方	12月12日	948, 949, 1028	なし
1887年9月9日	三浦自孝（當館員歩兵大尉）	武田尚（陸軍属）	9月18日	京城→慈山・伊川・慈嶺・順川・照川・熙川・孟山　陽徳・元山・孟川・安峽・麻田・積城	11月10日	969, 974, 1003	M-2
1888年4月13日	三浦自孝（本館員陸軍大尉）	武田尚（隨員）	4月13日	通津・金浦・富平・陽川・始興・南陽・水原地方　道路　の便宜により交河・豊慈・開城地方	5月23日	1117, 1118, 1142	なし
1889年6月21日	柴山尚則（本館武官陸軍歩兵大尉）	川久保常吉（長崎県士族）	6月22日	黄海・平安両道各邑→義州	8月9日	1431, 1432, 1457	S-1
1890年10月21日	柴山尚則（駐剳武辨陸軍大尉）	川久保常吉（長崎県士族）	10月22日	忠・慶・全羅道各邑	1891年6月20日	1771, 1772, 1916	S-2?
1893年5月2日	渡邊鐵次郎（公使館随職）（原文のまま）	伊知地幸助（陸軍砲兵少佐）が元山まで同行	5月3日	漢城→元山、咸鏡・平安両道→漢城	8月23日	2284, 2398	
1893年8月23日	渡邊鐵太郎（陸軍砲兵大尉）	近藤濱および「朝人」1名	8月23日	京畿・黄海・江原・忠清各道要市遊歴		2398	
1893年9月25日	倉邊明俊（原文のまま）（本國技師）	随員2名	9月27日	漢城→黄海→平安→咸鏡→元山→漢城		2467	
1894年1月22日	倉邊明俊（原文のまま）（本國技師）	随員3名	1月23日	漢城→忠清→全羅・慶尚→江原→釜山・江原→元山	1月23日	2659, 2664	
1894年3月17日	渡邊鐵太郎（本署武官砲兵大尉）		3月17日	京畿・江原・咸鏡・忠清・慶尚之五道		2717	

注(1)　随伴者のうち＊印はアジア歴史資料センター資料。Ref. B07090446200 による。

(2)　漢城は「京城」「京」と表記される場合が多いが、漢城に統一した。

(3)　1882～1885年に釜山を拠点にした渡邊の正式の氏名は渡邊鐵太郎と考えられ、また1884～1887年に元山を拠点に記載されたのは陸軍将校の倉邊明俊と考えられるが、やはり本資料の記載に従った。くわえて1893年9月25日、1894年1月22日の護照申請の倉邊明俊に記載に従った。さらに1893年5月2日の護照申請に記載された渡邊将校の氏名は岡泰郷を拠点にした渡邊と考えられるが、やは

ることを指示していた。この場合鳥嶺は，忠清道と慶尚道の境界の峠で関所があり，交通の要衝となっていたところである[14]。磯林のルートと渡邉のルートを合わせてみれば，これによって釜山-漢城間の交通路の偵察が意図されていたことがあきらかである。また帰路は往路とは別のルートを経由するよう指示された（「甲号寫」・「甲号附属」広瀬編 2001a：521-523）。

　これに対して公使の竹添進一郎は，すでに磯林の当初申請のルートについて護照が発給されており，変更を申請すると「平生疑深キ（朝鮮）政府疑心ヲ生候モ必然」（括弧内引用者）としてこれに反対し，参謀本部もこれに従って当初のルートをとることとした（「乙号寫」［1883年3月13日］およびそれに関する附記，広瀬編 2001a：524-528）。また上記に合わせて竹添が，将校たちの旅行があくまで「公使領事ノ随員名義ニテ」行われるものであることを強調している点も留意される。

　その間，日本公使館では朝鮮側に抗議するとともに，海津・渡邉にも護照を支給する事を求める申請を提出し，そこでは前年冬に朝鮮政府が外国人に国内旅行を許した例を示して[15]，2名に対する支給保留の不当性を主張し（2月17日，亞細亞問題研究所舊韓國外交文書編纂委員会 1969a：79），さらに申請を再度提出してまもなく護照をえることになった（4月26日，表5-2）。このようななかで磯林は3月18日に黄海・平安道に出発し，4月28日に帰着した（アジア歴史資料センター資料，Ref. C06040759700）。その後海津は6月に元山から義州にむかったことが確認できる（海津 1884a）。

　旅行への出発に際し，表5-2にみえるように海津は川本準作，渡邉は武田甚太郎を同行している。磯林の当初の通訳については不明だが，やはり参謀本部朝鮮國語学生徒から選ばれたと考えられる。

　このような経過で3名の将校の活動が開始されたが，その細部が判明するのは海津三雄の場合に限られる。第3章で触れたように，海津はそれ以前に『東京地學協會報告』に朝鮮関係の記事を執筆していた。これらにくわえ，その朝鮮内陸部での旅行に関する報告2編が，さらに『東京地學協會報告』に掲載されたのである。以下ではこれを参照しながら，将校たちの旅行について検討したい。

　海津が初期に朝鮮に派遣された時から，その植民地化をつよく意識していた事については第3章で触れた。この意識は内陸旅行の報告文でも変わっておらず，最初の報告である「義州行記」の冒頭で次のように述べている。

　　　今回予ノ經歴セシ地方ハ咸鏡平安黄海京畿江原ノ五道中二都三十八府縣ニシテ行程凡ソ二千七
　　　百八十韓里日数四十七日ヲ費セリ蓋シ當國ニ於テ公然内地旅行ヲ試ムルハ壬辰ノ役後今回ヲ以
　　　テ嚆矢トス…（海津 1884a：9）

これから，彼の旅行はその意識の中で秀吉の朝鮮出兵（「壬辰ノ役」）とある種の連続性を持つものとして考えられていたことがわかる。彼はこれを含む初期の2回の旅行で，清国との国境およびロシアとの国境の偵察を行うとともに，両者で越境を試みることとなった。あらかじめ与えられた職務の範囲を超えた行動と考えられるこの越境の試みは，そうした海津の意識のあらわれと考えることができるように思われる。なお，朝鮮滞在の経験の長い海津を元山に配置したのは，あきらかにその国境地域の偵察に向けたもので，参謀本部のもつ朝鮮の植民地化への意思を感じさせる。

128

第 5 章　朝鮮半島における初期外邦測量の展開と「朝鮮二十萬分一圖」の作製

さて「義州行記」はやや特別な構成をとっており，冒頭に五ページにわたる「義州往復里程表」
を示している。毎日の「出発ノ地」につづき「晝食ノ地」およびその戸数とそこまでの里程，さら
に「宿泊ノ地」とやはりその戸数とそこまでの里程を示し，末尾には各日の通過距離を「一日里程
合計」に記して，通過した経路沿線に関する基本情報を記している。

ここで里程について記しているのは，第 2 章で触れた「朝鮮八道里程圖」（1882 年刊）の場合と
同じように，沿道の地点間の里程の信頼性が高いと判断されていたからであろう。またこの里程の
信頼度は，海津自身が身をもって検証できるものでもあった。あわせて宿泊や昼食のために立ち寄
った集落の戸数を示すのは，軍隊の行軍に際しての便宜を示すためであったと考えられる。

関連して指摘しておくべきは，コラム 4「沿道指鍼」・「沿道圖説」・「沿道誌」で紹介している沿
道案内書である『從元山港至平壤府沿道圖説・從元山港至慶興府沿道圖説』（1894 年刊）などの記
載との関係である。そこでも主要交通路に沿った集落名やその戸数，さらに通行に関しての留意事
項が，表のようにして示されている。「義州往復里程表」の記載と重なる部分を比較してみると，
前者の方が記載されている集落が多いが，共通して記載されている場合には戸数が一致する場合が
少なくない。

この種の沿道案内書は，壬午事変（1882 年）直後に刊行された 20 万分の 1 図である「直隷省東
部細圖」や「盛京省南部図」（表 4-1 参照）にあわせて「沿道指鍼」として刊行されたものが最初で
ある。日清戦争にあわせて刊行された「沿道圖説」と形式の違いが大きいが，これを勘案すると，
海津の内陸旅行時（1886 年〜）には「沿道指鍼」に類似する案内書の刊行が予定されており，その
記載項目も規定されていて，それに合わせて収集したデータを圧縮して表にしたのが「義州往復里
程表」と推定される。「沿道圖説」のタイトルを持つ沿道案内書が同じような記載様式をとってい
るところからすれば，将校たちは共通した情報収集の手引きのようなものを与えられていたことが
推測される。

「義州往復里程表」につづく本文は大きく 3 つに別れており，その第一のタイトルは「地勢」で，
おもに沿道の地形や河川の特色，都市の立地などを記載する。第二は「都府」で，主要な中心地に
ついて位置や規模，景観を記述している。第三は「事情」で，おもに旅行中の朝鮮側の官吏とのや
りとりを示す。この部分は，海津だけでなく陸軍将校の旅行の実態を考えるのに貴重な記述なので
少し詳しくみてみたい。

元山を出発して間もないところで，2 名の護衛をともなう一行を「嘲罵」するものに会ったこと
を紹介する。他方，咸鏡道のような地域では，海津のような旅行者に接した経験が地方官吏になく，
「使臣ヲ遇スルモノ、如シ」と表現されるほど過剰な接待を受けたとしている。ただし平安道には
いり，国境の主要都市，義州に到達してからは，旅館が整い地方官僚は接待になれて，過剰なとり
あつかいを受けなくなった。また秀吉の出兵の記憶のため反日感情が強いと懸念した平壌でも，そ
のような扱いを受けなかったとしている。黄海道では，すでに磯林が通過したルートを避けて朝鮮
側と打ち合わせて間道を利用したのも注目される。他方，漢城をへて京畿道から江原道にはいると，
ほとんど接待を受けなくなり，護衛も同伴しないことがあったが，道中で大きな障害はなかったと

129

する（図5-1[16]）。

　清国との国境地帯にはいったのは，平安道の昌城で，翌日に鴨緑江を越えて朝鮮側では「胡地」と呼ぶ清国側に越境しようとするが，府使の李在靖に拒否されそうなので，「同行ノ者」（上記通訳の川本準作であることに疑問の余地はない）をひそかに中国語の通訳をともなわせて送り込み，住民の風俗や習慣を観察させて，その報告を掲載している。この4ページ弱の記述は，朝鮮と清国の住民の比較民族学のような性格を持ち興味深い。なかでも注目されるのは，日本人に対する態度で，朝鮮側の婦女は「外國人ヲ見レバ道ニ在リテハ則チ避ケ家ニ在テハ則チ逃ル而シテ其實ハ則チ鑽隙穿牆至ラサル所ナク百方力ヲ盡シ必ス窺見シテ而後止ム」としつつ，清国側の人びとは日本人と聞いて老若男女が集まり，なかでも婦人は「尤モ接近シ又甚タ我ヲ忌避セス」とその対照性を指摘している。また家屋や家畜，作物についても朝鮮側のものと対照している。ただし筆談を試みるが，住民の漢字に対する知識は高くなかったようである。

　ともあれ，こうした川本の越境を知った府使は，それは国禁にかかわるとして海津にせまり，これに対して海津は国禁を知らなかったとして，「召還状」をつくって送り川本をよびもどすこととなった。

　以上の経過は，こうした越境について，現地での努力次第でできる場合もあると海津が考えていた事をうかがわせる。義州に到着してからも「（鴨緑）江ヲ渡リ潜カニ清地二三里ノ外ヲ踏マント欲シ竊ニ其便ヲ圖リシモノ數日ナリシ…」（括弧内引用者）と述べているのもそれを示している。しかし義州府の長官（府尹），趙秉世がそれを許さないと聞いてあきらめることとなった。

　ところで海津は，この旅行のあと日本に一時的に帰国するよう指示された（アジア歴史資料センター資料，Ref. A01100259400；C07081007500）。その目的は不明であるが，朝鮮と中国の国境の現況の報告であった可能性が高いと考えられる。

　海津の国境地帯，さらには越境に対する関心は，同年秋の旅行でも示されることになった。『東京地學協會報告』に掲載された「慶興紀行（明治十六年自十月至十二月）」という報告のタイトルも，ロシアとの国境に位置する慶興をめざしたものであったことを示している（海津1884b[17]）。

　同時期に磯林は京畿道から忠清道，渡邉は慶尚道から忠清道をへて京畿道に至るルートを旅程としていたのに対し，海津の護照申請に示された旅程は元山より出発し，咸鏡道を旅行してロシア国境に至って，越境してウラジオストク（浦盬斯徳）に行き，そこから日本へ向かう場合と，越境せずに再度咸鏡道を南下して元山に至るルートを併記していた。残念ながらこの申請に対して朝鮮側がどのような護照を発給したかは知ることができないが，次に検討するように，申請時の行程の記載をかなりの程度まで反映していたと推測される（図5-1参照）。

　「慶興紀行」では「義州行記」とちがい，里程表（「慶興徃復里程表」）を末尾に掲載し，その前に配置された本文では，まず咸鏡道の関係地域を大きく二つに区分したあと（二大段），さらにそれらをそれぞれ二つの小部に区分して（全四小部），順にそれぞれの地形や土地利用，道路の状況，都市的集落の特色などを記載するという形式をとっている。国境となる豆満江沿岸については，次のように記述される。

第 5 章　朝鮮半島における初期外邦測量の展開と「朝鮮二十萬分一圖」の作製

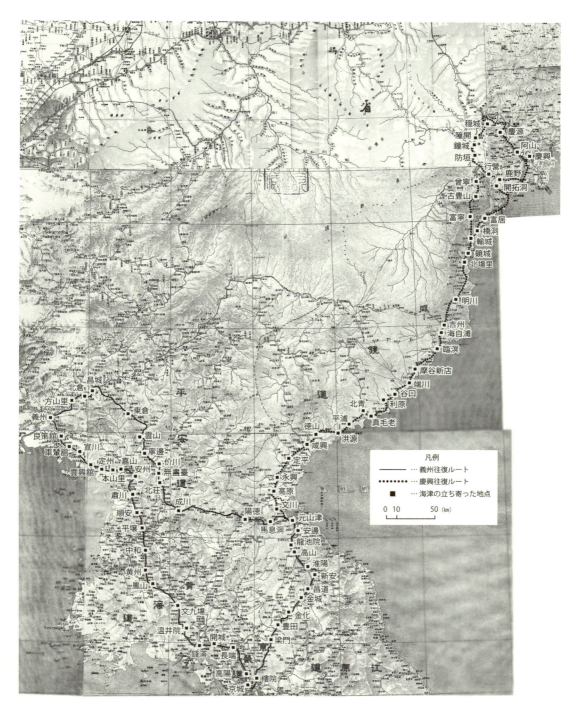

図 5-1　陸軍将校, 海津三雄の 1883 年の旅行経路
海津の初期の旅行は, 朝鮮辺境の重要地域をめざしており, 当時の日本陸軍の地理情報への関心が推測できる（注 16 参照）。

慶興ヨリ慶源ヲ經テ鐘城ニ至ルノ間ハ既ニ前述セシ如ク地勢大率子平坦ニシテ復タ險隘ヲ見ス
ト雖トモ沿江各鎭悉ク石壘ヲ起シ兵員若干ヲ充テ以テ越江ノ敵ヲ防ク蓋シ慶興ハ魯領風吹郡ニ
界シ慶源ハ清國琿春ニ對シ當國ニ在テハ共ニ樞要ノ地區と云フベシ而シテ頽壁圮壘寥然タル一
寒村ニ過キス惜ムヘシ（海津 1884b：23）

その景観は海津の想像から離れたものであったことがわかるが，朝露陸路通商条約（韓・露陸路通
商章程［國會圖書館立法調査局編 1965：56-80]）の締結（1888年）以前であり[18]，ロシアとの公式の
通商はこの地域では行われていなかったことを考慮する必要があろう。

　「慶興紀行」に記載はないが，アジア歴史資料センター資料（Ref. B07090446200）から海津は11
月22日に興慶に到着し豆満江の結氷を待ってロシア側に越境しようとしたが，府使に差し止めら
れたことがわかる。その理由を海津が尋ねると，府使は上官監営の命令の必要なこと，さらに監営
からの指示では統理衙門の公文には「只許遊歴内地」と記されているという点を示し，また越境を
差し止めるために海津に対し「哀訴恐嚇」したという。しかも豆満江の結氷がないので越境をあき
らめ[19]，12月4日に慶興を出発して帰途につくことになった。

　以上1883年の将校たちの旅行を検討した。これから彼らの旅行は春と秋に行われ，真冬や真夏
は避けられていたことがわかる。中国大陸とちがい，朝鮮半島では地形の関係で馬車が利用できる
ような道路が少なく，また雇用できるような馬車もほとんどなかったと考えられる。このため彼ら
の通行は後述するようにウマに乗って行われたと考えられ，厳しい季節は避けられていたと推定さ
れる。

　翌1884年にもこうしたかたちで旅行が続けられたと考えられるが，表5-2からすると，春につ
いては磯林が上野茂一郎とともに行った，京畿道から黄海道の東部，さらに平安道の南東端を通過
して咸鏡道の南端部にはいり，南下して江原道を縦断して京畿道に戻るラウンドトリップがみられ
るだけである。この時期，岡泰郷は着任間もない時であり，海津は離任前で旅行を行わなかったと
考えられるが，渡邉が旅行を行わなかった点には疑問が残る。

　他方，秋には海津に代わって元山を拠点とすることになった岡が咸鏡道の南部を通過して西に向
かい，平安道の南部を巡回するコース，さらに渡邉が釜山から慶尚道を横断して全羅道にはいり，
西海岸を北上してから忠清道の南端を通過して慶尚道を横断し，さらに南下して釜山に戻るコース
を歩いたとみられる。

　磯林の第4回の旅行は赤羽平太郎を通訳としてこの季節に行われ，京畿道から江原道南部に入り，
慶尚道北西部，さらに忠清道北部を経由して京畿道に戻るというものであったが，これを終わって
水原に到着したところで，甲申政変の発生を聞き（12月6日），急遽漢城にむかったものの，その
南大門で群衆に阻まれ，すでに触れたように両名とも殺害されることになった。また従者の幾度久
太[20] も殺害された（アジア歴史資料センター資料，Ref. C06040759700：C03030032300）。

　甲申政変は親日派のクーデタで，短期間にその失敗があきらかとなって反日運動を引き起こし，
壬午事変と同様に公使館員や邦人の漢城からの避難をもたらすだけでなく，避難できなかった邦人

132

第 5 章　朝鮮半島における初期外邦測量の展開と「朝鮮二十萬分一圖」の作製

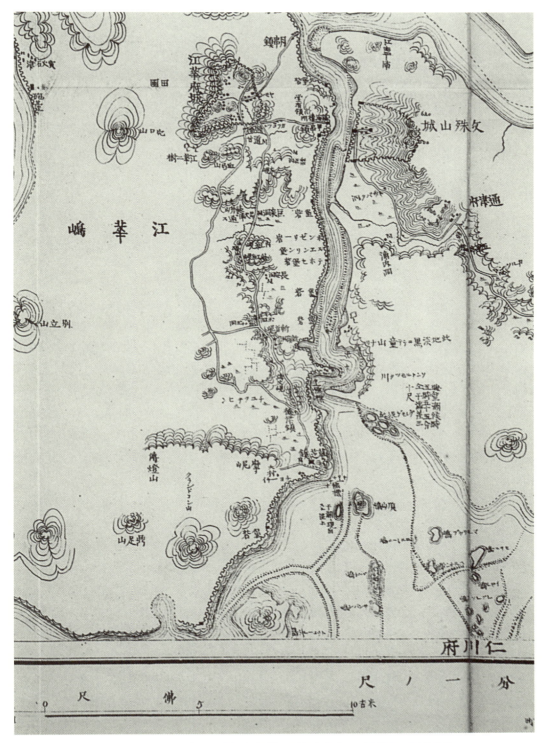

図 5-2　甲申政変（1884 年）を契機に刊行された 10 万分の 1 図のうち
「漢城近傍之圖」第 4 号「江華府」（国立公文書館蔵ヨ 292-0152）

133

の殺害も発生した。このなかには赤羽と同様に参謀本部語学生であった上野茂一郎も含まれていた。

くわえて清国と日本の間の軍事的緊張も高まった（高橋1995：142-462）。第4章では壬午事変を契機に発生した軍事的緊張に関連して印刷された20万分の1図を紹介したが，甲申政変に際しても類似の地図の印刷が行われた。漢城・釜山・元山周辺地域を描く10万分の1図である（表5-3）。後述するように将校たちは，それぞれが拠点とする開港地の周辺を歩くに際して許可が不要であることを利用して，その地域でやや密度の高い測量を行っていた。開港地，とくに仁川附近で戦闘の勃発に備えてか，この成果を集約した地図を印刷したわけである。図5-2はこのうち江華島付近を示している。すでに示してきた図3-1，図3-2と比較すればあきらかなように，陸上の記載が大きく増加していることがわかる。

こうした甲申政変の余波と考えられるのは翌1885年の旅行で，毎年の前半に行われていた旅行が中止された模様である。表5-2にあらわれている陸軍将校平井直の京畿道から江原道に至る護照申請は，甲申政変で派遣された日本兵の撤退に関するものであった（アジア歴史資料センター資料，Ref. A01100294500）。

これに対して，同年秋の旅行については，漢城に復帰した海津および渡邉に代わって新たに釜山に駐在するようになった三浦が行ったことはあきらかであるが，岡については旅行を行った可能性は高いものの，『舊韓國外交文書』には護照申請の記載がない[21]。これについて検討したところ，表5-4および表5-5に示すように，岡は咸鏡道・平安道へ旅行したことがあきらかとなった。

海津のルートは京畿道より江原道を横断して東海岸に至り，南下して慶尚道にはいってから西に向かい忠清道を通過して漢城に戻るラウンドトリップであった。三浦のルートも同様で，釜山より北上して慶尚道の東海岸を経て内陸部に入り，南西に進んで全羅道の東部を経由して慶尚道の南部を通り釜山に戻るものであった。いずれも朝鮮半島の東海岸をカバーしようとしている点が注目される。

岡の旅行については，アメリカ議会図書館蔵の手描き原図（表5-5のO-2図およびO-3図）に描かれたコースを見ると，元山より北上して咸鏡道南部の定平に至り，そこから東北に向い，北青からに北方に転じて甲山を経由して鴨緑江上流の恵山鎮に達している。そこで鴨緑江岸を偵察したあと，南西の山水に至り，再度北上して鴨緑江岸を西進しつつ平安道にはいり，南下して厚昌，さらに長津を通過して定平に戻るものであった。その主目的は鴨緑江の上中流部の国境調査と，それに至るルートの偵察にあったと考えられる。『舊韓國外交文書』に岡の護照申請が掲載されていない背景は不明であるが，この種の資料は関連資料がある場合は照合することが望ましいことを示している。

以上のうち注目されるのは海津の旅行で，慶尚道北部の豊基郡・聞慶縣および京畿道の廣州で地元の役所から「葉錢」あるいは「當五錢」を借用していることである（亞細亞問題研究所舊韓國外交文書編纂委員会1969a：288-289）。前者は穴あきの一文錢で，朝鮮の伝統的通貨であった。他方後者は1883年に朝鮮政府が鋳造した五文銅錢で，悪貨であったと評価されている（松本1938：373-374；木村・浦長瀬1987）。こうした銅錢を借用したのは，朝鮮では金貨や銀貨が少なく，地方旅行

134

第 5 章　朝鮮半島における初期外邦測量の展開と「朝鮮二十萬分一圖」の作製

表 5-3　十万分一漢城近傍之圖，釜山近傍之圖，元山近傍之圖（参謀本部測量局）目録

シリーズ名		タイトル	作成時期	サイズ（cm）	製図者
漢城近傍之圖	第一号	玻州及揚州	1884 年 12 月	44.0 × 56.0	測量局雇　石原白道
	第二号	漢城	1884 年 12 月	44.0 × 56.0	陸軍省御用掛　片山直英
	第三号	水原府	1884 年 12 月	44.0 × 56.0	陸軍省御用掛　小池鈝五郎
	第四号	江華府	1884 年 12 月	44.0 × 55.9	測量局雇　吉田晁三
	第五号	仁川府	1884 年 12 月	44.0 × 56.0	陸軍省御用掛　小池鈝五郎
	第六号	南陽府	1884 年 12 月	44.1 × 55.9	測量局雇　吉田晁三
釜山近傍之圖	第一号	蔚山府及密陽府	1884 年 12 月	44.0 × 56.0	陸軍省御用掛　小池淑
	第二号	釜山浦	1884 年 12 月	44.0 × 56.0	陸軍省御用掛　片山直英
	第三号	靈山縣及漆原縣	1884 年 12 月	44.2 × 56.0	測量局雇　須藤真雅
	第四号	鎮海縣及統营	1884 年 12 月	44.0 × 56.0	測量局雇　吉田晁三
元山近傍之圖	第一号	松田港	1885 年 1 月	44.0 × 56.0	陸軍省御用掛　片山直英
	第二号	元山港	1885 年 1 月	44.0 × 56.0	陸軍省御用掛　片山直英
	第三号	淮陽府	1885 年 1 月	44.0 × 62.2	測量局雇　吉田晁三
	第四号	永興府及高原郡	1885 年 1 月	44.0 × 56.0	測量局雇　吉田晁三
	第五号	陽徳縣	1885 年 1 月	44.2 × 62.5	測量局雇　吉田晁三

注：国立国会図書館大山文庫（60-24，60-23，60-25），国立公文書館（ヨ 292-0152）による。

表 5-4　『舊韓国外交文書』に護照申請が見えない陸軍将校，岡泰郷の朝鮮国内
旅行とそれによって作製された地図

旅行時期	旅行地域	参謀本部から指示された旅程	資料	表 5-5 に示す作製された地図
1885 年秋	咸鏡道・平安道	──	──	O-2, O-3
1886 年春	江原道・京畿道・黄海道	元山・安辺・歙谷・通川・高城・杆城・襄陽・杆城・楊口・狼川・加平・京城・高陽・交河・豊徳・開城・金川・瑞興・中和・甑山 ?・平壌・三登・遂安・谷山・徳源・元山	アジア歴史資料センター資料 C15120018800	O-4, O-5

に際しては大量の銅銭を運搬する必要があったからである（ダレ 1979：313-314；山村 2003）。1884年 5 ～ 8 月の磯林の旅行で通訳の上野以外に 2 名の従僕を伴っていたのは，その荷かつぎ人夫であった可能性がある。また 1883 年秋の磯林の旅行では，銭種が不明であるが，忠清道でやはり借用を行っている。いずれの場合も漢城で朝鮮側の督辨交渉通商事務に対して返済を行ったという記録がある（亞細亞問題研究所舊韓國外交文書編纂委員会 1969a：104-105）。海津はさらに次に述べる 1886年秋の旅行に際しても，平安道の龜城府で葉銭を借用し，公使館にその返済が求められている（亞細亞問題研究所舊韓國外交文書編纂委員会 1969a：372）。

　翌 1886 年春の旅行については，日本側資料から三浦・海津・岡に指示された旅行ルートを知ることができるが，『舊韓國外交文書』ではやはり岡に関する旅行許可申請が見られない（表 5-4）。岡に指示されたコースは，元山から江原道の海岸を南下して内陸部に入り，西進して漢城に至ってから，北上して平壌に至り，東進して元山に戻るものであった。

表 5-5　壬午事変期以降の陸軍将校による手描き原図

測図者	番号	旅行の時期	図のタイトル	図数	アメリカ議会図書館 Control Number	備考
瀬戸口重雄 磯林真三 福嶋安正 菊地節造	SI	1882年	従仁川至漢城図	2	2008489732	壬午事変直後に仁川より漢城に進入した将校が作製（左右2枚に別れる）
磯林 眞三	I-1	1882年	臨津江ノ畧圖	2	2010360471 2010360475	仁川港の「間行里程」内？ 原図と清書図・
磯林 眞三	I-2	1882年	濟物浦居留地略圖	1	2008486380	仁川港の「間行里程」内
磯林 眞三	I-3	1883年	平壌想像圖	1	2008489731	1883年春の旅行
磯林 眞三	I-4	1883年9月	自楊花鎭經金浦江華濟物浦至梧柳洞路上圖	1	2008489743	漢城の「間行里程」内
磯林 眞三	I-5	1884年9月	麻浦近傍圖	1	2008483657	仁川港の「間行里程」内
磯林 眞三	I-6	1884年10月	自麻浦至文珠山城路上圖	1	2008486738	仁川港の「間行里程」内
海津 三雄	K-1	1883年5月	自居留地至文川郡路上畧圖（甲號）	1	2008486370	元山港の「間行里程」内
海津 三雄	K-2	1883年5月	自居留地至龍池院路上畧圖（乙號）	1	2008486374	元山港の「間行里程」内
海津 三雄	K-3	1883年6月	元山港居留地之圖	1	2008486737	元山港の「間行里程」内
海津 三雄	K-4	1883年8月	義州往復路上圖	1	2007629935	自德源至陽德德（調査不充分）
				1	2007629936	自陽德縣至殷山縣路上測圖
				1	2007629937	自殷山縣至雲山郡東倉路上測圖　調査不充分
				1	2007629938	自雲山郡東倉至義州府路上測圖
				1	2007629939	自義州府平壌府路上圖
				2	2007629940	自平壌府至京城路上略圖
				1	2007629941	自京城至元山津路上測圖
海津 三雄	K-5	1883年12月	咸鏡道路上圖	1	2008486371	自德源府至利原縣
				1	2008486372	自利原縣至鏡城府輪城驛
				1	2008486373	自鏡城府輪城驛至穩城府未遂嶺
海津 三雄	K-6	1885年5月	自濟物浦至石川院畧圖	1	2008486379	仁川港の「間行里程」内
海津 三雄	K-7	1885年6月	自簡串鎭至黃州略圖	1	2008486712	仁川港の「間行里程」内？
海津 三雄	K-8	1885年7月	朝鮮國濟物浦墓地近傍之圖	1	2008486358	仁川港の「間行里程」内
海津 三雄	K-9	1885年7月写	濟物浦居留地略圖	1	2007631784	Plan of the Settlements of the Chemulpo, 1884 の写し
海津 三雄	K-10	1885年11月	江原沿海復圖其一	1	2008489729_001	タイトルの下には「明治十八年」、左下には「明治十九年」と記載
海津 三雄	K-11	1885年11月	江原沿海復圖其二	1	2008489729_002	タイトルの下には「明治十八年」、左下には「明治十九年」と記載
海津 三雄	K-12	1886年12月	従京畿道南陽至慶尚道河東路上圖	1	2009289168_001	自南陽府至藍浦縣大川場
				1	2009289168_002	自藍浦縣大川場至靈光郡
				1	2009289168_003	自靈光郡至興陽縣
				1	2009289168_004	自興陽縣至河東府
渡邊 逞	W-1	1883年6月	慶尚左道路上測圖	1	2008486717	

第5章　朝鮮半島における初期外邦測量の展開と「朝鮮二十萬分一圖」の作製

測量者	番号	年月	図名	点数	請求番号	測量区間	備考
岡　泰郷	O-1	1884年11月	咸鏡平安両道路上圖	1	2008486376	咸鏡道・平安道中南部	
岡　泰郷	O-2	1885年10月	従居留地至平府見取圖	1	2008486375		この両図の測量のための旅行に関する申請書は『舊韓国外交文書』になく、表5-4 ならびに本文を参照
岡　泰郷	O-3	1885年10月	従北青経甲山三水厚昌長津至中嶺鎮	1	2008486711		
岡　泰郷	O-4	1886年春期	従安邊府至京城路上圖	1	2008486378_001	欽谷縣　通川郡　高城郡　杆城郡	この図群の測量のための旅行に関する申請書は『舊韓国外交文書』になく、表5-4 を参照
				1	2008486378_002	麟蹄縣　楊口縣　狼川縣	
				1	2008486378_003	加平府　京城	
岡　泰郷	O-5	1886年春期	自京城至元山津路上圖	1	2008486377_001	京城→元山のコース	この図群の測量のための旅行に関する申請書は『舊韓国外交文書』になく、表5-4 を参照
				1	2008486377_002		
				1	2008486377_003		
				1	2008486377_004		
岡　泰郷	O-6	1886年秋期	自元山津至蔚山兵營路上圖	1	2009289167_001	南山駅→鉄原	
				1	2009289167_002	金化→麟蹄	
				1	2009289167_003	洪川→平昌→寧越	
				1	2009289167_004	永春→榮川→安東	
				1	2009289167_005	義城→長馨	
				1	2009289167_006	甘浦→蔚山兵營	
三浦　白孝	M-1	1886年5月	京城往復路上圖	1	2010360468_001	従金山至全羅左水營（未完成）	
		1886年5月		1	2010360468_002	従全羅道左水營至新院	
		1886年5月		1	2010360468_003	従新院至安城渡	
		1886年9月		1	2010360468_004	従安城渡至京城・従京城至利川	
		1886年4月		1	2010360468_005	従京城鐵道利川至慶尚道尚州	
		1886年4月		1	2010360468_006	従慶尚道尚州至釜山	
三浦　白孝	M-2	1887年秋期	従平壤至永興路上草稿図	1	2008489730_001	第壹號、由平壤経慈山頂川伋川到到新場	
		1887年秋期		1	2008489730_002	第貳號、従新場経熙川狄臨谷神光立石到吾毛老再到堂串取分路至古倉洞	
		1887年秋期		1	2008489730_003	第三號、従吾毛老経江界至鴨緑江岸満浦伐径	
		1887年秋期		1	2008489730_004	第四號、従古倉経寧遠孟州岑洞至永興浦	
三浦　白孝	M-3	1887年6月	京城近傍遊歩矩定図	1	2008486736_001	従漢江渡場果川到濟物浦、従濟物浦経富平金浦到交河	
		1888年5月		1	2008486736_002	水原ヨリ南陽ニ通スル道路ノ一部、水原ヨリ安山ニ通スル道路ノ一部、京城ヨリ果川ヲ経テ南陽ニ通スル道路ノ一部	
		1888年5月		1	2008486736_003	従漢城到交河	
		1888年5月		1	2008486736_004	従京城経始興安陽通水原道路、従果川通南陽道路之一部、及従水原到安山道路之一部、従安山到梧栁洞直路	
		1888年5月		1	2008486736_005	第四号、蛇山場ヨリ梧栁洞ニ通ス道、梧栁洞到防築頭	
		1888年5月		1	2008486736_006	第五号、従江寧浦経通津海岸ニ接近シテ仁川ノ近路	
		1888年5月		1	2008486736_007	従江寧浦経通津海岸ニ接近シテ仁川ニ到ル近路　第一	
		1888年5月		1	2008486736_008	従江寧浦経通津海岸ニ接近シテ仁川ニ到ル近路　第二	

作製者	記号	年	図名	番号	数	備考
柄田鑑次郎	T-1	1887年5月	從全羅道順天至慶尚道昌原路上圖	2010360469_001	1	從順天至羅州路上圖
				2010360469_002	1	從羅州至金溝路上
				2010360469_003	1	從金溝至茂朱路上圖
				2010360469_004	1	從茂朱至大邱路上圖
				2010360469_005	1	從大邱至昌原路上圖
柄田鑑次郎	T-2	1888年5月	釜山近傍目算測圖	2008486713_	1	第一號（多大浦鎮、絶影島）
				2008486714	1	第二號（東萊機張、梁山水営）
				2008486715	1	第四號（金海、熊川）
				2008486716	1	第五号（昌原、馬山浦）
柴山 尚則	S-1	1889年8月	大同江概測圖	2008486368	2	右下に経緯度データ、潮位差、説明がある
柴山 尚則	S-2	1891年5月	迎日灣略圖	2010360470	1	経緯度を示す
武田甚太郎	TJ	1882年	自始興縣至仁川府歩測圖	2008489733	1	図の左下に「王闕敦化門ヨリ後閣泰墻臺ニ至ル想像圖」を描く
渡邊鐵太郎 石川 潔太	WI	1889年以降?	從清國鳳凰城至朝鮮國黄州旅行圖	2007630238_001	1	(1) 義州、安東縣、鳳凰城
				2007630238_002	1	(2) 定州
				2007630238_003	1	(3) 安州
				2007630238_004	1	(4) 黄州、平壤 いずれも経緯度を示す
作製者不詳	A-1	1887年以降	朝鮮全圖	2007630239	1	裏に「韓國全圖」として「磯林大尉以下六名 足跡指定図。明治十六年ヨリ二十年に至ル」と注記 磯林大尉、渡邉大尉、海津大尉、岡大尉、三浦大尉、柄田中尉の旅行経路を年次別に示す
作製者不詳	A-2	1882年以降	自濟物浦至漢城路上圖	2008489735	1	濟物浦の東に「日本兵士墓」、「堀本中尉墓」と記す

第5章　朝鮮半島における初期外邦測量の展開と「朝鮮二十萬分一圖」の作製

　また三浦に出された旅行指示（アジア歴史資料センター資料，Ref. C1512001800[22]）のコースは，釜山から北上して忠清道を経て漢城に至り，その後南下して忠清道・全羅道を縦断し，全羅道の南岸から慶尚道の南岸をとおり釜山に戻るものであったが，朝鮮側に出された護照申請のコースは，逆に釜山から海岸を西進してから北上し，全羅道・忠清道を縦断して漢城に至り，ふたたび忠清道を経由して慶尚道に戻るという順序であった。これは指定された地点を巡回することが重要で，その順序は問われなかったことを示唆している。他方，海津のコースは漢城より北上して黄海道・平安道の海岸部を通り，清国国境の義州に至ってから内陸部を南下して平壌・開城を経由して漢城に戻るもので，いずれも海岸部の偵察がある程度の割合をしめているところなどから，未偵察のコースを組み合わせるラウンドトリップであったと考えられる（村上1981の図3を参照）。

　ただし，こうしたラウンドトリップは1886年秋には行われていない。表5-2にみられるように岡の場合は元山から江原道・慶尚道の新規のルートを選びながら釜山まで，三浦の場合は釜山から西進して全羅道にはいり，やはり新規のルートを選びながら漢城まで，さらに海津のコースは漢城から全羅道の海岸部を通り釜山となっていた。これは新規のルートを組み合わせたラウンドトリップが困難になったことを示唆している。岡と海津は最後の旅行であり，三浦の場合も翌年の出発地を見ると，根拠地を釜山から漢城に変更した模様である。

　翌1887年春には岡が帰国し，測量に従事した将校は新規に着任した柄田と三浦の二人となる。日本側の資料からも指示されたコースがわかり（アジア歴史資料センター資料，Ref. C15120022300，村上1981の図3を参照），柄田の全羅道と慶尚道の西部を巡回するルートの場合は，出発点の釜山から全羅道の順天の間と，終着に近い昌原から釜山の間には「此間製圖ヲ要セス」と注記されている。三浦の黄海道を巡回するルートでも同様で，最初の漢城～開城については「此間地圖ヲ要セス」，末尾の交河～漢城については「此間製圖ヲ要セス」と，未偵察の新ルートだけでラウンドトリップのコースを選ぶことが不可能になっていたことがあきらかである。

　同年秋の柄田のコースは釜山から北上して慶尚道を縦断し忠清道を経由して漢城に達し，帰途は漢城から南下して忠清道にはいり東進して慶尚道の西部を通って釜山に戻るもの，三浦のコースは漢城から平壌を経てさらに平安道を北上し，江界を経由して鴨緑江沿岸に達してから南下して東進し江原道にはいって元山に立ち寄り，南下して漢城に戻るものとなる。いずれもラウンドトリップではあるが，表5-2の三浦のルートの記載に見られる漢城～平壌に関しては，経由地を記載せず，測量作業は行わなかったとみてよい。

　1888年春になると柄田は帰国し，三浦だけが旅行を行ったものと考えられる。漢城の近くを巡回するもので，しかも帰国をひかえており，短期間に終了したと思われる。

　三浦と交代するように着任した柴山の1889年の旅行は，黄海道・平安道に向かうものであったが，前半は仁川商法会議所の江南哲夫と平山房吉，篤志家の土井亀太郎，写真業の樋口宰藏とともに行っており，その概要は『朝鮮平安黄海両道商況視察報告』（仁川商法会議所1889）から知ることができる。この前半は江南と平山による「平壌及大同江筋并黄海道沿道實況報告書」で[23]，とくに同年春から大同江河口部などに清国の船が来航して密貿易を行っているという情報に接して，その実

139

態を調査しつつ，新たな開港適地を探索しようとする旅行の報告である。仁川を船で出発して江華島と朝鮮本土の間の海峡を上げ潮にのって遡航してから黄海道に上陸し，北上して平壌から大同江を船で下り，途中から陸路を経由しつつも，黄海道南岸の海州より水路で仁川に戻るコースを記載している[24]。これに対して後半は，柴山による「平安道旅行報告」で，江南らと平壌でわかれたあと清国国境の義州に至り，おもに平安道の海岸部を通過してから大同江を船で上下して調査し，黄海道を経て漢城に戻る途中に得た，おもに産業関係の情報を報告する。ただし，この旅行によって「大同江概測圖」（表5-5のS-1）を描いているところからすれば，柴山に与えられ課題が海岸の港湾や内陸部に向かう水路の測量にあったことが推測される。

翌1890年の柴山の旅行は，表5-2から忠清道・慶尚道・全羅道にわたるものであったことがわかるが，細部は不明である。ただし，『東京地學協會報告』に掲載された「朝鮮ノ河流」（柴山1891）で，主要河川である鴨緑江・大同江・漢江・洛東江の実地調査にもとづく報告を示しているところからも上記のような課題がうかがえる。鴨緑江・大同江については1889年の調査，洛東江については1890年に調査にもとづいており，とくに水運に注目する。この報告の末尾でさらに商品を持参して行商を行う負商・裸商について言及するのは，その朝鮮半島内の物資の運搬に対する関心を示すものであろう。この年の旅行の成果と考えられる「迎日灣略圖」（表5-5のS-2）も，その一環と考えられる。

以上のような将校以外の旅行で注目されるのは渡邊鐵太郎の行ったものである。渡邊は1891年から漢城の公使館に武官として勤務し（表5-1），しばしば朝鮮国内の旅行も行った（表5-2）。ただしその氏名を記した図は，やはり陸軍将校であった石川潔太と作製した「従清國鳳凰城至朝鮮國黄州旅行圖」（表5-5のWI）だけである。これに関連して，渡邊と石川はともに1880年代後半に清国に派遣されていたことがあり（アジア歴史資料センター資料，Ref. C15120022300ならびに村上1981の第1図参照[25]），それが関与するのか，この図は清国の鳳凰城から国境を越えて朝鮮の平壌や黄州に至るルートを示していることが注目される。さらにこの図は，次節で検討するように経緯線を記入しているという点でも関心をよぶ。

清国での勤務を終えて朝鮮を経由して帰国をこころみた陸軍将校には酒匂景信があり，それが認められなかった経過（1883年秋〜1884年初頭）は第6章でくわしく触れたい。これに対して朝鮮を経由して帰国したケースとしては，第4章で触れた柴五郎の例（1888年初頭）が知られている（村上1992：291-322）。これを最初の例として，渡邊と石川が同様の帰国を行い，それに際して「従清國鳳凰城至朝鮮國黄州旅行圖」を作製した可能性が大きいと考えられるが，渡邊の漢城着任後に行った旅行に際し朝鮮国内の図を作製した可能性も否定できない。渡邊と石川のこの間の履歴については不明な点が多く，ここでは上記の可能性の指摘にとどめたい。

以上のような朝鮮半島関係の手描き全図に関連してさらに触れておかねばならないのは表5-5のA-1「朝鮮全圖」（別名「韓國全図」，LCCN：2007630239）である（口絵写真6）。この図の裏には「韓国全圖　磯林大尉以下六名　明治十六年ヨリ二十年ニ至ル足跡指定圖」とあり，磯（礒）林・渡邉述・海津，岡，三浦，柄田の1883〜1887年の偵察ルートを年次別に図示する（渡辺・山近・小林

140

第5章　朝鮮半島における初期外邦測量の展開と「朝鮮二十萬分一圖」の作製

2009）。1887年は，現存する地図から見ても，長距離の偵察がほぼ終了した時期であり，ここで検討してきた将校たちの旅行の軌跡を示しつつその成果を展望するものとして大きな意義がある。とくに将校たちの通過したルートの重合関係を知るには欠かせない。ただし朝鮮二十萬分一圖作製におけるその役割を知るには，その地図学的な検討が不可欠である。これについては次節で行うことにして，さらに関連すると考えられる陸軍将校の旅行について触れておきたい。

　1893年9月に護照申請の提出された「本國技師」の倉辻明俊の旅行は，日本側資料では参謀本部編纂課員で工兵大尉であった倉辻明俊（旧名靖二郎）と陸地測量部の測量手であった藤田五郎太によって行われたものであった（アジア歴史資料センター資料，Ref.　A04010007000）。この申請では，それまでとちがい，倉辻の日本における軍人としての位置づけが示されていないのは注目される。倉辻と藤田によるこの旅行については，1936年に行われた「外邦測量の沿革に関する座談会」で古参の陸地測量師であった豊田四郎が，「外邦測量ニ従事シタノハ其藤田五郎太君ガ最初デ（明治）二十五六年ニ殆ど朝鮮全道ヲ廻ツテ居リマス」と，陸地測量部の測量技術者が最初に関与した外邦測量として回想している（アジア歴史資料センター資料，Ref.　C04121449200）。彼らの旅行のコースについては，表5-2に示したものにくわえて，『對支回顧録（下）』（對支功勞者傳記編纂會 1936：309-310）にも記載があり，それにもとづいた村上（1981）の紹介がある。まず注目されるのは漢城から平壌をへて国境の義州に達してから，鴨緑江対岸の安東県・九連城をみて義州に引き返し，鴨緑江上流にむかって昌城・渭原・満浦をへて再度清国側に渡り，洞溝で「高句麗の碑」を見物して朝鮮側にもどるというかたちで，国境を2度超えている点である。手描き「朝鮮全圖」（別名「韓国全圖」，口絵写真6）にもあきらかなように，1880年代の将校たちの旅行では国境の鴨緑江の流路は，まだ連続して踏査されておらず，これを視察するのが主目的であったと考えられる。洞溝の「高句麗の碑」は広開土王碑で（第6章参照），平壌での箕子廟（佐々 2014参照）の参拝もあわせて，倉辻の朝鮮古代史への関心を示すと思われる。さらに咸鏡道にはいって白頭山に登ろうとしたが，降雪のためあきらめ，そのご吉州にでて東踰嶺を越えて「茲山」（茂山）からやはり国境の豆満江に沿ってロシア国境の慶興を経てその河口部まで至ったのも国境に対する関心をうかがわせる。そのご海岸に沿って元山にでて漢城に帰着してから再度護照申請を行い（表5-2），細部は不明であるが朝鮮半島南部を巡歴したこともわかる。

　この広範囲にわたる日清戦争開戦直前の旅行は，後述の伊地知幸介らの1893年5月頃の朝鮮旅行のあとをうけたものと考えるのが妥当であろう。また上記『對支回顧録（下）』に記載された倉辻の漢詩には，甲山の宿で「…又披地圖計路程」とする部分があり，あるいは伊地知が持参したものと同じ地図を持参していたことを推測させる。

　以上にくわえて，さらに触れておきたいのは沿道の住民との交渉である。こうした側面については，将校たちの報告や朝鮮側の資料にもあらわれにくいが，『舊韓國外交文書』には1884年の磯林眞三と上野茂一郎らの旅行に関連して興味深い文書がみられる。磯林らが5月14日[26]に平安道の陽徳縣を通りかかった時に民家の火事に遭遇し，ウマを下りて火炎を冒して住民を救助し，さらに銅銭「一百兩」を援助したことが，現地からの報告にみえることを平安道觀察使が報じており，

141

それを受けた督辨通商交渉事務の金炳始[27]が感謝の意を代理公使[28]の島村久に伝えるというもので（亞細亞問題研究所舊韓國外交文書編纂委員会1969a：130），朝鮮側にも彼らの行動が「感銘」をあたえたことがわかる。珍しいことでもあり，日本側に伝えることになったと考えられるが，これ以外にもさまざまなかたちでの沿道住民との交渉があったことをうかがわせる。

この文書でさらに留意されるのは，磯林らの乗り物である。将校たちは中国大陸の場合とはちがい自分たちの交通手段に言及することはほとんどなく，注目される記述となっている。一行全員がウマに乗っていたのか，あるいは一部だけであったのかは不明であるが，道路の関係で馬車の利用が困難であった朝鮮半島では，将校たちの旅行は基本的にウマに乗って行われたことを示している。『朝鮮平安黄海両道商況視察報告』（仁川商法会議所1889）に付された「旅行心得」ならびに『東京地學協會報告』に掲載されたほぼ同文の「朝鮮内地旅行心得」（筆者不詳1890b）の「乗リ物ノ事」にみえる記載と一致する[29]。

なお表5-5にみえる図でこれまで触れることのできなかったものについて，記しておきたい。まずSI図は，壬午事変時に漢城に急行した陸軍将校が協力して作製した仁川〜漢城のルート図である。またTJは通訳であった武田甚太郎が作製した漢城とその郊外を結ぶルート図，A-2はやはり仁川と漢城との間のルート図となる。とくに後二者は練習用に作製した図と推定される。

3．陸軍将校の手描き原図の編集と朝鮮二十萬分一圖の作製

将校たちの手描き原図の検討に移ろう。手描き原図にみられる測量作業に関する記述は朝鮮の場合も少なく，海津三雄が1883年5月に作製した「自居留地至文川郡路上畧圖（甲號）」（表5-5のK-1，縮尺4万分の1）にみられるつぎのような記述が最もくわしい。

此圖ハ路上製圖法ニ基キ羅針ト歩數トヲ以テ道路ヲ畫シ地物ハ皆目測ヲ以テ配置セシモノナレハ實地ニ於テ幾分ノ差違ナキヲ保セス夫ノ道路ノ險夷山川ノ位置等圖ノ尽ス能ハサル者ノ若キハ別ニ記事アリ冝シク就テ観ルヘシ

コラム2「路上測図」に示すようなコンパスによる方位と歩測による距離を主としたトラバース測量により道路を描く一方で，沿道の諸物は目測によるので正確さに欠けることを明記し，地図には表現しにくい道路の険しさなどは別の「記事」を見るように勧めている。この「記事」に相当するものはまだ発見していないが，一部は「沿道圖説」に反映されていると考えられる（コラム4「沿道指鍼」・「沿道圖説」・「沿道誌」参照）。

またこの図とセットをなす「自居留地至龍池院路上畧圖（乙號）」（表5-5のK-2）でも「此圖亦甲圖ト同法ニ依テ之ヲ製シ…」としつつ，「其居留地及元山間ハ明治十一年天城艦製スル所ノ實測圖ニ依テ其位置ヲ模写セシ者ナリ」として一部を海図（表3-2の18に示した海図102号）によった

142

ことを明記している。

「路上製圖法」への言及は，海津が1885年に作製した「自箭串橋至廣州略圖」（表5-5のK-7，縮尺2万分の1）でもみられ，「畧記」として「本圖ハ路上製図ニ基テ之ヲ作リタリト虽モ山川城郭等ニ至テハ大率子目測ニ係ルヲ以テ或ハ多少ノ誤謬ナキヲ保セス而シテ路上一般ノ形勢ニ至ラハ別ノ記事ノアルアリテ其欠ヲ補フト虽モ今左ニ其大勢ヲ掲ケテ以テ参觀ニ便ス」と類似の趣旨のことを述べ，一部沿道の状況について触れている。

ただし，測量作業に関するこうした記載がみられるのは，いずれも元山や仁川付近の，通行に特別の許可を必要としていない地域の大縮尺の図である。これに対して旅行による長距離の測量をもとにした図の場合は，そうした記載はみられない。関連して注目されるのは，海津の最初の長距離旅行による図である「義州徃復路上圖」（表5-5のK-4，縮尺20万分の1，図5-1に実線で示したルートを測量）の「自平壤府至京城路上略圖」には，「此圖ハ記簿法ニ依テ之ヲ製シタル者ナレバ他ノ路上圖ト同視スヘカラサルナリ」という注記が見られ，そのタイトルについて「略」の部分を書きかえた形跡がみられる。また「自陽徳縣至殷山縣路上測圖」でも上記文言の冒頭の「此圖ハ記簿法ニ依テ」だけを記してあとは空白となっている注記があり，やはりタイトルの「測」の部分を書きかえようとしたあとがみられる。それらから，これらの図幅では「路上製圖法」が実施できず，やむなく「記簿法」と称するものによらざるをえなかったことがうかがえる。

ここで海津のいう「路上製圖法」と「記簿法」の違いを理解しておく必要がある。前者については基本的にコラム2「路上測図」で示したような携帯測板をつかった方法と考えられるが，長距離の旅行ではこれが実施できなかった背景が問題となろう。これに関してまず想起されるのは，朝鮮半島における将校たちの旅行には護衛が同行し，彼らの行動が監視状態におかれていた点である。携帯測板をつかう方法を採用すれば，彼らが測量を行っていることは明白になってしまうため，路上でコンパスによる方位やウマの歩数などによる距離を記憶しておき，めだたないところでこれをフィールド・ノートに書き留めるような方法が採用されたと考えられる。

このような測量の使い分けは，第4章で触れた北京近郊で柴五郎が行った作業でも見られた。村上（1992：287-288）によれば，柴がウマに乗って行った測量は，通常コンパスによる方位や目測による距離を手帳にメモするような方法であったが，人が少ないところでは小測板を使用し，その最中に向こうから人が来る場合はすばやく測板をカバンに入れてかくしていたという。また測板に貼り付けた用紙に記入する際に使用する各種の色鉛筆は，ひもでつないでいつでも取り出せるようにしていたとされる。海津の作製した図に「路上製圖法」によったことが明記されるのが，護衛の随伴しない元山や仁川付近での測量に限られるのは，そうした作業環境を反映したものであったと判断される。

方位や距離を記憶しておき，めだたないところでフィールドノートに記入する方法は，はるかのちの1910年頃に行われた中国大陸での秘密測量では制度化され，測板にかわって「方眼紙手帳」の使用が義務づけられ，人目につきやすいところでのその使用も禁止された（小林2009：19）。またこうした測量法を「手帳式」と表記するようになっていく。ただし将校たちの時代にはまだそう

した用語がなく，海津は「記簿法」という用語を使ったと考えられる。現場でえられたデータを測板に貼り付けた用紙にただちに記入していく「路上製圖法」と比較して，記憶に頼る「記簿法」では手帳へのデータ記載が不充分になりやすい。またルートの微妙な変化なども無視されがちになる。そのため「路上圖ト同視スヘカラサルナリ」と注記されることになったと考えられる。ただしこうした注記は「義州徃復路上圖」以後の図にはみられない。これは旅行中に「路上製圖法」を実施できなかった場合が少なくなかったためであろう。また海津の以後の図のタイトルでは，「路上圖」をタイトルの末尾にもつ場合が基本で，「義州徃復路上圖」の個々の図のタイトルにみられるような「路上測圖」という用語はみられない点も注目される（表5-5）。

なお，「路上製圖法」と「記簿法」を明確に区別する海津の見方が，他の将校たちにも共有されていたかどうかは不明である。ただし，いずれもコンパスによる方位と歩測などによる距離を基本にしており，携帯測板を使用するのかしないのかという点は重視されなかったと推測される。また方位や距離を手帳に記入する際にも，文字で記録したのか，あるいは方眼紙のような用紙に図として記録したのかも気にかかる点であるが，その場の状況や将校たちの好みも影響したと考えるのが妥当であろう。

ところで，このような将校たちのトラバース測量による手描き原図は，中国大陸の場合と同様，ルートが閉合する（ループをつくる）場合は，矛盾なく閉合するように描かれている。その下書きの段階では，現場で作製した図を接合し，閉合差を求め，そこにあらわれる誤差を配分して，ルートが閉合するように描いたことがあきらかである。こうした図を連結し，経緯度を示しながら朝鮮二十萬分一圖を作製するには，清國二十萬分一圖の場合と同様の複雑な作業が行われたと考えられる。この場合すでに指摘したように，朝鮮半島では中国大陸についてみられたような沿岸の海図作製，さらには内陸部の測量も進んでいなかった。つぎにこの点についてみてみたい。

朝鮮半島の海岸部の測量については，第2章，第3章で欧米によるものをふくめ検討し，また表3-2では1882年ころまでに日本が作製した朝鮮半島沿岸の海図のリストに合わせ，その根拠になった測量の主体や年次も示した。東海岸についてはロシアの測量により沿岸部の測量がほぼ完了していたが，その他については「丙寅洋擾」時のフランス海図，ジェネラル・シャーマン号乗組員の捜索時や「辛未洋擾」時のアメリカ海図，さらにそれらの一部を集約するような英国海図も作成されていたとはいえ，日本の開港地探索の際には，なお沿岸測量が必要であった。

このような状況は1882年に海軍水路局が刊行した「朝鮮全岸」の最初の版（1880年までの成果を集約）[30]にもよくあらわれていることは第3章第3節ですでにふれた。将校たちの陸上の測量はこうして，朝鮮半島沿岸の海図作製がある程度進行してきたところで行われた。その編集に際しては，このような段階に至った沿岸測量の成果がどのように利用されたかみていくこととしたい。

将校たちの測量がコンパスによる方位と歩測による距離によることはすでにくりかえし述べてきた。この場合，経緯線が記入されていない手描き原図にみられる方位は，地磁気による方位のままと考えられる。これを経緯度のはいった20万分の1図に編集していくためには，まずその方位を正方位に補正する必要がある[31]。

144

第 5 章　朝鮮半島における初期外邦測量の展開と「朝鮮二十萬分一圖」の作製

表 5-6　朝鮮半島東海岸の 19 世紀後半の地磁気偏角

調査時期	調査地の経度（東経）	調査地の緯度（北緯）	地磁気偏角	資　料
1866 年	131 度 55 分 49 秒 05	43 度 6 分 56 秒	4 度西	表 3-2 の 3「朝鮮東海岸圖」
1878 年	128 度 7 分 6 秒	40 度 0 分 11 秒	5 度 25 分西	表 3-2 の 18「新浦港」
1878 年	127 度 26 分 18 秒	39 度 10 分 53 秒	5 度 45 分西	表 3-2 の 18「元山津」
1880 年	128 度 6 分 54 秒	38 度 44 分 22 秒	5 度 30 分西	「朝鮮東海岸諸錨地」1892 年の「長箭洞錨地」
1880 年	129 度 25 分 17 秒	37 度 3 分 52 秒	5 度 40 分西	表 3-2 の 22「朝鮮沿岸諸錨地」の「竹邊灣」
1875 年	129 度 1 分 46 秒	35 度 5 分 35 秒	4 度 20 分西	表 3-2 の 6「朝鮮國釜山港」

注　「朝鮮東海岸諸錨地」1892 年は国立公文書館蔵（ヨ 558-0088A）。

　それに際してまず問題になるのは磁針にあらわれる地磁気方位と正方位との差である。両者の差は偏角と呼ばれ，時間とともに変動することが知られている。このため地磁気の観測はしばしば行われ，とくに海図[32]にはその測量場所の経緯度と偏角が示されているのがふつうである。以下では，海津三雄のこうした海図にみられる偏角が手描き原図の方位の補正に利用された例として，「咸鏡道路上圖」（表 5-5 の K5）を例に検討したい。この測量ルートは，図 5-1 に示した海津の初期の測量ルートのうち元山から北東に向かうもので（点線），海岸線と平行しており，そうした作業のプロセスを考えやすい。

　当時の朝鮮半島の東海岸域の海図に記入された地磁気の偏角とその観測の時期と位置を示したのが表 5-6 である。「咸鏡道路上圖」に記入された方位を正方位に補正するには西方に数度というこれらの偏角が参考にされたことに疑問の余地はない。図 5-3 は，「咸鏡道路上圖」のうち最も北東側のロシア領・清国領に接する図幅を示している。図 5-1 の点線で示したルートのうち，輪城以北にあたる。これにみられる方位を示す部分をやや大きく図示するのが図 5-4 で，南北の方位線（地磁気によると考えられる）にあわせ，時計回りに数度傾いた鉛筆描きの直線がみられる。「咸鏡道路上圖」を構成する他の 2 図でも類似の方位の書き込みがみられ，このうち鉛筆による直線は，正方位を示すために記入されたものであることがあきらかである。

　なお図 5-4 の磁北を示す方位線と，真北を示すと考えられる方位線のつくる角度は計測してみると 3 度 30 ～ 40 分となる。表 5-6 にみられる地磁気偏角と比較すると，磁針の西偏は同じでもあきらかな差がみとめられる。表 5-6 に示した偏角の観測時点以後の西偏の弱まりも考えられるが，水路部（1933：39-40）にみられる朝鮮東岸の偏角が南部では 5.5 度だが北部では 7.7 度と西偏がつよくなっており，そのような変化があったとするのは困難である。後述するように，地磁気方位から正方位への転換は，測量にあたった将校たちではなく，陸地測量部の製図技術者と考えられる。海図にみえるこの地域の地磁気偏角よりも低い数値を採用した背景には，その段階で何かそうすべき事情があったことを推測させる。

　もう一つ注目されるのは，3 図いずれでも隣接する中心地を直線で結び，それを軸にしたグリッドがほとんどの場合で見られるという点である。この部分をさらによく見ると，各中心地を通過する，やや時計回りに傾いた東西線がほぼ例外なくみられるという点にも気づく。くわえて特徴的な

145

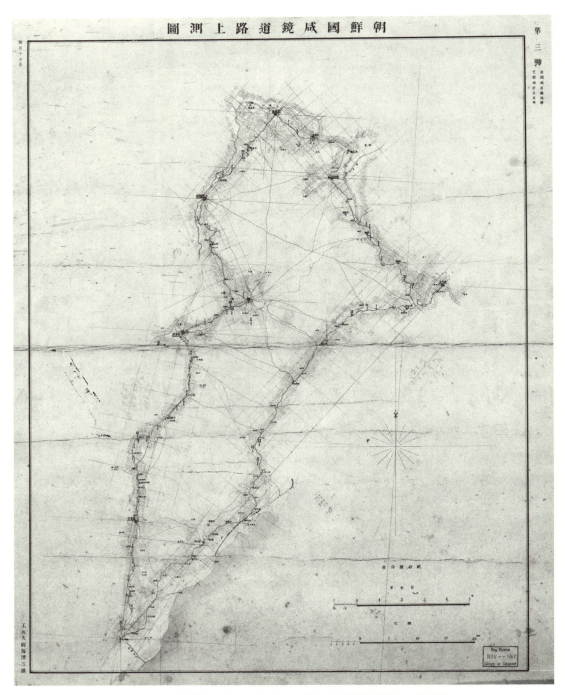

図 5-3 「咸鏡道路上図，第参號，自鏡城府輸城驛至穏城府柔遠鎮」
(アメリカ議会図書館蔵，LCCN：2008486373)

第5章　朝鮮半島における初期外邦測量の展開と「朝鮮二十萬分一圖」の作製

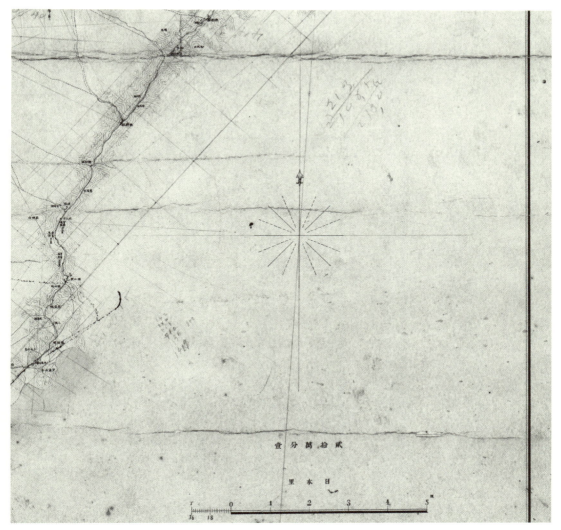

図5-4　方位記号
図5-3の一部

のは，中心地間を結ぶ直線と時計回りに数度傾いた東西線に交わるような弧がみられ，それはいずれも中心地を軸に描かれていることである。この弧に近いところには，「咸鏡道路上圖」の場合幸いなことに角度を示す数値がやはり鉛筆書きで記入されていることが多い。その例を図5-5に示した。図5-1の會寧府から行營，さらに防垣を経て鍾城府に至る部分にあたる。この場合，會寧府をとおる数度傾いた東西線と會寧府と行營をとおる直線を結ぶ弧の上に記入された角度は30度40分である。また同様に行營をとおる数度傾いた東西線と行營と鍾城府をとおる直線を結ぶ弧に近いところに記入された角度は，63度20分である。いずれも「3」の書き方に特色があり，やや読みにくいが，これらは分度器で求めるには困難な数値である[33]。これからすると，いずれも會寧と行

147

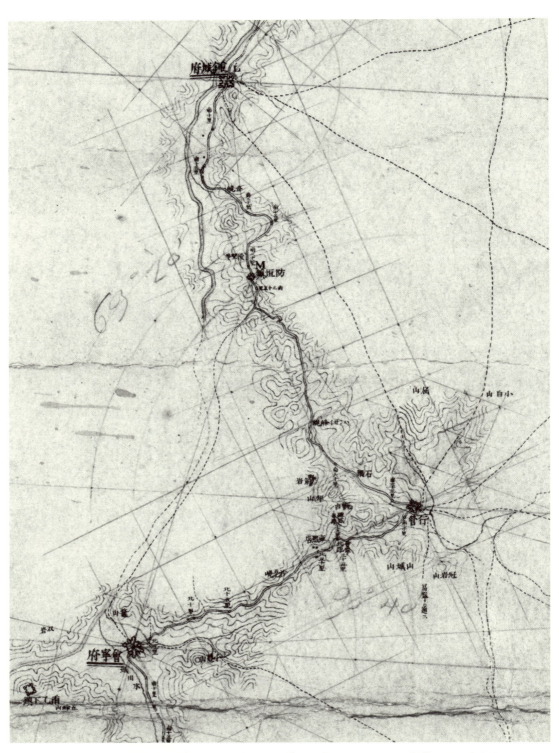

図 5-5　手描き原図の地磁気方位の正方位への補正に際して記入された鉛筆による書き込み
図 5-3 の一部

第5章　朝鮮半島における初期外邦測量の展開と「朝鮮二十萬分一圖」の作製

営のような主要集落およびそれを中心に描かれた弧と直線の交点がつくる二等辺三角形の辺の長さを計測して求めた正弦をつかって，数表を参照して決められたものと考えられる。

　ともあれ，これらの角度の一方は會寧からみた行営の正方位の角度，他方は行営からみた鍾城の正方位の角度を示すことになる。20万分の1図の編集にあたって，各中心地間の方位はこれによって決められたと考えられる。これを確認するために朝鮮二十萬分一圖（ただし写真をプリントしたもの）にみえる中心地を結ぶ直線を描き，それが緯線とつくる角度を分度器で測ってみると，多くの場合類似の数値を得ることができる。ただしなかには3度以上ズレる例もあり，これらは編集の際に調整が行われたことをうかがわせる。

　なお，上記のような東西の正方位線や中心地間を結ぶ直線，さらに正弦を求めるために記入された弧は，海津の作製した図にかぎらず，朝鮮半島に関する多くの手描き原図に認めることができ，地磁気方位の補正が共通した方法で行われたことがうかがわれる。なお，この観点から第4章で検討した中国大陸の手描き原図をみなおすと，地磁気方位で描かれた図の例数が少ないが，それを正方位に補正するためと考えられる方位線や円弧が記入された例がみとめられる。

　このような地磁気（磁針）による方位を正方位に補正するだけでなく，海図などをもとに経緯度を外挿し，各図郭にどのようなルート図のどの部分を配置していくか，という点も検討されたことも確実である。こうした編集作業の一部は，各原図にみられる鉛筆による書きこみから推定できる可能性があるが，それを示すと考えられる例[34]はまだ少なく，今後の課題としたい。ただし，おもに海図にみえる経緯線の外挿がどの程度の精度を朝鮮二十萬分一圖にもたらしたかは，植民地期に作製された三角測量にもとづく20万分の1図と比較することによりある程度検証することができる。つぎにやはり海津の「咸鏡道路上圖」のカバー範囲を例にこの比較を行ってみたい。

　すでに触れたように，「咸鏡道路上圖」は図5-1に点線で示したようなルートを描いている。大部分が海岸に沿っており，海図にみえる経緯度を外挿するのに適したコースといえる。この部分はロシア製の海図を翻訳した「朝鮮東海岸圖」（表3-2の3，54号海図）がカバーしている。ただしこの図では海岸線は示すが，沿岸の道路や集落をほとんど記載しておらず，海津の測量ルート上の地点と関係づけるのは容易でない。しかし第3章でみたように，日本海軍は元山付近や新浦とその沖の馬養島の沿岸測量を行っており，その部分は海津の手描き原図にも描かれている。これらを手がかりにすれば，海図の経緯線との対照は容易で，朝鮮二十萬分一圖の対応図幅には問題なく海岸線や道路を記入できることになる。しかしそれより北方になると，海図との対照は困難になり，「咸鏡道路上圖」の地磁気方位を正方位に補正した図に，経緯線が距離や方位に応じて記入されることになったと考えられる。

　こうした仮説にしたがって「咸鏡道路上圖」にみえる5つの中心地について，朝鮮二十萬分一圖と植民地期の20万分の1図の経緯度とを比較したのが表5-7である。北方のロシア国境の慶興などは経度・緯度とも5分程度の差があるのに対し，元山（里）ではよく一致する。他方，その間の吉州や北青では中間値を示す。経緯度のわかっている新浦や馬養島に近い北青の場合もズレがみとめられるのは，両者間の測量が行われなかったことによるとみてよいであろう。ともあれ，局地的

149

表 5-7　興慶・會寧・吉州・洪原・元山（里）の経緯度の比較

中心地	朝鮮二十萬分一圖にみえる経度	植民地期作製の 20 万分の 1 図にみえる緯度	朝鮮二十萬分一圖にみえる緯度	植民地期作製の 20 万分の 1 図にみえる緯度
慶興	東経 130 度 26 分	東経 130 度 31 分	北緯 42 度 30 分	北緯 42 度 35 分
會寧	東経 129 度 50 分	東経 129 度 45 分	北緯 42 度 22 分	北緯 42 度 26 分
吉州	東経 129 度 21 分	東経 129 度 20 分	北緯 40 度 59 分	北緯 40 度 57 分
北青	東経 128 度 18 分	東経 128 度 18 分	北緯 40 度 12 分	北緯 40 度 15 分
元山（里）	東経 127 度 26 分	東経 127 度 26 分	北緯 39 度 9 分	北緯 39 度 9 分

注　植民地期作製の 20 万分の 1 図は，朝鮮総督府臨時土地調査局の編纂になるもので，やはり「朝鮮二十萬分一圖」と呼ばれる。ここでは「慶興」図幅（1918 年編纂，1938 年修補），「會寧」図幅（1918 年編纂，1938 年修補），「吉州」図幅（1918 年編纂，1937 年修補），「洪原」図幅（年代不明），「元山」図幅 1918 年編纂，1938 年修補）を用いた。

にはそれぞれに特色があるが，大きくみれば朝鮮二十萬分一圖では，経緯度がわかっている地点から離れるほどズレが大きくなる傾向のあることを示唆する。

　以上に関連して言及しておかねばならないのは，朝鮮半島の手描き原図のなかにもわずかながら経緯線を記入するものがあるほか，陸軍将校が経緯度測量を試みた例も認められる点についてである。これらについては，1888 ～ 1891 年に滞在した柴山尚則による経緯度測量から検討したい [35]。これまで活動を検討してきた測量に従事した陸軍将校のなかで，柴山だけが経緯度測量を行ったと考えられ，その意義が注目される。

　1889 年の旅行の成果と考えられる柴山の「大同江概測圖」（表 5-5 の S-1）では，「モーセル氏」が作製したとされる平壌付近にまで至る大同江の水路図の写しに，柴山自身の三ヵ所での測量成果を示すものである。この「モーセル氏」という西欧系の作製者の姓からみると，柴山が「大同江概測圖」の元図とした水路図の作製は，朝鮮の「海関」によって行われたものである可能性が大きい。清国でアロー戦争前後から組織された海関は，西欧人を幹部にして組織され，税関業務のほかに気象観測や灯台の設置，水路測量を行った（Tyler 1929: 136；MacKeown 2010: 12-15）。朝鮮に設置された海関はこれをモデルにしており，清国の海関から幹部が派遣され（Lee 1988：49-59），類似の業務を行ったことが確認できる（アジア歴史資料センター資料，Ref. B12082143500；B1102923100）。またこれに関連して，前節で触れた仁川商法会議所の江南哲夫と平山房吉による「平壌及大同江筋并黄海道沿道實況報告書」では，仁川海関 [36] の測量によるとしつつ，大同江沿岸の石湖亭と鉄島（鐵島）の経緯度を記しているのも関連して注目される（仁川商法会議所 1889：26；江南 1890，表 5-8 を参照）。おそらく上記の「モーセル氏」作製の水路図に掲載されていたものであろう。ただし，この経緯度には大きな問題があり [37]，それを補正するために，柴山の測量が行われたと推測される。その意図は，それまで大同江の河口部に限られていた水路情報を [38]，平壌付近まで達する上記「モーセル氏」の水路図によって内陸部に拡張し，そこに至る水運の可能性を明確にするところにあったと推測される。朝鮮半島の西海岸には開港地となっていた仁川以北には良好な港がないこともこれに関与することは，あらためていうまでもない。

　さて，「大同江概測圖」に記された柴山の経緯度観測の説明によれば，太陽の子午線高度により

第5章　朝鮮半島における初期外邦測量の展開と「朝鮮二十萬分一圖」の作製

表 5-8 「大同江概測圖」（1889 年 8 月）に記入された経緯度と植民地期作製の 20 万分の 1 図
（1918 年）にあらわれた経緯度

地　点	仁川海関の示した経緯度	大同江概測圖（1889 年）	朝鮮二十萬分一圖（1918 年）	備　考
平壌大同門練光亭	──	東経 129 度 9 分 10 秒 北緯 39 度 14 分 29 秒	東経 125 度 45 分 北緯 39 度 1 分	平壌市街地南東部
石湖亭	東経 115 度 29 分 36 秒 北緯 38 度 26 分 29 秒			特定困難
沙月洞	──	東経 125 度 33 分 北緯 38 度 33 分 41 秒	東経 125 度 33 分 北緯 38 度 48 分	吾新面薔月里
鐵　嶋	東経 125 度 27 分 36 秒 北緯 38 度 36 分 47 秒	東経 125 度 37 分 44 秒 北緯 38 度 45 分 33 秒	東経 125 度 38 分 北緯 38 度 39 分	三田面鐵島里

注　仁川海関の示した経緯度は，仁川商法会議所（1889：24, 26 による）。なお植民地期作製の 20 万分の 1 図（朝鮮総督府臨時土地調査局編纂，やはり「朝鮮二十萬分一圖」と呼ばれる）は，「平壌」図幅（1918 年編纂，1937 年修補）と「海州」図幅（1918 年編纂，1928 年修補）により，備考に対応する地点を示した。なお「沙月洞」の「沙」と「薔月里」の「薔」は類似する音を示していると考えられる。

緯度測量を求めようとしたが，太陽の位置が高すぎ，「両高度」で代替したという[39]。また経度については「太陽時角法」を用いたという。この記述から角度の計測には六分儀を，経度測量にあたってはこれに加えてクロノメーターを使用したと考えられる。

　これらでえられた結果を示すのが表 5-8 となるが，植民地期の三角測量で作製された地図に示された経緯度と比較すると，沙月洞・鐵島の経度を除いて大きな問題がみとめられる。この両地の緯度を比較すると，沙月洞が鐵嶋よりも北方にあるのに，前者の緯度が小さく示されているという矛盾[40]がみとめられる。また平壌大同門の緯度・経度についても，首尾よく観測ができなかった可能性が高い。

　柴山によるもう一つの手描き原図である「迎日灣略圖」には経緯線が示されている。この図の作製に際し経緯度の測量を行ったかどうかは不明であるが，海岸線や経緯度，さらに水深の測点も基本的に「朝鮮東海岸図」（表 3-2 の 3，ロシア製図が原図）に従っている。

　ところで，これ以前の朝鮮半島に関する手描き原図で，海岸部を描くものには，海図を用いていることがあきらかなものが多いが，それに記入された経緯度を手描き原図に描く場合はみとめられない。他方中国大陸については，第 4 章でみたように，こうしたかたちでの海図の利用はさかんに行われており，そこでの測量や手描き原図作製の経験のある柴山にとっては，当然行うべきものであったと考えられる。なお，柴山が清国で作製した図には，いうまでもないことであるが，いずれも経緯度の記入がある[41]。

　柴山が朝鮮について作製した図でもう一つ触れておきたいのは，すでに触れた『東京地學協會報告』掲載の「朝鮮の河流」（柴山 1891）の付図（「洛東江略圖」，20 万分の 1）である。釜山に近い洛東江の中流から河口にかけて流路を図示する。これにも経緯度が記入されており，基本的に「朝鮮全岸」の経緯度に従っている。また清國二十萬分一図のように，図郭が台形になっており，下（南）端の緯線の長さは上（北）端の緯線の長さよりも長い。ただし，この「洛東江略圖」は，朝鮮二十萬分一圖の 56 号「大邱府」図幅や 61 号「晋州」図幅と比較すると違いが大きく，その作製には利

151

用されなかったようである。

　手描き原図の中でもう一つ経緯度を示すのは，前節で触れた渡邊鐵太郎と石川潔太の「従清國鳳凰城至朝鮮國黄州旅行圖」（表5-5のWI）である。清国側から鴨緑江をこえて平壌，さらに黄海道の黄州に至るもので，全4枚よりなる。石川は清国に派遣されたことがあり，それに際して作製した手描き原図（「直隷東北地方旅行圖」LCCN：92682904）には同様に直交する経緯線が記入されており，この図の経緯線も同様のやり方で記入されたものであろう。ただしこの経緯線記入の根拠については示されていない[42]。その最南部の図幅（第4図）にみえる注記（「此中保山ヨリ平壌ニ至ルノ間大同江沿岸ノ地勢ハ実測ノ確正ナル者ニアラス蓋シ江流ノ方向東ニ偏シ石湖亭ノ位置随テ中和ニ過接ス」）では，一部に位置関係の不正確なところがあることを示している。この点からしても経緯度は，ここで特定するのは困難ではあるが，少数の地点のデータを手がかりに外挿的に記入されたことがあきらかである。この図で平壌の経緯度が東経125度44分，北緯38度46分付近に示され，表5-8の平壌の経緯度と比較するととくに緯度に大きな差がみとめられる。これはそのような操作の結果と考えられる。

　以上，将校たちの手描き原図のなかで経緯線や経緯度を示す例を見た。このうち柴山の「大同江概測圖」，渡邊・石川の「従清國鳳凰城至朝鮮國黄州旅行圖」が平安道のなかでも重要部分を描いているのは注目に値する。残念ながら防衛研究所千代田史料の朝鮮二十萬分一圖には，平壌付近の図幅（図5-6にみえる23号「安州」，28号「平壌府」，29号「成川府」，33号「海州」，34号「開城府」）が欠けており，それらの利用が確認できないが，平壌付近の交通路や水路，さらに平安道の沿岸部を通過して義州，さらに国境の鴨緑江をこえて鳳凰城に至るルートは，日清戦争だけでなく日露戦争でも戦場や兵站線[43]となった地域であり，その部分の地理情報を充実させた可能性がある。

　経緯度や経緯線に関連してさらに触れておきたいのは，前節の末尾で触れた表5-5のA-1「朝鮮全圖」（別名「韓國全圖」，口絵写真6，約100万分の1）である。20万分の1図の図郭を示す経緯度を記入している点で注目される。朝鮮二十萬分一圖の一覧図（図5-6）と概観が類似する点でも注目に値し，以下この図が朝鮮二十萬分一圖の作製のどのような段階で準備されたか検討してみたい。

　まず注目されるのはこの図のベースマップである。当時朝鮮半島については，精度の高い近代地図はなく，どのような図を用いたか注目される。この有力候補としては第1章で触れた「朝鮮全圖」（1875年および1876年刊，表2-2の2および3，100万分の1，口絵写真1参照）が考えられ，比較したところ，海岸線の形状や清国との国境線などに類似する部分が多く，基本的にこれを元図としたと考えられた。ただしこの両図に記入された経緯度の位置は大きく違う。この点でもうひとつ重要なのは，ベースマップとなった1875および1876年刊の朝鮮全圖にみられる経緯線は，これまでみてきた「朝鮮東海岸圖」（1876年刊）や「朝鮮全岸」（1882年刊），ひいては今日刊行されている地図に近い。これに対して手描き朝鮮全圖の緯線は，1875年および1876年刊の朝鮮全圖と比較すると，6〜7分ほど北側にズレるだけでなく，経度でも東へのズレがみとめられ，その大きさは南方では10分程度なのに，咸鏡道の北東端にいくと30分ほどにも達する。

　結論からすると，1876年刊の朝鮮全圖だけでなく，手描き朝鮮全圖も円筒図法にあたるもので

152

第5章　朝鮮半島における初期外邦測量の展開と「朝鮮二十萬分一圖」の作製

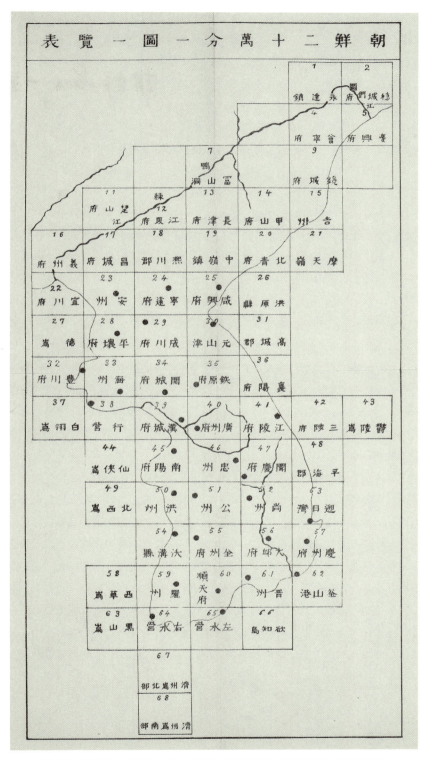

図5-6　「朝鮮二十萬分一圖一覽表」（防衛研究所史料閲覧室，千代田史料）

描かれているのに，後者に描かれた図郭を示す経緯度は，それぞれの図郭を台形に描くため，経線の間隔が北に行くほど狭まっている。また緯線は個々の図郭では直線だが，東西に長くみると少し南側に垂れ下がるように湾曲した形となっている点も留意される。これらの点からすれば，手描きの朝鮮全圖に示された経緯線は，正確さを犠牲にして，やがてできあがるであろう朝鮮二十萬分一の一覧図のイメージを示すために強引に記入されたものということができる。

　こうした手描き朝鮮全圖では，個々の図郭の番号が図5-6の示す図郭に合わせるような鉛筆書きの番号で修正されているのも，そうした経緯度線の役割を示唆するものといえよう。はじめは手描き朝鮮全圖のような図郭の配置がイメージされたが，計画の進行の中で図5-6のように変更されたわけである。

　このような経緯線を示す手描き朝鮮全圖ではあるが，そこに記入された6名の陸軍将校の年次別の旅行ルートは，すでに指摘したように，その偵察活動の拡がりを理解するのにかけがえのない資料である。表5-2および5-4，さらに各手描き原図に記載されたルートを俯瞰できる。これから朝鮮半島の海岸地帯が彼らの偵察でほぼカバーされているのに対し，清国との国境については，初期の海津三雄の旅行（1883年春と秋）以来，何度もこの地域に接近したが，なお未踏破部分を残すこととなったことがわかる。これらの部分は，図5-6の図郭番号の欠落からもわかるように，図幅が作られなかったと考えられる。この点は図5-1のベースマップとした假製東亞輿地圖にも反映されており，豆満江の上流部を描きながらも白頭山を描かず，国境線の位置の特定が充分でなかったことをうかがわせる。その点からすると図5-6も，1876年刊の朝鮮全圖（口絵写真1）や手描き朝鮮全圖（口絵写真6）から後退しているようにみえるが，これらでは基本的に将校たちの旅行によって確認された交通路や地形を表記していることとなる。上記のように，倉辻の1895年の旅行はこの未踏破部分の調査をめざしていた。

　以上，朝鮮二十萬分一圖の編集に際して行われた作業について，その一部のプロセスの解明をこころみた。将校たちの測量の方法の検討につづいて，手描き原図にみられる鉛筆による書き込みを検討し，地磁気方位の正方位への補正の方法を推定した。くわえて海図から外挿されたと考えられる朝鮮二十萬分一圖にみられる経緯線について触れ，さらに経緯度の記入のある手描き原図と検討を進めてきた。この結果，朝鮮二十萬分一圖の編集はオーソドックスな方法が各局面で適用され，ある程度の誤差をともないながらも，なんとか朝鮮全土の把握が可能となったことが判明した。同じ経緯度の図郭を採用した植民地期作製の20万分の1図の対応する図幅と比較対照しても，細部はともかく，全体としては一致度が高いことが確認できる。もちろんこの場合，中心地間を結ぶ主要ルートを軸としており空白の部分がめだつが，1875年および1876年刊の朝鮮全圖と比較すると格段の進歩である。

第 5 章　朝鮮半島における初期外邦測量の展開と「朝鮮二十萬分一圖」の作製

4．朝鮮二十萬分一圖と日清戦争

　　朝鮮二十萬分一圖の原図の一部が完成に近づいていたことが確認できるのは，清國二十萬分一圖と同じ 1893 年 1 月末となる。参謀本部第二局長の高橋維則は「二十萬分一清國地図三十一面朝鮮地図拾九面」が至急必要なので写真版で各 100 部の試験的な印刷を依頼した（アジア歴史資料センター資料，Ref. C07081943600）。これに対し，陸地測量部長代理の關定暉は，陸地測量部では多忙であるが，16 版以内であれば年度内の完成が可能とし，それに必要な費用を申請して承認されることになった（同，Ref. C07081943500）。この結果同年 3 月 28 日に完成して参謀本部第二局に送られたのが「朝鮮圖秘密十六面」で，各 3 部と少数に過ぎなかった。次いで 6 月 12 日に送られたのがやはり朝鮮の平壤（平讓と表記）と安州の 2 面で，各 100 部，さらに 6 月 24 日に送られたのが「清國ノ分十六面」，各 100 部とされている。

　　このうち朝鮮関係の図には同年 4 月からの参謀本部第二局員の伊地知幸介（少佐）の朝鮮国内視察が密接に関係する。当時，伊地知は参謀本部次長の川上操六（中将），参謀本部第一局員の田村怡與造（少佐），同第二局員の柴五郎（大尉），さらに坂田嚴三（陸軍経理学校教官）とともに朝鮮に旅行した。その行程には不明な点が多いが，4 月 28 日～ 5 月 6 日の間漢城に滞在した川上らとともに，朝鮮国王に謁見した（アジア歴史資料センター資料，Ref. B07090447500，亞細亞問題研究所舊韓國外交文書編纂委員会 1969b：388[44]）。またその後に漢城駐在の渡邊鐵太郎とともに咸鏡道や平安道を旅行したことが確実である（表 5-2）。上記の「朝鮮圖秘密十六面」の納入届の脇に伊地知の印が見られるところから，伊地知がこれらの地図を朝鮮旅行の際に持参したことに疑問の余地はない。伊地知はその後ウラジオストクにも立ち寄ったようである。朝鮮側への護照申請では元山より帰国するとされており，その際を利用したとみられる。

　　川上らのこの旅行については，日清戦争の前年に行われただけあって，その意義が強調されている（五十嵐 2001：村上 1992:347-354）。漢城では清国公使の袁世凱，天津では李鴻章，北京では總理衙門の慶親王と会見するほか軍事施設や工場なども視察していることからもそれがうかがえるが，ただしその目的や意図の詳細については，推測の域を出ていない。他方伊地知と渡邊の旅行は，印刷ができたばかりの朝鮮二十萬分一圖を参照しながら行われ，日本軍の上陸地や行軍ルートの予察であった可能性が大きいと考えてよいであろう。

　　初期は偵察用にわずかだけ印刷された朝鮮二十萬分一圖は，明治 26 年度（1893 年 4 月以降，翌年 3 月まで）に作業が進行し，全 31 図幅が印刷された。並行して清國二十萬分一圖も 31 図幅印刷されている（アジア歴史資料センター資料，Ref. C10072998400）。関連して興味ぶかいのは，同年度には「従釜山港至全羅右水營沿道誌」・「従華盛頓灣至京城沿道誌」・「従元山港至京城沿道誌」・「従釜山港至京城中路沿道誌」・「従馬山浦至京城沿道誌」が，翌明治 27 年度は「従釜山港至京城東路誌」・「全西路誌」が刊行されたことである（上記アジア歴史資料センター資料）。いずれも「沿道誌」と表記されているが，コラム 4「沿道指鍼」・「沿道圖説」・「沿道誌」に示したように「沿道圖説」であ

155

ったとみてよい。このうち「従釜山港至京城中路沿道誌」・「従釜山港至京城東路誌」・「全西路誌」が合冊されてコラム4表1に示した「従釜山港至京城三路沿道圖説」とされたと考えられる。朝鮮二十萬分一圖は，ルート図の性格が強く，その説明書である「沿道圖説」が並行して刊行されたことは，両者合わせてはじめて現場で効果的に利用できると考えられていたことを示している。

　1894年夏に日清戦争が開始された。その頃の朝鮮二十萬分一圖については，朝鮮半島に派遣されていた第五師団とその留守部隊への配布状況がわかる（アジア歴史資料センター資料，Ref. C06061159200，1894年8月19日）。釜山と元山に上陸し，平壌に向かっていた同師団主力には「朝鮮廿万分一図同一覧表」が配布されていた。ただし留守部隊にはまだで，留守師旅団長用に各一部（計50図幅）の配布が要請されることになった。第五師団の主力はこれらを行軍に際して使用したと考えられるが，その際には軍需物資の輸送を行う作業員の不足やその給与用の銅銭の不足といった問題がともなうこととなった（山村2003）。

　上記のような沿道圖説に対する当時の要求は多かったようで，1894年10月28日には「最早本営内残本無之」という状態になり，大本営は「各々五拾部」を至急送るよう藤井包聰（参謀本部副官部御用取扱，陸地測量部長）に依頼している（アジア歴史資料センター資料，Ref. C06061209100）。

　ただし，平壌の占領（9月16日）を過ぎて鴨緑江の渡河作戦の成功（10月26日）以後になると，戦線が清国内に移るとともに軍需品の輸送も最寄りの大孤山港を通じて行われるようになって（原田2008：114-120，162-176），朝鮮二十萬分一圖や朝鮮国内に関する沿道圖説への需要は急速に低下したと考えられる。アジア歴史資料センターの資料では10月31日の大本営からの朝鮮二十萬分一圖50枚の送付依頼，11月5日の同図発送済を知らせる電報（Ref. C06060839000）以後，関連する記事がみられなくなる。

　これにかわって重要性を増すのは清國二十萬分一圖となる。第五師団を含む第一軍の場合，参謀長小川又次は10月2日に「清韓百萬分一図」150部，「清國二十万分一図」500部，「盛京省銅板図」80部の送付を大本営に依頼している（アジア歴史資料センター資料，Ref. C06061187200）。このうち「清韓百萬分一図」は，第4章第6節で触れた假製東亞興地圖，「盛京省銅板図」は表4-1に示した壬午事変直後に印刷された20万分の1図のうち，「盛京省東部圖」・「盛京省西中部圖」・「盛京省南部圖」をさすと考えられ，「盛京省南部圖」が山根武亮と小川自身によるものであったことも留意される。こうした第一軍からの要請は1895年になってもつづいた（アジア歴史資料センター資料，Ref. C06061006400）。

5．むすびにかえて

　朝鮮半島における陸軍将校の測量は，第3章でみたように，すでに日朝修好條規を締結した1876年から開始されていたが，本格的な展開は壬午事変（1882年）後に締結された日朝修好条規続約の締結以後のことになる。これによって日本公使館・領事館の館員や随員の朝鮮国内旅行が可

第5章　朝鮮半島における初期外邦測量の展開と「朝鮮二十萬分一圖」の作製

能になり，漢城・釜山・元山に駐留した将校たちが毎年春・秋に通訳をともなって各地を旅行した。また駐留地の周囲の，許可なしで立ち入りが許された地域は順次拡張されたので，将校たちはそれらの地域でも測量を行った。

　1884年12月に発生した甲申政変では，磯林眞三や随行の通訳赤羽平太郎などが群衆に殺害されたが，その後も1888年まではほぼ定期的に旅行が行われた。また甲申政変に際しては，漢城・釜山・元山のまわりについて将校たちの測量成果を集成して10万分の1図が印刷された。それ以後も柴山尚則のような特別の任務を持った将校が派遣されたが，彼らの測量成果が朝鮮二十萬分一圖の編集にどのように利用されたかは確認が困難である。また日清戦争前には，清国に派遣されていた倉辻明俊と測量技術者の藤田五郎太が派遣され，それまで踏破されていない地域を旅行した。

　朝鮮半島について作製された手描き原図も，中国大陸の場合と同様に，測量ルートがループをつくる場合は，それが矛盾なく閉合するように描かれており，手描き原図の作製に際しては，フィールドでつくられた図の閉合差を検出し，誤差を配分して下図を作図するような作業が行われたと推定される。このため手描き原図がそのままフィールドでの原図を反映していると考えることはできない。中国大陸の場合と比較して，朝鮮の手描き原図に特徴的なのは，経緯線を記入しないものがほとんどを占めるという点で，これらでは地磁気方位の補正を行わずに上記のような閉合差の処理を行ったことがあきらかである。

　したがって大部分の手描き原図について地磁気方位の正方位への補正が必要となった。それは朝鮮二十萬一圖の編集段階でまとめて行われたと推定される。さらに検討が必要であるが，手描き原図にみられる鉛筆書きの各種の書き込みの筆跡からすると，少数の製図技術者によってこの作業が行われたと推定される[45]。彼らは1888年に参謀本部測量局を改組して設置された陸地測量部の製図技術者で，自身の測量にもとづき手描き原図を作製した将校たちではなかったことが確実である。

　これに対して中国大陸では，手描き原図のかなりの部分に経緯線が記入されている。この場合，閉合差の検出やその配分作業と地磁気方位の補正作業の前後関係が気にかかるが，朝鮮半島の場合と同じように，閉合差の処理が先に行われたと考えるのが自然であろう。ただし経緯線が記入された手描き原図の作製には，さらに地磁気方位の補正，経緯線の外挿についても将校が作業したと考えられる。こうした点からすれば，中国大陸と朝鮮半島では，本章の冒頭で述べた測量をめぐる条件の違いだけでなく，製図段階の作業の担当においてもかなりの違いがあったことになる。

　中国大陸と朝鮮半島におけるこの時期の20万分の1図の作製には，別の方面でも大きな差があった。中国大陸の場合は，手描き原図をもとに清國二十萬分一圖が作製されたのは，図4-2にみられるように，南は北緯35度20分までであった。この範囲外についても多くの手描き原図が作製され，その一部は假製東亞興地圖（中国大陸では北緯35度まで）の作製に用いられたと考えられるが，他のほとんどはそのまま留保されたと考えられる。

　これに対して朝鮮半島の場合は，手描き原図のほとんどが作製に利用されただけでなく，将校たちの測量が全くおよんでいなかった済州島についても海図[46]をつかって67号「濟州島北部」，68号「濟州島南部」が作製された。20万分の1という統一的な縮尺で朝鮮全土をカバーすることが

157

目標になっていたことがうかがえる。清国と朝鮮の国土のサイズの違いがこの背景にあるとはいえ，後者の全土の統一的な縮尺による把握は，1875年および1876年刊の朝鮮全圖の継続として位置づけることができる。ただし他方で，日清戦争の目標の一つとして，日本陸軍は朝鮮を占領することをつよく意識していたことが指摘されている（五十嵐2001）。こうした意識が地図の作製にどのように結びつくかは今後の検討課題として留意しておくべきであろう。

　以上のような朝鮮二十萬分一圖は，同時に電線の架設や道路の開鑿，鉄道の敷設に関連して現地の里程や地名を調べる目的のため，陸軍省に提供された（アジア歴史資料センター資料，Ref. C06021724800，1894年9月17日）。また同図は鉄道建設のための調査にも使用された。陸軍省は釜山–漢城間，仁川–漢城間の軍用道路（実際には鉄道）の建設をめざし，逓信省の鉄道技師仙石貢ほか5名を陸軍省御用掛としてそのルートを検討させたのである（アジア歴史資料センター資料，Ref. C06061237900，1894年10月20日）。仙石はこれに際し「朝鮮國地圖」として20万分の1，100万分の1図各5部の提供をもとめ（同，Ref. C06021768200），他の技師たちと分担して現地での調査を行い，1895年4月30日にその報告として，各種図面，表，さらに提供された図を提出した（同，Ref. C06022432200[47]）。広域をカバーする朝鮮二十萬分一圖は当時こうした調査に利用できるほとんど唯一の地図であった。

　くわえて触れておかねばならないのは，1895～1896年に朝鮮半島南部を旅行したロシア軍の測量班が利用した日本製の地図についてである。その紀行文に登場する1デュイムでおよそ4.5ヴェルスタ[48]を表示するこの地図は，ロシアの中国・日本担当武官から提供されたもので，おおむね正確であり，旅行中有用だったという（カルネイェフ大佐・ミハイロフ中尉，1992：168）。この縮尺は約19万分の1となり，朝鮮二十萬分一圖と判断される。日清戦争後，ロシア側がこれをどのように入手したか注目される。また1895年には，在朝鮮日本公使館付の楠瀬幸彦陸軍砲兵中佐を通じて朝鮮王族（王子）の要望が伝えられ，それに応じて「参謀本部新製朝鮮国及清国北部ノ圖1/200000一揃」を同中佐に送る指示が大本営副官の大生定孝より出されている（アジア歴史資料センター資料，Ref. C06061312900）。これにあたっては，当時の対朝鮮関係のほか，図の軍事的意義に関する評価も考慮されたと考えられる。

　朝鮮二十萬分一圖は，1900年になると「軍事機密」から「秘密」にグレードが下げられ（同，Ref. C06083366800），1904年には逓信省にも提供された（同，Ref. C06040576200）。しかし日露戦争にあたっては，印刷数が減少し清國二十萬分一圖の8分の1程度となるだけでなく，「韓國五万分一図」や「東亜二十万分一図」，さらには「清韓二万分一図」に取って代わられようとしていた（同，Ref. C07082419300）。臨時測図部は他方[49]，東亜二十万分一図がまだ整備されていない地域についてはこれを利用した（同，Ref. C07082428900）。

　なお清國二十萬分一圖と同様に，朝鮮二十萬分一圖は，假製東亞輿地圖の元図として使用された。地理情報の少ない朝鮮については，1875年刊行の朝鮮全圖がドイツやアメリカで地名をアルファベットで表記しつつ再刊されたことに触れた（第2章第4節）。假製東亞輿地圖は市販されたこともあって，その朝鮮半島の部分はこれをリニューアルするものとして国際的にも評価されたが，それ

第 5 章　朝鮮半島における初期外邦測量の展開と「朝鮮二十萬分一圖」の作製

については，コラム 5 「日本作製図の国際的利用」で触れたい。

謝辞

　本稿作成にあたり，アメリカ議会図書館（The Library of Congress）の The Geography and Map Division（G&M）の皆様，とりわけ，Dr. John R. Hébert や Ms. Min Zhang, Ms. Tammy T.Y. Wong には地図の閲覧に際し，大変お世話になった。また，Asian and Middle Eastern Division の藤代眞苗氏，菅井則子氏，Ms. Hiromi Shimamoto, および Asian Reading Room の皆様にも調査中終始お世話になった。とりわけ藤代氏には，滞在中公私ともに様々な便宜を図っていただいた。末筆ながらここに記して厚く御礼申し上げます。

　なお，本研究には科学研究費（JSPS 科研費 JP14208007, JP19200059）ならびに平成 17 〜 21 年，国土地理協会，社会教育機関等への助成，外邦図研究グループへの助成（代表者：小林茂）を使用した。

注

1）朝鮮半島に関する将校たちの手描き原図および朝鮮二十萬分一圖については，すでに渡辺・山近・小林（2009）で概括的な検討を行った。本章ではこの成果をひきつぎ，朝鮮二十萬分一圖の編集と利用のプロセスにアプローチする。

2）日朝修好条規続約（1882 年 8 月 30 日締結）では朝鮮側の当局は禮曹とされていたが（統監府編 1906：82-83），同年 11 月には統理衙門の設立が指示され，12 月初旬にはそれが統理交渉通商事務衙門と改称されて，将校たちの地方旅行に関する事務を担当することとなった（後述）。

3）朝鮮半島各地の緯度および北京を基準とする経度については，朝鮮での測定値が「正宗大王実録」巻 33，正祖 15（1791）年 10 月壬子に示されているが（学習院東洋文化研究所編 1966：471-472），参照するほどの意義はなかったと考えられる（Ledyard 1994：311 の Table 10.7 を参照）。

4）アジア歴史資料センター資料（Ref. C07082419300, 1905 年）所載の「自三十七年十一月至三十八年三月下旬地図印刷紙数概算」によると，「清國二十萬分一図」が 40 万 2 千枚であったのに対し「韓国二十萬分一図」5 万 2 千 8 百枚にすぎなかった。

5）おそらく明治天皇が多数の図を並べて参照するために，邪魔になる周囲を切り取ったと考えられる。

6）近世地誌は日本の江戸時代から明治初期にかけて作製された地誌をさしているが（白井 2004：21-34，340-343），東アジアの同時期における地誌には共通する点が多いと考えられる。なお『朝鮮地誌略』だけでなく，日本国内に関する「皇国地誌」も，島津（2002）の想定するような近代的性格には乏しく，近世的な形式を踏襲しており，そのために後者では編纂が中途でうちきられたとみるべきである。

7）このうち磯林・海津・渡邉逑・岡・三浦・柄田・柴山の経歴等については，すでに渡辺・山近・小林（2009）に触れている。なお渡邊鐵太郎の手描き原図は石川潔太との共作であるが（後掲の表 5-5 を参照），石川が朝鮮に駐在したという記録にはまだ接していない。

8）ただし，やはり漢城にいた私費語学生，近藤道堅が殺害された（アジア歴史資料センター資料, Ref. A15110365500）。

9）この資料で上野も長崎県士族であったことがわかる。

10）鮫島は，李の地位について府使の尹雄烈に次ぐとしている。

11）この日付が表 5-1 にみえるものと 1 日ずれるのは，『舊韓国外交文書』にみえる申請書に記載された日付を示しているからである。

12）渡辺の名は「述」と表記されることが多いが，「逑」が正しいと考えられる（アジア歴史資料センター資料, Ref. B07090446200, 0027 マイクロ頁参照）。

13）護照が磯林だけに交付されたのは，たまたま朝鮮から清国に派遣する使節があり，磯林がそれに同行するので心配ないと朝鮮側が判断していたからという（酒井 2009：94-97）。また朝鮮国王は磯林の安全について深く懸念したという（「竹添弁理公使機密信抄録，在朝鮮将校旅行ニ関スル件」広瀬編 2001a：517-518）。

14）『朝鮮地誌略，慶尚道之部』（陸軍参謀本部 1977：130-131 丁）には将校たちの偵察によると思われる「鳥嶺城」に関するやや詳しい記述がある。現状については，轟（2005）を参照。

15）1883 年 10 月末に調印された朝英修好通商条約および朝独修好通商條約（酒井 2009：8183）をさしていると考えられる。

16）海津の初期の旅行の行程を示すこの図は，假製東亞興地圖（1894 年製版）の「吉州」・「漢城」図幅を軸に，西側は「奉天」・「芝罘」図幅，北西は東亞興地圖の「昌圖」図幅（1898 年製版），北は同「吉林」図幅（1904 年修正版），北東は同「浦鹽斯德」図幅（1925 年製版）の画像を貼り合わせてベース・マップとした。ただし假製東亞興地圖以外の図の刊行年はさまざまであり，貼り合わせても道路や河川が整合しないことが多い。また図郭の関係で隣接する図の接合には問題がないが，本図のように接合すると境界が整合しない。しかし当時の日本による東アジアの地理情報の把握が示されており，敢えて接合した。

17）アジア歴史資料センター資料（Ref. B07090446200）に含まれる「機密信第三十三号」では 10 月 21 日に元山を出発し，12 月 30 日に同地に帰着した。

18）ただし，近藤（1891）はこの条約がその後も批准されず，ロシア側は担当者を派遣せず，朝鮮側も事務官一名を派遣しているだけと述べている。その後もロシア側は国境に領事館を設置せず，朝鮮側商人がロシア側に出かけて農産物や農具を販売し，その代金で繊維製品などを購入して帰るという通商が行われただけという（佐々木 2005）。なお朝露国境付近の当時の社会問題については秋月（1991）を参照。

19）豆満江口の結氷は 12 月末〜3 月末とされ（水路部 1933：204），それに近い慶興附近では海津の滞在中には結氷しなかったと考えられる。

20）死傷者リストの幾度の肩書きとして「磯林歩兵太尉随行私費生徒」と記されている（アジア歴史資料センター資料，Ref. C03030032300）。

21）亞細亞問題研究所舊韓國外交文書編纂委員會（1969a：288）には岡も旅行したとしている。

22）ただしこの資料では漢城を「原城」と誤記しており，注意を要する。

23）この報告の原本には樋口の撮影した写真を掲載した副本があったようである。

24）江南らの旅行記は当時注目されたようで，『東京地學協會報告』にその抜粋ともいえる「平壌記事署」（江南 1890）さらに「朝鮮黄州記事署」（筆者不詳 1890a），「朝鮮内地旅行心得」（筆者不詳 1890b）が掲載されている。

25）石川潔太は「直隷東北地方旅行圖」（LCCN：92682904）をのこしている。また同様に中国に派遣されていた柴山尚則は，「従北京至天津圖」（LCCN：92682875），「福建江西廣東巡歴路上略図」（LCCN：92682897），「福建省　自龍巌州至上杭縣」（1883 年 7 月，LCCN：95685407）を残している。

26）この日付は朝鮮側の日付で，日本側の暦では 6 月 7 日にあたる。

27）金炳始の統理衙門の幹部としての役割については酒井（2016：39-65）を参照。

28）原文では署理公使。

29）そこでは，「（朝鮮では）…人力車馬車等ハ夢ニモ見ルコト出来ス然ルニ輿ハ大分入費ヲ要ス…馬モ全様ナリ然レトモ輿ヨリハ安クシテ且ツ荷物モ駄シ得ルノコトナバレ（原文のまま）大ニ便宜ナリ大概ハ馬ニテ辛抱スヘキコトナリ」（括弧内引用者）と述べている。

30）この1882年刊の「朝鮮全岸」の忠実な覆版図がロシアから1884年に"Karta Poluostrova Korei s" Ostrovami Tsu-sima i Iki"というタイトルで刊行された（鳴海邦匡氏提供のアメリカ議会図書館所蔵図の写真による）。これは日本の朝鮮沿岸の測量が，国際的に評価されたことを示すものと考えられる。なお「朝鮮全岸」の改訂版が1896年に図示範囲を拡大して刊行されており，そこでは破線で描かれた海岸線が大きく減少している。

31）正方位への補正が不可欠なのは，コンパスによる地磁気方位が長期的にみると変化し（地磁気の永年変化），また経緯線も描けないからである。

32）1882年に陸軍は水路局に対し「朝鮮国近海実測図」264枚の譲渡を願い出て，譲り受けている（アジア歴史資料センター資料，Ref.C07080961800）。海図は手描き原図の地磁気方位の補正や経緯度の外挿のために利用されたと考えられる。

33）同様の他の数値をみると，角度は5分を単位として記入されている。

34）「従元山津至蔚山兵營路上圖」（表5-5のO-6）の1号および2号に記入された朝鮮二十萬分一圖の図郭線など。

35）『舊韓國外交文書』には測量器具などを入れた柴山の荷物の通関に関する申請がある（亞細亞問題研究所舊韓國外交文書編纂委員会1969a：681）

36）朝鮮の「海関」は開港地であった仁川・釜山・元山に設置された。ただし残念ながら仁川の海関についてさえ，その詳細には不明な点が少なくない（仁川府編1933：254-259）。

37）表5-8に示した植民地期の20万分の1図に示された平壌の経緯度と比較すると，誤記の可能性があるが，緯度で40分，経度では10度15分もの差がある。

38）第2章第4節に示すように，大同江についてはアメリカ海軍の測量が行われ，その成果は「朝鮮全図」（1976年版，口絵写真1）にも反映されていた。

39）直接南中時の太陽の高度を観測できず，子午線の両側での観測を行って推計したと考えられる。

40）これについては誤記の可能性も考えられる。

41）柴山による「従北京至天津圖」（LCCN：92682875）および「福建省　自龍巖州到上杭縣」（1883年，LCCN：95685407）。なお朝鮮半島に派遣される前にやはり中国大陸で活動した三浦自孝の場合，その描いた図（「従江蘇省清河縣至山東省泰安府路上圖」1882年，LCCN：92682880および「廣東省城近傍之圖」1883年，LCCN：92682887，ただし松島克己と合作）には経緯線が描かれていない。

42）なお，清國二十萬分一圖の147号にみられる鳳凰城の経緯度は，東経124度2分，北緯40度26分だが，渡邊・石川図では，東経123度45分，北緯40度36分と大きな差がある。

43）大同江河口の鎮南浦は日清・日露戦争期に重要な上陸地点として兵站基地となった（アジア歴史資料センター資料，Ref. C06061932400；C14111036900）。

44）川上らはその後水路で仁川にもどり，芝罘，天津，北京，上海を巡回した（五十嵐2001；村上1992：347-354）。

45）高木（1961：9）は，「韓国二十万分一図」（あるいは「隣邦二十万分一図」）は，陸地測量部で「当時地図課の二，三名～七，八名の技手，製図専任の将校の手により明治二七年（一八九四）に完成された」としている。

46）この原図は1882年刊の「朝鮮全岸」の可能性が高い。なお，67号「濟州島北部」，68号「濟州島南部」とも海岸線の内側は島名を示すだけで，あとは空白である。

47）報告書には現場での測量による鉄道予定路線の縦断面図や平面図（縮尺は1インチ6チェーン［4752分の1］など）を付していた。

48）このロシアの尺度についてはコラム5「日本作製図の国際的利用」を参照。なおこの部分の訳文では，

「四露里」（露里はヴェルスタの訳語）とされているが原文では，“$4\frac{1}{2}$ berst”であることが確認できる（Tjagai ed. 1958：136）。

49）臨時測図部は日清戦争や日露戦争に際して編成された戦時測量組織で，戦後にも活動を延長した（第4章第6節ならびに小林2011：93-102）。

参考文献

秋月望　1991.「朝露国境の成立と朝鮮の対応」明治学院論叢国際学研究8：23-37.

亞細亞問題研究所舊韓國外交文書編纂委員会　1969a.『舊韓國外交文書，第1巻（日案1）』高麗大學敎出版部.

亞細亞問題研究所舊韓國外交文書編纂委員会　1969b.『舊韓國外交文書，第2巻（日案2）』高麗大學敎出版部.

五十嵐憲一郎　2001.「日清戦争開戦前後の帝国陸海軍の情勢判断と情報活動」戦史研究年報4：17-33.

井田浩三　2012.「簡易測量による外邦図（清国）の新たな図の紹介」外邦図研究ニューズレター9：13-39.

江南哲夫　1890.「平壌記事畧」東京地學協會報告12（1）：43-52,（2）：41-49.

海津三雄　1884a.「朝鮮北部内地ノ實況　義州行記」東京地學協會報告6-2：3-41.（一部，地学雑誌に抜粋掲載. 海津三雄　1894.「義州府」地学雑誌6-70,585-589.）

海津三雄　1884b.「朝鮮北部内地ノ實況（二）　慶興紀行」東京地學協會報告6-3：11-29.

学習院東洋文化研究所編　1966.『李朝實録，第四十八冊（正祖九-十六年）』学習院東洋文化研究所編.

カルネイェフ大佐・ミハイロフ中尉　1992.「一八九五-一八九六年の南朝鮮旅行」ゲ・デ・チャガイ編『朝鮮旅行記』平凡社（東洋文庫547）.

木村光彦・浦長瀬隆　1987.「開港後朝鮮の貨幣と物価」社会経済史学53（5）：607-635.

國會圖書館立法調査局編　1965.『舊韓末條約彙纂，下巻』ソウル：國會圖書館立法調査局.

小林茂　2009.「『外邦測量沿革史草稿』解説」小林茂解説『「外邦測量沿革史草稿」解説・総目次』不二出版5-25.

小林茂　2011.『外邦図：帝国日本のアジア地図』中央公論新社（中公新書2119）.

小林茂　2014.「ワシントン大学・ハワイ大学からの外邦図収蔵の報告」外邦図研究ニューズレター11：i-iii.

小林茂・渡辺理絵・山近久美子・鳴海邦匡・藤山友治・小林基　2014.「アメリカ議会図書館蔵『清國二十萬分一圖』の解説と目録」外邦図研究ニューズレター11：66-78.

近藤眞鋤　1891.「朝鮮に就て」東京地學協會報告13（1）：3-11.

酒井裕美　2009.『開港期朝鮮における外交体制の形成：統理交渉通商事務衙門とその対清外交を中心に』一橋大学大学院社会学研究科博士論文.

酒井裕美　2016.『開港期朝鮮の戦略的外交1882-1884』大阪大学出版会.

佐々木揚　2005.「露朝関係と日清戦争」『日韓歴史共同研究報告書（第1期）第3分科篇，第1部』日韓文化交流基金，127-150.

佐々充昭　2014.「朝鮮時代における疫病流行と黄海道九月山三聖祠における檀君祭祀」桃山学院大学総合研究所紀要39（3）：241-259.

島津俊之　2002.「明治政府の地誌編纂事業と国民国家形成」地理学評論75（2）：88-113.

柴山尚則　1891.「朝鮮の河流」東京地學協會報告13-6：3-18.

白井哲哉　2004.『日本近世地誌編纂史研究』思文閣出版.

仁川商法会議所　1889.『朝鮮平安黄海両道商況視察報告』仁川商法会議所.

仁川府編　1933.『仁川府史』仁川府.

水路部　1933.『朝鮮沿岸水路誌，第1巻』水路部.

對支功勞者傳記編纂會　1936.『對支回顧録．下』對支功勞者傳記編纂會.

高木菊三郎　1961.『明治以後日本が作った東亜地図の科学的妥当性について』高木菊三郎（私家版）.

高橋秀直　1995.『日清戦争への道』東京創元社.

ダレ著・金容権訳　1979.『朝鮮事情』平凡社（東洋文庫367）.

統監府編　1906.『韓国ニ關スル條約及法令』統監府.

轟博志　2005.「韓国における歴史遺産を活用した観光マーケティング：聞慶市の古道を事例に」立命館
　　地理学17：39-54.

原田敬一　2008.『戦争の日本史19日清戦争』吉川弘文館.

南相瓔　1991.「日本人の韓国語学習」教育学研究（日本教育学会）58（2）：11-132.

筆者不詳　1890a.「朝鮮黄州記事畧」東京地學協會報告12（6）：37-40.

筆者不詳　1890b.「朝鮮内地旅行心得」東京地學協會報告12（3-4）：53-56.

広瀬順晧監修・編集　2001a.『参謀本部歴史草案　5』ゆまに書房.

広瀬順晧監修・編集　2001b.『参謀本部歴史草案　6』ゆまに書房.

広瀬順晧監修・編集　2001c.『参謀本部歴史草案　7』ゆまに書房.

松原孝俊・趙眞璟　1997.「厳原語学所と釜山草梁語学所の沿革をめぐって」言語文化論究（九州大学）8：
　　47-59.

松本重威編　1938.『男爵目賀田種太郎』故目賀田男爵傳記編纂會.

村上勝彦　1981.「隣邦軍事密偵と兵要地誌（解説）」陸軍参謀本部編『朝鮮地誌略1』龍渓書舎：3-48.

村上兵衛　1992.『守城の人：明治人　柴五郎の生涯』光人社.

陸軍参謀本部　1977.『朝鮮地誌略，慶尚道之部』朝鮮図書覆刻会.

陸軍参謀本部編　1981.『朝鮮地誌略1：京畿道・忠清道・咸鏡道』龍渓書舎.

陸軍参謀本部編　1985.『朝鮮地誌略2：平安道・江原道・全羅道』龍渓書舎.

山村健　2003.「日清戦争期韓国の対日兵站協力」戦史研究年報6：117-133.

渡辺理絵・山近久美子・小林茂　2009.「1880年代の日本軍将校による朝鮮半島の地図作製：アメリカ議
　　会書館所蔵図の検討」地図（日本国際地図学会）47（4）：1-16.

Ledyard, G. 1994. Cartography in Korea. in *The History of Cartography vol. 2, book 2, Cartography in the Traditional East and Southeast Asian Societies*, ed. by J. B. Harley and D. Woodward, 235-345, Chicago: University of Chicago Press.

Lee, Yur-Bok 1988. *West Goes East: Paul Georg von Möllendorff and Great Power Imperialism in Late Yi Korea*. Honolulu: University of Hawaii Press.

MacKeown, P. K. 2010. *Early China Coast Meteorology*. Hong Kong: Hong Kong University Press.

Tjagai, G. D. 1958. *Po Koree: Putešestvija 1885-1896 gg*. Moskva: Izdateljstvo Bostočnoi Literaturji.

Tyler, W. F. 1929. *Pulling Strings in China*. London: Constable.

コラム4

「沿道指鍼」・「沿道圖説」・「沿道誌」

　中国大陸に派遣された陸軍将校の測量による地図として最初に刊行されたのは，第4章の表4-1に示した大型の4枚の20万分の1図で，朝鮮国境の鴨緑江畔から北京にいたる地域をカバーするものであった。朝鮮における壬午事変（1882年）にともなう軍事的緊張が日本と清国の戦争に発展する可能性が懸念され，急遽印刷されたのである。この地図にあわせて刊行されたのが「沿道指鍼」と命名された小冊子の案内書で，上記4枚の図にみえる中心地やそれらをむすぶ交通路について簡潔な説明を付している（コラム4表1）。交通ルートを細かく区分し，中心地についてはその規模や城壁，軍事的特色，道路についてはその長さ通過しやすさ，河川やそれにかかる橋，沿道の景観などを記載し，海外の見知らぬ土地を行軍する将校に情報を提供することとなった。これが依拠した情報について『直隷省盛京省沿道指鍼』の「直隷東部沿道指鍼」は，「此書ハ彼地ヲ旅行セシ諸氏ノ紀行日記等ヨリ其要ヲ摘ミ鈔録セシモノナリ」，また後部約4分の1を占める盛京省に関する部分（コラム4表1では「(盛京省沿道指鍼)」と表記）は「是編清國駐在我陸軍将校紀行中ヨリ抜萃纂集スルモノトス」と述べ，将校らの見聞によるデータとしている点は注目される。ただしコラム1「満洲紀行」で触れた島弘毅や梶山鼎介の紀行文と比較するとかなり詳細で，記載された集落の戸数も増大している。

　ともあれ壬午事変後にこれら「沿道指鍼」がすぐに利用されるという機会はなかった。その間清國二十萬分一圖，さらにやや遅れて朝鮮二十萬分一圖が整備され，この種の図がカバーする範囲は急速に拡大した。これをうけて日清戦争開戦直前に整備されたのが「沿道圖説」となる。コラム4表1は，筆者が現物を確認したものだけを示しており，朝鮮半島に関するものばかりであるが，他の資料が触れる『従威海衛至濟南府沿道図説』が作製されたことは確実である（アジア歴史資料センター資料，Ref. C07082106400）。また『盛京省沿道図説』さらには『直隷東部沿道図説』という名称のものも登場するが，新たに「沿道圖説」として編集されなおしたものか，あるいは「沿道指鍼」を改名しただけのものかは未

確認である。

　各「沿道圖説」では，冒頭に總説があり，地勢，道路，河川のほか，巻によっては耕作や糧秣（入手できる食料），運輸材料（調達できる労働力や牛馬数），霖雨雪氷季節について触れている。また「沿道誌」とされる部分は表形式で，集落の名称が最上段に，その下段に戸数が示されるなど，記載箇所を容易に特定できるよう工夫されている。さらに関係各地間の里程表のほか「政表」として大規模集落の名称と戸数，役所数，飲料水，現地で調達できる軍需品，牛馬数，輿数，船の数や馬車数を記載する。また情報をアップデートする努力もみられ，「従元山港至慶興府沿道圖説」の「沿道誌」末尾では慶興府について「明治廿年露国ト約ヲ結ヒ此地ヲ以テ陸地貿易場ト定メタレトモ未タ露人ノ來商セルモノナシ」と海津三雄の旅行（第4章参照）以降の経過について触れる。

　「沿道指鍼」と比較すると，現場での行軍のために必要な情報が充実しているのがあきらかである。これらは，1881年に定められた「参謀将校内國地理実査心得」に示された指示とよく類似する（広瀬監修・編集，2001：11-14）。「沿道圖説」で「沿道誌」と呼ばれている部分は，この心得では「沿道地誌」としてその記入例「甲號雛形・乙號雛形」が示されている。「政表」と呼ばれている部分は同名でやはりその記入例「丙號雛形」がみられる。とくに「政表」では，軍事的な意義をもつ地域データとして基本的に同じ項目を記載することが目標とされていたことがうかがえる。これに関連して，当時国内ではすでに『共武政表』が整備され，データの更新も行われていたことが留意される。

　第5章でみるように，日清戦争における朝鮮半島での行軍に際しては，朝鮮二十萬分一圖と「沿道圖説」がセットで利用された。ただし軍需物資の輸送，要員の不足やその給与のための銅銭の不足など，多くの問題がたちまち発生し，軍事行動の制約となった（山村2003）。「沿道指鍼」や「沿道圖説」の系譜をひく案内書である「沿道誌」がその後も刊行されたが，この反省をふまえて，さらに軍事行動に関与

164

コラム4　「沿道指鍼」・「沿道圖説」・「沿道誌」

する地域情報の記載項目を増加させることになった。山砲や野砲の運搬の可否や河川の橋の有無，徒渉の可能性，現地で調達できる食糧の量だけでなく，道路状況や積雪・気温の分布，河川の結氷期を示す地図もくわえられていった。

　この時期の地理情報としては，『満州地誌』（1979年刊）や『朝鮮地誌略』（1888年刊）が取り上げられることが多い。これらの編集方針は必ずしも同一とはいえないが，小冊子とはいえ，まったく違う視角から実務的な地理情報を整備する努力が一方で行われていたことに，さらに関心が向けられるべきかと

思われる。なお末尾になるがアジア歴史資料センターの公開資料のなかにも「沿道誌」の一部が含まれていることに触れておきたい（Ref. C13032450500; C13070023900）。

（小林茂・渡辺理絵）

文献
広瀬順晧監修・編集，2001.『参謀本部歴史草案　2』ゆまに書房.
山村健 2003.「日清戦争期韓国の対日兵站協力」戦史研究年報 6：117-133.

コラム4表1　これまで確認した「沿道指鍼」・「沿道圖説」・「沿道誌」目録

番号	図のタイトル	ページ数	年代	サイズ(cm)	収蔵機関	備考
1	直隷東部沿道指鍼	凡例・目録5頁，本文119頁	表紙：明治15年10月 目録：明治15年8月	12.9 × 9.1	大阪大学，宮城県図書館	
2	直隷省盛京省沿道指鍼　全	(a)直隷東部沿道指鍼：凡例・目録3頁，本文121頁 (b)（盛京省沿道指鍼）：前言・目録3頁，本文47頁＋正誤表	(a)凡例：明治15年8月 (b)目録：明治15年8月	12.8 × 9.1	大阪大学	漢字にルビ。表紙に樋口の朱印
3	從釜山港至京城三路沿道圖説	總論2頁， (a)中路誌：42頁， (b)從釜山港至京城東路圖説：總説3頁，東路誌14頁， (c)從釜山港至京城西路圖：總説2頁，西路誌13頁＋表	表紙：明治27年6月	13.4 × 9.7	大阪大学	
4	從仁川港馬山浦至京城沿道圖説	(a)從仁川港至京城沿道圖説：總説8，沿道誌7頁 (b)從馬山浦至京城沿道圖説：總説4頁，沿道誌4頁＋表	表紙：明治27年6月	13.5 × 9.6	防衛研究所千代田史料，大阪大学	
5	從元山港至平壌府沿道圖説・從元山港至慶興府沿道圖説	(a)從元山港至平壌府沿道圖説：總説2頁，沿道誌4頁＋表 (b)從元山港至慶興府沿道圖説：總説6頁，沿道誌18頁＋表	表紙：明治27年6月	13.5 × 9.7	大阪大学	
6	從元山港至京城沿道圖説	總説4頁，東路誌12頁，西路誌6頁＋表	刊行期なし（「明治二十五年外務省……」の記載有り）	13.2 × 9.6	防衛研究所千代田史料	
7	從京城至義州府沿道圖説	總説7頁，從京城至義州府治道圖説（原文のまま）32頁＋表	表紙：明治27年6月	13.5 × 9.6	大阪大学	
8	満州沿道誌	巻之一：凡例・總説・目次8頁，本文153頁＋図 巻之二：目次4頁，本文129頁＋図	凡例末尾：明治33年9月	12.2 × 8.9 12.3 × 9.0	防衛研究所千代田史料	
9	満州沿道誌（訂正版）	第一巻：總説・凡例・目次9頁，本文390頁＋図	表紙に明治37年2月訂正	？	防衛研究所千代田史料	
10	福建省沿道誌	巻之一：凡例・目次4頁，本文116頁 巻之二：目次2頁，本文101頁＋図	凡例末尾に明治33年10月	12.3 × 8.8 12.3 × 8.9	防衛研究所千代田史料	巻之二がアジア歴史資料センター資料，（Ref. C13032450500）にみられる
11	烏蘇利沿道誌	凡例目次7頁，本文170頁，図・表	凡例末尾に明治33年10月	12.3 × 8.9	防衛研究所千代田史料	

コラム 5

日本作製図の国際的利用：ドイツ製東アジア図の検討から

本格的な近代測量にもとづいたものではないが，清國二十萬分一圖と朝鮮二十萬分一圖，さらにそれらを集成した假製東亞輿地圖は，近代地図の作製が遅れていた東アジアに新しい地理情報をもたらした。他方，日清戦争とそれにつづく時期は，西欧諸国の東アジア諸国に対する関心が高まり，また「三国干渉」のようなかたちで，政治的・軍事的関与が強まる時期でもあった。それまで北京とその周辺の地域については，各国の領事あるいはそれに準ずる西欧人が個人的ともいえる活動として地図作製を行ってきたが（Kobayashi 2016），とくに北清事変（義和団事件，1900 年）に際しては日本を含めた多くの国が清国に出兵し，戦時測量による地図作製を拡大した。日本も測図班を派遣し，山海関付近の 2 万分の 1 地形図を作製している（小林・小林 2013）。

この時期の西欧諸国の地図作製は，当時の日本の地理学者の関心を呼び，小川琢治による「日露交戦地方の重要なる地図について」（小川 1904）や加藤武夫によるドイツの地学協会誌の記事の紹介（加藤 1905），山崎直方による「支那の地図につきて」（山崎 1905）のような記事がみられる。これらで共通してとりあげられているのは，ドイツとフランスがそれぞれ作製した東アジアの 100 万分の 1 図で，とくに小川はそれに際して假製東亞輿地圖が資料として取り入れられていることを指摘している。ここではドイツの東アジア図を例に小川の作業をさらに進めて，当時の日本作製図の国際的役割について検討してみたい。

ドイツの東アジアに関する地図作製は，山東省の膠州湾（青島）への進出を契機にさかんに行われ，初期は山東半島の地図が主体に作製された。その代表例は *Karte der Provinz Schan-tung*（山東省図，縮尺65 万分の 1，Hassenstein, 1898）で，おもに日本と中国の資料によるとする副題がついている。その依拠した日本製図は，軍用図としながらも縮尺を明記していない。ただしこの図と假製東亞輿地圖の膠州図幅（100 万分の 1）や清國二十萬分一圖の 77 号図幅を比較すると，この図の方がかなりくわしいことがわかる。またドイツの植民地地図学を検討した Hafeneder（2008: 158）が紹介する，Die Kiau-Tschou Bucht

und Umgebung（膠州湾とその周辺）と題する 75 万分の 1 図（Petermanns Mitteilungen 掲載，1898 年）も，やはりかなりくわしい内容であるが，日本製の山東図と英国製海図によるとする副題を示している。新たな植民地経営にあたって，当初は基礎的情報として先行する日本の地理情報に依存したが，独自に収集した情報も盛り込まれたことがあきらかである。

ドイツの図でもう一つ注目されるのは，前述の100 万分の 1 図で，朝鮮半島から中国大陸をカバーする Karte von Ost-China（東アジア図，プロイセン陸地測量部刊[1]）である。縦（緯度）が 4 度，横（経度）が 6 度の横長の図郭で，假製東亞輿地圖（各図郭は縦が 2 度 30 分，横が 5 度）よりも大きいが，同じ縮尺という点もあって類似した印象を与える。全 21 枚で，そのうち假製東亞輿地圖の図示部分の刊行年は 1901〜1904 年である。コラム 5 図 1 から奉天の描き方は假製東亞輿地圖の「奉天府」図幅にみえるものを少し改変して採用していることがわかる。また朝鮮の Söul 図幅および Pyöng yang 図幅がカバーする部分の内陸部は，假製東亞輿地圖の「吉州」図幅や「漢城」図幅の翻訳という印象がつよく，小川琢治の指摘があてはまる。ただしその他では，上記の山東省の図のように，ドイツの図の方がくわしい場合が多い。日本が独占的に地理情報を収集していた朝鮮半島とちがい，清国領では各国の地理情報収集が日清戦争以後さかんに行われたことを示している。

ドイツはこの後も地図作製に努力し，直隷省と山東省について 20 万分の 1 図を作製した。Karte von Tschili und Schantung（「直隷山東輿地圖[2]」）というタイトルで全 63 枚よりなり，刊行は 1907 年である。タイトルだけでなく地名も漢字とアルファベット両者で示しており，その努力がうかがえる。

この図をみて気になるのは，図郭が清國二十萬分一圖と同じという点である。各図の図示する範囲は東西が経度 1 度，南北が緯度 40 分とサイズが同じというだけでなく，図幅の区切りが清國二十萬分一圖と同じになっており，比較がたいへん容易である。こうした図郭だけでなく内容についてもドイツ製地図は清國二十萬分一圖をまねたものではないかと考

コラム5　日本作製図の国際的利用：ドイツ製東アジア図の検討から

えられやすい。確かにそのように考えられる部分もないわけではないが，たとえば北京とその周辺を描くそのE10図幅を清國二十萬分一圖の126号図幅と比較してみると，ドイツ製図の方が圧倒的にくわしい。また各図幅の上部には三角点らしい測点と道路を通じた測線のようなものを示し，1880年代の日本陸軍の将校たちよりは高い密度で精度の高い測量を行ったことがうかがえる。しかも清國二十萬分一圖の図示範囲の西南部に新しい図幅を20以上も加えている。そうなってくるとなぜ清國二十萬分一圖の図郭を採用したかわかりにくくなってくるが，ともあれ日本作製図のパイオニア性を利用するのが能率的であったのではないか，とここでは考えておきたい。また図郭はともかく，清國二十萬分一圖や假製東亞興地圖の内容は，刊行時にはパイオニア性が高かったが，10年あまりの間にそれを参考に作製された後発の図に大きく追い越されてしまったことにも気づく。

ところでドイツはこの「直隷山東興地圖」の刊行前の1904〜1905年にMarshrouten-Karte der Prov. Mukden，（奉天省行軍路図，縮尺168,000分の1[3]）を刊行する。この元図はロシア軍の測量によるMaršrutna kartj Mukdenskoi provincii, 1901-1902（奉天省行軍路図，ロシア陸軍参謀本部刊）で[4]，そのロシア字表記を直したものである。ロシアは北清事変後の満洲の占領を利用して，奉天（Mukden）付近で7名の測量者に「行軍路線測量」を行わせ，「4露里図」を作製した（金窪2010）。「4露里図」とは，4ヴェルスタ（露里と訳されているヴェルスタの長さは1.067キロメートル）を1デュイム（2.54センチ）で表示するもので，縮尺は168,000分の1となる。ドイツは，翻訳・複製にあたり，このロシア特有の尺度にもとづく縮尺をそのまま採用したわけである。

縮尺はちがうが，この図郭をみるとやはり清國二十萬分一圖と同じである。ここでも日本作製図をまねたのではないかと思いがちであるが，そうした箇所はほとんどみあたらない。しかも，上記20万分の1図と同様，この場合も東北方に十数図幅を新たに加えている。ロシア製図の多くは色刷りであるが，ドイツの複製図の多くはモノクロで，文字部分をのぞけば清國二十萬分一圖にきわめてよく類似し，測量したルート間の空白がめだつ。ただし空白部分をくらべると清國二十萬分一圖の方が大きく，これを充実させたようにさえ観じられる。また元図となったロシア製図にくらべてドイツ製図の記載が豊富な場合もあり，単に複製するだけでなく，独自の調査によってさらに内容を充実させたようだ。

ともあれ，ロシア図の多くの部分は日本軍将校が行ったようなコンパスによる方位と歩測による測量によって描かれたことに疑問の余地はない。ただし，経緯度測量もあわせて行ったらしいことは，奉天の位置が日本作製図では東経123度38分，北緯41度52分付近に描かれるのに対し，ロシア製図やドイツ製図は東経123度25分，北緯41度48分付近に描いていることからもわかる。これらでは奉天の市街地をコラム5図2のように描き，ドイツが100万分の1図に描いた日本図から流用の奉天図から，ロシアの描いた奉天図に乗り換えたこともあきらかである。なおロシアは北清事変後の占領期に旅順や大連に近い地域で三角測量によって本格的な地図を作製した。奉天付近はそうした本格測量の対象にはされず，速成の測量が行われたわけである。

ところで，ドイツがこの図群を印刷したのは日露戦争期にあたる。ロシア軍にとっては現用であったと考えられる図群をドイツがどのように入手したかという点に関心がひかれるが，関連して触れておきたいのは，ドイツが1905年8月に在東京公使を通じて東アジアの地図作製のための資料提供を求めてきたことである。要望されたのは吉林省の鉄道路線などに関する情報で，この図群がカバーする地域より北方となる（アジア歴史資料センター資料，Ref. C04014238700）。ちょうど日露戦争の最終的な講和が結ばれるころで，日本陸軍はその地域がまだロシア軍の占領下にあるなどという理由でドイツの要請を断ることとなった。これからすればドイツはロシアと日本という交戦当事国の両方から地理情報を得ようとしていたわけで，その背景も注目される。なお，日本は同年10月になって中国大陸北部〜満洲の100万分の1図を全15図幅ドイツに提供したようである。この提供は，すでにドイツ側も入手している図であることを承知の上での儀礼的な贈与であったと考えられる。

以上，近代地図の整備の遅れていた当時の東アジアで，地理情報がつぎつぎと改訂されて，国際的に流通していたプロセスの一端を示した。日本の作製した地図を広い視野のなかで位置づけ，その意義を知るには，同時にこうした枠組みのなかでの多角的な検討が不可欠である。また日本作製図のパイオニア性は，以上からすれば，多少の欠点はあるにせよ，この東アジアで20万分の1図と100万分の1図の作製が可能だということを実例によって示したところにあるように思われる。

（山近久美子・渡辺理絵・小林茂）

清國二十萬分一圖 154 号「清國盛京省奉天府」（国立国会図書館蔵）

假製東亞輿地圖「奉天府」図幅（1894 年）（国立国会図書館蔵）

ドイツ製 100 万分の 1 図 Mukden 図幅（1901 年）（アメリカ議会図書館蔵）

コラム 5 図 1　清國二十萬分一圖 154 号，假製東亞輿地圖「奉天府」図幅，ドイツ製 100 万分の 1 図 Mukden 図幅にみられる奉天（現瀋陽）

清國二十萬分一圖 154 号にみられる奉天は，伊集院兼雄の手描き原図「満州中部ノ圖」の 7 号「奉天府遼陽城」（1882 年 1 月）による。

注
1）東洋文庫の画像データベースを参照した。
2）アメリカ議会図書館地理・地図部所蔵図を利用した。索引図から全 22 図幅であることがわかるが南西部の 9 図幅が欠けている。
3）アメリカ議会図書館地理・地図部所蔵図によるが，全点はそろっていない。
4）アメリカ議会図書館地理・地図部所蔵図による。索引図より全 38 図幅であることがわかるが，一部欠落している。

文献
小川琢治 1904.「日露交戦地方の重要なる地圖について」地學雜誌 16（184）：260-264.
加藤武夫 1905. "Fortschritte in der Herstellung einer Erdkarte im Mattstabe 1: 1000000" von Albrecht Penck（紹介記事）．地質學雜誌 12（145）：336-339.
金窪敏知 2010.「ロシア軍による日露戦争戦場の地図作製」外邦図研究ニューズレター 7：9-27.
小林茂・小林基 2013.「北清事変に際して作製された 2 万分 1「山海関」地形図」外邦図研究ニューズレター 10：53-59.
山崎直方 1905.「支那の地圖につきて」地質學雜誌 12（146）：371-378.
Hassenstein, B. 1898. Karte der Provinz Schan-tung mit dem deutchen Pachtgebiet von Kiau-tschou. Hauptsächlich nach japanischen und chinesischen Quellen. Gotha: Justus Perthes. ※説明書とモノクロ

コラム 5 図 2　ロシア製奉天省行軍路図のうち Ⅳ-5 図幅にみえる奉天（1901 年）（アメリカ議会図書館蔵）

画像はアジア歴史資料センター史料，Ref. C06091315600，カラー画像は東洋文庫で閲覧可。

Hafeneder, R. 2008. German Colonial Cartography 1884-1919. Doctoral dissertation of Bundeswehr University Munich.
Kobayashi, S. 2016. Imperial cartography in East Asia from the late 18th century to the early 20th century: An overview. Jimbun Chiri (Japanese Journal of Human Geography) 67（6）：480-502.

第6章　広開土王碑文を将来した酒匂景信の
　　　　中国大陸における活動

—— アメリカ議会図書館蔵の手描き外邦図を手がかりに ——

山近久美子・渡辺理絵・小林　茂

1．はじめに

　広開土王碑は，391 年に高句麗王に即位し，412 年に死去した広開土王（好太王）の功績をたたえるため，高句麗の都であった，現在の中国吉林省集安市[1] の郊外に 414 年に建てられた記念碑である。この碑文にみえる「倭」に関する記事は，倭と朝鮮半島に関わる東アジア古代史上第一級の史料と位置づけられ，明治以来多くの検討が行われてきた（佐伯 1976）。碑文は当初陸軍参謀本部によって研究されたが，これを日本に初めてもち帰った人物についての詳細は長らく不明であった。しかし，1970 年代には佐伯有清らによって，広開土王碑文の墨水廓塡本を最初にもち帰った人物は，酒匂景信（1850-1891）であることがあきらかにされた（佐伯 1976）。他方でその間の酒匂の任務や行動には不明な点が多く，多くの点で議論を呼ぶことになった（佐伯 2005：11-15）。

　筆者らは，ワシントンのアメリカ議会図書館（The Library of Congress）で 1880 年代に描かれた日本軍将校による中国大陸・朝鮮半島の多数の地図（以下「手描き原図」）を発見し，そのなかに酒匂景信作製と記入する手描き原図を数十点確認することができた。これまで酒匂自筆の資料はほとんど知られておらず，これらの手描き原図は，その中国大陸における活動や集安までの通過経路，さらには碑文の将来時期に関連する新資料になると判断された。本章は，この紹介と分析を中心に，広開土王碑文の将来者である酒匂景信の中国大陸における活動の経過をあきらかにし，あわせて従来の課題にアプローチするものである。

　本題に入るにあたって，ここでは広開土王碑に関する研究史と論点を概観しておきたい。その発見は，1880（光緒 6）年という説が最有力視されている（武田 1988）。その後 1884 年前後に，中国および日本において広開土王碑研究が開始された（池内 1938）。中国，特に北京の金石学者たちは拓本を収集し，釈文を作り，碑文の内容を考証した（徐 2006）。日本における初期の研究は，倭の活動が 1890 年代当時の日本の朝鮮半島，中国東北部への進出と重なることに関心があったとされ

る（濱田1973）。これに対して，朝鮮民主主義人民共和国の金錫亨（1968）や朴時亨（1985[2]）は，日本における碑文研究とは異なる見解を示し，再検討の必要性を日本の研究者にも認識させた。朴はまた，陸軍大尉のスパイ「酒匂景明」が現地を通りかかった時，現地住民によって碑文の拓本がとられているのを見て，その一部を買い取り本国へもち帰ったことを指摘した（朴1985：318）。

　他方中塚明（1971）は，広開土王碑文の拓本が最初に日本にもたらされた時期は，1884（明治17）年であること，その拓本を最初に日本にもってきた人物は，日本の参謀本部の将校である陸軍砲兵大尉「酒匂景明」で，彼が直接広開土王碑の立地する輯安でこれを手に入れてきたこと，拓本の解読・解釈が引き続いて参謀本部で行われたことを指摘した。中塚の成果に続き，佐伯（1976）は，これまで伝えられてきた「酒匂景明」の名前が酒匂景信であることをあきらかにし[3]，さらに参謀本部が，朝鮮より清国沿海に及ぶ地理政誌の調査研究を行っており，酒匂はこのような参謀本部の地理政誌の研究の一環として雙鉤本を将来したことなど，参謀本部と朝鮮研究の関係をあきらかにした。

　その間，在日コリアンの李進熙（1972）が拓本を整理検討し，酒匂の将来した拓本は，酒匂が碑文の一部をすりかえた上，雙鉤した雙鉤加墨本であることを主張して注目された。また参謀本部が日清戦争の時に作製した拓本と酒匂雙鉤加墨本を比較検討した上で，酒匂の「犯罪行為」を隠すために「石灰塗付作戦」を行ったことなどを主張した。李の問題提起を契機として，古田武彦（1973）や永井哲雄（1973）によって検討が行われ，酒匂の経歴についても情報が蓄積された。

　ところで広開土王碑文の内容は，大きく三つに区分される。第一段では始祖伝説に続いて，広開土王の功徳をたたえ，立碑の目的を記している。第二段は，広開土王の勳績を編年体的に記した部分である。第三段は守墓烟戸を規定し，広開土王の遺訓を記す。この解釈をめぐる論点の中心は，第二段中の辛卯年（391年）に倭が海を渡り，百済や新羅をうち破って「臣民」とした，と読み取れる部分をどう解釈するかであった。「渡海」の主体を倭と理解するのか高句麗とするのかなど，明治期以来，多くの論考が出されている。碑文の解釈が多岐にわかれてきた背景には，広開土王碑の調査が容易でなく，碑文も風化や破損などのため，釈文しにくい部分が少なからず存在するという事情がある。また拓本採取の便のため，碑文に石灰が塗布されていたという点も関連する。

　1980年代以降は，中国においても研究が展開し（徐2006），日本軍による「石灰塗付作戦」に疑問を呈する論考もあらわれた（王1984）。また日本，中国，韓国の研究者によるシンポジウムが開かれた（三上ほか1985：王ほか1988；東京都目黒区教育委員会編1993）。その後，石灰が塗布される以前の碑文の拓本（原石拓本）が史料として追加され（武田1988），「石灰塗付作戦」に対しては否定的意見が多くなっている。さらに2003年には，広開土王碑を含む集安市周縁の高句麗遺跡が世界文化遺産に指定された（武田2007）。

　以上のように，広開土王碑に関する研究は，碑文の解釈だけでなく，拓本の性格，研究の進め方についても多くの関心をよび，碑文の最初の将来者とされる酒匂景信の役割が，とくに李進熙の主張以後，注目されることになった。今回発見した地図は，こうした酒匂の，中国大陸，なかでも集安での行動に関する新資料となるものである。

第 6 章　広開土王碑文を将来した酒匂景信の中国大陸における活動

　　以下，第 2 節では，酒匂景信の中国大陸における行動の軌跡を手描き原図がもたらす情報により
概観する。第 3 節では酒匂作製の手描き原図について検討し，第 4 節では，広開土王碑周辺を描い
た「滿洲東部旅行図」の分析から，酒匂がたどった集安への経路，さらには酒匂の集安での活動を
示すとされる「碑文之由来記」との関係について考察する。

2．中国大陸における酒匂景信の旅行と滞在

　　1850（嘉永 3）年 8 月 15 日に宮崎県都城蔵馬場で生まれた酒匂（図 6-1，宮崎県立総合博物館 1992
による）は，1874（明治 7）年 9 月に，陸軍教導團砲兵科学術卒業の證状を受け取り，同年 10 月 25
日に陸軍軍曹に任じられた。翌 1875 年に軍曹を免じられ，1877 年 3 月 7 日に陸軍士官学校の士官
見習生徒であった酒匂は，1879 年 2 月 4 日には陸軍少尉となって，東京鎮台砲兵大隊に配属される。
さらに翌 1880 年 2 月に参謀本部出仕となり，同年 9 月 3 日に清国へ差遣が命令された（永井
1973）。
　　派遣将校在任中の酒匂については，わかっていることが少なく，従来は『對支回顧録，下』の「（明
治）十三年九月清國差遣の命を受け，十月六日玉井曨虎少尉と上海に渡り君は更に北京に北行した。
君は爾後北京及牛莊に在ること前後四年。曩に滿洲を調査した島弘毅，伊集院兼雄等の後を襲いで，
専ら北支及滿洲の兵要地誌資料蒐集及び調査に任じ，十七年五月砲兵大尉に進級と共に歸朝を命ぜ
られ（後略，括弧内引用者）」という記述（對支功勞者傳記編纂會 1936：237）が参照されてきた。ア
メリカ議会図書館に残されている酒匂の手描き原図には，すでに第 4 章でもしばしば触れたように，
幸い他の陸軍将校の図にはみられない注記のあることが多く，その間の行動について貴重な手がか
りをあたえてくれる。表 6-1 は，酒匂作製の手描き原図のリストもかねて，それぞれの図のための
測量時期，清書の完成時期を中心に関連事項を示している。以下この表によりながら，酒匂の中国
大陸における行動を考えてみたい。
　　酒匂の描いた図は大きく分けて北京近傍図と旅行図に分けられる。前者は第 4 章第 6 節で触れた
ように，縮尺 5 万分の 1 の北京近傍圖に編集された（口絵写真 5 ならびに図 4-7 を参照）。手描き原
図の縮尺は 4 万分の 1 となっている。これに対して旅行図は 20 万分の 1 または 10 万分の 1 で，清
國二十萬分一圖の編集に利用された。
　　酒匂の描いた「北京近傍図」には作製年の記載がないが，表 6-1 に示したように清國二十万分一
圖の北京図幅（口絵写真 4[4]）の元図のひとつとして記載されたので，作製年が 1881 年であったこ
とがわかる。酒匂の清国への渡航の翌年であり，その時期は北京周辺がその主たる活動の場であった。
　　つづく旅行図については，作製の経過や完成時期がわかるものが多いが，それを知る手がかりが
見当たらないのが，①「従江蘇省江寧府至山東省兗州府路上圖」である。この図群は表 6-1 では酒
匂のほか松島克己，丸子方の三名の原図となっており，なかでも酒匂の姓は，松島・丸子の姓に付
けくわえるように書かれている。また図 6-2 に示すように，この図群は酒匂の関与した手描き原図

171

図 6-1　酒匂景信（1850-1891年）

のなかで最も南方の地域を描き，江寧府（南京）を起点としており，松島や丸子の主な活動地域と近い[5]。この点からも酒匂はその作製に大きな役割を果たしたとは考えられない。

なお作製年代は不明であるが，本図群の裏書きの番号（第25号）は酒匂の旅行図のなかで最も若い。この図番号は，基本的に図または図群に一つ与えられ，番号が大きくなるに従い，後年の作製となっている。表6-1に示すように1882年提出の旅行図②「従山東省煙台経黄縣萊州膠州安邱縣沂州等至江蘇省宿遷縣漁溝路上圖」が38号であること，1883年提出の旅行図③「従北京至牛荘旅行圖」が47号，1884年提出の旅行図⑤「滿洲東部旅行圖」が74号であることを考慮すれば，裏書の図番号が25号の本図は酒匂作製の地図のなかでも初期の提出であった可能性が示唆される。

なお松島と丸子は1881年10月に清国への派遣が指令されており（アジア歴史資料センター資料, Ref. C10070979000），旅行図①はつぎに示す山東省関係の手描き原図と完成時期が大きく変わらなかったと推定される。

つづく旅行図②「従山東省煙台経黄縣萊州膠州安邱縣沂州等至江蘇省宿遷縣漁溝路上圖」は，測量の経過から完成時期までよくわかる図群である。この地図中の備考では，1881（明治14）年10月26日に「北京ヲ発シ開平営蘆臺ヲ経テ天津ニ至ル是レヲ直隷省第一図トシ天津ヨリ海路山東省煙台ニ至リ此地ヨリ黃縣萊州府等ノ地ヲ経テ平度縣ニ至ルヲ山東省第一図トシ此地ヨリ膠州高密縣安邱縣等ノ地ヲ経テ冨庄ニ至ルヲ山東省第二図トシ此地ヨリ莒州沂州府ヲ経テ大埠ニ至ルヲ山東省第三図トシ此地ヨリ剡城縣宿選縣等ノ地ヲ経テ江蘇省ノ漁臺ニ至ルヲ山東江蘇省ノ第四図トス」としている。

北京周辺での活動のあとに開始された，最初の本格的な測量活動の成果がこの図群と考えられる。起点となった山東省の煙台に至るまでに北京から天津に行くのに，まず東に進んで開平営に至り，南下して蘆臺を経由するという回り道を採用したのは，未測量のルートの測量をするためだったと考えられる。これをもとに「直隷省第一図」を作製したとしているが，この所在は判明していない。

天津からは海路で山東半島北岸の煙台に至り，表6-1に示したように南下しつつ西進して山東省各地を経由して江蘇省北部の宿遷縣（「宿選縣」は誤記。また酒匂は山東省と江蘇省の境界が「宿選縣」の南にあると誤解していた）さらにその南東の漁溝（「漁臺」は誤記）にまで至っている。なお，上記

表 6-1　酒匂景信作製のアメリカ議会図書館所蔵地図一覧

図群名	番号	各図葉名	サイズ（cm）（縦×横）	年代	縮尺	作製者	裏書き	その他	登録番号（LCCN）
北京近傍図			1：83.2×63.6 2：83.3×63.9 3：83×63 4：82.5×60 5：82.5×63 6：82.8×60 7：82.5×60.5 8：82.8×60.5	清國二十萬分一圖126号（北京）の一部は、酒匂の1881年北京近傍図によると記載	1：50,000		（欠損）京近傍図　酒匂景信製　昌平州固安縣良郷縣　第四，三二，七七，八五，八六	一枚が八枚に分断	91684759
旅行図① 従江蘇省江寧府至山東省兗州府路上圖	1	従江蘇省江寧府至山東省兗州府路上圖	88.4×64.7		1：200,000	酒匂・松島・丸子	第二十五号　第三号棚　従江蘇省江寧府至山東省兗州府路上圖　酒匂松島丸子両中尉製　紅寧府　滁州　三葉之一　集合済		92682885
	2	従江蘇省江寧府至山東省兗州府路上圖	83.5×65.0		1：200,000	酒匂・松島・丸子	第二十五号　第三号棚　従江蘇省江寧府至山東省兗州府路上圖　酒匂松島丸子両中尉製　宿州　徐州府　三葉ノ二　集合済		
	3	従江蘇省江寧府至山東省兗州府路上圖	54.8×48.4		1：200,000	酒匂・松島・丸子	第二十五号　第三号棚　従江蘇省江寧府至山東省兗州府路上圖　酒匂松島丸子両中尉製　徐州府　曝縣　鄒縣　兗州　曲阜縣　三葉之三　集合済		
旅行図② 従山東省煙台経黄縣萊州膠州安邱縣沂州等至江蘇省宿遷縣漁溝路上圖	1	山東省第弌図	69.0×97.0	1881年10月26日北京を発し、天津に到着し、「直隷省第一図」（所在不明）を作製した。天津から海路山東省煙台に至って測量を開始。完成は1882年3月	1：200,000	砲兵中尉酒匂景信	第三拾八號ノ一　第三号棚　従山東省煙台至経黄縣萊州膠州安邱縣沂州等至江蘇省宿遷縣漁溝路上圖　四葉ノ内第一　平度州萊州府　黄縣　煙台　集合済		91682877
	2	山東省第弐図	69.0×81.0		1：200,000	砲兵中尉酒匂景信	第三拾八號ノ二　第三号棚　従山東省煙台至経黄縣萊州膠州安邱縣沂州等至江蘇省宿遷縣漁溝路上圖　四葉ノ内第二　安邱縣・高密縣・膠州・平度州　集合済		
	3	山東省第弐図	69.0×69.3		1：200,000	砲兵中尉酒匂景信	第三号棚　従山東省煙台至経黄縣萊州膠州安邱縣沂州等至江蘇省宿遷縣漁溝路上圖　四葉ノ内第三　第三拾八號ノ三　酒匂中尉製　沂州府　莒州　集合済		
	4	山東省第四図（及江蘇宿遷近傍）	79.8×59.8		1：200,000	砲兵中尉酒匂景信	第三拾八號ノ四　第三号棚　従山東省煙台至経黄縣萊州膠州安邱縣沂州等至江蘇省宿遷縣漁溝路上圖　四葉ノ内第四　郭城縣　宿遷縣　集合済		
旅行図③ 従北京至牛荘旅行圖	1	三葉之内壱	67.4×95.0	1882年8月1日に北京を出発。薊州・永平府・桃林口・乾溝鎮・建昌縣・義州を経由して10月5日営口着。完成は1883年1月	1：200,000	砲兵大尉酒匂景信	順義縣　蘇州　三屯営　平谷縣　四拾八號　共三面　第三号棚　従北京至牛荘旅行圖　明治十五年　砲兵大尉　酒匂景信製		92682899
	2	三葉之内貳	69.6×101.9		1：200,000	砲兵大尉酒匂景信	永平府　平泉州　建昌縣　四拾八號　共三面　第三号棚　従北京至牛荘旅行圖　明治十五年　砲兵大尉　酒匂景信製		
	3	三葉之内参	67.5×77.3 77.5×68.5		1：200,000	砲兵大尉酒匂景信	朝陽縣　義州城　営口　四（?）拾八號　共三面　第三号棚　従北京至牛荘旅行圖　明治十五年　砲兵大尉　酒匂景信製	一枚を二枚に分断	
旅行図④ 満洲東部旅行図	1	満州東部之圖　第壹	西77×59.7 東76.5×60	1884年6月完成	1：100,000	砲兵大尉酒匂景信	海龍城　柳河鎮　山城子　噯（嗳）　嘶河路七十四号ノ壱　満洲東部旅行圖　明治十六年　酒匂景信　壱号棚　共五枚	一枚であったものが二枚に分断	92682890
	2	満州東部之圖　第貳	2-1：78×59.5 2-2：78.2×59 2-3：78×59 2-4：77.8×59 2-5：78×59		1：100,000	砲兵大尉酒匂景信	通化縣　汪清辺門　新兵堡　奥炭城　平頂山　葦子客　撫順城　奉天府　遼陽城　七十四号ノ弐　満洲東部旅行圖　明治十六年　酒匂景信　壱号棚　共五枚	一枚であったものが五枚に分断	
	3	満州東部之圖　第参	3-1：78.8×68.8 3-2：78×70.2 3-3：78×70 3-4：78×70 3-5：77.9×69.8 3-6：78×69.9		1：100,000	砲兵大尉酒匂景信	令安城　壊仁縣　城廠　襲陽辺門　撒馬集　海城縣　牛荘古城　営子口　七十四号ノ三　満洲東部旅行圖　明治十六年　酒匂景信　壱号棚　共五枚	一枚であったものが六枚に分断	
	4	満州東部之圖　第四	4-1：78×60.6 4-2：77.8×61　21.2×21.3 4-3：78.2×60.8　21.3×28 4-4：78×60.7 4-5：78×60.7 4-6：77.8×59.2		1：100,000	砲兵大尉酒匂景信	寛甸縣　永甸城　長甸城　安東縣　鳳凰城　龍王庙　岫巌城　蓋州城　七十四号ノ四　満洲東部旅行圖　明治十六年　酒匂景信　壱号棚　共五枚	一枚であったものの六枚に分断	
	5	満州南郭之圖	北50.2×66 南50×66		1：100,000	砲兵大尉酒匂景信	皮子竈　七十四号ノ五　満洲東部旅行圖　明治十六年　酒匂景信　壱号棚　共五枚		

注（1）「図群名」は図の裏側に記入された名称を、「各図葉名」は図の表に記入された名称を示す。
　　（2）旅行図③従北京至牛荘の裏書きに書かれた配置図の番号は各図葉名にみえる番号と逆になっている。
　　（3）旅行図④満洲東部旅行図の3満州東部之圖第参の裏書きの「襲」は偏と旁が逆。

173

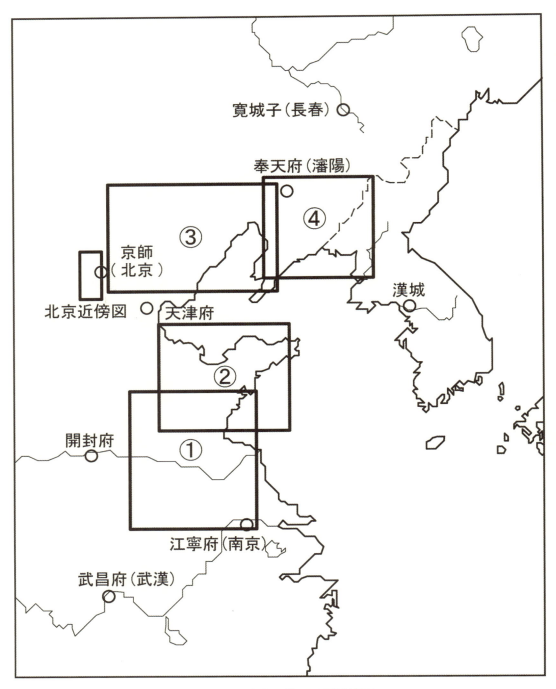

図 6-2　酒匂景信の地図作製範囲
（　）内は現在の地名．①〜④ は表 6-1 の旅行図の番号に対応．

第 6 章　広開土王碑文を将来した酒匂景信の中国大陸における活動

の旅行図①「従江蘇省江寧府至山東省兗州府路上圖」の最北端の部分は，酒匂のルートと並行しており，その成果がこの図の編集に利用された可能性も考えられる。

　なお図中には共五葉との記載があるが，後年のものである裏書には，四葉の内第一と書かれており，現在確認できる地図も四枚のみである。上掲の備考からすると，同時に提出された五枚の内，確認できない一枚はおそらく「直隷省第一図」と命名されて別の図群に分類された可能性が高い。

　旅行図③「従北京至牛荘旅行圖」は，北京を拠点に置いていた酒匂が満洲への移動に際して行った測量にもとづいている。裏書に「明治十五年砲兵大尉酒匂景信製」とあるが，酒匂が砲兵大尉に昇任する辞令は，1884（明治 17）年 5 月 31 日付なので，間違って記載された可能性も考えられる。しかし裏書の「明治十五年」は，図の完成後の，すでに酒匂が大尉になっていた時期に書かれた可能性がある。

　図の左下隅には「明治十六年一月　駐牛荘　左香敬心」と書かれる。この記述は，かつて議論の一つとなった「酒匂」の読みを「さこう」とする説を裏付ける材料となろう。地図中の「附記及図ノ符号」によれば，1882（明治 15）年 8 月 1 日に北京を出発し，北東方にむかい，薊州から永平府を経て北方に転じ，桃林口，乾溝鎮，建昌縣，朝陽縣，義州を通過して 10 月 5 日に営口[6]に到着した。「六十余日ニシテ製図スルモノナリ」と書かれるように，図中に記載の「明治十六年一月」が提出時期と考えられることから，2 ヵ月強をかけて旅行し，その後 2 ヵ月程度で提出図を作製したことになる。裏書の「明治十五年」は，したがって調査を行った時点を示そうとしたわけである。第 5 章でみた朝鮮の手描き原図も裏書きにみえる時期は，調査時を記入しており，共通の原則があったことがうかがえる。

　北京から盛京省へのルートとして，第 4 章で触れた島弘毅や梶山鼎介・玉井曨虎，さらに小川又次・山根武亮らの旅行の場合のような，渤海湾沿岸，とくに山海関を経由するルートではなく，万里の長城をこえるルートを選択したのは，主要交通路以外の偵察を行うためであったと考えられる。また「此行乗馬ニテ多クハ車ノ通過シ難キ道路ヲ経過セシモノナリトス」と，馬車が使えず，ウマに乗った旅行であったことを明記している。

　末尾の旅行図④「滿洲東部旅行図」は，牛荘（営口）に到着した酒匂が「従北京至牛荘旅行圖」を完成させてから着手した測量によって作製されたものと考えられる。それまで満洲のうち盛京省（今日の遼寧省）については東南部・中部は伊集院や玉井曨虎，西部は小川又次・山根武亮の測量があったが，いずれも次に引用する伊集院兼雄に対する指示書（1880 年 2 月 9 日，桂太郎管西局長）にみられるように，調査地域は盛京省の南部であった。

　　海路ノ開クルヤ直ニ天津ヲ發シ牛荘ニ至リ同地ニ駐在スルコト寒氣漸ク減スルニ至ラハ牛荘ヲ
　　出テ海城，蓋平，復，金州ヲ經大利掩灣ノ景況ヲ審ニシ該地ノ物産ハ勿論該灣ノ廣サ等ヲ巨細
　　ニ探偵シ旅順城ニ至リ直ニ牛荘ニ帰ルベシ總テ經過セル地ノ見取圖并ニ報告書ハ兼テ達ノ通至
　　急ニ送致ノコト（広瀬監修・編集 2001b：201）

遼東半島の偵察が命じられており，主要中心地である海城・蓋平・復州・金州のほか，第2章，第4章でも触れたように，アロー戦争で英国軍の拠点となった大連（「大利掩」）が重視されていたことがわかる。

これに対して④「満洲東部旅行図」が描くのは内陸部が中心となる（図6-2および図6-5）。盛京省の主要地域から離れているとはいえ，朝鮮との国境地帯という点が重視されたのであろう。

こうした酒匂の担当地域の性格は，彼の後にやはり牛荘（営口）を根拠地にした倉辻靖二郎に対する次のような指示書（1883年1月9日？）と比較してもあきらかである。

　　牛荘ヲ西北ニ發シ徒路ヲ取リ廣寧ヲ經テ清河門ヲ出テ此ヨリ東北長城ニ沿ヒ白土廠門彰武臺門
　　法庫及布尓圖庫門等ヲ經テ伊通門ニ至リ東移シテ舩城（吉林府城）ニ達シ更ニ寗古搭ニ出テ此
　　ヨリ瑚尓哈河ニ沿フテ北下シ三姓ニ至リ又西轉シ黒龍江ノ上流ニ沿ヒ伯彦蘇々ヲ經テ呼蘭河ニ
　　達シ南折シテ阿爾琴哈拉林城等ヲ穿テ舩城ニ復リ更ニ西北ニ向テ路ヲ適宜ニ取リ伯都納城ニ至
　　リ尚ホ進ンテ再ヒ伊通門ニ入リ之ヨリ寛城子，八家子，楡城及開原等ヲ經テ又法庫門ヲ出テ更
　　ニ鐵嶺ニ戻リ奉天府（盛京城）ヲ衝テ牛荘ニ歸ルベシ　但略圖ヲ附ス（広瀬監修・編集2001c：
　　450-453）

この倉辻のコースは，酒匂の担当地域をさらに北上した吉林省に至っている。実施時期はそれぞれちがうとはいえ，酒匂に対しては，伊集院の担当地域と倉辻の担当地域の間に入るような地域がわり当てられたといえる。酒匂の旅行図の中で，この図群だけが縮尺10万分の1となっている。他の地域と比較して大縮尺の図をつくろうとしており，酒匂自身が作業に大きな意義を感じていたことがうかがえる。その時期は1883年春から秋におよんだ可能性がある。

旅行図④「満洲東部旅行図」に関連して触れておかねばならないのは，この準備期間に参謀総長の大山巌宛ての嘆願書（「在牛荘酒匂中尉ヨリ福島清国公使館附ヲ経テ嘆願書」1883年8月8日）が提出されたことである（広瀬順晧監修・編集2001a：221-224；2001c：651-655）。酒匂の自筆資料として重要な意義をもっているので，その内容を検討しておきたい。その骨子は，派遣将校としての任期が終わりに近づき，帰国に際して朝鮮を経由したいという希望の表明で，冒頭に次のように述べている。

　　先キニ命ヲ受ケ当港ヨリ東北柵外ナル諸新開ノ地方則チ清韓両國界ナル鴨緑江筋ヨリ満洲内部
　　ノ諸要地ニ達スル大小道路ハ勿論河川山形等逐一實査仕候処万般ノ景況皆意相外ニ出サルハナ
　　ク其必要ノ地タルヤ清韓両国ノ関係ニ對シ他日ノ為メ大ニ要スル所アルハ確信シテ疑ハサルナリ

ここで「東北柵」とあるのは，清国の構築した「柳条辺牆」と呼ばれる防御線で，満洲地域の周辺部に設置されていた（吉田1977）。朝鮮に近接する地域では，「柳条辺牆」と国境付近の間の地域の開発が抑制されていたが，19世紀後半になると山東省などからの移住民によりそれが急速に進行し，

176

第6章　広開土王碑文を将来した酒匂景信の中国大陸における活動

清国側もそれを許容して，大きな地域変化が起こっていたとされている（秋月1983；山本2011）。これは清国と朝鮮の関係にも影響するので，酒匂は重要な地域となっていると主張する。

　　之レカ爲メ猶一層ノ注意ヲ加ヘ實査ヲ遂ケシモ僅ニ一江水ヲ隔タル朝鮮内部ノ實況ヲ察知スル
　　ニ由ナク又是レヲ探偵スルハ他日ノ爲メ欠ク可ラサル必要タルヲ察シ数々之ヲ試ミントセシモ
　　護照ナキ爲メニ終ニ此素志ヲ達スル能ハサルヲ遺憾ニ堪ヘス或ハ高山ニ登リ或ハ遠方ニ退キ抔
　　シ種々考察ヲ下シ是レヲ偵察セントセシモ如何セン明ヨリ暗ヲ覘定スル所謂隔靴掻痒ノ憾アリ
　　テ心益々遺憾ニ絶エヌ

酒匂は朝鮮国内の偵察活動が進んでいないことを承知しており，自分の担当する地域に隣接する朝鮮領内の偵察に熱意をもっていた。しかし朝鮮の護照（旅行免状）がなく入域不可能なため，高山に登ったり遠方に退いたりして朝鮮側を望見したが，不十分でもどかしい思いをしたとする。そこで任期が終わりに近づいた酒匂は，帰朝の旅費について，牛荘港から上海経由での海路と，義州府から韓京（漢城）を通る陸路では差がないと主張する。

　　何レノ時カ好機ヲ得テ此素志ヲ遂ケント今日ニ至ルマテ種々苦心罷在申候所景信滞清期限ノ近
　　ニ因リ帰朝ノ旅費金額已ニ御送付相成候ニ付此金額ヲ概算仕申候所当港ヨリ海路上海ヲ経帰朝
　　スル費額ト当港ヨリ義州府ヲ経陸路韓京ヲ経テ帰朝スル費額トハ格別ノ差モ生ス可ラス

さらに嘆願書は次のようにしめくくられる。

　　又海路ヨリ帰朝スル其費及日数ノ無益ニ属シ得ル所少ナキモノニ比スレハ仮令僅少ノ超過スル
　　事アルモ他日之ヲ償フ可キ益アルハ必然ノ事ト固然仕候ニ付不肖ヲ顧ミス陸路帰朝ノ義ヲ奉嘆
　　願候次第ニ御座候尤モ此方ハ管東局ニ属スト雖モ便利ニ據リテ便利ヲ求ムルノ両得策ト愚考罷
　　在候ニ付別紙順路ノ地名誌ヲ添ヘ伏シテ嘆願候間微意ヲ御憐察夫々御詮議ノ上御許容被下度此
　　段奉願上候　恐々謹言

このように，酒匂は，陸路での帰朝は海路に比して高額であっても他日償うような益があると陸路帰朝を希望したのである。

　酒匂の嘆願書には，清国公使館附歩兵大尉福島安正の添状があった（広瀬順晧監修・編集2001a：224；2001c：647-652）。福島は，酒匂が既に盛京地方は勿論のこと「鴨緑江東清韓交界之地勢」も研究したため，朝鮮を経て帰朝する願い出は実益が少なくないとして，詮議の上の指図を願い出ている。

　この願い出に対して，1883年9月3日付の管西局長歩兵大佐桂太郎の意見書（広瀬順晧監修・編集2001a：224-226；2001c：657-660）では，朝鮮内地旅行は，条約上公使館員でないので護照（旅行

177

免許状）が申請できず，名義を仮称して手続きをしようとしても，酒匂がこれまで「隠密探偵方」であったため，急に官員の身分で旅行しては，嫌疑を受けやすく，すでに帰期も決定し期日も迫っていることもあり許可されなかった。清国と朝鮮の国境付近の偵察については，朝鮮を管轄する管東局と打ち合わせ，清国盛京地方（現遼寧省）よりは清国駐在将校が巡回し，朝鮮義州地方よりは朝鮮公使館附将校が巡回し，交互してその地勢を探究する予定としている。

　酒匂の希望はかなえられなかったが，ここでは当時ようやく始まった朝鮮国内における日本軍将校の旅行について言及しておく必要がある。第3章ならびに第5章で示したように，1882年の壬午事変の後に済物浦条約とともに締結された日朝修好条規続約第二によって，日本公使，領事およびその随員の朝鮮国内の旅行が可能になった。これによって旅行を行ったのは，公使館や領事館に属した陸軍将校とそれに随行した通訳で，当初はソウルの公使館より朝鮮側に対し，磯林真三（大尉，漢城公使館付），海津三雄（大尉，元山領事館付），渡邉述（中尉，釜山領事館付）について，旅行のための護照の交付の申請を行った。ただし朝鮮側は，壬午事変の余波のため，旅行者の安全を保証できないという理由で，まず磯林だけに護照を交付し，その後になって海津らにもこれを交付することになった。この交付を受けて海津が朝鮮と清国の国境地帯の旅行に出たのは，1883年6月である。

　朝鮮経由の帰国を希望する酒匂の嘆願書が提出されたのは，以上のような時期に当たり，在朝鮮公使館・領事館員ではない酒匂のための護照の申請は不可能と判断されたわけである。また上記海津の旅行の目的地に，鴨緑江沿いの昌城から義州が含まれていた。

　くわえて清国における酒匂のステータスも障害になった。当時清国で偵察活動を行った陸軍将校のステータスについては，不明な点が多いが，北京の公使館付であった梶山鼎介（少佐）や福島安正のような場合を除き，多くは「遊歴」を滞在の名目としていたと考えられる。第4章で触れたように，旅行に際しての護照は，本人がその所属国の領事館または公使館に申請して発給されたものを，清国側当局が検照して裏書きするのが一般的であった。このような立場の日本人が，在朝鮮公使（領事）館員として，清国との国境から入国するのを不自然とするのも当然であろう。

　以上のように，酒匂は参謀本部の朝鮮半島に対する関心を背景として，鴨緑江の対岸を強く意識し，その情報収集を試みていたが，朝鮮を経由しての帰国は実現しなかった。その背景には，将校らの情報活動に関連する朝鮮側の法的枠組みがあり，1888年に柴五郎が清国から朝鮮への国境通過を試みた際にも，解決の容易でない障害が発生し，清国公使の袁世凱からの電文によってようやくそれが可能になったという事情（村上1992：303-312）も考慮しておきたい。

　なお，以上のような酒匂の手描き原図ならびに嘆願書からわかるその行動をまとめたのが，表6-2である。酒匂の清国における任務と行動についてはわかっていることが少なく，憶測ともいえる議論もあるが，手描き原図にはその経過について他では得られない情報が含まれている。清国滞在の前期は北京を拠点とし，2年目には北京近傍図のための測量と製図を行い，ついで山東省を旅行し，南は江蘇省の北部にまで至った。北京から牛荘（営口）に拠点を移したのが3年目の1882年の秋で，4年目になる翌1883年は旅行図③「従北京至牛荘旅行圖」の完成のあとは，満洲東部

第 6 章　広開土王碑文を将来した酒匂景信の中国大陸における活動

表 6-2　酒匂景信の中国大陸関連事項

年	月　日	活　動	資料
1880（明治 13）	2 月	参謀本部出仕	
1880（明治 13）	9 月 3 日 10 月 6 日	清国へ差遣命令 清国へ出発	永井（1973）
1881（明治 14）	5 月 14 日 10 月 26 日	陸軍砲兵中尉昇任 「北京近傍図」のための測量・製図 北京を出発し，直隷省，山東省調査	永井（1973）
1882（明治 15）	3 月 8 月 1 日 10 月 5 日	旅行図②「従山東省煙台経黄縣莱州膠州安邱縣沂州等至江蘇省宿遷縣漁溝路上圖」（38 号）完成，「直隷省第一図」も完成か？ 北京を出発，ウマに乗っての旅行中に測量 牛荘（営口）に到着	
1883（明治 16）	1 月 8 月 8 日 10 月 4 日	旅行図③「従北京牛荘旅行圖」（47 号）完成 満州東部調査 参謀本部長宛「嘆願書」提出 満州東部調査？ 帰朝命令	永井（1973）
1884（明治 17）	1 月 14 日 5 月 31 日 6 月 6 月 2 日 6 月 29 日	乃木希典，酒匂の「支那談」を聞く 陸軍砲兵大尉昇任 旅行図④「満洲東部旅行図」（74 号）完成 参謀本部出仕を免ぜられる 『東京横浜毎日新聞』に広開土王碑文の記事	佐伯（2005） 永井（1973） 永井（1973） 佐伯（2005）
1888（明治 21）	10 月 12 月 7 日	宮内省での碑文の解読作業に呼ばれる 碑の石摺りを天皇に献上許可	佐伯（1976：61-62） 永井（1973）

注　本文で示している資料については省略した。

の調査に専心し，帰朝命令を受けて 1883 年末〜 1884 年初頭に帰国して以後，旅行図④「滿洲東部旅行図」の製図作業に従事し，その完成とともに参謀本部出仕を免ぜられたと考えられる。

　上記の『對支回顧録，下』の記載からすれば，酒匂はそれまで満洲で活動した島弘毅，伊集院兼雄との関係が留意されるが，酒匂が牛荘（営口）に至ったのは 1882 年の 10 月で，島はもちろん，伊集院も駐在していなかったことが確実である。伊集院に帰国命令がでたのはその 1 年前の 1881 年 10 月であった。酒匂が伊集院と現地で会った可能性が高いのは，伊集院が同時期に活動した山根武亮とともに壬午事変後の 1882 年 8 月に「東三省」（今日の遼寧省・吉林省・黒竜江省）視察のために，この地域に派遣されたときだったと考えられる（アジア歴史資料センター資料，Ref. B07090446100）。

　他方，その旅行指示を示した倉辻靖二郎の場合も牛荘（営口）を拠点とし，酒匂に指導されたと考えられているが（對支功勞者伝傳記編纂會 1936：307），酒匂と同時期に同地にいたかどうかはさらに検討を要する。倉辻への指示書が出されたとされる時期と第 4 章第 4 節で触れたその旅行スケジュール（1884 年 2 月営口発）には大きな開きがあり，後者を重視すると，酒匂と同時期に牛荘（営口）に滞在したとしても，短期間にすぎなかったと考えられる。またやはり第 4 章第 4 節で触れたように，倉辻は護照を営口駐在のアメリカ代理領事 J.J.F. Bandinel から偽名を使って取得している。こうした手続きを酒匂が知っていたかどうかも，興味深い点である。

3．酒匂景信作製の手描き外邦図

　前節ではアメリカ議会図書館藏の酒匂記名の手描き原図を軸に，その清国での滞在地や旅行について検討した。これに対して本節では各手描き原図の特色を検討する。

　すでに伊集院に対する指示でみたように，将校たちの手描き原図はいずれも調査旅行の報告として提出されたものと考えられる。旅行図③「従北京至牛荘旅行圖」の附記には，「道路ノ景況村落ノ人口貧富等，都テノ景情ハ皆別ニ記行ヲ付スルモノナリ」との記述があり，酒匂は報告書を「記行」と呼んでいた。また酒匂と同時期に派遣された玉井曦虎により1884（明治17）年6月に提出された「両江楚浙江五省行路圖」（LCCN：92682905）の註記には，「遥カニ遠望セシ遠隔地ノ山陵及ヒ河川ノ如キハ之ヲ地志上ニ記シテ勉メテ圖上ニ現サス」とあるように，報告書は「地志」と呼ばれることもあった。

　その図示範囲は図6-2に示したように広範で，通行した道路とその周辺の地形を中心に書かれた，いわゆるルートマップである。方位はコンパスで，距離は輿子（かご）や馬車などの行進の速力と経過時間により測ったことは，すでに第4章第5節で酒匂の手描き原図にみられる文章を引用しつつ示した。以下では，これらについてさらに留意される点について触れていきたい（表6-1および図6-2を参照）。

（1）「北京近傍図」（表6-1の冒頭）

　酒匂作製の「北京近傍図」は，北京の西部近傍について北は昌平府の北八大嶺の麓から，南は固安縣までの範囲が描かれ，8枚にわかれている。5センチメートル四方の方格が描かれた範囲内に，歩いたルート沿いの家の分布，土地利用，河川の流路などが描かれ，さらに地形の傾斜，河の流水量，車両の通る道の指示に至るまで，メモ書きも多数見られる。ただし経緯度の記載はみられない。

　表に作製者の氏名がないが，裏書から酒匂作製であると判明した。また表裏ともに作製年代についても書かれていないが，すでに触れたように1881年に作製されたと判断した。他の図にみられる図郭を区画する枠線が引かれていないことや，鉛筆書きの箇所も多く，記名もなされていないため，提出された清書は別に存在した可能性がある。アメリカ議会図書館所蔵の「北京近傍西部」（LCCN：91684758）は，作者不明の地図であるが，メモ書きも含めた記載内容が酷似していることからこの図が清書図ではないかと考えられる。

　なお，第4章で触れたようにこれらを編集して，やはり「北京近傍圖」というタイトルで，24枚組の5万分の1図が作られている。また「北京近傍西部」については，アメリカ議会図書館がインターネットを通じて公開している画像によって井田（2012）が検討をくわえ，作者について酒匂が有力としながらも，留意点を示しているが，筆者らが公開している「アメリカ議会図書館蔵　初期外邦測量原図データベース」でみられる本図と比較すれば，類似性があきらかである。

第6章　広開土王碑文を将来した酒匂景信の中国大陸における活動

（2）「従江蘇省江寧府至山東省兗州府路上圖」（表6-1の旅行図①）

　本図群は江寧府（南京城）から北上するルートに沿って描かれた3枚組の路上図である。第1図は江蘇省江寧府から北緯33度の淮河渡河点付近まで，第2図は淮河から宿州，徐州府までを描き，第3図は徐州府から山東省の兗州府，曲阜縣までを範囲としている。第1図中上部に書かれたタイトルは，「従江蘇省江寧府到同省徐州府畧圖」であり，第2図にはタイトルが記されず，第3図には，「由徐州府到兗州府畧圖」とある。いずれも二重線で書かれた道路と，丸で示された集落，茶色いケバ記号であらわされた山地，青で着色された湖や川から成る略図というべき図である。

　なお本図には経緯線が示されており，経度・緯度とも10分間隔の直線を描いているが，その数値に記載ミスがみとめられる。

（3）「従山東省煙台経黄縣莱州膠州安邱縣沂州等至江蘇省宿遷縣漁溝路上圖」（表6-1の旅行図②）

　本図群の注記にみえる距離の計測については，すでに第4章第5節で取り上げて紹介した。注記には集落を規模により7つに分類し，それぞれの記号を示すほか，道路や電信線，兵営などについて凡例を示している。これらにならんでもう一つ「測点」と示している小さな点は，道路沿いの集落を示す丸印の中央に描かれた点をさすようで，酒匂が行った路上測図にアプローチする手がかりになる可能性がある（コラム2「路上測図」を参照）。

　なお，いずれの図でも経緯線と考えられる東西・南北の直線を描くが，図郭には経緯度の記入はなく，やはり第4章第5節で紹介した注記で触れられているように，既測の経緯度で確定したものがなかったことがその原因になっていることがわかる。この図群の第1図である「山東省第弍圖」には一部海岸が描かれており（煙台・黄縣西方など），酒匂が海図を参照したことは確実と考えられる。この点から推測すると，コラム3「清國二十萬分一圖と英国海図」に触れたような，英国海図の東アジアにおける基準点の経度変更のような事態が影響している可能性がある。

　また4葉のうち第1図では黄縣城，第2図では膠州城について拡大した詳細図（いずれも縮尺2万分の1）を描いている。

（4）「従北京至牛荘旅行圖」（表6-1の旅行図③）

　本図について付記の一部（コンパスと経緯度について）を第4章第5節で検討した。そこで触れたこと以外で重要なのは，指令に従って縮尺を20万分の1とし，山形（地形）は水準曲線（等高線）によって示しているが，その標高は目算によるため，記すことができないとしている点である。

　付記には続けて，道路の景況村落の人口貧富など，すべての景情は皆別に記行を付していること，多くは車の通過し難い直路を乗馬にて経過したものと書かれる。さらに図記号の凡例が示され，人口100以上をM，人口250以上がL，500以上がD，さらに人口1,000以上がMダッシュ，2,500以上がLダッシュ，5,000以上がDダッシュと分けられ，図中の集落横に記される。その他，大路，駄馬路，山砲道，徒歩小路，塔，陵の地図記号も示されている。

　各図には10分間隔の経緯度を示し，第1には万里の長城の黄崖關および馬蘭關付近の拡大図（い

181

ずれも縮尺2万分の1)、第2にはやはり長城の関門の桃林口の拡大図（同1万分の1)、さらに第3では義州城の平面図（同5千分の1）と城壁の前面図と断面図（ただし縮尺なし）を示している。

(5)「滿洲東部旅行図」（表6-1の旅行図④）

本図群は、図中には「滿洲東部之圖」と書かれる10万分の1図で、第壹から第四にくわえて「滿州南郭之圖」までの一連の大作である。中には3メートルを超えるような大きな図があり、第壹は2枚に、第貳は5枚に、第參は6枚に、第四も6枚に分割して収蔵されている。分割された各図葉の大きさも表6-1に示すように、標準的な大きさである。この図群は本章のなかでは重要な意義をもつので、以下少しくわしく紹介したい。

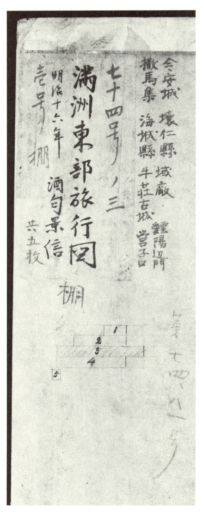
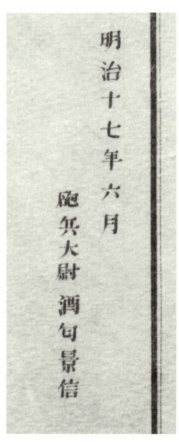

図6-3　「滿洲東部旅行図」（LCCN：92682890）のうち「滿州東部之圖　第參」の裏書き

図6-4　「滿洲東部旅行図」（LCCN：92682890）のうち「滿州東部之圖　第壹」の表側記名

第6章　広開土王碑文を将来した酒匂景信の中国大陸における活動

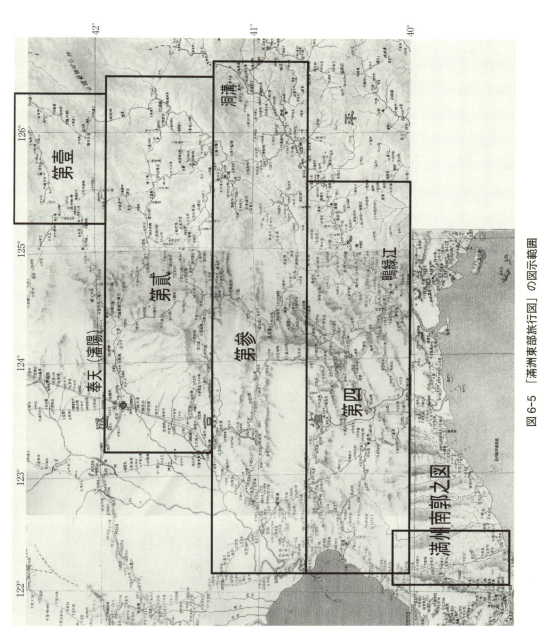

図6-5　「満洲東部旅行図」の図示範囲

本図の下地図は「假製東亞輿地圖」(1894年　国立国会図書館蔵)の奉天府・吉州・芝罘・漢城の4図幅を結合した。図中の経度は下地図記載の数値を記入した。

183

第壹の裏には「滿洲東部旅行図」、「明治十六年、酒匂景信」と墨書され、朱で「七十四号ノ壱、壱号棚共五枚」と書かれる（図6-3）。第壹から第四、「滿州南郭之圖」それぞれの図左下部に「明治十七年六月　砲兵大尉　酒匂景信」と記名されている（図6-4）。すでに他の図についてみてきたように、裏書には調査年が記入され、図中には完成（地図提出）年月が記されたと考えられる。酒匂の現地滞在を1883（明治16）年4月から7月とする佐伯（2005：11-15）の意見は、地図記載の年月と矛盾しない。なお、1884（明治17）年6月の地図提出に先立ち、酒匂は同5月31日に砲兵大尉に昇進していた。辞令を合わせて推測すれば、6月3日に礼服着用で参庁し、「滿洲東部旅行図」

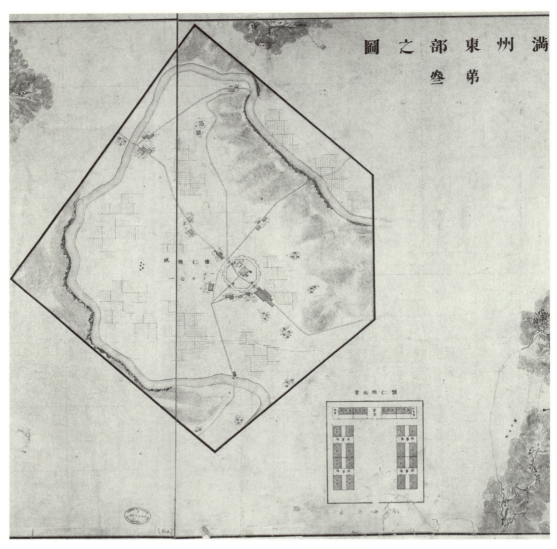

図6-6　懷仁縣城および懷仁縣兵營
「滿洲東部旅行図」（LCCN：92682890）のうち「滿州東部之圖　第参」より

第 6 章　広開土王碑文を将来した酒匂景信の中国大陸における活動

図 6-7　懷仁縣ノ A 点ヨリ五女山ヲ望ム図
「滿洲東部旅行図」（LCCN：92682890）のうち「滿州東部之圖　第參」より

などの報告を提出し，大尉昇任の辞令を受け取った上で，参謀本部出仕の被免辞令を受け取ったと考えられる。

　この図の作製範囲は，盛京省の奉天，現在の瀋陽から東方向と南方向の地域であり，北から第壹，第貳と南に下がるかたちで帯状に作製されている（図 6-5）。第壹は，調査地内最北部に当たる。第貳の範囲は，西は奉天，東は通化を含む範囲を対象とし，第參は，西の遼陽から東は懷仁（現遼寧省桓仁県），広開土王碑が所在する洞溝（現集安市）を含む。第四は西が蓋平（現蓋州市）および海城，東は鴨緑江までとなる。また，満州南郭之図には，「此図ハ工兵中尉倉辻氏ノ金州旅順口ニ至ルノ図ニ接続スベキモノナリ」との注が清書されており，倉辻との分担を承知していたこともわかる。

　この図群には，付記はみられないが，第參に懷仁縣城（縮尺千分の 1 を 1 万分の 1 と鉛筆で訂正）と懷仁縣兵営の見取り図（図 6-6）にくわえ，懷仁縣から五女山を望む図（図 6-7）や，将軍塚古墳の見取り図（図 6-8）が空白部に描かれている。また，第四図には寛甸縣城の拡大図（縮尺 5 千分の 1）のほか凡例が示され，道では，野砲道，山砲道，騎馬道，徒歩小径など，集落としては小市街，小村落，散在村落，城郭，兵営，土地利用では山林，河川などが描き分けられた。その他「朝鮮地ノ煙臺」（烽火台），鉄鉱産地，石炭産地，渡船場，橋梁および沼地，塔の記号も記入されている。

　なお，本図群の各図には経緯線が記入されていない。清国の内陸奥地については，それを示す参考資料がなかったからと考えられる。ただし最南部を示す「滿州南郭之圖」ではごく一部ながら海岸やその沖の島嶼まで描くのに，海図を参考にした経緯線を描かないのは，図群全体の統一を考えてのことと推測される。

　以上，関門や主要都市の拡大図，道路の分類などをみると，軍事的な配慮をうかがうことができる。これらをふまえ，次に「滿洲東部旅行図」，特にその第參に焦点を当て，酒匂が洞溝に至った

185

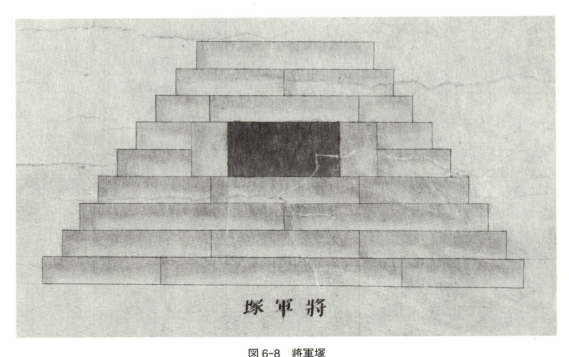

図 6-8　將軍塚
「滿洲東部旅行図」（LCCN：92682890）のうち「満州東部之圖　第参」より

ルートならびに広開土王碑文の入手過程を示す「碑文之由来記」の内容との関係を検討したい。

4．酒匂の洞溝へのルートと「碑文之由来記」

（1）洞溝へのルート

　酒匂が洞溝に至ったルートは，これまで詳細な研究を重ねてきた佐伯をして「どのような径路で洞溝の地に達したかは，もちろん伝えられていない」と表現せしめる状況にあった（佐伯 2005：12）。酒匂がもち帰った広開土王碑についての最初の報道である 1884（明治 17）年 6 月 29 日付の『東京横浜毎日新聞』では，「満州盛京省と朝鮮国とに達する鴨緑江の上流にて」と鴨緑江の上流と関連付けた記載がなされた。1893（明治 26）年に『日韓古史断』を記した吉田東伍は，「好太王古碑」の項で「盛京省懐仁縣に土城ありて，是れぞ古墟と思はゝ，下の説の如し。曰く明治十七年我が砲兵大尉酒匂某遊歴の命を奉じ，支那朝鮮旅行の次，鴨緑江を遡りけるが，九連城江口を発し凡八百里我百五六十里北岸の岡上に古土城あり，周囲五里懐仁縣の分衛とす，古名令安縣と云ふ」と説明する（吉田 1893，1977 復刻：182）。ここで吉田は，酒匂が九連城から鴨緑江を遡って令安城（後述するように，酒匂が報告する洞溝の別名）に至った経路を想定しているが，吉田の記述は，後述する「高麗古碑本来由」を参照したと考えられている（佐伯 1974：121-122）。その「高麗古碑本来由」

186

第 6 章　広開土王碑文を将来した酒匂景信の中国大陸における活動

は，広開土王碑文について「明治十七年陸軍砲兵大尉酒匂某カ，支那旅行中ニ於テ，購求シ帰レル者ナリ」と，酒匂の名前が明記されている点で注目される。

　佐伯は，酒匂の洞溝への経路の参考として，1905（明治 38）年に洞溝に赴いた鳥居龍藏が満州に出張した際の調査復命書を取り上げた（佐伯 2005：11-15）。鳥居の経路は，往路が奉天から撫順，営盤，興京，旺（汪）清辺門から通化に赴き，山道を歩き鴨緑江畔の洞溝へ向かう行程であった。帰路は外察溝門から懐仁，渾河上流の興京，奉天であり，ほぼ 1 ヵ月をかけて往復している。それらを参考に，酒匂が牛荘，奉天を経て，営盤から渾河の中流域に沿って興京へ，そして上流を南に下って通化を過ぎ，洞溝へ行き着いた可能性を示した。また帰路は，鴨緑江畔を下って，清国側から鴨緑江にそそぐ九江堡河，螞蟻河，虎溝河，榆樹河などの大小河川を遡っての調査を経て，九連城，安東から鳳凰城，摩天嶺の難関を越え，遼陽に出て牛荘にもどった経路を想定する。しかし，「あるいは逆の順路をとって酒匂は調査に赴いたのか，不明であると言わざるを得ない」，としている（佐伯 2005：11-15）。

　酒匂が碑所在地へどのような経路で行ったのか，報告書に添えられたと考えられる「滿洲東部旅行図」は，その考察材料を提供できる現在唯一の資料である。この図には，文章による経路や到達時期などの情報が書かれていないため，順路を完全に復原する作業は不可能である。しかしこの図

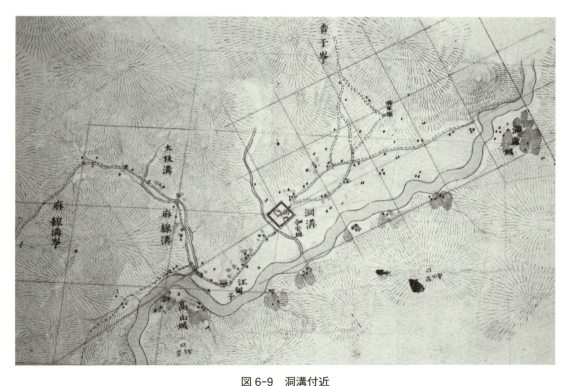

図 6-9　洞溝付近
「滿洲東部旅行図」（LCCN：92682890）のうち「滿州東部之圖　第參」より

187

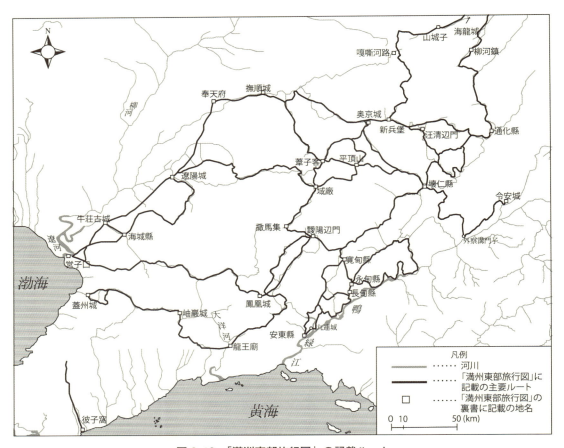

図 6-10 「滿洲東部旅行図」の記載ルート
河川および海岸線は図6-5と同じく「假製東亞輿地圖」(1894年 国立国会図書館蔵)によった。
地名の外察溝門子，九連城は，本稿において重要なため，とくに記入した。

は他の地図と同様に，通った道路と周辺の地形のみが書かれたルートマップの原図であることから，酒匂が実際に歩いていない道に関しては，現地に存在していても地図には描かれない（図6-9）。その性質を活かして，佐伯による経路案との照合を行いたい。

「滿洲東部旅行図」の裏書に書かれた主要地名は，第壹では，海龍城，柳河鎮，山城子，嘎（嘎）嘶河路，第貳では，通化縣，汪清辺門，新兵堡，奥京城，平頂山，葦子客，撫順城，奉天府，遼陽城，第參では，令安城，壊仁縣，域廠，靉陽辺門[7]，撒馬集，海城縣，牛莊古城，営子口，第四では，寛甸縣，永甸縣，長甸城，安東縣，鳳凰城，龍王庿（廟），岫巖城，蓋州城となっている（図6-10）。また，本図に描かれた道路をトレースした結果，その経路は，一周回って調査してきたというより，拠点となる地域から複数の道を歩いて調査し，また別の拠点へ移動してそれぞれをつなげて清書していった過程を想定させる。

洞溝付近の記載では，洞溝より北および東に道は描かれておらず，令安城より通化縣に至る山道の距離が情報として記載されているのみである。このことから，従来の研究において拠点として重

第 6 章　広開土王碑文を将来した酒匂景信の中国大陸における活動

図 6-11　「假製東亞輿地圖」の「吉州」図幅（1894 年　国立国会図書館蔵）の洞溝付近

要視されていた通化縣は，酒匂が洞溝へ向かう際に直接経由してはいないと考えられ，むしろ，懐仁縣城に注目すべきである。懐仁縣城については，この図の第參において，縮尺 1 万分 1 の拡大図があるほか，別に懐仁縣兵営内部を示す図が描かれ（図 6-6），さらに「懐仁縣ノ A 点ヨリ五女山ヲ望ム図」（図 6-7）という風景描写もなされている。これらは，酒匂が他の地点より長く懐仁縣城に滞在したことを示唆する。

また，洞溝への経路は，これまでの研究では鴨緑江畔を通るもので，九連城を発地あるいは着地にすると想定されていた。しかし，この図では洞溝から南下する経路は，外察溝門子までしか描かれていない。つまり「滿洲東部旅行図」をみる限り，九連城から洞溝へ鴨緑江沿いに遡る（あるいは洞溝から九連城へ下る）のではなく，懐仁縣城を拠点に洞溝へ往復したと考えざるを得ない（図 6-10）。この点では，佐伯が参考にした鳥居の調査復路に類似している。「滿洲東部旅行図」には，鴨緑江河口に近い地域も描かれているが，描かれた道は寛甸縣に集中する経路となっており，従来言われてきたような九連城から鳳凰城への経路は，酒匂の担当ではなかったことがわかる。

ところで，この図に描かれた道路は，1894（明治 27）年刊行の假製東亜輿地図（100 万分の 1）の吉州図幅に踏襲されている（図 6-11）。ここで朝鮮側の道路や集落についても記載があるのは朝鮮に派遣された陸軍将校，三浦自孝歩兵大尉が 1887 年に行った偵察によるものである（「従平壌至永興路上草稿図」LCCN：2008489730，表 5-5 の M2 図[8]）。

189

（2）「碑文之由来記」との比較

　酒匂がもち帰った広開土王碑文について，最初に研究したのは青江秀であった（佐伯1976：218-223）。青江は1883（明治16）年6月から海軍省御用掛，軍務局，海軍歴史編纂掛などに所属し，翌1884年7月に『東夫余永楽太王碑銘之解』と題する注釈書を執筆する。そのなかで広開土王碑が建てられた年や，「辛卯」の年を検討した。執筆時に青江は，内外国の兵書戦史ならびに外国の兵制に関する事項，その他海軍有益図書の編述彙輯翻訳などを職掌とする軍事部第五課勤務であった。

　この後，広開土王碑文の考証は，参謀本部編纂課員の横井忠直によって行われた。1881（明治14）年4月「参謀本部編纂課服務概則」によれば，編纂課の職掌は「本邦並ニ外邦ノ政誌地理ニ関スル者並ニ各國ノ兵史内外各地ノ戦史等ヲ類纂彙輯」することであり，「故ニ実地視察ノ為メ派遣ノ者又ハ各國公使館附ノ將校ヨリ報告スル所ヲ記録」するよう規定している（広瀬順晧監修・編集2001a：21-26）。横井は陸軍御用掛，参謀本部課僚，陸軍大学教授，陸軍編集官を歴任した人物で，内外に紹介されるに際して最も早く最も重要な役割を果たしたと評される（武田1988：118）。横井の『高勾麗古碑考』は1884（明治17）年7月から12月の間に執筆され，「碑文之由来記」を付載している。また同年12月には修史館の考按を本文に採り入れて，再び『高勾麗古碑考』を執筆し，その際に「高麗古碑本之来由」を書いた。さらに1888（明治21）年に横井が書いた『高勾麗古碑考』もしくは『高麗古碑考』は，1889年刊の亜細亜協会『會餘録』5に収録されている（横井1889a）。この時共におさめられた「高勾麗碑出土記」（横井1889b）はその後大きな影響力をもった。

　これら一連の横井による高句麗研究を検討した佐伯は，「碑文之由来記」の作製者を酒匂とする古田武彦（1973）の主張を受けて，中国大陸から帰国後，酒匂参謀本部に提出した実査復命書のうち，横井により広開土王碑に関する部分が抜粋されたものが「碑文之由来記」であると推定した（佐伯1976：47-72）。さらに佐伯は，年月に関わる記述から，この「由来記」が1883（明治16）年に記されたと指摘した。しかし横井は，酒匂による復命書が執筆された年を，翌1884年と認識しており，広開土王碑についての最初の報道が『東京横浜毎日新聞』1884年6月29日付の記事であったこととあわせて，酒匂の1884（明治17）年帰国説が固定された。菅政友（1891：578）は，「明治十七年，某氏清國ニ赴ケル途ノ序ニ」と記し，那珂通世（1893：693）は，「此ノ碑文ノ世ニ現レタルハ，明治十五六年ノ頃ニシテ，同十七年，皇國人某氏，清國ニ赴ケル途ノ序ニ」という表現を用いているように，横井の影響を受け，碑文の将来時期が1884（明治17）年として広く知られるようになった。

　しかし佐伯は，乃木希典の日記において，1884年1月14日に，椊山鼎介のもとを訪れ，酒匂から「支那談」を聞いたことが記されていることにくわえて，酒匂と同時期に派遣された玉井曨虎が，1883年12月に帰国していることを参考に，同年12月はじめに帰国したのではないかと推定している（佐伯2005[9]）。なお，ここに登場する椊山鼎介は，1880年から1882年まで北京の日本公使館に武官として駐在した梶山鼎介歩兵少佐であり，清国で酒匂ら派遣将校を監督する立場にあった（アジア歴史資料センター資料，Ref. C07080349200；C08052793300. 第4章第4節も参照）。

　前節で検討した「滿洲東部旅行図」には，1884（明治17）年6月と提出年月が記されていた。これまでの研究から，同年6月29日付の「東京横浜毎日新聞」には碑について，「日本人某彼の地に

第6章　広開土王碑文を将来した酒匂景信の中国大陸における活動

在り之を石摺りして持帰り目下参謀本部に蔵せる」と書かれていることがわかっていたが，提出後1ヵ月以内の報道であったことになる。地図とあわせて墨水廓塡本も提出されたと考えるならば，正式な碑文の将来時期は1884（明治17）年ということになろう。

　では，「碑文之由来記」の記述は，「滿洲東部旅行図」の記載内容とどのように対応しているのだろうか。以下で両者の記述を比較しながら分析を行う。この「由来記」では，「碑文ノアル所ヲ洞溝ト云ヒ鴨緑江ノ上流九連城ヨリ凡八百餘里ニシテ此江ノ北邉ニアリ」と洞溝の位置を説明する[10]。また，長さ十二三里幅三四里の平地の中央に周囲五里余の古土城があり，その内に一小家屋が在り，懷仁県の分官衙を設けると，城についての説明が続く。「城外人家散在シテ一般ニ数フル時ハ凡四五十戸アリ古名ヲ令安城ト云フ」と述べ，さらに「朝鮮ト一江ヲ隔テ高山城及満浦城ニ相對ス」と対岸の朝鮮国についても言及する。続いてこの辺り数百の古墳があり，皆石柱を地下に立て，石をもって畳積している。現地の人に聞いたところ，「高麗墳」ということから，昔日は一都会であったと考えられるとまとめている。

　「滿洲東部旅行図」における洞溝周辺の記載では，朝鮮との国境である鴨緑江と，その北側の山地を示す茶色いケバとの間に矩形の平面形をもつ城壁が表され，洞溝の文字とやや小さく令安城の文字がみえる（図6-9）。広開土王碑の所在地に当たる部分には，何も記載されていないが，鴨緑江の対岸には，満蒲城と高山城が背後に煙台を伴って描かれている。

　洞溝は通溝とも呼ばれる。通溝城は『三国史記』に書かれる国内城であり，異称として『魏志』に書かれた丸都城が知られる。ただし丸都城は国内城のほかセットになる山城もあわせての名称である。国内城の城壁の断面調査は集安県文物保管所によって行われ，最下層の漢代の土城の上に，高句麗時代に石築の城壁が築造されたことがわかっている。内部は王都以降も中心的な居住地であった。王宮に当たると考えられる建物遺構も発掘されている（東・田中 1995：90-102）。

　洞溝について，朝鮮王朝の官撰地理書である『新增東國輿地勝覽』（1530年）では，江界都護府の山川の條で「皇城坪」という平野を説明し「皇城坪，距離満浦三十里，金國所都」と書かれる（李荇ほか編 1958：1002-1003）。1938年発行の『通溝』では，高麗側ではこの地を皇城と言い，さらに明側では黄城と呼ばれたことが指摘されている（池内 1938：3）。このように「由来記」と「滿洲東部旅行図」に書かれた「令安城」の地名は，高麗側や明側の呼称としてはみえない。しかし1905（明治38）年に通溝城を調査した鳥居龍藏は，「洞溝平野の最南端に一の古城あり，支那人（ママ）はこれを陵安城と称す」と説明している（鳥居 1910：155）。これらのことから，現地での「令安（陵安）城」という呼称を，酒匂が「由来記」や「滿洲東部旅行図」に記載したと考えられる。

　「由来記」において満蒲城と高山城は「朝鮮ト一江ヲ隔テ高山城及満浦城ニ相對ス」というように，令安の対岸の地名として書かれる。同様に「滿洲東部旅行図」にも鴨緑江の対岸に「満蒲城」と「高山城」を確認できる（図6-9）。しかし『新增東國輿地勝覽』の江界都護府，關防の條は，「満蒲鎭」については「在府西一百二十八里石城周三千一百七十二尺高五尺有兵馬僉節制使營有軍倉又有行城」，「高山里堡」については「在府西一百二十五里石城周一千一百六尺高四尺」と，都護府からの距離で位置を示している（李荇ほか編 1958：1002-1003）。また陸軍参謀本部編の軍事用地理書であ

191

る『朝鮮地誌略』（1888年刊）の記載は，この『新増東國輿地勝覧』と同じ内容であることから（陸軍参謀本部編 1985：74），「由来記」の記載は朝鮮の地誌類を引用したのではなく，現地での情報を踏まえて書かれたと理解できる。

　一方，1911年の『満洲誌草稿』では，輯安縣（通溝）について「通溝ハ安東縣ヲ距ル東北九十八里強ノ上流ニ在リ對岸ハ朝鮮松山鎮ニシテ下流四里強ハ高山鎮東五里強ニ朝鮮満浦鎮アリ」と記述する（関東都督府陸軍経理部 2001：2197）。この地を対岸との位置関係で書く「由来記」の記載方法との共通性を指摘できる。ただし，『満洲誌草稿』で書かれた通溝対岸の松山鎮は「由来記」「満洲東部旅行図」共に記されず，高山鎮と満浦鎮との距離は，「満洲東部旅行図」（図6-9）のそれらの位置とは異なっている。

　これに関連して，1894年の「假製東亞輿地圖」の「吉州」図幅では，高山里堡に当たる高山里鎮は，「満洲東部旅行図」の高山城の位置より南に描かれている点が留意される（図6-11）。この位置は1916年測図，1917年製版の5万分の1地形図（朝鮮総督府作製，陸地測量部印刷・発行[11]）の「高山鎮」図幅でも確認され，酒匂が現場で高山城の位置をどのように把握したかが問題になる。「満洲東部旅行図」の該当部分を検討すると，本来高山城（高山里鎮）の位置する部分については何も記載がなく，また鴨緑江の流路も点線となっており，酒匂は目視によってこれを確認しなかったと推定される。おそらく，図6-9上で「高山城」と記載される手前の山の背後になっていたからであろう。他方，満浦城については，上記五万分の一地形図の「満蒲鎮」図幅でも，やや南西にかたよる傾向があるが，ほぼ同じ位置に描いており，目視によって確認したと考えられる[12]。

　以上のように，洞溝や令安城，満蒲城や高山城の記載など，「碑文之由来記」と酒匂の地図表現と一致する点が確認でき，古田や佐伯の考えてきた通り，「碑文之由来記」が酒匂による調査結果を示すことがほぼあきらかとなった。「假製東亞輿地圖」の記載は，その結果を引用しつつも，新たな内容を加味し修正を行ったと考えられる。

(3) 地理情報の収集と挿図

　「満洲東部旅行図」には，すでに紹介したように注目すべき箇所についてスケッチを掲載するほか，主要都市については大縮尺の地図を示している。以下ではこうした挿図のうち，本稿に特に関連すると思われるものに焦点を当ててさらに検討をくわえたい。

　高句麗の初期の王都は，初期は桓仁，次いで集安を中心とした。『三国史記』では209年に「都を丸都に移した」という記事があり，この時期に集安への遷都が行われたと考えられる。桓仁の北東約8キロメートルに位置し，遺物の出土から，高句麗の山城であることが確認されるのが，建国の伝承の地とされる五女山城である。五女山城は海抜820メートルに達し，玄武岩の岸壁がそそり立つ勇壮かつ怪異な山である（東・田中 1995：90-102）。頂上部は平坦で，頂上部から200メートルほど降りた東側山腹に1,000メートルほど城壁が続いていることが報告されている。五女山城について酒匂は，「満州東部旅行図」の中で「懐仁縣ノA点ヨリ五女山ヲ望ム図」という挿図を描いている。頭頂部の平坦さと，周囲のとがった丘陵部の描写が特徴的である（図6-7）。表題中のA点は，

192

第6章　広開土王碑文を将来した酒匂景信の中国大陸における活動

懐仁（現桓仁）の東北，渾河を渡る部分に記載されている。酒匂の五女山に対する関心が，どこに始まるかは不明であるが，あるいはランドマークになるようなその特異な景観に注目した可能性もある。

　もう一つが将軍塚古墳のスケッチで，洞溝周辺の地図では唯一の挿図となっている。将軍塚古墳は，ここでは九段の石積みとして描かれている（図6-8）。他方「由来記」では，将軍塚古墳について，「其（〔筆者注〕広開土王碑さす。）東方山下ニ一大古墳アリ将軍墳ト云フ」と位置と名称を示した上で，その大きさを強調し，一部について具体的な規模を示す。

　　　其一斑ヲ挙レハ其地上ニ出ルコト一丈七尺ニシテ二階アリ土人日ク地下又幾層階アルヲ知ラスト上階ノ石門ヲ入レハ内部ニ丈四方ニシテ其高サ一丈四尺皆大石ヲ以テ畳積ス

　将軍塚古墳は，東潮によれば，北辺33.1，東辺31.7，西辺32.6，南辺31.8メートルで，基壇の周囲に3〜4メートルの幅で厚さ10〜16センチの石を敷く。石積みは全7壇で壇上面幅は105〜120センチとなる。第一壇は4段，二壇以上は3段築成である。石室は正方形で，底辺では543〜550センチ，高さ510センチとされる（東2006：12-13）。王健群らの報告によれば，塚の高さが12.4メートル，墓室の各辺は5メートル，壁は切り石を積み上げて，高さは5.5メートルである（王1988：148；方1988：234-238）。さらに「由来記」の記述では，石室入り口の壇の地面からの高さが5.1メートル，石室内部は約6メートル四方，高さ約4.2メートルとなる。本格的な計測結果とはやや違うが，「由来記」の記述は，その後現地を訪れた専門家の観察よりも正確であり，評価できるという指摘もある（田村1984）。

　「満洲東部旅行図」と現代の調査結果とを比較すると，下から4段目までの段数は，これまでの報告と合致しているが，石室入り口より上部の段数が異なっている。1938年の『通溝』の写真では，石室上部に木が生えており，酒匂が調査した段階ではこれらがあったとすれば，よく見えないままに，復元的なスケッチを描いた可能性がある。

　なお，このような挿図のある手描き原図は酒匂作製図以外にも多数確認されている。この一部には，のちに『支那地誌』に掲載されたものもあり，地図情報を補うものとして意識的に作製されたものもみられる。

5．おわりに

　アメリカ議会図書館での調査において，筆者らは陸軍将校であった酒匂景信が，参謀本部に提出した手描き地図を発見した。この地図は，中国および朝鮮半島の地図ならびに地誌の整備に向けた参謀本部の活動の中で，酒匂が中国北部および満州東部を偵察したことを具体的に示す資料である。また酒匂が作製した地図の中に，広開土王碑の所在地周辺を描いた図が含まれていたことから，こ

れらは軍事史や地図作製史だけでなく，広開土王碑研究に対しても新資料として意義をもつと判断された。

　1880（明治13）年9月3日に清国差遣命令を受けた酒匂は，10月6日に中国大陸へ向かい，「北京近傍図」や，「従江蘇省江寧府至山東省兗州府路上圖」を作製した。その後1882（明治15）年3月には「従山東省煙台経黄縣莱州膠州安邱縣沂州等至江蘇省宿遷縣漁溝路上圖」を提出，翌1883年1月には，「従北京至牛荘旅行圖」を提出し，同年10月4日付の帰国命令を受けた。今回確認された「満洲東部旅行図」の記載から，1884（明治17）年6月にこの図が提出されたことが判明し，裏書記載の特徴から，満洲東部の調査は1883年度に行われたと判断された。酒匂は派遣された1880年から1883年までの4年間に，江蘇省北部から北朝鮮国境にわたるまで，広範な地域について調査，測量を実施し，それぞれ調査の翌年には，地図を提出している。この時期に派遣された日本軍将校たちにとって，地誌と地図の提出が義務であったことから，1884年にあわせて提出された満州東部の地誌があったことは確実である。

　酒匂の作製した地誌およびもち帰った碑文は，参謀本部によって研究された。酒匂は1888年12月に碑の石摺りを明治天皇に献上し[13]，さらに同年10月には宮内省での碑文の解読作業に呼び出された。碑文の解読が難航したため，その将来者として説明を行ったとされる（佐伯1976：47-72）。「満洲東部旅行図」の中に広開土王碑に関する記載はないが，「碑文之由来記」の記載と地図の記載は基本的に一致するところから，「碑文之由来記」作製に際し，酒匂の提出した地誌が使用された可能性がますます高まることになった。 また，「満洲東部旅行図」に図示された経路から読み取れる碑所在地へのルートは，鴨緑江を遡るものではなく，牛荘（営口）を拠点に，懐仁縣城を経由したものである。

　これまで，広開土王碑文の最初の将来者として知られる酒匂が，どのような任務を与えられ，どのような経路で現地に到達し，さらにいつ墨水廓塡本を日本にもち帰ったかについて，詳細は不明であった。本稿で取り上げた手描き原図は，酒匂の旅行の実態を示し，これらの点についてより鮮明な実像を示すものであった。特に注目した洞溝周辺の手描き原図は，酒匂が報告した他の調査地域と同様の様式で描かれており，広開土王碑墨水廓塡本の入手も，その地理情報収集活動の一環として位置づけられる。

［謝辞］
本稿の内容は，2009年度第60回朝鮮学会大会で発表した。浜田耕策先生は学会発表の機会を与えて下さり，武田幸男先生はじめ大会ご出席の方々には貴重なご意見をいただいた。また，アメリカ議会図書館のみなさま，宮崎県の中竹俊博氏，柴田博子氏は調査にご協力下さった。なお，本研究には科学研究費，基盤研究（A）（課題番号：JP14208007およびJP19200059），さらに2005～2009年，国土地理協会，外邦図研究グループへの助成の一部を使用した。以上の皆様や団体のご支援に，この場を借りてお礼申し上げます。

注
　1）後述するように，酒匂景信の調査時は洞溝と記録された。他に通溝とも呼ばれる。清末になると輯安

県がおかれ，さらに集安県，集安市となった。

2）朴時亨（1985）の同タイトルの原著は1966年に刊行された。

3）酒匂景信が酒匂景明とされたのは，酒匂景明という人物が同時期の海軍にいたことによる可能性がある。アジア歴史資料センター資料「甲4套大日記　主船寮申出　乾行艦乗組野村徳八外21名へ御賞与の件」1873年9月25～29日（Ref. C09111288400），「履入二五九　横須賀造船所より酒匂景明療養聞済届」1877年2月7日～2月10日（Ref. C09100092500），「履入四〇八　造船所届　酒匂十五等出仕養生願」1880年3月6日（Ref. C09114324900）。

4）清國二十万分一圖の早期の版で，編集の根拠となった手描き原図の作製者と作製年を略記している（その例として口絵写真4ならびに図7-2，図目録2-2を参照）。

5）本書第三部の目録1を参照。

6）コラム3「清國二十萬分一圖と英国海図」に示したように，営口は遼河口の新興の港町で牛荘の名前で条約港とされた。酒匂の旅行図③のタイトルにもその経緯が反映されている。このため，以下では基本的に牛荘（営口）と表記する。

7）ただし「爨」については，偏と旁が逆になっている。

8）あわせて「朝鮮全図」（LCCN：2007630239），さらに三浦の測量結果を示した朝鮮二十萬分一圖（防衛省防衛研究所千代田史料，1072）の江界府図幅（12番）も参照。

9）佐伯は玉井朧虎としているが，曨虎が正しいと考えられる。

10）「碑文之由来記」については，宮内庁書陵部図書寮文庫蔵，横井忠直『高句麗古碑考（1巻）』明治写（函架番号250, 90）を参照した。そのテキストはまだ刊行されていないようである。この部分については古田（1973：1190）の写真にもみえる。なお全文は武田（1988：281-283，ただし当用漢字）および武田編著（1988：245）の写真によった。

11）『朝鮮半島五万分の一地図集成』学生社，1981年刊。

12）なお5万分の1地形図では，高山鎮，滿蒲鎮ともに，城壁と考えられる地物を記入しており，『新増東國輿地勝覧』の記載と一致する。

13）「永樂大王碑文石摺献上願之趣開届則御前へ差上候此段申入候也／明治廿一年十二月七日／宮内次官伯爵吉井友實／陸軍砲兵大尉酒匂景信殿」宮崎県総合博物館蔵。

参考文献

秋月望　1983.「鴨緑江北岸の統巡会哨について」*The Oriental Studies*（九州大学東洋史研究会）11：117-137.

東潮　2006.「高句麗王陵と巨大積石塚」朝鮮学報，199：1-36.

東潮・田中俊明　1995.『高句麗の歴史と遺跡』中央公論社.

池内宏　1938.「広開土王碑発見の由来と碑石の現状」史学雑誌49（1）：1-29.

井田浩三　2012.「簡易測量による外邦図（清国）の新たな図の紹介」外邦図研究ニューズレター　9：13-39.

王健群著・吉林人民出版社編集　1984.『好太王碑の研究』雄渾社.

王健群　1988.「好太王碑研究に関するいくつかの問題」王健群ほか『好太王碑と高句麗遺跡』読売新聞社，9-177.

王健群ほか　1988.『好太王碑と高句麗遺跡』読売新聞社.

菅政友　1891.「高麗好太王碑銘考」史学会雑誌（第2編）22：578-595, 23：657-671, 24：742-755, 25：826-837.

関東都督府陸軍経理部　2001.『満州誌草稿』第二輯，クレス出版.

金錫亨　1968.「三韓三国の日本列島内分国について」朝鮮研究71：31-64.

佐伯有清　1976.『広開土王碑と参謀本部』吉川弘文館.

佐伯有清　2005.「広開土王碑文将来者の伝記拾遺：酒匂景信と乃木希典の日記」佐伯編『日本古代史研究と史料』青史出版，3-30.

徐建新　2006.『好太王碑拓本の研究』東京堂出版.

對支功勞者伝傳記編纂會　1936.『對支回顧録，下』對支功勞者傳記編纂會.

武田幸男　1988.「『碑文之由来記』考略：広開土王碑発見の実相」榎博士頌寿記念東洋史論叢編纂委員会編『東洋史論叢』汲古書院，277-296.

武田幸男編著　1988.『広開土王原石拓本集成』東京大学出版会.

武田幸男　2007.『広開土王碑との対話』白帝社.

田村晃一　1984.「高句麗の積石塚の年代と被葬者をめぐる問題について」青山史学8：207-223.

東京都目黒区教育委員会編　1993.『広開土王碑と古代日本』学生社.

鳥居龍藏　1910.『南満州調査報告』南満州鉄道.（国立国会図書館近代デジタルライブラリー）.

永井哲雄　1973.「高句麗広開土王碑文の招来者をめぐる一・二の史料追加について」日本歴史296：196-203.

中塚明　1971.「近代日本史学史における朝鮮問題：とくに『広開土王陵碑』をめぐって」思想561：346-363.

那珂通世　1893.「高句麗古碑考」史学雑誌（第4編）47：693-707，49：929-945.

濱田耕策　1973.「高句麗広開土王陵碑文の虚構と実像」日本歴史304：80-98.

広瀬順晧監修・編集　2001a.『参謀本部歴史草案，第2巻』ゆまに書房.

広瀬順晧監修・編集　2001b.『参謀本部歴史草案，第4巻』ゆまに書房.

広瀬順晧監修・編集　2001c.『参謀本部歴史草案，第5巻』ゆまに書房.

古田武彦　1973.「好太王碑文『改削』説の批判」史学雑誌82（8）：1161-1200.

方起東　1988.「千秋墓，太王陵，将軍塚」王健群ほか『好太王碑と高句麗遺跡』読売新聞社，225-285.

朴時亨著・全浩天訳　1985.『広開土王陵碑』そしえて.

三上次男ほか　1985.『シンポジウム好太王碑』東方書店.

宮崎県立総合博物館　1992.『館蔵品に見る宮崎の自然と歴史』宮崎県立総合博物館.

村上兵衛　1992.『守城の人：明治人柴五郎大将の生涯』光人社.

山本進　2011.「清代鴨緑江流域の開発と国境管理」九州大学東洋史論集39：145-476.

横井忠直　1889a.「高勾麗古碑考」『會餘録』（亜細亜協會）5：3-12丁（1987年開明書院版『會餘録』88-92頁）.

横井忠直　1889b.「高勾麗碑出土記」『會餘録』（亜細亜協會）5：1-2丁（1987年開明書院版『會餘録』87頁）.

吉田金一　1977.「清の柳条辺牆について：メリホフ説批判」東洋学報59（1,2）：1-25.

吉田東伍　1893, 1977復刻『日韓古史断』冨山房.

陸軍参謀本部編　1985.『朝鮮地誌略2』復刻版，龍渓書舎.

李荇ほか編　1958.『新増　東國輿地勝覧』東國文化社.

李進熙　1972.『広開土王陵碑の研究』吉川弘文館.

第III部
アメリカ議会図書館蔵
初期外邦測量原図データベース
構築過程と目録

小田新太郎「従貴州省城径清鎮安平安順至鎮寧州之圖」(1884年)，10万分の1
(アメリカ議会図書館蔵 (LCCN: 92682906))

1880年代の日本陸軍将校の中国大陸旅行は沿海部が中心であるが，内陸部の雲南省や貴州省にまで至った将校もみられる。その一人が小田新太郎で，彼の「湖廣雲貴旅行圖」ではしばしば地図の空白部に沿道の景観や民俗を描いている。同様に沿道の景観を描く伊集院兼雄の満州の絵はやや叙情的であるが（本書大扉ならびに図7-1を参照），小田の絵は対照的に地理学的・民族学的で，ここに描かれた石積みの壁とスレート葺きの屋根をもつ民家様式は，今日では貴州省の伝統的景観をつくるものとして観光対象となっている（小林茂）。

第7章　アメリカ議会図書館蔵
初期外邦測量原図データベースの構築

小林茂・山近久美子・渡辺理絵・鳴海邦匡・山本健太・波江彰彦

1．はじめに

　アメリカ合衆国，ワシントン・コロンビア特別区（Washington, D.C.）のアメリカ議会図書館（The Library of Congress），地理・地図部（Geography and Map Division）は，日本陸軍将校が1880年代に中国大陸と朝鮮半島を旅行しつつ作製した手描きの地図（以下「手描き原図」）を数百点架蔵する。これらの手描き原図は，アメリカ軍が第二次世界大戦終結直後の日本で多数接収した，日本作製の海外地域の地図（外邦図）の一部で，最終的にアメリカ議会図書館に移管されていたものである。本書のうち第II部（第4～6章）は，とくにこの作製過程について集中して検討してきたが，ここでは2008年春以降，継続して調査してきたこれらの手描き原図について，概要を紹介するとともに，その画像を公開するデータベース（2013年仮公開開始，図7-1）の意義と作製過程について述べることとしたい。

　近代地理情報の整備が開始されながらも，なおそれが大きく不足していた19世紀後半の東アジアにあって，1878年12月に発足した陸軍参謀本部はその組織的な収集に着手した。当初は中国大陸の各地に，1883年以降は朝鮮半島の各地に分散した陸軍将校らは，おもにコンパスによる方位確認と歩測によってトラバース測量を行うとともに，あわせて測量ルート沿線の地誌的情報を収集した。彼らの作業の成果は20万分の1図に編集されて，日清戦争および日露戦争に際して利用されただけでなく（本書第4章），東アジアに強い関心をもつ西欧諸国の地図作製を刺激した。さらにこれらを編集して印刷公表された100万分の1図は，当時の東アジアの最新地図として，関係各国で参照された（コラム5「日本作製図の国際的利用」）。陸軍将校らの測量は本格的な近代測量とは呼べないものではあったが，こうした経過からすれば，彼らの手描き原図が近代東アジアの地図作製史の一資料として，少なからぬ意義をもつことが明らかである。強い軍事色をもつこの地域の19世紀の地図作製において，伝統測量から近代測量への展開の一ステップを示すことになるからである。

　他方，日本が行った海外の諸地域に関連する地図（外邦図）の作製活動の展開という視角からす

第 7 章　アメリカ議会図書館蔵　初期外邦測量原図データベースの構築

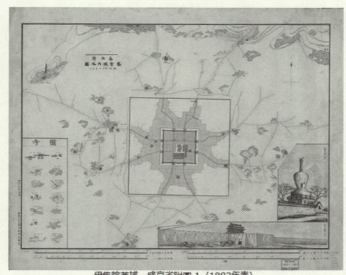

図7-1　アメリカ議会図書館蔵　初期外邦測量原図データベースのフロント・ページ
図は多くの風景画も合わせて描いた伊集院兼雄の「盛京省附図」（LCCN：71005157）のうち「奉天府盛京城内外圖」。

れば，陸軍将校の活動は，外国の地理情報の編集による明治初期の地図作製（本書第2章）から，日清戦争以降の「臨時測図部」のもとでの多数の測量技術者による戦時測量に至る過渡的段階として位置づけられ（本書第4章第7節，小林 2011：49-91），本データベースに示された画像は，その具体的様相を示す資料となる。海外での本格測量の展開の前に，日本陸軍は少数の将校の派遣により，東アジア諸地域の基礎的な地理的情報の収集に努めていたわけである。

　さらに視野を拡大し，日本軍の情報活動として将校らの測量や地図作製をながめると[1]，近代的な地理情報の未整備な東アジアにあって，『獨乙参謀要務』に記載された「探候」（偵察）の一環と

して推進されたことにくわえ，情報活動全体におけるその比重は高かったと推測される。とくに大縮尺の近代地図が整備されつつあった西欧諸国にくらべれば，東アジアにおける地図作製の意義は，近い将来に予想される軍事行動を考慮すると大きくならざるをえなかったと考えられるわけである。第4章第3節で触れた参謀本部から将校たちに示された指示は，この一端をよく示している。もちろん中国大陸や朝鮮半島を旅行した将校たちの調査対象は地理情報以外にも広がっていたことはあきらかであるが，それらについても地図や地誌の形に集約して表示することがつよく求められていた時期であったといえる。日露戦争期のことになるが，戦場に遺棄されたロシア軍将校の遺体から得られた敵国製地図の重要性に触れて大山巌参謀総長は，日本軍の将校の遺体から長期間費用をかけて準備した自国製図が奪われる事態を恐れて，これをできるだけ戦場に持参しないよう指示している（陸地測量部 1922：184-186）。これは地図の争奪が戦況の優劣を左右するほどの意義を持つと考えられたことを示している。

　なお，あらためていうまでもないことであるが，一次資料がえにくい軍事・政治情報（インテリジェンス）研究にあって，これほどまとまったかたちで手書き（手描き）資料がえられることは他に例が少ないと考えられる。第4章や第5章でみたように，参謀本部の指示にはその海外の重要地域の認識や戦略観があらわれており，単なる地理情報を超えた意義がある。将校たちの任務は中国大陸や朝鮮半島の地理情報を広く浅く収集することだったとはいえ，とくに初期には軍事的に重要と認識された地域を対象としていることがあきらかである。また地理情報を離れても，旅行に従事した将校のなかには，小川又次や山根武亮，島村干雄など後に将官になった者がみられ，彼らの参謀本部におけるキャリアの詳細を知るにも意義ある資料と位置づけられる。

　本データベースは，したがって，東アジアの測量史や地図作製史だけでなく，軍事史や情報（インテリジェンス）史，中国史や朝鮮史，さらには近代史を専門とする研究者や学生によって，国際的にもひろく参照されることが期待される。またすでに公開が開始されている「外邦図デジタルアーカイブ」と合わせて参照されることが望ましい。この場合，本データベースに画像を示す地図は，「外邦図デジタルアーカイブ」に画像が示される主として第二次世界大戦期の地図よりも，かなり古い時期に作製されている点を特色とする。

2．手描き原図に関する留意点

　つぎに，本データベースを利用するに際して，陸軍将校たちの手描き原図に関する留意点を簡略に述べておきたい。

　手描き原図の多くは，縮尺10万分の1あるいは20万分の1のルートマップで，主要な中心地を結ぶ交通路を軸にその両側の集落や地形を簡略に描写する。測量旅行の出発点と考えられる中心地から各地を巡歴し，もう一度同じ中心地に戻るような閉合するルートをとる場合もあるが，ある中心地から遠隔地の別の中心地までのルートを記載する場合も少なくない。こうしたルートの長さは，

第 7 章　アメリカ議会図書館蔵　初期外邦測量原図データベースの構築

数百キロメートルにも達し，10万分の1図や20万分の1図（ただし，サイズなどに決まった規格はない）を時には30枚ほども連ねるような形をとることもある。

　こうしたルートマップのほかに，中心地（都市）を簡略に描くような大縮尺の図もある。これには，ルートマップの空白部分に描かれたものもあるが，いくつかの図を1枚の用紙に並べて描く場合もあり，一定しない。

　また手描き原図は，一点の地図が数点に分割されている場合のほか，一枚の用紙に複数の地図が描かれている場合，さらに調査ルートに沿って描かれた多数の地図を配列し，それに番号を付す場合もあり，地図の総数をカウントするのは容易ではない。これらについては，詳しくは本章につづく目録1「アメリカ議会図書館蔵　初期外邦測量原図」目録を参照していただきたい。

　以上からも明らかなように，手描き原図の作製にあたっては，統一した基準や様式は設定されていなかったと考えられる。そのため，時には記載内容から作製者の個性がうかがわれる場合もある。旅行の時期や測量の方法にくわえ，記号について凡例を示す場合が少数ながらみられるほか，ルート沿いに見られる景観や，耕地で使われていた農具なども図示する場合もあり，異国の地にあった陸軍将校がどのような関心をもって旅行していたかをうかがうことができる。

　測量の方法は，冒頭にも述べたようにコンパスで方位を確認し，歩測により距離を測るトラバース測量が主体で，乗り物による場合は時間を計測し，あらかじめ測定している速度に乗じて距離を求めている。また図の中には，経緯度を記載するものもあるが，陸軍将校は経緯度の確認に必要な測量器具は持参しておらず，欧米人の観測，とくに英国製の海図に依るところが大きかったと考えられる（コラム3「清國二十萬分一圖と英国海図」）。また揚子江の流路に沿うような手描き原図ついては，英国製の水路図を参照したと推定される。

　このような手描き原図にみえる経緯度を考えるに際して，日清戦争直前期に刊行された清國二十萬一圖の初期に印刷されたと考えられる古い版では，図郭の左側に編集に際して参考にした手描き原図の作製者名とその旅行ルートおよび旅行時期とともに，英国海図の刊行年や時には号数までも記載している（図7-2の左端参照）点は重要である。現在はこうした記載をもとに参照された英国海図を順次探索しているところである。

　手描き原図の地図学的特色に関連してさらに言及しておくべきは，上記のように測量ルートが同一地点に戻る（閉合する）場合には，そのように描かれているという点である。すでに第4章第5節で示したとおり，測量データをもとにルート図を描くと，測量中の誤差のため閉合しないのがふつうである。図上の出発点と到着点のくいちがいは一般に閉合差と呼ばれ，これによって測量中の誤差が捕捉されることになる。将校たちはこの誤差を測量術書にしたがって配分し，ルート図を描き直し，またその左右の事物や景観を描きこんで手描き原図を清書したと推定される。したがって手描き原図に示された中心地や道路の位置情報は，現場での測量データの直接の反映というより，それを体系的に補正したものとして考えるべきである。

　コンパスによる方位確認と歩測によるトラバース測量は，日本では近世後半に徐々に広く行われ，伊能忠敬の測量も基本的にそれによっている。この成果は，遠くにみえる山の方位をはかって行う

201

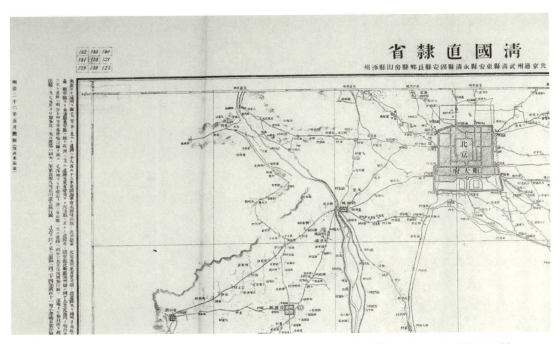

図 7-2　清國二十萬分一圖（アメリカ議会図書館蔵）の第 126 号（部分，北京およびその西方）
図郭の左側には根拠となった英国海図や将校たちの旅行図を示している。北京付近は通過した将校が多く，この注記は長文となっている（口絵写真 4 も参照）。

交会法により補正されたといわれるが，閉合差の検出やその配分といった手法は知られていなかったと考えられる[2]。こうした操作が将校たちの手描き原図の精度をどの程度高めたかという点についてはさらに検討が必要であるが，それなしの場合と比較すれば大きく図の改善をもたらしたことに疑問の余地はない。

なお，『参謀本部歴史草案』の 1883 年 12 月 21 日の条には，管西局長の桂太郎より将校たちの測量の方法が一定せず，その成果の集約が困難で，「圖紙ノ部數十万葉遂ニ拾収スヘカラサルニ至ル」との指摘にくわえ，この解決に向けて末尾には「不易ノ編製條規御制定相成度」との上申が示されている（広瀬監修・編集 2001a：258-260；2001b：721-722）。ただし将校たちは，現存する手描き原図を見る限りでは，それぞれの測量範囲についてこうした誤差の配分を行った図を 1883 年以前から成果物として提出しており，桂のこの指摘がどのような状況をさしているかさらに検討を要する。あるいは責任者としての桂には，この手描き原図が最終的にどのようなかたちで中国大陸の実測図として集成されるのかという点についてしっかりした見通しがなく，このような見解の表明に至ったのではないかと考えられる。ただしいずれにしても，「十万葉」という表現は誇張と考えられる。

手描き原図の描く範囲は，図 4-2（中国大陸）および図 5-6（朝鮮半島）の一覧図が参考になるが，中国大陸については，この範囲を大きく越えて，海岸部を中心に内陸部におよんでいる。省名で示せば，黒竜江省，吉林省，山西省，河南省，湖北省，安徽省，江蘇省，湖南省，江西省，浙江省，

福建省（台湾を含む），広西省，広東省，貴州省，雲南省に達している。他方，朝鮮の場合は，済州島についても20万分1図を作製しているが，将校たちが足を踏み入れた形跡はない。

　これに関連して注目されるのは，女性旅行家のイザベラ・バードの記述で，日清戦争開戦直前の日本の混成旅団朝鮮進駐について，つぎのように述べている（バード1993：291）。

　　　極東政治に就いて何か学んでいる者は，日本のこの巧妙で異常な動きが，済物浦とソウルにある植民地防御のために，ましてや朝鮮を守るためになされたのでは無かった事を明らかにしなくてはなるまい。日本の内閣は，ぐらついていた，日本自体の没落と外国との戦争との間で選択せざるを得なかった，と各所で言われ，また，信じられていた。それはまったくの詭弁である。日本が多年間，そのような動きを計画してきた事には疑いの余地はない。日本は，正確な朝鮮地図を作成していた。秣や糧食，川幅や浅瀬の深さに関する報告書を入手していた。…一方，遙かチベット国境地方の遠くに至るまで，変装した日本軍将校が清国の強弱を測定，評価していた。…

地図の性格についてはともかく，雲南省にまで達した測量を考慮すると，バードのこの評価は，陸軍将校の活動の広がりをよくとらえている。日清戦争開戦直前期にすでにバードがこうした情報を得ていたとすれば，それをどこから得たか関心が引かれる。ただし，測量されたのは主要ルート沿いのみであり，ごく一部の地域を除いて文字通りの点と線の図にならざるを得ない程度の測量の密度であったことは，あらためて強調しておきたい。少数の陸軍将校たちが測量するには，対象地域があまりに広大で，面的な測量を行うことはほとんどできなかったわけである。

　このように広大な地域の測量を陸軍将校に命じた参謀本部の意図については，今後の研究課題であるが，バードの指摘するように日清戦争で戦場になった地域をはるかに越える範囲であったことは留意しておくべき点であろう。

　ところで，手描き原図作製に従事した陸軍将校の活動については「スパイ活動」あるいは「軍事密偵」と表現される場合が多い。こうした言葉は，彼らの活動が当該国の法律からみて非合法な性格をもっていたことをつよく含意するが，第4〜6章では，中国大陸や朝鮮半島における長期にわたる滞在や旅行をともなう彼らの活動に，そのような表現がどの程度妥当するかを多角的に検討した。もちろん，陸軍将校たちが軍事的な目的で手描き原図を作製したことに疑問の余地はない。ただし，軍事目的で地理情報を収集することが，そのまま非合法な活動と見なされたかどうかについては，検討すべきことが少なくないように思われる。とくに朝鮮半島での旅行の場合には，許可の取得から現地官吏による護衛まで，日朝修好条規続約にしたがって行われた。旅行許可申請も，『舊韓国外交文書』にほとんどが残されていることを確認した（表5-2）。中国大陸においても，護衛が随伴した満洲への旅行のような場合を除いても，護照の取得など旅行のための手続きは基本的に合法的に行われたと考えられる。清国官憲に逮捕された倉辻の場合のように，偽名の使用などこれを逸脱する行為があったが一部に限られていたとみてよい。

他方，測量に目をむけると，コラム2「路上測図」で触れたような携帯図板をめだつようなかたちで使うことはできなかったにせよ，コンパスで方位を確認するとか，乗り物の通過時間をメモするような行為が，そのまま非合法な行為とは見なされなかったと考えられる。上記の倉辻の逮捕の場合，領事裁判権との関係で，明確な日清修好条規違反を理由にしていたことは，それを傍証しているように思われる[3]。

　日露戦争後に日本陸軍が中国大陸で展開した秘密測量では，測量技術者は変名や隠語，さらには暗号を使い，これを指揮する陸軍参謀本部もあきらかに彼らの測量を非合法なものと認識していた（小林 2011：145-158, 179-196）[4]。1880年代には陸軍当局が将校の偽名使用や変装を禁止していることも，それぞれの国との条約に従って活動することを求めていたと考えられる。

　今後もこのような視角からさらに陸軍将校の測量旅行を後の時代の秘密測量と比較対照していく必要があるが，それに関連して検討すべきはとくに欧米諸国の領事の地図作製活動である。すでに一部指摘したとおり，この時期には北京に設置された欧米諸国の公使館や清国各地に設置された領事館の館員が，測量を含めた地図作製活動を行っており，またその成果を公刊している（Kobayashi 2015：490-494）。朝鮮半島で活動した将校が公使館属（随）員あるいは領事官属（随）員のステータスをもっており，また清国で活動した将校のなかにも類似のステータスをもっていた者がいることは，19世紀後半の外国公館の役割を考える上でも示唆的である[5]。

3．手描き原図の撮影と画像の処理

　つぎに本データベースの画像の準備過程を紹介したい。本データベースの中心になる地図画像は，2008年春以降のアメリカ議会図書館での撮影作業による。この撮影作業は研究用の画像を得るために開始したもので，当初はデータベースによる外部への公開は考慮していなかった。地図中にみえる記号や文字が判読できるような画像をえることが主目的であった。

　これに際しては，まず地図一点一点について，その書誌的事項やサイズ，さらに地図のスケッチを示すカードを作成し，相互に隣接する地域を描く地図群を把握した。撮影には，2008年秋以降はマンフロット製の背景紙サポートシステムに装着した35ミリフルサイズのデジタルカメラ（キヤノンEOS5D）を使用した[6]。図7-3に示すように，この撮影スタイルではデスクの上に水平に置いた地図を真上から撮影することを可能にする。ただしこのカメラを支えるマンフロット製の背景紙サポートシステムは，ふたつの軟弱な三脚の上に長さの調節できる細いポールを水平に置いただけのものなので，少し触るだけで，すぐに水平ポールおよびそれに装着した雲台ともどもカメラが振動し，あきらかに間に合わせの組み合わせである。こうした撮影を可能にする本格的な三脚もないわけではないが，重くかさばるもので，日本からスーツケースとともに持参するのは不可能と考え，マンフロット製の背景紙サポートシステムを利用することになった。上述のようにカメラは振動しやすいが，これに留意して操作すれば，学術用には問題のない画像が得られることを確認している。

第 7 章　アメリカ議会図書館蔵　初期外邦測量原図データベースの構築

図 7-3　マンフロット製の背景紙サポートシステムに装着した
キヤノン EOS5D を使用した手描き原図の写真撮影
このシステムは三脚ではないので不安定ではあるが，カメラのレンズを真
下に向けて，水平に置いた手描き原図を撮影するのに適している。

　35 ミリフルサイズのデジタルカメラを用意したことで，撮影を大きく省力化できると考えていたが，手描き原図の多くには，細密な地形描写や記号，文字が見られることもあって，ほとんどの図幅について分割撮影を実施することになった。なお撮影のための特別な照明は，アメリカ議会図書館地理・地図部の意向で許されず，同部閲覧室の通常の照明状態のもとで行った。したがって，本データベースの地図画像は，本格的な写真撮影作業によるものではないことをまずことわっておきたい。
　このような方法を採用したのは，つぎのような背景による。まず，学術資料であるこれらの初期外邦測量原図の内容の画像による把握を第一の目的とした。本データベース掲載の地図の中には，彩色され，一部に絵画による景観表現も見られる。その本格的記録としては，大型のスキャナーによるスキャンが望ましいことが明らかであるが，スキャンにかかる費用（1 枚 50 米ドル），さらにデータサイズが大きいスキャン画像のパソコンによる取り扱いの困難さから，軽快に取り扱えるデジタルカメラによる画像を主にすることとした。また，画像の編集作業のレベルも，専門家の指導を受けることもあったが，学生アルバイトで対応できる程度にしたのは，それで充分に当面の成果をあげることができると判断したからである。
　なお，こうした撮影と接合の過程は，学術資料としての地図画像をどう整備するか模索する過程でもあった。地図の写真撮影は，日本の近世絵図などを対象として本格的に行う場合，美術品の撮

影に準じて行われるのがふつうである。これに対し，近代地図の場合にはそうした慣例が成立しておらず，またその数が格段に多く，サイズも近世絵図と比較すれば小さいものが多いので，本データベースの場合では，手描きの地図を対象とするとはいえ，費用のかかる美術品に準じた撮影は当初より考慮しなかった。限られた予算で多数の地図を撮影するにはこれ以外の方法がなかったといってもよい。

ところで，水平においた被写体を高い位置から撮影する場合，カメラのファインダーを見ることができない。このためキヤノンEOS5Dによる撮影では。ファインダーに装着したイメージセンサーからの画像を，ケーブルでつないだディスプレイ（4×5cm）に示すZigview S2（韓国製）という装置を使ってチェックしたが，ディスプレイが小さく，解像度も低くて苦労が多かった。今から考えれば，ライブ・ビュー撮影により撮影前の画像を接続したコンピュータで容易にモニターできるEOS5D Mark IIを最初から採用すべきであったが，それが発売されたのは残念ながら2008年11月下旬からであり，当初は価格も高価であった。このためもあって，初期はカメラ内蔵のカードに撮影画像を蓄積し，夜，宿舎に戻ってから写真を整理したが，EOS5Dでもライブ・ビュー撮影が可能になって，2009年秋以降は画像をカメラから直接パソコンに送るように変更するとともに，カラーチャートや巻き尺も必ず一緒に撮影することにした。

このように試行錯誤的に撮影を進めてきたので，初期に撮影した地図については，部分撮影した画像を接続すると一部欠落している部分が目立つ。また地図の中には空白部分が大半を占めることが多く，これらではオートフォーカス機能が容易に働かず，その部分だけ撮影しなかった場合もある。

撮影開始当時は，陸軍将校らによる地図が全部で何点あるか不明で，最終的な作業量が予測できなかった。また本データベースもまったく構想されていなかった。このような状況では，上記のような画像でも，当面の研究のためには充分に意義のあるものと考えていたわけである。このため，本データベース構築に際しては，画像に欠落のあるものについては再撮影あるいはスキャンを依頼することになったが，なお充分でないことを付記しておきたい。

デジタルカメラの性能が向上し，また比較的安価になった今日，研究者レベルでの撮影を考えるうちに，35ミリフルサイズのデジタルカメラを採用するに至ったのは，必然的であった。またライブ・ビュー撮影の導入の結果，現場での画像の確認や整理も容易となった。カメラの種類もキヤノンEOS5Dから2013年にはニコンのD800Eと軽快なキヤノンEOS6Dを使用するようになり，初期の状況を思い出すと状況が一変したことを感じざるをえない[7]。

ところで，分割撮影した地図画像は簡単に接合して，各図幅の全体がわかるようにしている。ただし，これに際して，接合した画像の境目の消去などは行っていない。むしろそうしたものを画像上に残して，接合をどのように行ったか，わかるように示している。また，本データベースの構想についてアメリカ議会図書館地理・地図部のRalph E. Ehrenberg部長に紹介したところ，同図書館がインターネットを通じて公開しているスキャン画像については，ダウンロードしたものを本データベースで公開してもよい，との許可をいただいた。こうした画像についてさらに詳しく検討したい方は，インターネットを通じて直接それを閲覧していただきたい。なお，これまでの研究や本

データベース作製にあたっては，手描き原図のなかでも重要なものはアメリカ議会図書館にスキャンを依頼してきた。同図書館は，そうした画像についても公開を行っており，それらを閲覧することも可能であることを付記しておきたい。

以上に関連してもう一つ言及が必要なのは，本データベースでは各手描き原図の表側の画像だけでなく，裏側にみられる書誌を示す画像についても示していることである。裏側に貼り付けられた紙に記された書誌は，その図が属す図群やその番号，制作者名，測量時期等について簡略に示している。記載内容は必ずしも一貫しないが，図の位置づけに不可欠な情報である。このため本章につづいて示す目録においても特別に欄を設け，それを記載している。

各手描き原図のメタデータとしてもう一つ欠かせないのは，そのアメリカ議会図書館におけるControl Number である。この番号を同館のオンライン・カタログに入力することによって，容易にその書誌データにアプローチすることができ，スキャン画像がある場合にはそれにもアプローチできる。もちろんこれは，現物の閲覧請求にも便利である。この Control Number は私たちが手描き原図を調査し始めた頃には一部を除いて付されていなかった。私たちの調査に合わせて Control Number をはじめとする書誌データの整備を推進したのは議会図書館地理・地図部のカタログ作製チームのリーダー，Ming Zhang 氏である。また彼女の依頼に応じて，一点一点の手描き原図の書誌データを整備したのは，藤代眞苗，菅井則子，中原まり，スティーン智子氏など議会図書館の各セクションで活躍する日本人ライブラリアンであった。それまでは，各手描き原図には日本の図書館でいえば分類番号にあたる番号しかなく，それらは変更されることもあって必ずしも一定せず，それを通じたオンライン・カタログでの検索ももちろん不可能であった。

以上のような地理地図部と日本人ライブラリアンの皆さんの努力によって，本データベース掲載の画像はアメリカ議会図書館のオンライン・カタログを通じてその現物へのアプローチの道が開かれることになった。調査開始当初から，私たちの作業と並行して，この方面でもたゆまぬ努力が進められていたわけである [8]。

4．イパレット・システムとインデックスマップ検索

以上のように整備してきた画像を，データベースとして公開する場合，どのような工夫が可能か，というのがつぎの課題となった。これについても経過を示しておきたい。

本データベースで示す画像は，道路や地形，各種の記号，さらに地名が読み取れることを第一としている。その場合，コンピュータのモニター上で，縦横5ミリメートル以下の小さい字が鮮明に読みとれるような部分画像から，縦横数十センチ〜1メートルの地図全体の画像まで，伸縮自在に見ることが可能であることが望ましい。ただしこれを実現するには，閲覧者の側で多くの場合有料の特別なソフトの導入が必要と考えられた。

また地図であるからには，画像の検索は目録によるものだけでなく，索引図によるものが望まし

い。コンピュータのモニターにあらわれる索引図を見て，図上の見たい地域をクリックすれば，めざす地図画像があらわれるような形である。これはすでに「外邦図デジタルアーカイブ」で部分的に実現されていたが，本データベースでも全部の地図画像が同じような方法で迅速に検索できることが望ましいことはあらためていうまでもない。

　以上のような要請に応じられるアプリケーションとして，「イパレットネクサス」（iPalletnexus）が株式会社堀内カラーならびにその開発者である津田光弘氏から紹介され，本データベースに用いられることとなった。「イパレット」系のアプリケーションは，すでにいくつかの画像データベースに適用されており，地図についても「お茶の水女子大学外邦図コレクション[9]」の閲覧用に適用されて，便利であることがわかっていたのである。

　なお関連して言及しておきたいのは，2012年5月にアメリカ議会図書館地理・地図部を訪問した際に，上記Ehrenberg部長に本データベースの構想を紹介したところ，インターネットを通じた画像閲覧用に同館が採用しているKakadu Softwareの使用を勧められたことである。JPG2000とともに使用するこのソフトは，やはり画像の伸縮自在に閲覧することを可能にする。これに際して，上記「お茶の水女子大学外邦図コレクション」にアクセスして議会図書館の皆さんに画像を操作して見せるとともに，Kakadu Softwareの採用も検討することとした。

　帰国後の検討では，JPG2000に対応できるソフトのインストールが必要なKakadu Softwareに

図7-4　津田氏より，イパレットの使用法を教わりつつ，
打ち合わせを行うミーティング風景

比較して，特別なソフトのインストールを必要としない「イパレット」の利点は明らかであった。またJPG2000が期待されていたほどの普及をしていない点も，考慮の対象となった。

　関連してもう一つ言及しておきたいのは，開発者の津田氏が大阪大学豊中キャンパスのすぐ近くにお住まいで，たびたび私たちの作業に懇切な助言や指導が得られたことである（図7-4）。これで学生アルバイトの作業が円滑に進み，当初の予想を超えるレベルのデータベースが実現できることになった。

　現在のところ本データベースはまだ仮公開の状態であるが，ハーバード大学のResearch Guide for Japanese Studiesや中央研究院（台北）の地理資訊科學研究專題中心によって紹介され，徐々に海外でも知られつつあると考えられる。ただしその主要なユーザーは私たちで，本書の原稿を準備する過程ではフルに利用することとなった。とくに第4章と第5章については，本データベースなしで執筆を進めることができなかったと言ってよい。またインターネットで閲覧できることを利用して，研究室だけでなく自宅やさらにはアメリカ議会図書館でもしばしば参照した。

　今後は地図画像の質をさらに向上させるとともに，冒頭の「一覧」における地図の配列をわかりやすいものにするだけでなく，索引図による検索を容易にし，あわせてよりわかりやすい解説を公表していくことを心がけたい。

[謝辞]　私たちの研究にご理解をいただいたアメリカ議会図書館地理地図部のJohn R. Hébert前部長ならびにRalph E. Ehrenberg現部長にまず感謝したい。同部スタッフでは，カタログ・チームのMin Zhang氏，Tammy T.Y. Wong氏にとくにお世話になった。また閲覧部門のEdward Redmond氏ほかの皆さんは，貴重書庫（Vault）に架蔵されている手描き測量原図の閲覧に際し，いつも親切に対応していただいた。さらに地図のスキャンに際しては，Colleen C. Cahill氏はじめ，Diane Sug-O'Neill氏などにお世話になった。またMichael Buscher氏，John Hessler氏，Habte M. Teclemariam氏などから受けた親切も忘れられない。

　なお，手描き原図は日本語で書かれているため，そのカタログ化に際しては，日本書カタログ・チームの藤代眞苗氏，法学書カタログ・ティームの菅井則子氏をはじめとして，科学技術ビジネス部のTomoko Y. Steen氏，アジア部（当時）の中原まり氏があたってくださり，現在では大変充実したものとなっている。

　防衛省防衛研究所戦史研究センターからは，同研究所史料室千代田史料の「朝鮮二十萬分一圖」の画像を本データベースに掲載する許可をいただいた（2012年10月26日）。

　手描き原図の調査には山近久美子・渡辺理絵・波江彰彦があたったが，鈴木涼子氏（当時東京大学院生，現在愛知県立岡崎高校）には大変お世話になった。またこの作業には鳴海邦匡も参加するようになっている。

　末尾になるが，株式会社堀内カラーの神阪吉史氏，さらにイパレットネクサスの開発者である津田光弘氏には，さまざまな配慮をいただいた。とくに津田氏からは，データベースを向上させるさまざまな提案をいただき，はじめに想像したもの以上に充実させることができた。

　以上の機関ならびに皆さんに，この場を借りて感謝いたします。

　なお，本データベースの構築にあたっては，学生アルバイトの皆さんの貢献も重要である。初期に活躍してくれたのが顧立舒君（ブリティッシュコロンビア大学学生，交換留学生として大阪大学に在学），森野友介君（当

時大阪大学文学研究科院生）である。さらに小林基君，岡田聡君，葛馬侑君，山根武夫君，中村仁美さんは，そのあとを受け継いで作業にあたった。これらの皆さんにもあらためて感謝したい。

　なお，本データベースの構築には，平成 24 年度日本学術振興会科学研究費（研究成果公開促進費「研究成果データベース」），課題番号：JP248016（代表者：小林茂）を使用した。

注

1) Kent（1949: 11-29, 143-145）は，第二次世界大戦の経験をふまえて「インテリジェンス」とよばれる軍事・政治情報における地図の役割と集積，活用には特別の配慮が必要なことを力説している。

2) コンパスによる方位確認と歩測による日本近世の地図作製と陸軍将校の地図作製の最も重要な技術的な差は，閉合差に基づく誤差の分散の有無にあると考えられる。

3) 関連して言及しておくべきは，手描き原図のなかには第 6 章第 2 節で示した旅行ルートに沿って倉辻が作製した寧古塔までの地図全 15 点がみられることである。倉辻はこれらの測量データを逮捕時に所持していたと考えられるが，没収されていないのは，清国側が測量行為を非合法と位置づけていなかったことを推測させる（口絵写真 3 を参照）。

4) 清国側が外国人，とくに日本人の地図作製活動を禁止するのは，1908 年であった（アジア歴史資料センター資料，Ref. C03022927800，南滿洲鐵道株式會社總務部交渉局編 1915：227）。

5) この時期に『地學雜誌』に掲載された「領事と地理学」（筆者不詳 1889）が，領事の地理調査活動を積極的に推進しようとしている点は興味深い。

6) 2008 年春にアメリカ議会図書館を訪問した際には，古文書撮影用のデジタルカメラを持参したが，あまりに解像度が低く，学術用に使用できる画像がえられないので，同年秋から 35 ミリフルサイズのキヤノン EOS5D を持参することになった。

7) なお 2013 年には，本データベースを紹介するとともに，私たちの試行錯誤が他の近代地図の研究者にも共有されることを期待して，こうした資料の写真撮影について人文地理学会歴史地理研究部会で報告した（小林ほか 2013：波江・鳴海・小林 2013）。

8) 2016 年 9 月に法律関係図書のカタログ作製に従事してきた菅井則子氏からうかがったところ，その上司は彼女の手描き原図に関する作業への従事を快く許してくれたとのことであった。この話を聞いて，アメリカ議会図書館の多方面のスタッフの理解があって，はじめてこの作業が進められたことをあらためて認識することとなった。

9) http://www.lib.ocha.ac.jp/GAIHOUZU_Web/Index.html を参照。

参考文献

小林茂　2011.『外邦図：帝国日本のアジア地図』中央公論新社（中公新書 2119）.

小林茂・山近久美子・渡辺理絵・山本健太・鳴海邦匡・波江彰彦　2013.「（発表要旨）初期外邦手描き原図データベースの構築：アメリカ議会図書館での発見から目録作成，写真撮影，画像とメタデータの整備，データベースの公開まで」人文地理 65（5）：74-75.

波江彰彦・鳴海邦匡・小林茂　2013.「（発表要旨）資料調査における地図絵図画像の記録と処理」人文地理 65（5）：75-76.

バード，イザベラ著・朴尚得訳　1993.『朝鮮奥地紀行 1』平凡社（東洋文庫 572）.

筆者不詳　1889.「領事と地理學」地學雜誌 1（1）：17-19.

広瀬順晧監修・編集　2001a.『参謀本部歴史草案，第 2 巻』ゆまに書房.

広瀬順晧監修・編集　2001b.『参謀本部歴史草案，第 5 巻』ゆまに書房.

南満洲鐵道株式會社總務部交渉局編　1915.『支那ニ於ケル外國人ノ地位』南満洲鐵道株式會社.

陸地測量部　1922.『陸地測量部沿革誌』陸地測量部.

Kent, S. 1949. *Strategic Intelligence for American World Policy*. Princeton: Princeton University Press.

Kobayashi, S. 2015. Imperial cartography in East Asia from the late 18th century to the early 20th century：An overview. *Jimbun Chiri*（*Japanese Journal of Human Geography*）67（6）：480-502.

コラム6

アメリカ議会図書館蔵
初期外邦測量原図データベースの構築と貢献

地図資料のオンラインでの公開システムは，一覧での書誌情報の表示と，そこから画像データへのリンクをクリックすることでデジタル地図画像を表示するもの[1]，インデックス・マップをクリックすることで，該当地図を選択するものなどが一般的である[2]。アメリカ議会図書館蔵初期外邦測量原図データベース（以下，初期外邦図データベース）は，このうち表示される書誌情報の違いこそあれ，前者のシステムに属するものである。

これらのシステムは，比較的少ないデータトラフィックによって，地図に関する情報を取得することが可能であること，システム構築の容易さから，インターネットが一般に広く普及しはじめた1990年代後半以降，現在に至るまで多くのアーカイブで選択されてきた。他方で，これらシステムを利用した地図の検索では，日本語や漢字の読み書きができる環境であることが前提となっており，非日本語圏・非漢字圏ではユーザの使用するコンピュータの入力環境などの点で利用が困難な場面が少なからずあった。そこで，初期外邦図データベースでは，地図の一覧表示にとどまらず，遷移先での詳細情報を表示する画面において，図幅に該当する範囲をオンライン地図上に表示するなどの視覚的な仕掛けをすることで，言語圏にとらわれない地図の認識と検索を模索している（コラム6図1）。

さらに，デジタル地図画像の表示には，イパレット・ネクサス（iPalletnexus）といわれる画像表示ソフトを用いている（コラム6図2）。この画像表示ソフトは，すでにお茶の水女子大学外邦図コレクションで導入実績のあるイパレット（iPallet）を発展させたものであり，画像閲覧に際して，直観的な操作で画像を詳細に閲覧することができる[3]。このように，初期外邦図データベースのシステムには，これまでの同様のアーカイブで指摘されてきたいくつかの課題を克服するために様々な工夫がなされている。

このような地図画像の空間的範囲の表示と，デジタル画像の直観的な操作については，外邦図デジタルアーカイブのワールド・マップ検索システムにも大きな影響を与えている。ワールド・マップ検索では，オンライン地図上に東北大学，お茶の水女子大学，京都大学の外邦図目録に記載のある地図の空間的範囲をセルとして重ね，そのセルをクリックすることで，地図画像のサムネイルや書誌情報へのリンクが表示される仕様となっている（コラム6図3[4]）。初期外邦図データベースでみられたオンライン地図上での空間範囲の表示を，検索システムの全面に用いることで，非日本語圏，非漢字圏のユーザでも，目的とする地域の外邦図に容易に到達できるようになっている。また，外邦図画像の閲覧には，初期外邦図データベースとは異なるものの，同様の機能を有する画像表示ソフトを用いており，地図画像の閲覧に際して画像の拡大，縮小が簡便に行えるように

コラム6図1　初期外邦図データベースでの空間範囲表示例
　　　　（義州往復路上圖，LCCN: 2007629940）

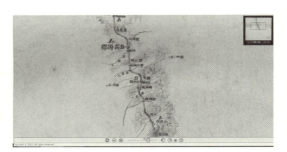

コラム6図2　初期外邦図データベースのイパレット・ネクサスによる画像閲覧
　　　　（義州往復路上圖，LCCN: 2007629940_002）

コラム6　アメリカ議会図書館蔵初期外邦測量原図データベースの構築と貢献

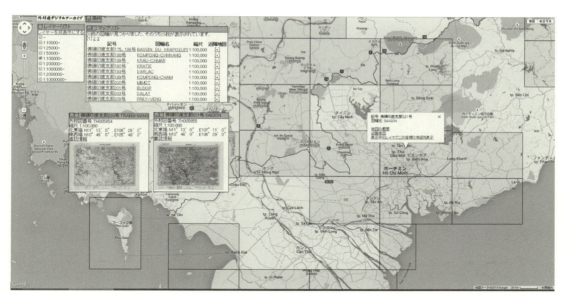

コラム6図3　外邦図デジタルアーカイブのワールド・マップ検索画面（ホーチミン市周辺）

なっている。

　初期外邦図データベースの検索システムは，これまで構築されてきた外邦図デジタルアーカイブと比較して規模が小さい。それ故に，構築にかかる様々なコストを低く，運用のフットワークも軽いため，ユーザビリティの向上を目的とした意欲的な機能を実装することができた。この成果は，先述のように大規模なデータベースである外邦図デジタルアーカイブにも活かされている。それとともに，これらデジタルデータの，より高度な利用についてのアイデアも創出することとなった。そのひとつが，オンライン地図をベースとした，情報検索プラットフォームシステムの構築である。すなわち，国内の外邦図デジタルデータベース間の連携のみならず，他の歴史データベース，同様の歴史地図コレクションを持つ他国機関のデータベース[5]と連携することで，言語圏にとらわれないで特定地域の歴史情報へ横断的にアクセスしようとするものである。その実現可能性については，稿を改めることとしたいが，その具体像を描くための着想を得られたことは，初期外邦図データベースの大きな貢献であろう。

（山本健太）

注（記載のURLは2017年1月現在）
1）例えば，お茶の水女子大学外邦図コレクション（http://www.lib.ocha.ac.jp/GAIHOUZU_Web/Index.html），福岡県立図書館デジタルライブラリ（http://www.lib.pref.fukuoka.jp/hp/tosho/kindai/index.html）など。
2）例えば，岐阜県立図書館地図資料（http://www.library.pref.gifu.lg.jp/map/top.html），外邦図デジタルアーカイブ（http://chiri.es.tohoku.ac.jp/~gaihozu/）のインデックス・マップ検索など。
3）イパレット・ネクサスの導入には，その開発者である津田氏との出会いによる影響が大きいことを付記しておきたい。氏は大阪大学豊中キャンパスの近くに居住しており，初期外邦図データベース構築と画像素材の作成に際して，多大な指導と助言が得られた。
4）2014年に，東北大学，お茶の水女子大学，京都大学の外邦図目録の統合作業が完了した。
5）例えば，台湾中央研究院の臺灣堡圖コレクション（http://gissrv5.sinica.edu.tw/GoogleApp/JM20K1904_1.php）や韓国国立中央図書館の古地図データベース（http://www.nl.go.kr/map/c3/page1_1.jsp）など。

目録1　「アメリカ議会図書館蔵　初期外邦測量原図」目録

解説　小林茂・山近久美子・渡辺理絵・鈴木涼子・波江彰彦・鳴海邦匡
目録　小林基・藤山友治

1．はじめに

　「アメリカ議会図書館蔵　初期外邦測量原図」の大部分は，1879 年以降に中国大陸，さらに 1883 年以降に朝鮮半島に派遣された陸軍将校が現場での測量をもとに作製した手描きの原図により構成される。彼らの測量はおもに 1880 年代に行われたが，なかにはわずかながら 1890 年代におよぶものがあり，長期間にわたって作製されたので，その数は多い。

　本書第 II 部では，この手描き原図の作製過程を検討したが，その全容については充分紹介することができず，第 III 部冒頭の第 7 章では，まずこれらの画像を中心とした「アメリカ議会図書館蔵　初期外邦測量原図データベース」の意義とその構築過程を紹介した。ただしこのデータベースでは個々の手描き原図の画像を容易に閲覧することはできても，その全容を俯瞰的に眺めることはできない。2008 年春にアメリカ議会図書館地理地図部で最初にこのコレクションに接して以来，全容の展望にむけて，これらの図を網羅する目録を作製することを目標としてきた。当初より作業用の仮目録を作製し，調査が進むたびにこれを増補改訂して，その準備を進めてきたわけである。

　しかし地図の数はあまりに多く，また研究に際して個々の画像を能率よく参照する必要性も大きく，そのデータベースを構築する必要にせまられてまずこれを推進した。これに際しては作業用の仮目録によったが，いったんデータベースが仮のかたちであれできあがってみると，これにあわせてより充実した目録の作製が可能となり，その記載項目を選択するとともに，データの充実をかさねることとなった。こうした点からすれば，ここで紹介する目録は「アメリカ議会図書館　初期外邦測量原図データベース」とともに整備されたといってよい。

　以下では，こうした作業の経過について簡単に紹介するとともに，ここで示す二つの目録における手描き原図の配列の様式やそれに関する記載項目の意義について記しておくこととしたい。

2．作業の経過

　第7章でも触れたとおり，目録作製にむけて，手書き原図の一点一点について，タイトルやサイズ，記載内容の簡単なスケッチをともなうカードを作製したが，作業がすすむうちに，ほとんどの図の裏側に記載されている事項が重要な意義を持っていることが判明し，この記載も合わせて行うようになった。裏側の隅には，地図が収納されていた棚の番号のほか，ある地域について複数作製された図（以下これを「図群」という）の番号，測量年月，測量・作製者名，タイトル，同一図群に属す図の総数，さらには同一図群の図の位置関係を示した簡易な一覧図など，書誌的に重要な記載が見られるからである[1]。

　カード作製とともに写真撮影も行ったが，表の画像だけでなく，裏側の文言の画像も合わせて撮影するようにしたのはそのためである。さらにやはり第7章でふれたとおり，「アメリカ議会図書館　初期外邦測量原図データベース」では，その重要性から，裏に文言や一覧図がある図については，すべて表の画像とともに合わせて示すこととした。

　こうしたカードの蓄積につれて，順次仮目録を充実していくことになった。中国大陸と比較して朝鮮半島に関するものは少なく，まず全容を把握しやすい朝鮮半島に関連する図から調査や写真撮影を進めることとした。中国大陸の図については，第6章で詳しく検討した酒匂景信など注目される陸軍将校の作製図を優先して作業を進めたが，図の全部を調査する目標を立てたものの，初期は総数がわからず，作業を進めてもさらにどの程度の労力が必要か見当がつかなかった。また仮目録の作製については，朝鮮半島関係の図は渡辺が，中国大陸関係の図は山近が分担するようになっていった。

　初期外邦測量原図の総数については，当初より関心があったが，なかなか全容はわからなかった。また同時にどのように目録を作り，さらにどのように図の数をカウントするか，という問題にも直面した。1枚の図にタイトルがつき，裏側の文言もあって，カードが作製できる場合もあるが，同一のタイトルの図が複数あって，それぞれに番号や小タイトルが付されている「図群」の場合もある。また1枚の用紙に複数の図が描かれている場合もしばしばみられた。さらに図の縮尺は20万分の1や10万分の1が基本だが，より大縮尺の図で都市的集落を表示する場合には付図として作製されたものが少なくない。一図群当たりの図数もまちまちで，最低2枚から数枚という場合が多いが，20枚以上に達する場合もみられる。さらには山近ほか（2011：133，本書第6章）に示した酒匂景信の「満洲東部旅行図」の場合のように，全5点の図よりなるが，1点の図幅の横幅が数メートルに達し，それが最大6枚に分割されているというような場合もある。こうした分割されている図の場合は各1枚を「図片」と呼ぶことにすると，最小の単位として「図片」があり，最上位に「図群」があるというかたちになる。この中間に「図幅」と呼ぶ，それぞれタイトルを持った図が位置づけられる。最初に例に挙げた一枚物の図は，この見方からすれば図群を作らず，複数の図片にも分かれていない図幅となる。

ここでいう「図片」を最小単位とすると，それが400以上に達することがわかったのは，2010年春のことで，小林ほか（2010：474）には，「現在は同館（アメリカ議会図書館）地理・地図部の協力をえて，調査を継続しているところで，全四〇〇点以上に達することは確実である」と記している。以後朝鮮半島と中国大陸をあわせて500と考えてきたが，二つの目録を整備してみてこの数値を確認した[2]。また初期外邦測量原図に本格的に触れた論文として，朝鮮半島に関するもの（渡辺ほか2009）を最初に発表したのは，それを構成する図の数が少なく，全体を把握しやすかったからであるが，これが全体の約5分の1というのも納得できる。

　これに関連してことわっておきたいのは，この約500という図片数は，あくまでアメリカ議会図書館地理・地図部で今まで確認されたものの数であり，もともとの手描き測量原図の総数ではない。下記の中国大陸に関連する図の目録（表目録1-1）では，図の裏書きに示された通し番号を最左欄に示しているが，これが連続せず，番号のないものについては，アメリカ議会図書館に収蔵されなかったことを示唆している。この場合，裏書きがはがれて番号が特定できないものがないわけではないが，これは少数に過ぎない。また朝鮮半島については，すでに渡辺ほか（2009）で他の資料から作製されたことが明確であるにもかかわらず確認できない図がかなり認められることを指摘した。この点は下記の表目録1-2でも確認された。朝鮮半島に関する手描き原図については，将校たちの所属した公使館・領事館の立地を反映して，漢城（京城）を起点とした旅行によるもの，元山を起点とした旅行によるもの，釜山を起点とした旅行によるものの三つに大別されており，それぞれに通し番号が付されているが，やはりこれも連続しない。

　これらの目録で欠番にあたるものが，陸地測量部でアメリカ軍が初期外邦測量原図を接収したときにすでに失われていたのか，あるいは接収後の整理やアメリカ議会図書館への移管の過程で他へ紛れてしまったのかは不明であるが，今後の調査においてもこの点に留意すべきである。

　もうひとつ重要なのは，この約500点の図片全部についての調査はまだ完了していないことである。アメリカ議会図書館のオンライン・カタログに掲載されているのに，地理・地図部の地図ケースのどこかに紛れて，まだ調査できないものが数点残っている。もちろん地図・地図部のライブラリアンには調査のたびに探索をお願いし，2016年9月の調査については同部の閲覧担当者が総力をあげで探索したが，みつかっていない。この場合500点をこえるその数も考慮すべきであろう。多数の地図ケースに収蔵されているので，フォルダーを間違えて収納されてしまった場合には，発見は容易ではない。なお，同部には日本語のできるライブラリアンが従来配属されていなかったが，2015年夏より配属されることになり，今後の発見が期待される。

　地理・地図部の収蔵状況に関連してさらに言及しておきたいのは，現物を参照する場合のアメリカ議会図書館の資料番号である。これは仮目録だけでなく，発表論文でも記載してきたが，当初は所在を示すCall number（請求番号）を示していた。当時は手描き外邦図のカタログ化が進行しておらず，Call number以外の番号がなかったからであるが，ただしこの番号は，収蔵スペースとの関係でしばしば変更されるもので，私たちもその様子を実見する機会があった。しかし地理地図部のカタログ作製チームでは私たちの調査に並行して手描き原図のカタログ化を推進し[3]，それぞれ

の図幅に順次 Control number が与えられていった。この番号は，いったん与えられたら変更しない資料番号で，アメリカ議会図書館のオンライン・カタログを通じた検索も容易である。所定の枠にこの番号を入力するだけで画面上に書誌データが表示される。このため，カタログ化がおわり，Control number が付されたものについては，資料番号をこれに切り替えることとなった。

　したがって，地理・地図部で現物を参照するには，まずオンライン・カタログにこの Control number を入力して当該の書誌データ画面をだし，そこに記入された Call number をライブラリアンに知らせるという形になる。「アメリカ議会図書館　初期外邦測量原図データベース」の「一覧」に示された「図幅グループ ID」もこの Control number を流用していることも付記しておきたい。多くの数字がならぶ番号ではあるが，インターネットに接続できる環境であれば，すぐにこれから Call number 以外の書誌データも参照できる。

　以上表目録 1-1 ならびに同 1-2 の作製経過を中心に簡単に紹介した。はじめの五里霧中の状態を回想すると，現在は霧が晴れて，全容が俯瞰的に見渡せるようになったという思いである。まだこの方面ですべき作業がいろいろあるが，それらは今後の課題として，以下ではこれらの利用に当たってさらに留意すべき点を記しておきたい。

3．目録に関する留意点

　「アメリカ議会図書館蔵　初期外邦測量原図」目録は中国大陸の部（表目録 1-1）と朝鮮半島の部（表目録 1-2）とに大きく分かれる。中国大陸で陸軍将校による測量旅行が開始される頃には，参謀本部に設けられた管東局は東日本，樺太，盛京省（現遼寧省）を除く満洲，カムチャッカ，シベリア，さらに朝鮮を担当し，管西局は西日本および清国沿岸を担当することになっていた。朝鮮半島での測量旅行は中国大陸の場合より遅れて 1883 年に開始されたが，清国と朝鮮の往来が容易でないこと，さらにはとくに朝鮮側の旅行許可の条件もあって，この管轄境界は両グループの図の図示範囲の境界にもなっている。本書第 6 章でも示しているように，広開土王碑文の拓本を最初に日本にもたらした酒匂景信は，満洲東部の測量に従事し，その朝鮮との関係に注目することとなった。そうした酒匂が 1883 年に朝鮮を通過して帰国することを希望した際に，参謀本部は日朝修好条規続約第二にもとづく陸軍将校の朝鮮内陸旅行が始まったばかりということもあって，これを許さなかったことは，この境界の性格をよく示している。

　ただし，渡邉鐵太郎・石川潔太の「従清國鳳凰城至朝鮮國黄州旅行圖」（表目録 1-2 末尾の清国 110）の「（1）鳳凰城・安東縣・義州」は，朝鮮と中国の国境を越えた測量による図として注目される[4]。渡邉と石川の清国への派遣命令は 1885 年 7 月に出されたことが『参謀本部歴史草案編輯材料』から判明する（渡邉は天津，石川は北京に派遣）（広瀬編 2001：561）。他方すでに清国に滞在していた，やはり陸軍将校の柴五郎は，許可を得て 1888 年早春に清国から朝鮮に越境して帰国したことが明らかである（村上 1992：291-313）。この越境がどのようにして可能になったかについては，

さらに検討を要するが，渡邉と石川も帰国に際し，柴につづくかたちで清国から朝鮮に越境したと推測される（本書第5章参照）。

このような事情のため，中国大陸と朝鮮半島の手描き原図はそれぞれ別々の通し番号をもつことになった。またこの通し番号は，中国大陸と朝鮮半島では別々の原則で配列されている点も無視できない。

すでに触れたように，朝鮮半島の場合は，漢城（京城）の公使館や元山・釜山の領事館に分散して将校が配置されたため，旅行の出発点を基準にして手描き原図は3つに大別されている。この大別の下位の配列は，表目録1-2を参照すればあきらかなように，「元」・「釜」に分類されたものでは年代が考慮されていることがあきらかとはいえ，「京」の場合は，明確な原則を読み取ることが容易でない。他方中国大陸の場合は，地域別の分類は行われておらず，年代がわかるものを比較すると，多少の前後はみとめられるものの，ほぼその順序で並んでおり，番号の若いものほど早い傾向があきらかである（表目録1-1）。

以上に関連して，手描き原図の年代についてもその特色に触れておきたい。各図群や図幅の年代は，それぞれの裏書きのほか図の表側にも示されているが，両者とも記されている場合はむしろ少なく，どちらか片方の場合が多い。また両者に年代を記入しない場合もしばしばみられる。この場合注目されるのは，裏書きにみられる時期と図の表側にみられる時期が一致する場合もあれば，一致しないこともあるという点である。後者の場合，酒匂景信の「従北京至牛荘」（48号），「満洲東部旅行図」（74号），海津三雄の「咸鏡道路上圖」（元5号）のように，裏書きに示されたのが測量時期で，図の表側に示されたのが清書図の提出時期と判断されることもあるが，そうでない場合も少数ながらみとめられる。このようにケースも含め，年代に関する記載をできるだけ示すために，裏書きの場合は A，図の表側にみられる記載の場合を B と区別することにした。また両者に記載はないが，担当将校の旅行時期などが別の資料から判明する場合は括弧内にこれを示すこととした。朝鮮半島の場合は（表目録1-2），将校たちの旅行時期の概要は第5章の表5-2から知ることができるが，こうした区別のもとに示す時期は，場合によっては清書図の提出時期を示すこともあると考えておきたい。

もう一つ言及しておきたいのは，陸軍将校の測量をともなう旅行は，上記のように中国大陸では1879年以降に，朝鮮半島では1883年以降に行われたが，それ以前の時期に行われた旅行によって作製された地図も見られるという点である。朝鮮の場合，その一方として海津三雄の「朝鮮國長浦江口略圖」など（1878年，表目録1-2の京16の1〜3）や，「牙山江畧圖」（1879年，表目録1-2の京13）があり，その測量経過については，本書第3章を参照していただきたい。これらの裏面の張り替えを受けたタイトル等からも他から流用されたものであることがうかがえる。

これに関連してあげておかねばならないのは「従仁川至漢城圖」（1882年，表目録1-2の京1）で，壬午事変直後に仁川に上陸し漢城間にはいった陸軍将校によるものである。また磯林真三が1882年に作製した臨津江の図（1882年，表目録1-2の京21，2枚）は，日朝修好条規続約第二（1882年10月）によって，日本人の立ち入り可能範囲が元山・釜山・仁川の開港地については，四方各50

里（ただし朝鮮里法）と拡張されたこと（丁 1964：36）を根拠に現場に立ち入って測量した可能性が推定される。日本人在外公館員の朝鮮内陸部への旅行はやはり日朝修好条規続約第二によって許可を受ければ可能となったが，実際に許可がえられたのは 1883 年になってからのこととなり，臨津江の図のための測量は，こうした立ち入り範囲の拡張を背景に考慮しなければ理解できない[5]。

　なお末尾のその他に分類された「朝鮮全圖」（別名「韓國全図」）は，第 5 章で詳しく紹介したように「朝鮮二十萬分一圖」の準備用に作製された図で，他の手描き原図のように番号を付す意義がないと判断されたと考えられる。

　中国大陸の 1879 年以前に作製された図としては，嶋弘毅「滿洲紀行附図」（表目録 2-1 の 4）がそれにあたる。これが付された『滿洲紀行』は，刊年および筆者不詳の『滿洲紀行　乙號』に掲載されたものと考えられるが（コラム 1「滿洲紀行」参照），そのことは『東京地學協會報告』に掲載された「滿州紀行抜書」（嶋 1879）から確認できる。この旅行は 1877 年に行われたもので，図の縮尺は 100 万分の 1 と小さく，測量原図というよりは編集図であるが，その原本としてこのグループにくわえられたわけである。

　くわえて表目録 1-1 の末尾のその他 1 〜 4 に分類されている図に触れておきたい。その他 3「北京近傍西部」を除いて，これらには本来裏側に他の図と同様の記載があったと考えられるが，それを記した紙が部分的にはがれ落ち，通し番号が不明になったものと考えられる。なおその他 3「北京近傍西部」は，その他 2「北京近傍圖」の下書きと考えられるもので，通し番号が付されなかった可能性が高い。

　ところで，この二つの目録に記載されたもののほとんどは陸軍将校の測量をもとにしているが，わずかながら既存の地図の写しも含まれている。朝鮮については，「濟物浦居留地略圖」（京 24 号）がおそらく英国製地図の，また「咸鏡道之圖」（元 4 号）が朝鮮製の図の写しである。類似のものは中国大陸の図にもみられ，「漢江居留地全圖」（104 号）がおそらく欧米製の図の，「西山外火器営火薬局圖」（63 号）が中国製の図の写しとなる。陸軍将校はみずから測量にあたるだけでなく，既存の地理資料を収集しており，その一端があらわれていることになる。とくに「西山外火器営火薬局圖」は中国の軍事情報の収集でも知られる福島安正の手になる点が注目される。

　以上，以下に掲載する二つの目録の作製過程や留意点を示したが，本書第 I 部で検討した外国製図の編集を主としていた時期に比べ，少数ながら将校たちの測量が実施された 1880 年代には飛躍的に地理情報が増大したことがわかる。ここに掲載する目録ならびに別に掲載する清国二十萬分一圖の目録（表目録 2-1 など）は，その具体的様相の一つと位置づけられるが，この増大がさらに大きな広がりを持っていたことはあらためていうまでもない。コラム 4「沿道指鍼」・「沿道圖説」・「沿道誌」で触れている他の地理情報の整備，コラム 5「日本製図の国際的利用」で触れている清國二十萬分一圖・朝鮮二十萬分一圖や假製東亞輿地圖の国際的参照を視野に入れつつ，東アジアの地理情報の整備・蓄積を広い視野から検討する必要性が感じられる。このような展望の一方で，この二つの目録はまだ完全なものではなく，さらに補充していく余地が大きいことをあらためて指摘しておきたい。

219

注
1）この裏書きの記載項目やその配列は必ずしも一定せず，また墨書きのほか朱書きの部分もみられるが，どの項目を朱書きにするかについても明確な規則がみられない。図群ごとにその記載はほぼ統一されており，各目録の「裏書き」欄ではその記載を順に羅列するという形をとらざるをえなかった。
2）二つの目録に示した図の総数については，後述のような理由でまだ現物を実見していないものがあり，確定的ではない。ここでは中国大陸のものが400，朝鮮半島のものが100と概数を示しておくこととする。
3）このカタログ化を担当するライブラリアンは，日本語ができる必要があり，第7章第3節で述べたように，地理・地図部以外に所属する多くのライブラリアンの協力が必要であった。
4）この点ならびにそれら接続する他の図が朝鮮国内に関するものであることを考慮して，本図群は中国大陸の通し番号をもちながらも，朝鮮半島の目録（表目録1-2）にくわえた。
5）ただし，立ち入り可能範囲が拡張されたとしても臨津江の流路までは遠く，強引に現場に至った可能性がある。

参考文献
小林茂・渡辺理絵・山近久美子　2010.「初期外邦測量の展開と日清戦争」史林（史学研究会）93（4）：473-505.
嶋弘毅　1879.「滿州紀行抜書」東京地學協會報告1（1）：11-20.
丁海植　1964.『舊韓末條約彙纂（上巻）』國会圖書館立法調査局.
広瀬順晧編　2001.『参謀本部歴史草案，第6巻』ゆまに書房.
村上兵衛　1992.『守城の人：明治人柴五郎大将の生涯』光人社.
山近久美子・渡辺理絵・小林茂　2011.「広開土王碑文を将来した酒匂景信の中国大陸における活動：アメリカ議会図書館の手描き外邦図を手がかりに」朝鮮学報（朝鮮学会）221：117-159.
渡辺理絵・山近久美子・小林茂　2009.「1880年代の日本軍将校による朝鮮半島の地図作製：アメリカ議会図書館所蔵図の検討」地図（日本国際地図学会）47（4）：1-16.

表目録1-1　アメリカ議会図書館蔵　初期外邦測量原図　中国大陸の部

注（1）サイズ欄でLCと記しているものはアメリカ議会図書館のカタログ掲載のものを示す。その他は筆者らの計測による。
　（2）年代欄に示すAは当該図の裏書きに記入されたもの，Bは表側に記入されたものを示す。また括弧内に示すものは，他の資料から測量時期を知ることができたものである。

No.	タイトル	副タイトル	サイズ	年代	縮尺の分母	作製者	裏書き	米議会図書館番号 LCCN
4	満州紀行附圖		（左上）55.8×65.0 （右上）55.9×65.2 （左下）55.8×65.4 （右下）55.6×65.2	（明治10年）	1,000,000	嶋弘毅	第四号　満州紀行附圖　嶌大尉	92682886
6_1	直隷承徳府近傍図		73.4×65.6	A 明治13年春 B 明治14年4-5月の旅行時	200,000	花坂円	參　赤峰縣　直隷承徳府近傍 第六号　共四面　花坂円製　明治十三年春　第二号棚1	92682878
6_2	直隷承徳府近傍図		67.0×99.5	A 明治13年春 B 明治14年4-5月の旅行時	200,000	花坂円	四　【欠】　直隷承徳府近傍図　第六号　共四面　明治十三年春　花坂円製　第二号棚2	92682878
6_3	直隷承徳府近傍図		67.0×99.5	A 明治13年春 B 明治14年4-5月の旅行時	200,000	花坂円	貳　承徳府　直隷承徳府近傍図　第六号　共四面　花坂円製　明治十三年春　第二号棚3	92682878
6_4	直隷承徳府近傍図	承徳府近傍之圖	68.5×99.0	A 明治13年春 B 明治14年4-5月の旅行時	200,000	花坂円	密雲縣　直隷承徳府近傍図　第六号　共四面　明治十三年春　花坂円　第二号棚4	92682878
10	福建城内外并各近村縮圖		75.0×121.0		20,000	田中謙介	第拾号　福建城近傍村落圖　田中中尉製　第十号棚	92682888
11_1	長江近傍圖	江蘇省西隅及安徽省南部圖	(1) 64.0×76.9 (2) 64.0×77.2 (3) 64.1×77.1 (4) 64.0×77.2 (5) 64.0×77.0 (6) 64.0×77.2		200,000	小泉正保	七号棚　第拾壱号　壱ノB　長江近傍圖　小泉中尉　共三葉 【欠】　祁門　黟　休寧　徽州 【欠】　湖　舒城　南陵　涇　桐城　棚七号	92682892
11_2	長江近傍圖	湖北省南隅圖	71.0×101.0		200,000	小泉正保	武昌府　大治　興國州　漢陽　黄梅　廣濟　蘄水　黄州　武昌　第拾壱號ノ二　共三枚　小泉　棚七号	92682892
11_3	長江近傍圖	江西省北端圖	45.0×83.3		200,000	小泉正保	彭沢　湖口　九江　瑞昌　第拾壹号ノ三　共三枚　小泉　棚七号	92682892
12_1	長江附近之圖	長江附近之圖	(1) 84.3×69.5 (2) 84.3×70.0	B 明治13年6月	407,747	益満邦介	第七号棚　第拾貳号　共二枚内　長江附近之圖　益満大尉製	92682895
12_2	長江附近之圖	長江及従漢口経河南省到安慶府圖	(1) 74.6×17.0 (2) 94.3×33.5 (3) 94.3×74.6 (4) 94.3×55.5	B 明治13年7月	300,000	益満邦介	第拾貳号　長江附近之圖	92682895
24_1	満州中部之圖	新民廳	62.3×50.5	B 明治15年1月	200,000	伊集院兼雄	第二十四号　第二号棚　壱　満州中部之圖　伊集院工兵大尉製　十七葉之内　新民廳　合集済	2009668629
24_2	満州中部之圖	鉄嶺縣	62.0×50.5	B 明治15年1月	200,000	伊集院兼雄	第二十四号　第二号棚　貳　満州中部ノ図　伊集院工兵大尉製　十七葉之内　鉄嶺縣　合集済	2009668629
24_3	満州中部之圖	開原城　楡城子	62.2×50.3	明治15年1月	200,000	伊集院兼雄	第二十四号　第二号棚　三　満州中部ノ図　伊集院工兵大尉製　十七葉之内　開原城　楡城子　合集済	2009668629
24_4	満州中部之圖	戞石火羅	62.4×50.7	B 明治15年1月	200,000	伊集院兼雄	第二十四号　第二号棚　四　満州中部ノ図　伊集院工兵大尉製　十七葉之内　戞石火羅　合集済	2009668629
24_5	満州中部之圖	奥京古城	61.5×49.0	B 明治15年1月	200,000	伊集院兼雄	第二十四号　第二号棚　五　満州中部ノ図　伊集院工兵大尉製　十七葉之内　奥京故城　合集済	2009668629
24_6	満州中部之圖	撫順城	61.0×49.5	B 明治15年1月	200,000	伊集院兼雄	第二十四号　第二号棚　六　満州中部ノ図　伊集院工兵大尉製　第二号棚　十七葉之内　撫順城　合集済	2009668629
24_7	満州中部之圖	奉天府　遼陽城	62.2×50.0	B 明治15年1月	200,000	伊集院兼雄	第二十四号　第二号棚　七　満州中部ノ図　伊集院工兵大尉製　第二号棚　十七葉之内　奉天府　遼陽城　合集済　第二拾四号　十七枚	2009668629
24_8	満州中部之圖	鞍山驛堡	61.0×49.0	B 明治15年1月	200,000	伊集院兼雄	第二十四号　第二号棚　八　満州中部之圖　伊集院工兵大尉製　十七葉之内　合集済　靴（原文表記）山駅堡	2009668629
24_9	満州中部之圖	平嶺城　買賣街	62.4×50.0	B 明治15年1月	200,000	伊集院兼雄	第二十四号　第二号棚　九　満州中部図　伊集院工兵大尉製　十七葉之内　平嶺城　買賣街　合集済	2009668629

No.	タイトル	副タイトル	サイズ	年代	縮尺の分母	作製者	裏書き	米議会図書館番号 LCCN
24_10	滿州中部之圖	朝陽堡　一統河	60.0×48.5	B 明治 15 年 1 月	200,000	伊集院兼雄	第二十四号　第二号棚　十　滿州中部之圖　伊集院工兵大尉製　十七葉之内　朝陽堡　一統河	2009668629
24_11	滿州中部之圖	寬城子	61.2×49.3	B 明治 15 年 1 月	200,000	伊集院兼雄	第二十四号　第二号【欠】　滿州中部之圖　伊集院工兵大尉製　十七【欠】之内　寬城子　合集済	2009668629
24_12	滿州中部之圖	舩城	61.5×49.0	B 明治 15 年 1 月	200,000	伊集院兼雄	第二十四号　第二号棚　十二　滿州中部之圖　伊集院工兵大尉製　十七葉之内　舩城即チ吉林ナリ　合集済	2009668629
24_13	滿州中部之圖	営子港　牛荘古城　海城縣	62.2×50.4	B 明治 15 年 1 月	200,000	伊集院兼雄	第二十四号　第二号棚　十三　滿州中部之圖　伊集院工兵大尉製　第二号棚　十七葉之内　営子港　牛荘古城　海城縣　合集済	2009668629
24_14	滿州中部之圖	鳳凰城	62.0×50.0	B 明治 15 年 1 月	200,000	伊集院兼雄	第二十四号　第二号棚　十四　滿州中部之圖　伊集院工兵大尉製　十七葉之内　鳳凰城　合集済	2009668629
24_15	滿州中部之圖	鴨緑江口大東勾	62.4×50.0	B 明治 15 年 1 月	200,000	伊集院兼雄	第二十四号　第【欠】棚　十五　滿州中部【欠】圖　伊集院工兵大尉製　十七葉之内　鴨緑江口大東勾　合集済	2009668629
24_16	滿州中部之圖	大孤山港	62.3×50.4	B 明治 15 年 1 月	200,000	伊集院兼雄	第二十四号　第二号棚　十六　滿州中部之圖　伊集院工兵大尉製　十七葉之内　大瓜（原文表記）山港　合集済	2009668629
24_17	滿州中部之圖	秀巖	62.2×50.4	B 明治 15 年 1 月	200,000	伊集院兼雄	第二十四号　第二号棚　十七　滿州中部之圖　伊集院工兵大尉製　十七葉之内　秀巖城　合集済	2009668629
25_1	従江蘇省江寧府至山東省兗州府路上圖	第一圖　従江蘇省江寧府到同省徐州府畧圖	88.4×64.7		200,000	酒匂景信松島克己丸子方	第二十五号　第三号棚　従江蘇省江寧府至山東省兗州府路上図　酒匂松島丸子両中尉製　紅寧府徐州　三葉之一　集合済	92682885
25_2	従江蘇省江寧府至山東省兗州府路上圖	第二圖	83.5×65.0		200,000	酒匂景信松島克己丸子方	第二十五号　第三号棚　従江蘇省江寧府至山東省兗州府路上図　酒匂松島丸子両中尉製　宿州徐州府　三葉ノ二　集合済	92682885
25_3	従江蘇省江寧府至山東省兗州府路上圖	第三圖　由徐州府到兗州府之畧圖	（上部）54.8×48.4 （下部）50.2×48.3		200,000	酒匂景信松島克己丸子方	第二十五号　第三号棚　従江蘇省江寧府至山東省兗州府路上図　酒匂松島丸子両中尉製　徐州府曝縣　鄒縣　兗州　曲阜縣　三葉之三　集合済	92682885
30	福州畧圖	福州畧圖集合圖【付属】馬尾街造船所近傍看取圖	（北西）71.0×73.4 （北東）70.5×73.0 （南西）70.5×73.3 （南東）70.5×73.0		62,200		【4 枚の図に分割したもの】（北西）四号棚　第三十號　福州略圖　集合圖　共弐ノ一 （北東）四号棚　第三十號　福州略圖　集合圖　共弐ノ二	91684760
32	山東省武定府及德州ヨリ北京ニ至ル圖		179.7×124.4 を 4 分割 （1）89.3×62.2 （2）89.4×60.5 （3）92.2×62.0 （4）90.3×62.4	B 明治 13 年		山根武亮	第三拾武号　山東省武定府及德州ヨリ北京ニ至ル圖　第一号棚　山根中尉製	92682901
34_1	盛京省附圖	奉天府盛京城内外圖	49.4×60.3	B 明治 15 年春	25,000	伊集院兼雄	第二号棚　第三拾四號　盛京省附圖　五葉ノ内	71005157
34_2	盛京省附圖	新民屯近地圖・盛京省内蒙古境法庫門・田庄台近傍遼河渡舩場・十三站近傍圖・廣寧縣	49.6×61.4	B 明治 15 年春	10,000 25,000	伊集院兼雄	第二号棚　第三拾四號　盛京省附圖　五葉ノ内	71005157
34_3	盛京省附圖	鐵嶺縣・開原縣・興京	49.3×60.9	B 明治 15 年春	25,000	伊集院兼雄	第二号棚　盛京省附圖　五葉ノ内　第三拾四號　伊集院工兵大尉製	71005157
34_4	盛京省附圖	鳳凰城・鴨緑江河口・大東勾	49.3×60.0	B 明治 15 年春	20,000 50,000	伊集院兼雄	第三拾四號　第二号棚　盛京省附圖　五葉ノ内	71005157
34_5	盛京省附圖	大孤山・秀巖・遼陽	44.4×61.2	B 明治 15 年春	25,000 50,000	伊集院兼雄	第三拾四號　第二号棚　盛京省附圖　五葉ノ内	71005157

目録1 「アメリカ議会図書館蔵　初期外邦測量原図」目録

No.	タイトル	副タイトル	サイズ	年代	縮尺の分母	作製者	裏書き	米議会図書館番号 LCCN
36_1	従北京至天津路上圖	従北京経保定河間二府到天津府路上圖　第一	129.3×54.8	B 明治14年9月	200,000	齋藤幹	北京・拱極城・良郷縣・房山縣・涿州・涞水縣・定興縣・新城縣・容城縣・安肅縣・保定府・安州・高陽縣・河間府・献縣・交河縣　第三拾六号　斉藤幹製　共二枚ノ内　第二号棚	92682879
36_1	従北京至天津路上圖	従北京経保定河間二府到天津府路上圖　第二	74.5×51.2	B 明治14年9月	200,000	齋藤幹	天津府・静海縣・青縣・滄州・交河縣　第三拾六号　共二枚　従北京至天津路上圖　齋藤幹製　第二号棚	92682879
37_1	従江蘇省清河縣至山東省泰安府路上圖	第壹号	（上部）68.9×79.0（下部）68.8×78.0	B 明治15年3月	200,000	三浦自孝	第五号棚　第三拾七号　従江蘇省清河縣至山東省泰安府路上圖　二葉ノ内一　三浦中尉製　泰安府　新泰縣　蒙陰縣　沂州府　郯城	92682880
37_1	従江蘇省清河縣至山東省泰安府路上圖	第貳號	54.8×68.3	B 明治15年3月	200,000	三浦自孝	【欠】七號　従江蘇省清河縣至山東省泰安府路上圖　二葉ノ内二　三浦中尉製　清河縣	92682880
38_1	従山東省煙台経黄縣萊州膠州安邱縣沂州等至江蘇省宿遷縣漁溝路上圖	山東省第弌圖	69.0×97.0	B 明治15年3月	200,000	酒匂景信	第三拾八號ノ一　第三号棚　従山東省煙台至経黄縣萊州膠州安邱縣沂州等至江蘇省宿遷縣漁溝路上圖　四葉ノ内第一　平度州　萊州府　黄縣　煙台　集合済	92682877
38_2	従山東省煙台経黄縣萊州膠州安邱縣沂州等至江蘇省宿遷縣漁溝路上圖	山東省第弌圖	69.0×81.0	B 明治15年3月	200,000	酒匂景信	第三拾八號ノ二　第三号棚　従山東省煙台至経黄縣萊州膠州安邱縣沂州等至江蘇省宿遷縣漁溝路上圖　四葉ノ内第二　安邱縣・高密縣・膠州・平度州　集合済	92682877
38_3	従山東省煙台経黄縣萊州膠州安邱縣沂州等至江蘇省宿遷縣漁溝路上圖	山東省第弌圖	69.0×69.3	B 明治15年3月	200,000	酒匂景信	第三号棚　従山東省煙台至経黄縣萊州膠州安邱縣沂州等至江蘇省宿遷縣漁溝路上圖　四葉ノ内第三　第三拾八號ノ三　酒匂中尉製　莒州　沂州府　集合済	92682877
38_4	従山東省煙台経黄縣萊州膠州安邱縣沂州等至江蘇省宿遷縣漁溝路上圖	山東省第四圖及江蘇宿遷縣近傍	79.8×59.8	B 明治15年3月	200,000	酒匂景信	第三拾八號ノ四　第三号棚　従山東省煙台至経黄縣萊州膠州安邱縣沂州等至江蘇省宿遷縣漁溝路上圖　四葉ノ内第四　郯城縣　宿遷縣　集合済	92682877
41	山東省武定府及德州ヨリ天津及北京ニ至ル図		168.3×109.9 が2枚に分かれていたのを4分割（1）83.8×54.7（2）84.0×54.5（3）84.2×54.9（4）84.3×55.0	B 明治13年		山根武亮	第四拾壹號　共二枚　山東省武定府及德州ヨリ天津及北京ニ至ル図　山根中尉製　第一号【欠】	92682900
42	盛京省東部圖		134.7×97.2		200,000	伊集院兼雄	第四拾貳號　一枚　盛京省東部圖　伊集院工兵大尉製　七号棚	92682874
47	浙江省甯波府城圖		（1）98.5×64.0（2）98.5×64.5	A 明治16年2月 B 明治16年2月	5,000	美代清灌	第四拾七号　美代工兵中尉製　浙江省甯波府城圖　明治十六年二月成	92682870
48_1	従北京至牛荘旅行圖	三葉之内壱	77.5×136.0	A 明治15年 B 明治16年1月	200,000	酒匂景信	順義縣　薊州　三屯営　平谷縣　四拾八號　共三面　第三号棚　従北京至牛荘旅行圖　明治十五年　砲兵大尉　酒匂景信製	92682899
48_2	従北京至牛荘旅行圖	三葉之内貳	101.9×69.6	A 明治15年 B 明治16年1月	200,000	酒匂景信	永平府　平泉州　建昌縣　四拾八號　共三面　第三号棚　従北京至牛荘旅行圖　明治十五年　砲兵大尉　酒匂景信製	92682899
48_3	従北京至牛荘旅行圖	三葉之内參	67.4×95.0	A 明治15年 B 明治16年1月	200,000	酒匂景信	朝陽縣　義州城　営口　四拾八號　共三面　第三号棚　従北京至牛荘旅行圖　明治十五年　砲兵大尉　酒匂景信製	92682899
50	廣東省城近傍之圖		59.7×90.0	A 明治16年5月 B 明治16年	20,000	松島克己 三浦自孝	第五十号　第三号棚　廣東省城近傍図　壱枚　明治十六年五月廿五日　松島克己　三浦自孝製	92682887
51	芝罘港全圖		48.0×35.0	A 明治16年6月9日 B 明治16年5月	20,000	齋藤幹	第五十一号　一枚　第三号棚　芝罘港全圖　明治十六年六月九日　齋藤幹製	92682869
54_6	福建省　自龍巖州到上杭縣		43.0×82.5	A 明治16年7月5日	100,000	柴山尚則	上杭縣　龍巖州　第五十四号　七枚ノ内六　福建省従龍巖州至上杭縣　第三号棚　明治十六年七月五日調　柴山尚則製造	95685407
55_1	従北京到漢口 八枚之内第壱號	従北京至直隷安州	（右）77.7×59.9（左）78.4×60.2	B 明治16年6月	100,000	小田新太郎	良郷縣　逐州　新城縣　客城縣　安州　外二附圖三枚　第三四、五四、六七号	92682876

223

No.	タイトル	副タイトル	サイズ	年代	縮尺の分母	作製者	裏書き	米議会図書館番号 LCCN
55_2	従北京到漢口 八枚之内第貳號	従直隷高陽縣至同冀州	(右) 78.6×58.2 (左) 78.4×58.5	A 明治 16 年 6 月 B 明治 16 年 6 月	100,000	小田新太郎	第二 高陽縣 肅寧縣 饒陽縣 武強縣 衡水縣 冀州 第五十五號 八枚之内貳 外二附圖三枚 従北京到漢口 第五号棚 明治十六年六月製 小田新太郎	92682876
55_3	従北京到漢口 八枚之内第三號	従直隷新河縣至同邯鄲縣	76.8×105.3	A 明治 16 年 6 月 B 明治 16 年 6 月	100,000	小田新太郎	第三 新河縣 巨鹿縣 平郷縣 鷄澤縣 廣平府 邯鄲縣 第五十五號 八枚之内伍 外二附圖三枚 従北京到漢口 第五号棚 明治十六年六月製 小田新太郎	92682876
55_4	従北京到漢口 八枚之内第四號	従直隷磁州至河南衛輝府	76.3×105.9	A 明治 16 年 6 月 B 明治 16 年 6 月	100,000	小田新太郎	第四 磁州 彰徳府 湯陰縣 淇縣 衛輝府 第五十五號 八枚之内肆 外二附圖三枚 従北京到漢口 第五号棚 明治十六年六月製 小田新太郎	92682876
55_5	従北京到漢口 八枚之内第五號	従河南衛輝府至同許州	(右) 78.5×55.7 (左) 78.5×55.2	A 明治 16 年 6 月 B 明治 16 年 6 月	100,000	小田新太郎	第五 延津縣 開封府 尉民縣 第五十五號 八枚之内伍 外二附圖三枚 従北京到漢口 第五号棚 明治十六年六月製 小田新太郎	92682876
55_6	従北京到漢口 八枚之内第六號	従河南許州至同汝寧府	(右) 78.6×55.6 (左) 78.6×55.5	A 明治 16 年 6 月 B 明治 16 年 6 月	100,000	小田新太郎	第六 許州 臨潁縣 鄢城縣 上蔡縣 第五十五號 八枚之内陸 外二附圖三枚 従北京到漢口 第五号棚 明治十六年六月製 小田新太郎	92682876
55_7	従北京到漢口 八枚之内第七號	従河南汝寧府至同羅山縣	(右) 79.2×58.0 (左) 79.2×58.0	A 明治 16 年 6 月 B 明治 16 年 6 月	100,000	小田新太郎	第七 汝寧府 正陽縣 羅山縣 第五十五號 八枚之内七 外二附圖三枚 従北京到漢口 第五号棚 明治十六年六月製 小田新太郎	92682876
55_8	従北京到漢口 八枚之内第八號	従河南羅山縣至湖北漢口	(右) 79.2×57.7 (左) 79.5×57.2	A 明治 16 年 6 月 B 明治 16 年 6 月	100,000	小田新太郎	第八 黄安府 黄陂縣 漢口 第五十五號 八枚之内八 外二附圖三枚 従北京到漢口 第五号棚 明治十六年六月製 小田新太郎	92682876
55_付 1	従北京到漢口 附圖三枚	河南開封府城市街之圖	69.2×83.5	A 明治 16 年 6 月	10,000	小田新太郎	第五十五號 附圖三枚之内 河南開封府市街之圖 第五号棚 明治十六年六月製 小田新太郎	92682876
55_付 2	従北京到漢口 附圖三枚)	府城之署図	75.5×96.0	A 明治 16 年 6 月	10,000	小田新太郎	第五十五號 附圖三枚之内 廣平府及彰徳府略圖 第五号棚 明治十六年六月製 小田新太郎	92682876
55_付 3	(従北京到漢口) (附圖三枚)	運輸車及農具之写景	60.0×55.0	A 明治 16 年 6 月		小田新太郎	第五十五號 附圖三枚之内 運輸車及農具之寫景 明治十六年六月製 小田新太郎 第五号棚	92682876
63	西山外火器営火薬局圖		94×86	A 明治 16 年 12 月 27 日 B 明治 16 年 11 月 20 日		福島安正	第六十三号 壱枚 第四号棚 西山外火器営火薬局圖 明治十六年 十一月廿七日 福島歩兵大尉寫図	92682872
67_1	廣東省従潮州府至廉州府	自廣東省恵州府海豊縣東至同潮州府沿道略図	67.0×100.4	A 明治 17 年 3 月 4 日 B 明治 17 年 2 月 27 日	200,000	嶋村干雄	第六十七号 明治十七年三月十四日 廣東省従潮州府至廉州府 七枚ノ内一 第五号棚 嶋村中尉製	92682891
67_2	廣東省従潮州府至廉州府	自廣東省恵州府博羅縣東至同海豊縣沿道略図	68.0×101.0	A 明治 17 年 3 月 14 日	200,000	嶋村干雄	第六十七号 明治十七年三月十四日 廣東省従潮州府至廉州府 七枚ノ内二 第五号棚 島村中尉製	92682891
67_3	廣東省従潮州府至廉州府	自廣東省廣州府西至肇慶府高明縣至同恵刕府博羅縣沿道略図	101.7×67.9	A 明治 17 年 3 月 14 日	200,000	嶋村干雄	第六十七号 明治十七年三月十四日 廣東省従潮州府至廉州府 七枚ノ内三 第五号棚 嶋村中尉製	92682891
67_4	廣東省従潮州府至廉州府	自廣東省肇慶府高明縣西至同陽春縣沿道略圖	99.5×67.0	A 明治 17 年 3 月 14 日	200,000	嶋村干雄	第六十七号 明治十七年三月十四日 廣東省従潮州府至廉州府 七枚ノ内四 第五号棚 島村中尉製	92682891
67_5	廣東省従潮州府至廉州府	自廣東省肇慶【欠】同高州府化州沿道略圖	102.0×68.2	A 明治 17 年 3 月 14 日	200,000	嶋村干雄	第六十七号 明治十七年三月十四日 廣東省従潮州府至廉州府 七枚ノ内五 第五号棚 島村中尉製	92682891
67_6	廣東省従潮州府至廉州府	自廣東省高刕府化州西至同廣州府沿道略図	67.0×99.0	A 明治 17 年 3 月 14 日	200,000	嶋村干雄	第六十七号 明治十七年三月十四日 廣東省従潮州府至廉州府 七枚ノ内六 第五号棚 島刕中尉製	92682891
67_7	廣東省従潮州府至廉州府	自廣東省高州府南経雷州府至瓊州府沿道略図	99.5×67.5	A 明治 17 年 3 月 14 日	200,000	嶋村干雄	第六十七号 明治十七年三月十四日 廣東省従潮州府至廉州府 七枚ノ内七 第五号棚 島村中尉製	92682891

目録 1 「アメリカ議会図書館蔵　初期外邦測量原図」目録

No.	タイトル	副タイトル	サイズ	年代	縮尺の分母	作製者	裏書き	米議会図書館番号 LCCN
68_1	直隷山西旅行図	第一号　従涿州至廣昌縣	(東部) 34.9×69.8 (西部) 35.0×70.3	A 明治 17 年	100,000	牧野留五郎	涿州　淶水縣　易州　廣昌縣　直隷山西旅行図　第六十八号　共十二枚　明治十七年　牧野中尉製　第一号　従涿州至廣昌縣　十八年十月廿二日棚	92682903
68_2	直隷山西旅行図	第二号　従廣昌縣至清熙堡	(東部) 35.0×74.5 (西部) 34.7×75.0	A 明治 17 年	100,000	牧野留五郎	廣昌府　霊邱縣　■峙縣　第二号　従廣昌縣至清熙堡　直隷山西旅行図　第六十八号　共十二枚　明治十七年　牧野中尉製　第五号棚	92682903
68_3	直隷山西旅行図	第三号　従清熙堡至朔州	(北部) 61.2×76.6 (南部) 61.5×76.6	A 明治 17 年	100,000	牧野留五郎	忻州　崞縣　代州　朔州　第三号　従清熙堡至朔州　直隷山西旅行図　第六十八号　共十二枚　明治十七年　牧野中尉製　第五号棚	92682903
68_4	直隷山西旅行図	第四号　従朔州経朔平府至電陽堡	(北部) 65.0×54.0 (南部) 64.0×54.0	A 明治 17 年	100,000	牧野留五郎	朔平府　平魯縣　朔州　第四号　従朔州経朔平府至雲陽堡　直隷山西旅行図　第六十八号　共十二枚　明治十七年　牧野中尉製　第五号棚	92682903
68_5	直隷山西旅行図	第五号　従雲陽堡至陽高縣	64.5×133.8	A 明治 17 年	100,000	牧野留五郎	陽高縣　大同府　第五号　従雲陽堡至陽高縣　直隷山西旅行図　第六十八号　共十二枚　明治十七年　牧野中尉製　第五号棚	92682903
68_6	直隷山西旅行図	第六号　従陽高縣至宣化府半坡街	55.0×149.9	A 明治 17 年	100,000	牧野留五郎	宣化府　懐安縣　天鎮縣　第六号　従陽高縣至宣化府半坡街　直隷山西旅行図　第六十八号　共十二枚　明治十七年　牧野中尉製　第五号棚	92682903
68_7	直隷山西旅行図	第七号　従半坡街至昌平州	(東部) 70.2×57.2 (西部) 69.8×76.7	A 明治 17 年	100,000	牧野留五郎	昌平州　懐来縣　第七号　従半坡街至昌平州　直隷山西旅行図　第六十八号　共十二枚　明治十七年　牧野中尉製　第五号棚	92682903
68_8	直隷山西旅行図	第八号　従昌平州至北京城	63.2×38.0	A 明治 17 年	100,000	牧野留五郎	北京　鞏華城　昌平州　第八号　従昌平州至北京城　直隷山西旅行図　第六十八号　共十二枚　明治十七年　牧野中尉製　第五号棚	92682903
68 外 1	直隷山西旅行図	図外第一号　従朔平府経帰化城至道路土木	99.9×74.7	A 明治 17 年	100,000	牧野留五郎	朔平府　帰化城　綏遠城　図外第一号　従朔平府経帰化城至道路土木　直隷山西旅行図　第六十八号　共十二枚　明十七年　牧野中尉製　第五号棚	92682903
68 外 2	直隷山西旅行図	図外第二号　従道路土木経包頭村至陝西蝎子溝	(東部) 70.0×76.9 (西部) 69.8×76.7	A 明治 17 年	100,000	牧野留五郎	薩拉斉　包頭村　図外第二号　従道路土木経包頭村至陝西蝎子溝　直隷山西旅行図　第六十八号　共十二枚　明治十七年　牧野中尉製　第五号棚	92682903
68 外 3	直隷山西旅行図	図外第三号　従蝎子溝至河曲縣	140.0×74.8	A 明治 17 年	100,000	牧野留五郎	河曲縣　図外第三号　従蝎子溝至河曲縣　直隷山西旅行図　第六十八号　共十二枚　明治十七年　牧野中尉製　第五号棚	92682903
68 外 4	直隷山西旅行図	図外第四号　従河曲縣至平魯縣	(東部) 60.0×60.0 (西部) 59.7×59.6	A 明治 17 年	100,000	牧野留五郎	平魯縣　偏関縣　河曲縣　図外第四号　従河曲縣至平魯縣　直隷山西旅行図　第六十八号　共十二枚　明治十七年　牧野中尉製　第五号棚	92682903
70_1	永春州・泉州府各地	泉州府城	68.0×55.5	A 明治 15 年 5 月	10,000	田中謙介	第七十号　明治十五年五月　永春州泉州府各地　共三枚　歩兵中尉　田中謙介製　第三号棚	92682889
70_2	永春州・泉州府各地	永春州城・漳州府海澄縣管石碼・泉州府管同安縣城・泉州府管南安縣城・漳州府城・泉州府管徳化縣城	67.0×98.0	A 明治 15 年 5 月	5000 10000	田中謙介	第七十号　明治十五年五月　永春州泉州府各地　共三枚　歩兵中尉　田中謙介製　第三号棚	92682889
70_3	永春州・泉州府各地	永春州泉州府各地	147.8×67.5	A 明治 15 年 5 月	200,000	田中謙介	第七十号　明治十五年五月　永春州泉州府各地　共三枚　歩兵中尉　田中謙介製　第三号棚	92682889
72_1	両江楚浙五省行路圖	第一号	68.5×101.9	A 明治 16 年 B 明治 17 年 6 月	100,000	玉井曨虎	第一　南翔鎮　嘉定縣　大倉州　崑山新陽縣　七十二号　共二十三面　第一江楚浙五省行路圖　明治十六年　砲兵中尉　玉井曨虎製　六号棚	92682905

225

No.	タイトル	副タイトル	サイズ	年代	縮尺の分母	作製者	裏書き	米議会図書館番号 LCCN
72_2	両江楚浙五省行路圖	第二号，江蘇省蘇州府局地圖	68.0×101.8	A 明治 16 年 B 明治 17 年 6 月	100,000 20,000	玉井曨虎	第二 蘇州府 震澤縣 呉江縣 第七十二号 共二十三面 第二 両江楚浙五省行路圖 明治十六年 砲兵中尉 玉井【欠】製 第六号棚	92682905
72_3	両江楚浙五省行路圖	第三号，浙江省蘇州府局地圖	67.5×102.0	A 明治 16 年 B 明治 17 年 6 月	100,000 20,000	玉井曨虎	【欠】州府 第七十二号 共二十三面 第三 両江楚浙五省行路圖 明治十六年 砲兵中尉 玉井曨虎製 第六号棚	92682905
72_4	両江楚浙五省行路圖	第四号	67.3×101.6	A 明治 16 年 B 明治 17 年 6 月	100,000	玉井曨虎	第四 廣徳州 第七十二号 共二十三面 第四 両江楚浙五省行路圖 明治十六年 砲兵中尉 玉【欠】 第六号棚	92682905
72_5	両江楚浙五省行路圖	第五号	67.6×101.8	A 明治 16 年 B 明治 17 年 6 月	100,000	玉井曨虎	第五 昌化縣 第七十二号 共二十三面 第五 両江楚浙五省行路圖 明治十六年 砲兵中尉 玉井曨虎製 第六号棚	92682905
72_8	両江楚浙五省行路圖	第八号	67.5×101.7	A 明治 16 年 B 明治 17 年 6 月	100,000	玉井曨虎	第八 常山縣 玉山縣 廣信府 興安縣 第七十二号 共二十三面 第八 両江楚浙五省行路圖 明治十六年 砲兵中尉 玉井曨虎製 第六号棚	92682905
72_12	両江楚浙五省行路圖	第十二号	67.6×101.6	A 明治 16 年 B 明治 17 年 6 月	100,000	玉井曨虎	第十二 九江府 徳安縣 第七十二号 共二十三面 第十二 両江楚浙五省行路圖 明治十六年 砲兵中尉 玉井曨虎製 第六号棚	92682905
72_13	両江楚浙五省行路圖	第十三号	67.8×101.6	A 明治 16 年 B 明治 17 年 6 月	100,000	玉井曨虎	第十三 英山縣 蘄水縣 蘭溪驛 第七十二号 共二十三面 第十三 両江楚浙五省行路圖 明治十六年 砲兵中尉 玉井曨虎製 第六号棚	92682905
72_15	両江楚浙五省行路圖	第十五号	68.2×102.0	A 明治 16 年 B 明治 17 年 6 月	100,000	玉井曨虎	第十五 崔山縣 第七十二号 共二十三面 第十五 両江楚浙五省行路圖 明治十六年 砲兵中尉 玉井曨虎製 第六号棚	92682905
72_16	両江楚浙五省行路圖	第十六号	67.3×102.1	A 明治 16 年 B 明治 17 年 6 月	100,000	玉井曨虎	第十六 六安州 第七十二号 共二十三面 第十六 両江楚浙五省行路圖 明治十六年 砲兵中尉 玉井曨虎製 第六号棚	92682905
72_17	両江楚浙五省行路圖	第十七号	67.5×102.0	A 明治 16 年 B 明治 17 年 6 月	100,000	玉井曨虎	第十七 壽州 鳳臺縣 第七十二号 共二十三面 第十七 両江楚浙五省行路圖 明治十六年 砲兵中尉 玉井曨虎製 第六号棚	92682905
72_18	両江楚浙五省行路圖	第十八号	67.0×101.7	A 明治 16 年 B 明治 17 年 6 月	100,000	玉井曨虎	第十八 鳳陽縣 懷遠縣 第七十二号 共二十三面 第十八 両江楚浙五省行路圖 明治十六年 砲兵中尉 玉井曨虎製 第六号棚	92682905
72_19	両江楚浙五省行路圖	第十九号	63.0×102.4	A 明治 16 年 B 明治 17 年 6 月	100,000	玉井曨虎	第十九 銅城鎮 肝胎縣 舊縣 第七十二号 共二十三面 第十九 両江楚浙五省行路圖 明治十六年 砲兵中尉 玉井曨虎製 第六号棚	92682905
72_20	両江楚浙五省行路圖	第二十号	68.9×101.7	A 明治 16 年 B 明治 17 年 6 月	100,000	玉井曨虎	第二十 泰州 楊州府 天長縣 第七十二号 共二十三面 第二十 両江楚浙五省行路圖 明治十六年 砲兵中尉 玉井曨虎製 第六号棚	92682905
72_21	両江楚浙五省行路圖	第二十一号	68.2×101.7	A 明治 16 年 B 明治 17 年 6 月	100,000	玉井曨虎	第二十一 如皐縣 第七十二号 共二十三面 第二十一 両江楚浙五省行路圖 明治十六年 砲兵中尉 玉井曨虎製 第六号棚	92682905
72_22	両江楚浙五省行路圖	第二十二号	68.5×101.0	A 明治 16 年 B 明治 17 年 6 月	100,000	玉井曨虎	第二十二 呂四場 呂紅場 屈港鎮 第七十二号 共二十三面 第廿二 両江楚浙五省行路圖 明治十六年 砲兵中尉 玉井曨虎製 第六号棚	92682905
72_23	両江楚浙五省行路圖	第二十三号	67.8×101.0	A 明治 16 年 B 明治 17 年 6 月	100,000	玉井曨虎	第二十三 靈甸港 第七十二号 共二十三面 第二十三 両江楚浙五省行路圖 明治十六年 砲兵中尉 玉井曨虎製 第六号棚	92682905

目録1 「アメリカ議会図書館蔵　初期外邦測量原図」目録

No.	タイトル	副タイトル	サイズ	年代	縮尺の分母	作製者	裏書き	米議会図書館番号 LCCN
74_1	滿洲東部旅行図	滿州東部之圖　第壹	(東部) 76.5×60.0 (西部) 77.0×59.7	A 明治16年 B 明治17年6月	100,000	酒匂景信	海龍城　柳河鎮　山城子　噯嘶河路　七十四号ノ壱　滿洲東部旅行図　明治十六年　酒匂景信　壱号棚　共五枚	92682890
74_2	滿洲東部旅行図	滿州東部之圖　第貳	(1) 78.0×59.5 (2) 78.2×59.0 (3) 78.0×59.0 (4) 77.8×59.0 (5) 78.0×59.0	A 明治16年 B 明治17年6月	100,000	酒匂景信	通化縣　汪清辺門　新兵堡　奥京城　平頂山　葦子客　撫順城　奉天府　遼陽城　七十四号ノ弐　滿洲東部旅行図　明治十六年　酒匂景信　壱号棚　共五枚	92682890
74_3	滿洲東部旅行図	滿州東部之圖　第參	(1) 78.8×68.8 (2) 78.0×70.2 (3) 78.0×70.0 (4) 78.0×70.0 (5) 77.9×69.8 (6) 77.6×69.9	A 明治16年 B 明治17年6月	100,000	酒匂景信	令安城　壊仁縣　城廠　鸞陽辺門　撒馬集　海城縣　牛荘古城　営子口　七十四号ノ三　滿洲東部旅行図　明治十六年　酒匂景信　壱号棚　共五枚	92682890
74_4	滿洲東部旅行図	滿州東部之圖　第四	(1) 78.0×60.6 (2) 77.8×61.0 21.2×21.3 （不整形） (3) 78.2×60.8 21.3×28.0 （不整形） (4) 78.0×60.7 (5) 78.0×60.7 (6) 77.8×59.2	A 明治16年 B 明治17年6月	100,000	酒匂景信	寛甸縣　永甸城　長甸城　安東縣　鳳凰城　龍王庙　岫巌城　蓋州城　七十四号ノ四　滿洲東部旅行図　明治十六年　酒匂景信　壱号棚　共五枚	92682890
74_5	滿洲東部旅行図	滿州南郭之圖	(北部) 50.2×66.0 (南部) 50.0×66.0	A 明治16年 B 明治17年6月	100,000	酒匂景信	皮子竈　七十四号ノ五　滿洲東部旅行図　明治十六年　酒匂景信　壱号棚　共五枚	92682890
76_1	湖廣雲貴旅行圖	第壹號　從漢口溯大江入新灘口之圖	(東部) 77.5×50.5 (西部) 77.6×50.2	B 明治17年10月	100,000	小田新太郎	漢口鎮　鸚鵡洲　第七拾六號ノ一　共二十三枚　湖廣雲貴旅行圖　第十号棚　工兵大尉　小田新太郎製	92682906
76_2	湖廣雲貴旅行圖	【欠】從回龍寺経三湖面至張家口之圖	(東部) 76.9×55.9 (西部) 77.0×57.0		100,000	小田新太郎	【欠】破損のため判読不可	92682906
76_3	湖廣雲貴旅行圖	第參號　從張家口経荊州公安至湖南省澧州之圖	(東部) 78.0×56.4 (西部) 78.0×56.6		100,000	小田新太郎	荊州　公安縣　豐洲　第七拾六號ノ三　共二十三枚　湖廣雲貴旅行圖　第十号棚　工兵大尉　小田新太郎製	92682906
76_4	湖廣雲貴旅行圖	第四號　從澧州経常徳桃源至界亭驛之圖	(東部) 77.5×53.4 (西部) 79.5×52.7		100,000	小田新太郎	常徳府　桃源縣　第七拾六號ノ四　共二十三枚　湖廣雲貴旅行圖　第十号棚　工兵大尉　小田新太郎製	92682906
76_5	湖廣雲貴旅行圖	第五號　從界亭驛経辰州至辰渓之圖	(東部) 77.2×45.6 (西部) 77.3×45.3		100,000	小田新太郎	辰州府　辰渓縣　第七拾六號ノ五　共二十三枚　湖廣雲貴旅行圖　第十号棚　工兵大尉　小田新太郎製	92682906
76_9	湖廣雲貴旅行圖	第九號　從貴州省城経清鎮安平安順至鎮寧州之圖	(東部) 77.0×51.0 (西部) 77.2×50.6		100,000	小田新太郎	貴陽府　清鎮縣　安平縣　安順府　第七拾六號ノ九　共二十三枚　湖廣雲貴旅行圖　第十号棚　工兵大尉　小田新太郎製	92682906
76_10	湖廣雲貴旅行圖	第拾號　從鎮寧州経朗岱至普安廳之圖	(東部) 72.8×50.6 (西部) 77.5×50.6		100,000	小田新太郎	鎮寧州　朗岱廳　第七拾六號ノ十　共二十三枚　湖廣雲貴旅行圖　第十号棚　工兵大尉　小田新太郎製	92682906
76_11	湖廣雲貴旅行圖	第拾壹號　從普安廳入雲南省経平彝縣至霑益州之圖	(東部) 77.5×51.1 (西部) 70.6×50.3		100,000	小田新太郎	普安廳　平彝縣　第七拾六號ノ十一　共二十三枚　湖廣雲貴旅行圖　第十号棚　工兵大尉　小田新太郎製	92682906
76_17	湖廣雲貴旅行圖	第拾七號　從廉子背経納渓合江水路至宋集場之圖	(東部) 77.2×50.7 (西部) 77.0×50.5		100,000	小田新太郎	合江縣　瀘州　納渓縣　第七拾六號ノ十七　共二十三枚　外二枚　湖廣雲貴旅行圖　第十号棚　工兵大尉　小田新太郎製	92682906
76_19	湖廣雲貴旅行圖	第拾九號　從長壽縣経涪州鄷都至忠州之圖	(東部) 77.4×51.2 (西部) 77.0×51.1		100,000	小田新太郎	忠州　鄷都縣　涪州　第七拾六號ノ十九　共二十三枚　外二枚　湖廣雲貴旅行圖　第十号棚　工兵大尉　小田新太郎製	92682906
76_20	湖廣雲貴旅行圖	第貳拾號　從忠州経萬縣雲陽及夔州府至巫山縣之圖	76.3×101.0		100,000	小田新太郎	雲陽縣　萬縣　夔州府　第七拾六號ノ二十　共二十三枚　湖廣雲貴旅行圖　第十号棚　工兵大尉　小田新太郎製	92682906
76_21	湖廣雲貴旅行圖	第貳拾壹號　從巫山縣入湖北省経巴東帰州至宜昌府之圖	75.4×101.0		100,000	小田新太郎	帰州　巫山縣　宜昌府　第七拾六號ノ二十一　共二十三枚　外二枚　湖廣雲貴旅行圖　第十号棚　工兵大尉　小田新太郎製	92682906

No.	タイトル	副タイトル	サイズ	年代	縮尺の分母	作製者	裏書き	米議会図書館番号 LCCN
76_22	湖廣雲貴旅行圖	第貳拾貳號　従宣昌府経當陽荊門及安陸府至郡東驛之圖	74.8×101.5		100,000	小田新太郎	荊門州　常陽縣　安陸府　第七拾六號　共二十三枚　外二枚　湖廣雲貴旅行圖　第十号棚　工兵大尉　小田新太郎製	92682906
76_23	湖廣雲貴旅行圖	第武拾三号　従郡東驛経京山應城至漢口鎮之圖	76.2×101.1		100,000	小田新太郎	應城縣　京山縣　武昌府　漢場府　第七十六號ノ二十三　共二十三枚　外二枚　湖廣雲貴旅行圖　第十号棚　工兵大尉　小田新太郎製	92682906
76 付 1	湖廣雲貴旅行圖	湖南省常德及辰州府城之畧圖	66.3×84.6		100,000	小田新太郎	第七拾六號　共二枚　湖廣雲貴旅行附圖　第九号棚　工兵大尉　小田新太郎製	92682906
78_3	福建江西広東巡歴路上略図	由廣東饒平縣經潮州府至汕頭自汕頭經福建韶安縣至雲霄廳	54.3×78.6			柴山尚則	七拾八号　七號棚　共六枚　福建江西廣東　歩兵中尉　柴山尚則製　參　韶安縣　饒平縣　潮州府　澄海縣　汕頭	92682897
78_5	福建江西広東巡歴路上略図	由江西臨江府經新淦峽江吉水三懸及吉安府萬安縣至贛州府	(北部) 60.3×50.8　(南部) 60.5×51.3			柴山尚則	七拾八号　七號棚　共六枚　福建江西廣東　歩兵中尉　柴山尚則製　五　臨江府　新淦縣　峽山縣　吉水縣　吉安縣　大和縣　萬安縣	92682897
79	鎮江局地圖		47.2×53.2		20,000	木村宣明	第七十九号　鎮江局地図　第五号棚　木村宣明製	92682868
85	北京近傍之圖		233.7×127.6 を分割 (1) 77.4×63.8 (2) 77.4×63.8 (3) 78.2×63.4 (4) 77.5×64.0 (5) 78.1×63.6 (6) 77.4×64.0 (7) 77.1×65.2 (8) 77.1×56.0	B 明治 17 年	40,000	玉井曨虎	八十五号　四号棚　玉井　北京近傍	91684754
88_1	支那内部圖	山東直隸河南安徽江蘇五省路上圖　山東第一・第二・第三	66.3×91.4		100,000	齋藤幹	芝罘港　福山縣　棲霞縣　招遠縣　一　第八拾八號　共拾二枚　支那内部圖　第五号棚　齋藤幹製	92682893
88_2	支那内部圖	平度州　昌邑縣　楽安縣　臨淄縣　青州　昌楽縣　灘縣	60.0×99.1		100,000	齋藤幹	平度州　昌邑縣　楽安縣　臨淄縣　青州　昌楽縣　灘縣　二　第八拾八號　共拾二枚　支那内部圖　第五号棚　齋藤幹製	92682893
88_3	支那内部圖	齋東縣　済陽縣　青城縣　濱州　蒲台縣　利津縣　博興縣	63.7×96.9		100,000	齋藤幹	齋東縣　済陽縣　青城縣　濱州　蒲台縣　利津縣　博興縣　三　第八拾八號　共拾二枚　支那内部圖　第五号棚　齋藤幹製	92682893
88_4	支那内部圖	東河縣　三十里舗　済河縣　濟南府	67.3×93.7		100,000	齋藤幹	東河縣　三十里舗　済河縣　濟南府　四　第八拾八號　共拾二枚　支那内部圖　第五号棚　齋藤幹製	92682893
88_5	支那内部圖	東河縣　黒河口　郪城縣	68.4×45.3		100,000	齋藤幹	東河縣　黒河口　郪城縣　五　第八拾八號　共拾二枚　支那内部圖　第五号棚　齋藤幹製	92682893
88_6	支那内部圖	考城縣　東明縣　新黄縣　曹州府　郪城縣	67.2×102.2		100,000	齋藤幹	考城縣　東明縣　新黄河　曹州府　郪城縣　六　第八拾八號　共拾二枚　支那内部圖　第五号棚　齋藤幹製	92682893
88_7	支那内部圖	開封府　通許縣　蘭儀縣　儀封郷	67.2×85.3		100,000	齋藤幹	開封府　通許縣　蘭儀縣　儀封郷　七　第八拾八號　共拾二枚　支那内部圖　第五号棚　齋藤幹製	92682893
88_8	支那内部圖	陳州府	97.0×56.0		100,000	齋藤幹	陳州府　八　第八拾八號　共拾二枚　支那内部圖　第五号棚　齋藤幹製	92682893
88_9	支那内部圖	大和縣　潁州府	64.9×67.2		100,000	齋藤幹	大和縣　潁州府　九　第八拾八號　共拾二枚　支那内部圖　第五号棚　齋藤幹製	92682893
88_10	支那内部圖	潁上縣　正陽関	(1) 60.2×67.1 (2) 21.2×38.9 (不整形)		100,000	齋藤幹	潁上縣　正陽関　拾　第八拾八號　共拾二枚　支那内部圖　第五号棚　齋藤幹製	92682893
88_11	支那内部圖	廬州府	62.6×100.2		100,000	齋藤幹	廬州府　拾壱　第八拾八號　共拾二枚　支那内部圖　第五号棚　齋藤幹製	92682893
88_12	支那内部圖	江寗府　江浦縣	63.8×87.2		100,000	齋藤幹	江寗府　江浦縣　拾弐　第八拾八號　共拾二枚　支那内部圖　第五号棚　齋藤幹製	92682893

目録1 「アメリカ議会図書館蔵　初期外邦測量原図」目録

No.	タイトル	副タイトル	サイズ	年代	縮尺の分母	作製者	裏書き	米議会図書館番号 LCCN
90_7	福州南台之図		95.5×144.0	B 明治 17 年 7 月		小澤豁郎（澤八郎）	第九拾號　福州南台之圖　第七號　工兵中尉　小澤豁郎	92682882
92	由北京到天津	従北京至天津圖	55.9×34.1		200,000	柴山尚則	第九拾二號　従北京到天津圖　第二号棚　歩兵中尉柴山尚則製　合集済	92682875
94_1	両廣雲貴路上圖	第壹号	68.0×100.5		100,000	松嶌克己	廉州城　九十四號ノ一　共拾九枚　両廣雲貴路上圖　第九號棚　歩兵大尉　松嶌克己	2009289169
94_2	両廣雲貴路上圖	第二号	101.0×68.0		100,000	松嶌克己	欝林州　博白縣　九十四號ノ二　共拾九枚　両廣雲貴路上圖　第九號棚　歩兵大尉　松嶋克己	2009289169
94_3	両廣雲貴路上圖	第参号	101.5×68.0		100,000	松嶌克己	北流縣　藤縣　九十四號ノ三　共拾九枚　両廣雲貴路上圖　第九號棚　歩兵大尉　松嶋克己	2009289169
94_4	両廣雲貴路上圖	第四号	67.5×102.6		100,000	松嶌克己	梧峩府　藤縣　九十四號ノ四　共拾九枚　両廣雲貴路上圖　第九號棚　歩兵大尉　松嶋克己	2009289169
94_5	両廣雲貴路上圖	第五号	68.0×101.7		100,000	松嶌克己	潯峩府　貴縣　平南縣　九十四號ノ五　共拾九枚　両廣雲貴路上圖　第九號棚　歩兵大尉　松嶌克己	2009289169
94_6	両廣雲貴路上圖	第六号	68.0×101.7		100,000	松嶌克己	永淳縣　横峩　九十四號ノ六　共拾九枚　両廣雲貴路上圖　第九號棚　歩兵大尉　松嶋克己	2009289169
94_7	両廣雲貴路上圖	第七号	68.0×101.2		100,000	松嶌克己	南寧城　新寧峩　九十四號ノ七　共拾九枚　両廣雲貴路上圖　第九號棚　歩兵大尉　松嶋克己	2009289169
94_8	両廣雲貴路上圖	第八号	67.0×101.5		100,000	松嶌克己	大平府　寧明峩　九十四號ノ八　共拾九枚　両廣雲貴路上圖　第九號棚　歩兵大尉　松嶋克己	2009289169
94_9	両廣雲貴路上圖	第九号	101.0×67.0		100,000	松嶌克己	九十四號ノ九　共拾九枚　両廣雲貴路上圖　第九號棚　歩兵大尉　杢嶋克己	2009289169
94_10	両廣雲貴路上圖	第拾号	67.0×101.5		100,000	松嶌克己	帰順峩　九十四號ノ十　共拾九枚　両廣雲貴路上圖　第九號棚　歩兵大尉　松嶋克己	2009289169
94_11	両廣雲貴路上圖	第拾一号	67.5×101.5		100,000	松嶌克己	九十四號ノ十一　共拾九枚　両廣雲貴路上圖　第九號棚　歩兵大尉　松嶋克己	2009289169
94_12	両廣雲貴路上圖	第拾武号	67.2×101.0		100,000	松嶌克己	開化府　九十四號ノ十二　共拾九枚　両廣雲貴路上圖　第九號棚　歩兵大尉　松島克己	2009289169
94_13	両廣雲貴路上圖	第拾参号	67.2×101.2		100,000	松嶌克己	阿迷峩　蒙自縣城　九十四號ノ十三　共拾九枚　両廣雲貴路上圖　第九號棚　歩兵大尉　松嶌克己	2009289169
94_14	両廣雲貴路上圖	第拾四号	101.0×67.3		100,000	松嶌克己	廣西州　九十四號ノ十四　共拾九枚　両廣雲貴路上圖　第九號棚　歩兵大尉　松嶋克己	2009289169
94_15	両廣雲貴路上圖	第拾五号	67.0×102.1		100,000	松嶌克己	興義縣　羅平縣　九十四號ノ十五　共拾九枚　両廣雲貴路上圖　第九號棚　歩兵大尉　杢嶋克己	2009289169
94_16	両廣雲貴路上圖	第拾六号	67.5×102.0		100,000	松嶌克己	西隆州　九十四號ノ十六　共拾九枚　両廣雲貴路上圖　第九號棚　歩兵大尉　松嶌克己	2009289169
94_17	両廣雲貴路上圖	第拾七号	67.6×101.6		100,000	松嶌克己	九十四號ノ十七　共拾九枚　両廣雲貴路上圖　第九號棚　歩兵大尉　松嶋克己	2009289169
94_18	両廣雲貴路上圖	第拾八号	67.3×50.8		100,000	松嶌克己	九十四號ノ十八　共拾九枚　両廣雲貴路上圖　第九號棚　歩兵大尉　松嶋克己	2009289169
94_19	両廣雲貴路上圖	第拾九号	67.5×102.1		100,000	松嶌克己	九十四號ノ十九　共拾九枚　両廣雲貴路上圖　第九號棚　歩兵大尉　松嶋克己	2009289169
95_1	従営口至寧古塔城路上圖	第一　従（没）溝営至大窪路上圖	60.5×97.7	（明治 17 年）	100,000	倉辻靖二郎	營口　第二號棚　共拾五枚 1　従營口至寧古塔城路上圖　九拾五号　工兵中尉　倉辻靖二郎製	92682902
95_2	従営口至寧古塔城路上圖	第二　従大窪至樹林子路上圖	60.8×99.4	（明治 17 年）	100,000	倉辻靖二郎	双台子　第二號棚　共拾五枚 2　従營口至寧古塔城路上圖　九拾五号　工兵中尉　倉辻靖二郎製	92682902
95_3	従営口至寧古塔城路上圖	第三　廣寧義州及清河邊門一帯之路上図	60.8×97.8	（明治 17 年）	100,000	倉辻靖二郎	廣寧縣義州　第二號棚　共拾五枚 3　従營口至寧古塔城路上圖　九拾五号　工兵中尉　倉辻靖二郎製	92682902

No.	タイトル	副タイトル	サイズ	年代	縮尺の分母	作製者	裏書き	米議会図書館番号 LCCN
95_4	従営口至寗古塔城路上圖	第四 従魏土営至八大王廟路上図	60.6×98.5	(明治17年)	100,000	倉辻靖二郎	王爺府 第二號棚 共拾五枚4 従営口至寗古塔城路上圖 九拾五号 工兵中尉 倉辻靖二郎製	92682902
95_5	従営口至寗古塔城路上圖	第五 至八大王廟至陳家窩舗路上図	60.3×94.2	(明治17年)	100,000	倉辻靖二郎	第二號棚 共拾五枚5 従営口至寗古塔城路上圖 九拾五号 工兵中尉 倉辻靖二郎製	92682902
95_6	従営口至寗古塔城路上圖	第六 従陳家窩經法庫辺門至窯上路上図	60.9×86.3	(明治17年)	100,000	倉辻靖二郎	法庫門 第二號棚 共拾五枚6 従営口至寗古塔城路上圖 九拾五号 工兵中尉 倉辻靖二郎製	92682902
95_7	従営口至寗古塔城路上圖	第七 従窯上至八面城路上図	60.7×49.5	(明治17年)	100,000	倉辻靖二郎	八面城 第二號棚 共拾五枚7 従営口至寗古塔城路上圖 九拾五号 工兵中尉 倉辻靖二郎製	92682902
95_8	従営口至寗古塔城路上圖	第八 奉化縣一帯地方之路上図	60.6×46.4	(明治17年)	100,000	倉辻靖二郎	奉化縣 第二號棚 共拾五枚8 従営口至寗古塔城路上圖 九拾五号 工兵中尉 倉辻靖二郎製	92682902
95_9	従営口至寗古塔城路上圖	第九 赫原蘇門伊通州及伊通河門一帯地方之路上図	60.5×98.0	(明治17年)	100,000	倉辻靖二郎	伊通州 朝陽堡 第二號棚 共拾五枚9 従営口至寗古塔城路上圖 九拾五号 工兵中尉 倉辻靖二郎製	92682902
95_10	従営口至寗古塔城路上圖	第十 長春廰及懐徳縣一帯地方之路上図	60.5×98.5	(明治17年)	100,000	倉辻靖二郎	長春廰 懐徳縣 第二號棚 共拾五枚10 従営口至寗古塔城路上圖 九拾五号 工兵中尉 倉辻靖二郎製	92682902
95_11	従営口至寗古塔城路上圖	第十一 従丁家大橋至吉林省城路上図	60.5×97.5	(明治17年)	100,000	倉辻靖二郎	吉林城 第二号棚 共拾五枚11 従営口至寗古塔城路上圖圖 九拾五号 工兵中尉 倉辻靖二郎製	92682902
95_12	従営口至寗古塔城路上圖	第十二 従松嘎里江口至牙門口路上図	60.0×96.5	(明治17年)	100,000	倉辻靖二郎	第二號棚 共拾五枚12 従営口至寗古塔城路上圖 九拾五号 工兵中尉 倉辻靖二郎製	92682902
95_13	従営口至寗古塔城路上圖	第十三 従牙門口至沃家口路上図	60.5×99.5	(明治17年)	100,000	倉辻靖二郎	大屯 第二號棚 共拾五枚13 従営口至寗古塔城路上圖 九拾五号 工兵中尉 倉辻靖二郎製	92682902
95_14	従営口至寗古塔城路上圖	第十四 従沃家口至三道嶺路上図	60.0×98.0	(明治17年)	100,000	倉辻靖二郎	額穆索站 第二號棚 共拾五枚14 従営口至寗古塔城路上圖 九拾五号 工兵中尉 倉辻靖二郎製	92682902
95_15	従営口至寗古塔城路上圖	第十五 従三道嶺至寗古塔城路上図	60.7×98.3	(明治17年)	100,000	倉辻靖二郎	寗古塔城 第二號棚 共拾五枚15 従営口至寗古塔城路上圖 九拾五号 工兵中尉 倉辻靖二郎製	92682902
102_1	直隷河南山東山西旅行沿道圖	北京	50.2×58.5	B明治20年12月	200,000	牧野留五郎	棚九号 第百貳號 直隷河南山東山西旅行沿道圖 北京 共二拾九枚 陸軍歩兵大尉 牧野留五郎 (1)	92682896
102_2	直隷河南山東山西旅行沿道圖	固安縣	50.0×58.7		200,000	牧野留五郎	第百貳號 共廿九枚 直隷河南山東山西旅行沿道圖 棚九号 陸軍歩兵大尉 牧野留五郎製 (2) 固安縣 新城縣 琢刕	92682896
102_3	直隷河南山東山西旅行沿道圖	易刕	50.1×58.3		200,000	牧野留五郎	第百貳號 共廿九枚 直隷河南山東山西旅行沿道圖 棚九号 陸軍歩兵大尉 牧野留五郎製 (3) 易刕	92682896
102_4	直隷河南山東山西旅行沿道圖	保定府	50.2×58.7		200,000	牧野留五郎	第百貳號 共廿九枚 直隷河南山東山西旅行沿道圖 棚九号 陸軍歩兵大尉 牧野留五郎製 (4) 保定府 完縣 安齋縣 高陽縣	92682896
102_5	直隷河南山東山西旅行沿道圖	阜平縣	50.0×58.8		200,000	牧野留五郎	第百貳號 共廿九枚 直隷河南山東山西旅行沿道圖 棚九号 陸軍歩兵大尉 牧野留五郎製 (5) 阜平縣	92682896
102_6	直隷河南山東山西旅行沿道圖	祁刕	50.2×58.6		200,000	牧野留五郎	第百貳號 共廿九枚 直隷河南山東山西旅行沿道圖 棚九号 陸軍歩兵大尉 牧野留五郎製 (6) 祁刕 鑫縣 博野縣 深沢縣	92682896
102_7	直隷河南山東山西旅行沿道圖	寧晋縣	50.2×59.0		200,000	牧野留五郎	第百貳號 共廿九枚 直隷河南山東山西旅行沿道図 棚九号 陸軍歩兵大尉 牧野留五郎製 (7) 寧晋縣 晋刕	92682896
102_8	直隷河南山東山西旅行沿道圖	臨清州	50.2×58.8		200,000	牧野留五郎	第百貳號 共廿九枚 直隷河南山東山西旅行沿道圖 棚九号 陸軍歩兵大尉 牧野留五郎製 (8) 臨清州 清河縣	92682896

目録1 「アメリカ議会図書館蔵　初期外邦測量原図」目録

No.	タイトル	副タイトル	サイズ	年代	縮尺の分母	作製者	裏書き	米議会図書館番号 LCCN
102_9	直隷河南山東山西旅行沿道圖	東昌府	50.0×58.8		200,000	牧野留五郎	第百弐號　共廿九枚　直隷河南山東山西旅行沿道圖　棚九号陸軍歩兵大尉　牧野留五郎製（9）東昌府　堂邑縣　冠縣	92682896
102_10	直隷河南山東山西旅行沿道圖	大名府	50.2×58.8		200,000	牧野留五郎	第百貳號　共廿九枚　直隷河南山東山西旅行沿道圖　棚九号陸軍歩兵大尉　牧野留五郎製（10）大名府　廣平府　肥郷縣臨漳縣	92682896
102_11	直隷河南山東山西旅行沿道圖	開州	50.1×58.9		200,000	牧野留五郎	第百弐號　共廿九枚　直隷河南山東山西旅行沿道圖　棚九号陸軍歩兵大尉　牧野留五郎製（11）開汋　南樂縣　濬縣　滑縣　濮汋	92682896
102_12	直隷河南山東山西旅行沿道圖	曹州府	50.0×58.8		200,000	牧野留五郎	第百弐號　共廿九枚　直隷河南山東山西旅行沿道圖　棚九号陸軍歩兵大尉　牧野留五郎製（12）曹縣　定陶縣　曹州府東明縣	92682896
102_13	直隷河南山東山西旅行沿道圖	歸德府	50.0×58.9		200,000	牧野留五郎	第百弐號　共廿九枚　直隷河南山東山西旅行沿道圖　棚九号陸軍歩兵大尉　牧野留五郎製（13）歸德縣　寗陵縣	92682896
102_14	直隷河南山東山西旅行沿道圖	衛輝府	50.0×59.0		200,000	牧野留五郎	第百弐號　共廿九枚　直隷河南山東山西旅行沿道圖　棚九号陸軍歩兵大尉　牧野留五郎製（14）衛輝府	92682896
102_15	直隷河南山東山西旅行沿道圖	開封府	50.1×59.0		200,000	牧野留五郎	第百弐號　共廿九枚　直隷河南山東山西旅行沿道圖　棚九号陸軍歩兵大尉　牧野留五郎製（15）開封府　陳峀縣　杞縣	92682896
102_16	直隷河南山東山西旅行沿道圖	榮沢縣	50.2×58.9		200,000	牧野留五郎	第百弐號　共廿九枚　直隷河南山東山西旅行沿道圖　棚九号陸軍歩兵大尉　牧野留五郎製（16）榮沢縣　榮陽縣	92682896
102_17	直隷河南山東山西旅行沿道圖	温縣	50.0×58.7		200,000	牧野留五郎	第百弐號　共廿九枚　直隷河南山東山西旅行沿道図　棚九号陸軍歩兵大尉　牧野留五郎製（17）温縣　輝縣　新郷縣　修武縣　武渉縣	92682896
102_18	直隷河南山東山西旅行沿道圖	彰德府	50.2×58.8		200,000	牧野留五郎	第百弐號　共廿九枚　直隷河南山東山西旅行沿道圖　棚九号陸軍歩兵大尉　牧野留五郎製（18）彰德府　林縣	92682896
102_19	直隷河南山東山西旅行沿道圖	潞安府	50.2×58.9		200,000	牧野留五郎	第百弐號　共廿九枚　直隷河南山東山西旅行沿道圖　棚九号陸軍歩兵大尉　牧野留五郎製（19）潞安府	92682896
102_20	直隷河南山東山西旅行沿道圖	隆平縣	50.1×59.0		200,000	牧野留五郎	第百弐號　共廿九枚　直隷河南山東山西旅行沿道圖　棚九号陸軍歩兵大尉　牧野留五郎製（20）隆平縣　鉅鹿縣　威縣曲周縣	92682896
102_21	直隷河南山東山西旅行沿道圖	八義鎮	50.1×59.0		200,000	牧野留五郎	第百貳號　共廿九枚　直隷河南山東山西旅行沿道圖　棚九号陸軍歩兵大尉　牧野留五郎製（21）八義鎮	92682896
102_22	直隷河南山東山西旅行沿道圖	懷慶府	50.4×58.5		200,000	牧野留五郎	【欠】道図【欠】　陸軍歩兵大尉　牧野留五郎製（22）懷慶府	92682896
102_23	直隷河南山東山西旅行沿道圖	沢州府	50.0×58.8		200,000	牧野留五郎	第百貳號　共廿九枚　直隷河南山東山西旅行沿道圖　棚九号陸軍歩兵大尉　牧野留五郎製（23）沢州府　高平縣	92682896
102_24	直隷河南山東山西旅行沿道圖	夏店	50.3×58.5		200,000	牧野留五郎	第百貳號　共廿九枚　直隷河南山東山西旅行沿道圖　棚九号陸軍歩兵大尉　牧野留五郎製（24）夏店	92682896
102_25	直隷河南山東山西旅行沿道圖	沁州	50.2×58.5		200,000	牧野留五郎	第百弐號　共廿九枚　直隷河南山東山西旅行沿道圖　棚九号陸軍歩兵大尉　牧野留五郎製（25）沁州	92682896
102_26	直隷河南山東山西旅行沿道圖	徐溝縣	50.2×58.1		200,000	牧野留五郎	第百貳號　共廿九枚　直隷河南山東山西旅行沿道圖　棚九号陸軍歩兵大尉　牧野留五郎製（26）徐溝縣	92682896

231

No.	タイトル	副タイトル	サイズ	年代	縮尺の分母	作製者	裏書き	米議会図書館番号 LCCN
102_27	直隷河南山東山西旅行沿道圖	大原府	50.0×58.5		200,000	牧野留五郎	第百弐號　共廿九枚　直隷河南山東山西旅行沿道圖　棚九号　陸軍歩兵大尉　牧野留五郎製（27）大原府　忻㳂	92682896
102_28	直隷河南山東山西旅行沿道圖	定襄縣	50.2×59.0		200,000	牧野留五郎	第百弐號　共廿九枚　直隷河南山東山西旅行沿道圖　棚九号　陸軍歩兵大尉　牧野留五郎製（28）定襄縣	92682896
102_29	直隷河南山東山西旅行沿道圖	五臺縣	50.0×58.7		200,000	牧野留五郎	第百弐號　共廿九枚　直隷河南山東山西旅行沿道圖　棚九号　陸軍歩兵大尉　牧野留五郎製（29）五臺縣	92682896
103_1	盛京直隷山東河南安徽江蘇六省旅行圖	第一號	48.4×61.4		200,000	栗栖亮	第百三號　共廿七枚　盛京直隷山東河南安徽江蘇六省旅行圖　棚九号　陸軍歩兵中尉　栗栖亮製（1）外ニ附図一枚　営口　牛庄	92682894
103_2	盛京直隷山東河南安徽江蘇六省旅行圖	第二號	48.6×61.4		200,000	栗栖亮	第百三號　共廿七枚　盛京直隷山東河南安徽江蘇六省旅行圖　棚九号　陸軍歩兵中尉　栗栖亮製（2）外ニ附図一枚	92682894
103_3	盛京直隷山東河南安徽江蘇六省旅行圖	第三號	48.2×61.5		200,000	栗栖亮	第百三號　共廿七枚　盛京直隷山東河南安徽江蘇六省旅行圖　棚九号　陸軍歩兵中尉　栗栖亮製（3）外ニ附図一枚　廣寧縣　義州	92682894
103_4	盛京直隷山東河南安徽江蘇六省旅行圖	第四號	48.5×61.7		200,000	栗栖亮	第百三號　共廿七枚　盛京直隷山東河南安徽江蘇六省旅行圖　棚九号　陸軍歩兵中尉　栗栖亮製（4）外ニ附圖一枚　錦州府	92682894
103_5	盛京直隷山東河南安徽江蘇六省旅行圖	第五號	48.7×61.8		200,000	栗栖亮	第百三號　共廿七枚　盛京直隷山東河南安徽江蘇六省旅行圖　棚九号　陸軍歩兵中尉　栗栖亮製（5）外ニ附圖一枚	92682894
103_6	盛京直隷山東河南安徽江蘇六省旅行圖	第六號	48.4×61.5		200,000	栗栖亮	第百三號　共廿七枚　盛京直隷山東河南安徽江蘇六省旅行圖　棚九号　陸軍歩兵中尉　栗栖亮製（6）外ニ附圖一枚	92682894
103_7	盛京直隷山東河南安徽江蘇六省旅行圖	第七號	48.6×61.7		200,000	栗栖亮	第百三號　共廿七枚　盛京直隷山東河南安徽江蘇六省旅行圖　棚【欠】号　陸軍歩兵中尉　栗栖亮製（7）外ニ附圖一枚　臨榆縣	92682894
103_8	盛京直隷山東河南安徽江蘇六省旅行圖	第八號	48.8×61.7		200,000	栗栖亮	第百三號　共廿七枚　盛京直隷山東河南安徽江蘇六省旅行圖　棚九号　陸軍歩兵中尉　栗栖亮製（8）外ニ附図一枚	92682894
103_9	盛京直隷山東河南安徽江蘇六省旅行圖	第九號	48.7×61.7		200,000	栗栖亮	第百三號　共廿七枚　盛京直隷山東河南安徽江蘇六省旅行圖　棚九号　陸軍歩兵中尉　栗栖亮製（9）外ニ附圖一枚　永平府　昌黎縣	92682894
103_10	盛京直隷山東河南安徽江蘇六省旅行圖	第十號	48.6×61.7		200,000	栗栖亮	第百三號　共廿七枚　盛京直隷山東河南安徽江蘇六省旅行圖　棚九号　陸軍歩兵中尉　栗栖亮製（10）外ニ附圖一枚	92682894
103_11	盛京直隷山東河南安徽江蘇六省旅行圖	第十一號	49.0×61.7		200,000	栗栖亮	第百三號　共廿七枚　盛京直隷山東河南安徽江蘇六省旅行圖　棚【欠】九号　【欠】尉　栗栖亮製（11）外ニ附図一枚　天津府	92682894
103_12	盛京直隷山東河南安徽江蘇六省旅行圖	第十二號	48.7×61.7		200,000	栗栖亮	第百三號　共廿七枚　盛京直隷山東河南安徽江蘇六省旅行圖　棚九号　陸軍歩兵中尉　栗栖亮製（12）外ニ附図一枚　大城縣　文安縣　荏邱縣	92682894
103_13	盛京直隷山東河南安徽江蘇六省旅行圖	第十三號	48.6×61.7		200,000	栗栖亮	第百三號　共廿七枚　盛京直隷山東河南安徽江蘇六省旅行圖　棚九号　陸軍歩兵中尉　栗栖亮製（13）外ニ附圖一枚　河間府　交河縣	92682894
103_14	盛京直隷山東河南安徽江蘇六省旅行圖	第十四號	48.7×61.7		200,000	栗栖亮	第百三號　共廿七枚　盛京直隷山東河南安徽江蘇六省旅行圖　棚九号　陸軍歩兵中尉　栗栖亮製（14）外附圖一枚　阜城縣　徳州	92682894

目録1　「アメリカ議会図書館蔵　初期外邦測量原図」目録

No.	タイトル	副タイトル	サイズ	年代	縮尺の分母	作製者	裏書き	米議会図書館番号LCCN
103_15	盛京直隷山東河南安徽江蘇六省旅行圖	第十五號	49.0×61.7		200,000	栗栖亮	第百三號　共廿七枚　盛京直隷山東河南安徽江蘇六省旅行圖棚九号　陸軍歩兵中尉　栗栖亮製　（15）外ニ附図一枚　恩縣　高州	92682894
103_16	盛京直隷山東河南安徽江蘇六省旅行圖	第十六號	48.6×61.7		200,000	栗栖亮	第百三號　共廿七枚　盛京直隷山東河南安徽江蘇六省旅行圖棚九号　陸軍歩兵中尉　栗栖亮製　（16）外ニ附図一枚　東阿縣　荏平縣	92682894
103_17	盛京直隷山東河南安徽江蘇六省旅行圖	第十七號	48.8×61.6		200,000	栗栖亮	第百三號　共廿七枚　盛京直隷山東河南安徽江蘇六省旅行圖棚九号　陸軍歩兵中尉　栗栖亮製　（17）外ニ附図一枚　濟寧州　鄒縣　曲阜縣　兗州府　汶上縣　東平州	92682894
103_18	盛京直隷山東河南安徽江蘇六省旅行圖	第十八號	48.5×61.6		200,000	栗栖亮	第百三號　共廿七枚　盛京直隷山東河南安徽江蘇六省旅行圖棚九号　陸軍歩兵中尉　栗栖亮製　（18）外ニ附図一枚　金郷縣　單縣	92682894
103_19	盛京直隷山東河南安徽江蘇六省旅行圖	第十九號	48.5×61.7		200,000	栗栖亮	第百三號　共廿七枚　盛京直隷山東河南安徽江蘇六省旅行圖棚九号　陸軍歩兵中尉　栗栖亮製　（19）外ニ附図一枚	92682894
103_20	盛京直隷山東河南安徽江蘇六省旅行圖	第二十號	48.4×61.8		200,000	栗栖亮	第百三號　共廿七枚　盛京直隷山東河南安徽江蘇六省旅行圖棚九号　陸軍歩兵中尉　栗栖亮製　（20）外ニ附図一枚　歸德縣	92682894
103_21	盛京直隷山東河南安徽江蘇六省旅行圖	第廿一號	47.4×61.5		200,000	栗栖亮	【欠】　盛京直隷山東河南安徽江蘇六省旅行圖　【欠】　陸軍歩兵中尉　栗栖亮製　（21）外ニ附図一枚　永城縣	92682894
103_22	盛京直隷山東河南安徽江蘇六省旅行圖	第廿二號	48.7×61.8		200,000	栗栖亮	第百三號　共廿七枚　盛京直隷山東河南安徽江蘇六省旅行圖棚九号　陸軍歩兵中尉　栗栖亮製　（22）外ニ附図一枚	92682894
103_23	盛京直隷山東河南安徽江蘇六省旅行圖	第廿三號	48.7×61.7		200,000	栗栖亮	第百三號　共廿七枚　盛京直隷山東河南安徽江蘇六省旅行圖棚九号　陸軍歩兵中尉　栗栖亮製　（23）外ニ附図一枚　宿州	92682894
103_24	盛京直隷山東河南安徽江蘇六省旅行圖	第廿四號	48.2×61.5		200,000	栗栖亮	第百三號　共廿七枚　盛京直隷山東河南安徽江蘇六省旅行圖棚九号　陸軍歩兵中尉　栗栖亮製　（24）外附圖枚　懷遠縣	92682894
103_25	盛京直隷山東河南安徽江蘇六省旅行圖	第廿五號	48.3×61.6		200,000	栗栖亮	第百三號　共廿七枚　盛京直隷山東河南安徽江蘇六省旅行圖棚九号　陸軍歩兵中尉　栗栖亮製　（25）外ニ附図一枚　定遠縣	92682894
103_26	盛京直隷山東河南安徽江蘇六省旅行圖	第廿六號	48.4×61.6		200,000	栗栖亮	第百三號　共廿七枚　盛京直隷山東河南安徽江蘇六省旅行圖棚九号　陸軍歩兵中尉　栗栖亮製　（26）外ニ附図一枚　六合縣　來安縣	92682894
103_27	盛京直隷山東河南安徽江蘇六省旅行圖	第廿七號	48.9×61.8		200,000	栗栖亮	第百三號　共廿七枚　盛京直隷山東河南安徽江蘇六省旅行圖棚九号　陸軍歩兵中尉　栗栖亮製　（27）外ニ附図一枚　鎮江府　儀徴縣	92682894
103付	盛京直隷山東河南安徽江蘇六省旅行圖	溧州城・河間府・兗州府局地図	48.4×61.6		10,000 20,000	栗栖亮	第百參號附圖　溧州城　河間府　兗州府局地圖　棚九号	92682894
104	漢口居留地全圖		93.0×128.6	B 明治18年6月	4,000	伊集院兼雄 小田新太郎	第百〇四號　計一　漢口記事附圖　第四号棚　陸軍工兵大尉　伊集院兼雄　仝　小田新太郎	92682867
106_9	廣東湖南江西江蘇台湾旅行圖	耒陽縣	47.8×58.0	B 明治21年4月	200,000	小澤徳平	第百六號第九　共貳拾枚　廣東湖南江西江蘇台湾旅行圖　棚九号　陸軍歩兵中尉　小澤徳平　来陽縣	92682908
106_10	廣東湖南江西江蘇台湾旅行圖	衡州府	47.8×58.2	B 明治21年4月	200,000	小澤徳平	第百六號第十　共弐拾枚　廣東湖南江西江蘇台湾旅行圖　棚九号　陸軍歩兵中尉　小澤徳平　衡州府	92682908

No.	タイトル	副タイトル	サイズ	年代	縮尺の分母	作製者	裏書き	米議会図書館番号 LCCN
106_11	廣東湖南江西江蘇台湾旅行圖	湘郷縣	47.8×58.5	B 明治 21 年 4 月	200,000	小澤德平	第百六號第十一　共貳拾枚　廣東湖南江西江蘇台湾旅行圖　棚九号　陸軍歩兵中尉　小澤德平　湘郷縣	92682908
106_12	廣東湖南江西江蘇台湾旅行圖	長沙府	47.8×58.3	B 明治 21 年 4 月	200,000	小澤德平	第百六號第十二　共貳拾枚　廣東湖南江西江蘇台湾旅行圖　棚九号　陸軍歩兵中尉　小澤德平　長沙府	92682908
106_13	廣東湖南江西江蘇台湾旅行圖	湘陰縣	47.8×58.3	B 明治 21 年 4 月	200,000	小澤德平	第百六號第十三　共貳拾枚　廣東湖南江西江蘇台湾旅行圖　棚九号　陸軍歩兵中尉　小澤德平　沅江縣　湘陰縣	92682908
106_14	廣東湖南江西江蘇台湾旅行圖	常德府	47.9×53.3	B 明治 21 年 4 月	200,000	小澤德平	第百六號第十四　共貳拾枚　廣東湖南江西江蘇台湾旅行圖　棚九号　陸軍歩兵中尉　小澤德平　常德府　武陵縣　龍陽縣	92682908
106_15	廣東湖南江西江蘇台湾旅行圖	澧州	47.9×53.3	B 明治 21 年 4 月	200,000	小澤德平	第百六號第十五　共貳拾枚　廣東湖南江西江蘇台湾旅行圖　棚九号　陸軍歩兵中尉　小澤德平　澧州	92682908
106_16	廣東湖南江西江蘇台湾旅行圖	華容縣	48.0×53.3	B 明治 21 年 4 月	200,000	小澤德平	第百六號第十六　共貳拾枚　廣東湖南江西江蘇台湾旅行圖　棚九号　陸軍歩兵中尉　小澤德平　安郷縣	92682908
106_17	廣東湖南江西江蘇台湾旅行圖	岳州府	47.4×53.3	B 明治 21 年 4 月	200,000	小澤德平	第百六號第十七　共弐拾枚　廣東湖南江西江蘇台湾旅行圖　棚九号　陸軍歩兵中尉　小澤德平	92682908
106_18	廣東湖南江西江蘇台湾旅行圖	九江府　南康府	48.0×58.5	B 明治 21 年 4 月	200,000	小澤德平	第百六號第十八　共弐拾枚　廣東湖南江西江蘇台湾旅行圖　棚九号　陸軍歩兵中尉　小澤德平　九江府　南康府	92682908
106_20	廣東湖南江西江蘇台湾旅行圖	臺湾北部臺北府鷄龍港	48.1×58.5	B 明治 21 年 4 月	200,000	小澤德平	第百六號第二十　共弐拾枚　廣東湖南江西江蘇台湾旅行圖　棚九号　陸軍歩兵中尉　小澤德平　台北府	92682908
106 付 1	廣東湖南江西安徽局地圖	仁化縣・英德縣・花縣・清遠縣・桂陽縣	48.1×58.2	B 明治 21 年 5 月	10,000 20,000	小澤德平	第百六号附圖七枚之内第一　廣東英德縣　仝仁化縣　仝清遠縣　仝花縣　湖南桂陽縣　局地圖　棚九号　陸軍歩兵中尉　小澤德平	92682907
106 付 2	湖南常德府・岳州府　湖北荊州府局地圖		48.0×58.5	B 明治 21 年 5 月	20,000	小澤德平	第百六號附圖七枚之内第二　湖南常德府　仝岳州府　湖北荊州府　局地圖　棚九号　陸軍歩兵中尉　小澤德平	2002626762
106 付 3	廣東湖南江西安徽局地圖	衡州府・長沙府	85.3×47.8	B 明治 21 年 5 月	20,000	小澤德平	第百六号附圖七枚之内第三　湖南衡州府　長沙府　局地圖　棚九号　陸軍歩兵中尉　小澤德平	92682907
106 付 4	廣東湖南江西安徽局地圖	九江府・韶州府・安慶府	58.3×47.8	B 明治 21 年 5 月	20,000	小澤德平	第百六号附圖七枚之内第四　江亜九江府　廣東韶州府　安徽安慶府　局地圖　棚九号　陸軍歩兵中尉　小澤德平	92682907
106 付 6	臺灣淡水港臺北府局地圖	滬尾一名淡水港市街及兵備之圖・臺北府之圖	58.0×48.0	B 明治 21 年 5 月	10,000	小澤德平	第百六號附圖七枚之内第六　臺湾淡水港臺北府局地圖　棚九号　陸軍歩兵中尉　小澤德平	2002626732
106 付 7	臺灣基隆港局地圖	基隆一名鷄竜港市街及兵備之圖	48.0×59.0	B 明治 21 年 5 月	20,000	小澤德平	第百六號附圖七枚之内第七　臺灣基隆港局地圖　棚九号　陸軍歩兵中尉　小澤德平	2011458821
109_1	直隷東北地方旅行図	豊潤縣　玉田縣　寳坻縣　寧河縣　天津府	67.2×111.0		100,000	石川潔太	豊潤縣　玉田縣　寳坻縣　寧河縣　天津府　第百九號ノ一　共五枚　直隷東北地方旅行圖　第八棚　工兵中尉　石川潔太	92682904
109_2	直隷東北地方旅行図	遷安縣	67.2×100.5		100,000	石川潔太	遷安縣　第百九號ノ二　共五枚　直隷東北地方旅行圖　第八棚　工兵中尉　石川潔太	92682904
109_3	直隷東北地方旅行図	粮捕府　豊寧縣　承德府	66.2×103.0		100,000	石川潔太	粮捕府　豊寧縣　承德府　第百九號ノ三　共五枚　直隷東北地方旅行圖　第八棚　工兵中尉　石川潔太	92682904
109_4	直隷東北地方旅行図		67.0×99.0		100,000	石川潔太	第百九號ノ四　共五枚　直隷東北地方旅行圖　第八棚　工兵中尉　石川潔太	92682904
109_5	直隷東北地方旅行図	赤城縣　延慶州　懐來縣　保安縣　房山縣	64.4×102.1		100,000	石川潔太	赤城縣　延慶州　懐來縣　保安縣　房山縣　第百九號ノ五　共五枚　直隷東北地方旅行圖　第八棚　工兵中尉　石川潔太	92682904

目録 1 「アメリカ議会図書館蔵　初期外邦測量原図」目録

No.	タイトル	副タイトル	サイズ	年代	縮尺の分母	作製者	裏書き	米議会図書館番号 LCCN
111_1	従前屯衛城至通州	第一号　前屯衛城	45.5×51.7	B 明治 24 年 8 月 4 日	200,000	小澤徳平	第九棚　共六枚　外附圖一枚　第百拾壱号ノ一　前屯衛城　陸軍歩兵中尉　小澤徳平	92682884
111_2	従前屯衛城至通州	第二号　石門塞	45.4×50.2	B 明治 24 年 8 月 4 日	200,000	小澤徳平	第九棚　共六枚　外附圖一枚　第百拾壱号ノ二　石門塞　陸軍歩兵中尉　小澤徳平	92682884
111_3	従前屯衛城至通州	第三号　昌黎縣	47.3×52.2	B 明治 24 年 8 月 4 日	200,000	小澤徳平	第九棚　共六枚　外二附圖一枚　第百拾壱号ノ三　昌黎縣　臨楡縣　陸軍歩兵中尉　小澤徳平	92682884
111_4	従前屯衛城至通州	第四号　永平府	45.3×52.8	B 明治 24 年 8 月 4 日	200,000	小澤徳平	第九棚　共六枚　外附圖一枚　第百拾壱号ノ四　永平府　陸軍歩兵中尉　小澤徳平	92682884
111_5	従前屯衛城至通州	第五号　寶坻縣	45.4×51.7	B 明治 24 年 8 月 4 日	200,000	小澤徳平	第九棚　共六枚　外附圖一枚　第百拾壱号ノ五　寶坻縣　陸軍歩兵中尉　小澤徳平	92682884
111_6	従前屯衛城至通州	第六号　通州	45.4×51.6	B 明治 24 年 8 月 4 日	200,000	小澤徳平	第九棚　共六枚　外二附圖一枚　第百拾壱号ノ六　通州　陸軍歩兵中尉　小澤徳平	92682884
111 付	従前屯衛城至通州	附圖第一号　洋河嶋之畧圖	45.5×50.8	B 明治 24 年 8 月 4 日	200,000	小澤徳平	百拾壱号（附図）外二六枚　洋河嶋之畧圖　陸軍歩兵中尉　小澤徳平	92682884
113_1	直隷山東路上圖	1	46.8×56.3		200,000	樗木政章	第九棚　共十七枚　第百拾参号ノ一　外二附圖一枚　直隷山東路上圖　樗木政章	92682898
113_2	直隷山東路上圖	2	47.3×58.1		200,000	樗木政章	第九棚　共十七枚　第百拾参号ノ二　外二附圖一枚　直隷山東路上圖　臨楡縣　昌黎縣　樗木政章	92682898
113_3	直隷山東路上圖	3	46.8×56.6		200,000	樗木政章	第九棚　共十七枚　第百拾参号外二附圖一枚　直隷山東路上圖　玉田縣　遵化州　樗木政章	92682898
113_4	直隷山東路上圖	4	47.3×58.2		200,000	樗木政章	第九棚　共十七枚　第百拾参号ノ四　外二附圖一枚　直隷山東路上圖　樂亭縣　灤州　樗木政章	92682898
113_5	直隷山東路上圖	5	46.6×56.4		200,000	樗木政章	第九棚　共十七枚　第百拾参号ノ五　外二附圖一枚　直隷山東路上圖　樗木政章	92682898
113_6	直隷山東路上圖	6	46.6×56.9		200,000	樗木政章	第九棚　共十七枚　第百拾参号ノ六　外二附圖一枚　直隷山東路上圖　樗木政章	92682898
113_7	直隷山東路上圖	7	46.8×56.4		200,000	樗木政章	第九棚　共十七枚　第百拾参号ノ七　外二附圖一枚　直隷山東路上圖　懐來縣　樗木政章	92682898
113_8	直隷山東路上圖	8	46.6×56.8		200,000	樗木政章	第九棚　共十七枚　第百拾参号ノ八　外二附図一枚　直隷山東路上圖　北京　通州　房山縣　良郷縣　樗木政章	92682898
113_9	直隷山東路上圖	9	47.2×58.2		200,000	樗木政章	第九棚　共十七枚　第百拾参号ノ九　外二附圖一枚　直隷山東路上圖　天津府　樗木政章	92682898
113_10	直隷山東路上圖	10	47.4×58.1		200,000	樗木政章	第九棚　共十七枚　第百拾参号ノ十　外二附圖一枚　直隷山東路上圖　樗木政章	92682898
113_11	直隷山東路上圖	11	47.2×58.0		200,000	樗木政章	第九棚　共十七枚　第百拾参号ノ十一　外二附圖一枚　直隷山東路上圖　武定府　慶雲縣　青城縣　樗木政章	92682898
113_12	直隷山東路上圖	12	47.2×53.1		200,000	樗木政章	第九棚　共十七枚　第百拾参号ノ十二　外二附圖一枚　直隷山東路上圖　新城縣　樗木政章	92682898
113_13	直隷山東路上圖	13	47.2×58.1		200,000	樗木政章	第九棚　共十七枚　第百拾参号ノ十三　外二附圖一枚　直隷山東路上圖　壽光縣　樂安縣　樗木政章	92682898
113_14	直隷山東路上圖	14	47.2×58.1		200,000	樗木政章	第九棚　共十七枚　第百拾参号ノ十四　外二附圖一枚　直隷山東路上圖　昌邑縣　樗木政章	92682898
113_15	直隷山東路上圖	15	47.3×58.1		200,000	樗木政章	第九棚　共十七枚　第百拾参号ノ十五　外二附圖一枚　直隷山東路上圖　招遠州　樗木政章	92682898

No.	タイトル	副タイトル	サイズ	年代	縮尺の分母	作製者	裏書き	米議会図書館番号 LCCN
113_16	直隷山東路上圖	16	47.2×57.0		200,000	椢木政章	第九棚　共十七枚　第百拾参号ノ十六　外ニ附圖一枚　直隷山東路上圖　萊州府　椢木政章	92682898
113_17	直隷山東路上圖	17	47.2×58.1		200,000	椢木政章	第九棚　共十七枚　第百拾参号ノ十七　外ニ附圖一枚　直隷山東路上圖　芝罘　福山縣　椢木政章	92682898
113 付	直隷山東路上圖	山海關局地圖	59.0×47.2		200,000	椢木政章	第九棚　共十七枚　第百拾参号　直隷山東路上圖附圖　山海關局地圖　椢木政章	92682898
114_1	清国福建江西湖南廣東廣西路上圖	福州府	50.5×58.4		200,000	丸子　方	清国福建江西湖南廣東廣西路上圖　共拾七枚　第九棚　共十七枚　第百十四号ノ壱　福州府　丸子方	92682909
114_2	清国福建江西湖南廣東廣西路上圖	古田縣　延平府	50.2×58.5		200,000	丸子　方	清国福建江西湖南廣東廣西路上圖　共拾七枚　第九棚　共十七枚　第百十四号ノ弐　古田縣　延平府　丸子方	92682909
114_3	清国福建江西湖南廣東廣西路上圖	沙縣　永安縣	50.4×58.6		200,000	丸子　方	清国福建江西湖南廣東廣西路上圖　共拾七枚　第九棚　共十七枚　第百十四号ノ三　沙縣　永安縣　丸子方	92682909
114_4	清国福建江西湖南廣東廣西路上圖	安沙	50.15×58.3		200,000	丸子　方	清国福建江西湖南廣東廣西路上圖　共拾七枚　第九棚　共十七枚　第百十四号ノ四　安沙　丸子方	92682909
114_5	清国福建江西湖南廣東廣西路上圖	清流縣　寧化縣　石城縣	50.2×58.4		200,000	丸子　方	清国福建江西湖南廣東廣西路上圖　共拾七枚　第九棚　共十七枚　第百十四号ノ五　清流縣　寧化縣　石城縣　丸子方	92682909
114_6	清国福建江西湖南廣東廣西路上圖	寧都州　雩都縣	50.3×58.4		200,000	丸子　方	清国福建江西湖南廣東廣西路上圖　共拾七枚　第九棚　共十七枚　第百十四号ノ六　寧都州　雩都縣　丸子方	92682909
114_7	清国福建江西湖南廣東廣西路上圖	贛州府　南康縣　南安府	50.2×58.2		200,000	丸子　方	清国福建江西湖南廣東廣西路上圖　共拾七枚　第九棚　共十七枚　第百十四号ノ七　贛州府　南康縣　南安府　丸子方	92682909
114_8	清国福建江西湖南廣東廣西路上圖	南雄州　始興縣　韶州府　楽昌縣	50.1×58.4		200,000	丸子　方	清国福建江西湖南廣東廣西路上圖　共拾七枚　第九棚　共十七枚　第百十四号ノ八　南雄州　始興縣　韶州府　樂昌縣　丸子方	92682909
114_9	清国福建江西湖南廣東廣西路上圖	宜章縣　郴州　桂陽州	50.1×59.0		200,000	丸子　方	清国福建江西湖南廣東廣西路上圖　共拾七枚　第九棚　共十七枚　第百十四号ノ九　宜章縣　郴州　桂陽州　丸子方	92682909
114-10	清国福建江西湖南廣東廣西路上圖	常寧縣	50.2×58.4		200,000	丸子　方	清国福建江西湖南廣東廣西路上圖　共拾七枚　第九棚　共十七枚　第百十四号ノ十　常寧縣　丸子方	92682909
114_11	清国福建江西湖南廣東廣西路上圖	祁陽縣　永州府	50.0×59.0		200,000	丸子　方	清国福建江西湖南廣東廣西路上圖　共拾七枚　第九棚　共十七枚　第百十四号ノ十一　祁陽縣　永州府　丸子方	92682909
114_12	清国福建江西湖南廣東廣西路上圖	道州　永明縣	50.1×59.0		200,000	丸子　方	清国福建江西湖南廣東廣西路上圖　共拾七枚　第九棚　共十七枚　第百十四号ノ十二　道州　永明府　丸子方	92682909
114_13	清国福建江西湖南廣東廣西路上圖	賀縣　冨川縣	50.2×58.4		200,000	丸子　方	清国福建江西湖南廣東廣西路上圖　共拾七枚　第九棚　共十七枚　第百十四号ノ十三　賀縣　冨川縣　丸子方	92682909
114_14	清国福建江西湖南廣東廣西路上圖	舗門	50.15×58.25		200,000	丸子　方	清国福建江西湖南廣東廣西路上圖　共拾七枚　第九棚　共十七枚　第百十四号ノ十四　舗門　丸子方	92682909
114_15	清国福建江西湖南廣東廣西路上圖	廣寗縣　懐集縣	50.25×58.5		200,000	丸子　方	清国福建江西湖南廣東廣西路上圖　共拾七枚　第九棚　共十七枚　第百十四号ノ十五　廣寗縣　懐集縣　丸子方	92682909
114_16	清国福建江西湖南廣東廣西路上圖	四會縣	50.1×58.5		200,000	丸子　方	清国福建江西湖南廣東廣西路上圖　共拾七枚　第九棚　共十七枚　第百十四号ノ十六　四會縣　丸子方	92682909

目録1 「アメリカ議会図書館蔵　初期外邦測量原図」目録

No.	タイトル	副タイトル	サイズ	年代	縮尺の分母	作製者	裏書き	米議会図書館番号 LCCN
114_17	清国福建江西湖南廣東廣西路上圖	清遠縣	50.2×58.3		200,000	丸子　方	清国福建江西湖南廣東廣西路上圖　共拾七枚　第九棚　共十七枚　第百十四号ノ十七　清遠縣　丸子方	92682909
その他1	盛京省第一圖		LC137×141	B 明治13年9月	200,000	小川又次 山根武亮	（表書き抹消部分）小川又次歩兵少佐と山根武亮の明治13年5月の旅行による図と営口から金州までの伊集院製の図による。海岸は英国海図の支那東岸図（1860年測, 1866年増補）による。	92682873
その他2	北京近傍圖		全8枚に分割 （1）83.2×63.6 （2）83.3×63.9 （3）83.0×63.0 （4）82.5×60.0 （5）82.5×63.0 （6）82.8×60.0 （7）82.5×60.5 （8）82.8×60.5		40,000	酒匂景信	【欠】京近傍図　酒匂景信製 【欠】昌平州固安縣良郷縣【欠】 【欠】第四, 三二, 七七, 八五, 八【欠】	91684759
その他3	北京近傍西部		282.6×84.7 全8枚に分割		40,000		北京近傍西部　四万分一	91684758
その他4	盛京省東中部圖		全4枚に分割 （1）75.3×55.2 （2）75.2×54.4 （3）76.0×54.6 （4）75.1×54.6	A 明治17年12月	LC Ca 208,000	伊集院兼雄	伊集院工兵大尉製　明治十七年十二月酒匂景信之図ヲ得テ増補ス　原稿　　　　第四号棚	92682871

表目録 1-2　アメリカ議会図書館蔵　初期外邦測量原図　朝鮮半島の部

注（1）年代欄に示すＡは当該図の裏書きに記入されたもの，Ｂは表側に記入されたものをしめす。
　　（2）表5-5の地図番号欄に記入されたのは第5章の表5-5に示した将校の個人別地図番号である。同表で示した地図の細目の参照のためにこの欄を設けた。

No.	題名	副題	サイズ	年代	縮尺の分母	作製者	表5-5の地図番号	裏書き	LCCN
京1	従仁川至漢城圖		（1）59.6×97.3 （2）59.5×97.0	Ａ明治15年 Ｂ明治15年8月	20,000	瀬戸口重雄 磯林真三 福嶋安正 菊地節造	SI	第三十七棚　京壹号　従仁川至漢城圖　明治十五稔製二萬分一	2008489732
京3	自済物浦至石川院畧圖		48.0×76.5	Ａ明治18年5月 Ｂ明治18年5月	20,000	海津三雄	K-6	京第三号　自済物浦至石川院略圖　十八年五月　海津三雄大尉	2008486379
京7	自始興縣至仁川府歩測圖	（付昌徳宮図）	60.0×106.0	Ａ明治15年 Ｂ明治15年	20,000	武田甚太郎	TJ	第三十八棚　京七号　明治十五年　武田甚太郎	2008489733
京8	自箭串橋至廣州畧図		53.5×77.0	Ａ明治18年6月 Ｂ明治18年6月	20,000	海津三雄	K-7	朝紀二十七号　第十二棚　京八号　明治十八年六月　海津工兵大尉　自箭串橋至廣州路上圖	2008486712
京10	朝鮮國済物浦墓地近傍之圖		30.8×38.9	Ａ明治18年7月 Ｂ明治18年7月	2,000	海津三雄	K-8	第十二棚　明治十八年七月　海津工兵大尉　京十号　済物浦墓地近傍圖	2008486358
京13	朝鮮國牙山江略圖		89.0×95.0	Ａ明治12年5月 Ｂ明治12年5月	30,000	海津三雄		朝紀十八号　第十三棚　京十三号　明治十二年五月　海津工兵中尉　牙山江略圖	2010360473
京16-1	朝鮮国長浦江口略圖・朝鮮国沃溝灣略圖・朝鮮国浅水灣略圖	朝鮮国長浦江口略圖	44.7×67.4	Ａ明治11年		海津三雄		（裏書共通）第十四棚　京十六号　明治十一年　海津工兵少尉　長浦江口　沃溝　浅水湾　略圖	2010360472
京16-2	朝鮮国長浦江口略圖・朝鮮国沃溝灣略圖・朝鮮国浅水灣略圖	朝鮮国沃溝灣略圖	40.6×43.0	Ａ明治11年	28,800	海津三雄		（裏書共通）第十四棚　京十六号　明治十一年　海津工兵少尉　長浦江口　沃溝　浅水湾　略圖	2010360472
京16-3	朝鮮国長浦江口略圖・朝鮮国沃溝灣略圖・朝鮮国浅水灣略圖	朝鮮国浅水灣略圖	51.0×23.2	Ａ明治11年	60,000	海津三雄		（裏書共通）第十四棚　京十六号　明治十一年　海津工兵少尉　長浦江口　沃溝　浅水湾　略圖	2010360472
京18	自揚花鎮経金浦江華済物浦至梧柳洞路上圖		106.5×132（不整形）	Ａ明治16年9月	40,000	磯林真三	I-4	朝紀二十四號　第一棚　京第十八号　明治十六年九月　磯林歩兵大尉　自揚花鎮経金浦江華済物浦至梧柳洞路上圖　十六年九月製面　磯林歩兵大尉　此分淨寫未斉	2008489743
京19	麻浦近傍圖		53.3×38.3	Ａ明治17年9月	10,000	磯林真三	I-5	朝紀十九號　第一棚　明治十七年九月　磯林歩兵大尉　京十九号　麻浦近傍圖	2008486357
京21	臨津江ノ畧圖		61.0×66.0	Ａ明治15年	40,000	磯林真三	I-1	朝紀三十号　第四棚　京二十一號　明治十五年　磯林歩兵大尉　臨津江圖	2010360471
京21	臨津江ノ畧圖		54.5×59.4		40,000	磯林真三	I-1	京第廿壱號　臨津江之図　歩兵大尉　磯林真三	2010360475
京23	自済物浦至漢城路上圖		42.3×75.2		40,000		A2	第四十棚　京二十三号　従済物浦至京城路上圖	2008489735
京24	済物浦居留地略圖		38.5×50.5	Ａ明治17年		磯林真三	I-2	第一棚　京第二十四号　済物浦居留地略圖　明治十七年　磯林歩兵大尉	2008486380
京27-1	江原沿海徃復圖ノ一		（1）77.8×56.5 （2）77.7×57.0 （3）77.2×57.0	Ａ明治18年11月 Ｂ明治19年	100,000	海津三雄	K-10	朝紀三十七号　第十五棚　京二十七号ノ一　明治十八年十一月　海津工兵大尉　江原沿海徃復圖　共二葉	2008489729
京27-2	江原沿海徃復圖ノ二		（1）77.2×72.3 （2）77.0×72.2 （3）48.0×20.0（不整形）	Ａ明治18年11月 Ｂ明治19年	100,000	海津三雄	K-11	朝紀三十七号　第十五棚　京二十七号ノ二　明治十八年十一月　海津工兵大尉　江原沿海徃復圖　共二葉	2008489729
京31	平壤想像圖		52.5×43.5	Ａ明治16年	20,000	磯林真三	I-3	第二棚　京三十一号　明治十六年　磯林歩兵大尉　平壤想像図	2008489731
京33	済物浦居留地略圖		50.3×58.5	Ａ明治18年 Ｂ明治18年7月	4,000	海津三雄	K-12	第十三棚　明治十八年　海津工兵大尉　京三十三号　済物浦居留地略圖	2007631784
京34	自麻浦至文殊山城路上圖		32.0×120.0	Ａ明治17年10月	40,000	磯林真三	K-12	第二棚　京三十四号　明治十七年十月　磯林歩兵大尉　自麻浦至文殊山城路上圖	2008486738

238

目録1 「アメリカ議会図書館蔵　初期外邦測量原図」目録

No.	題名	副題	サイズ	年代	縮尺の分母	作製者	表5-5の地図番号	裏書き	LCCN
京39-1	自南陽府至河東府路上圖		64.6×47.3	A 明治19年12月 B 明治19年12月	200,000	海津三雄	K-12	朝紀四十一号　第三十棚 京三十九号ノ一　明治十九年十二月　海津工兵大尉 従京畿道南陽至慶尚道河東路上圖（従南陽至藍浦）共四葉	2009289168
京39-2	自南陽府至河東府路上圖		64.6×47.0	A 明治19年12月 B 明治19年12月	200,000	海津三雄	K-12	朝紀四十一号　第三十棚 京三十九号ノ二　明治十九年十二月　海津工兵大尉 従京畿道南陽至慶尚道河東路上圖（従藍浦至霊光）共四葉	2009289168
京39-3	自南陽府至河東府路上圖		64.5×47.3	A 明治19年12月 B 明治19年12月	200,000	海津三雄	K-12	朝紀四十一号　第三十棚 京三十九号ノ三　明治十九年十二月　海津工兵大尉 従京畿道南陽至慶尚道河東路上圖（従霊光至興陽）共四葉	2009289168
京39-4	自南陽府至河東府路上圖		64.5×47.0	A 明治19年12月 B 明治19年12月	200,000	海津三雄	K-12	朝紀四十一号　第三十棚 京三十九号ノ四　明治十九年十二月　海津工兵大尉 従京畿道南陽至慶尚道河東路上圖（従興陽至河東）共四葉	2009289168
京42-1	京城近傍遊歩矩定圖	従漢江渡場経果川安陽蛇川到済物浦，従済物浦経冨平金浦到交河	39.7×51.4	B 明治20年6月	100,000	三浦自孝	M-3	第二十九棚　京第四十二号 三浦大尉　京城近傍遊歩期程内路上圖　共八葉	2008486736
京42-2	京城近傍遊歩矩定圖	水原ヨリ南陽ニ通スル道路ノ一部，水原ヨリ安山ニ通スル道路ノ一部，京城ヨリ果川ヲ経テ南陽ニ通スル道路ノ一部	42.5×63.2	B 明治21年5月	40,000	三浦自孝	M-3	第二十九棚　京第四十二号 三浦大尉　京城近傍遊歩期程内路上圖　共八葉	2008486736
京42-3	京城近傍遊歩矩定圖	従漢城至交河	53.3×42.3		40,000	三浦自孝	M-3	第二十九棚　京第四十二号 三浦大尉　京城近傍遊歩期程内路上圖　共八葉	2008486736
京42-4	京城近傍遊歩矩定圖	従京城経始興安陽通水原道路，従果川通南陽道路一部，及従水原到安山道路之一部，従安山到梧柳洞直路	63.4×42.5	B 明治21年5月	40,000	三浦自孝	M-3	第二十九棚　京第四十二号 三浦大尉　京城近傍遊歩期程内路上圖　共八葉	2008486736
京42-5	京城近傍遊歩矩定圖	第四号　蛇川場ヨリ梧柳洞ニ通スル道，梧柳洞ヨリ陽川ニ至ル	37.7×58.7		40,000	三浦自孝	M-3	第二十九棚　京第四十二号 三浦大尉　京城近傍遊歩期程内路上圖　共八葉	2008486736
京42-6	京城近傍遊歩矩定圖	第五号梧柳洞経寒川到文成洞，従寒川到防築頭	38.0×59.2	B 明治21年5月	40,000	三浦自孝	M-3	第二十九棚　京第四十二号 三浦大尉　京城近傍遊歩期程内路上圖　共八葉	2008486736
京42-7	京城近傍遊歩矩定圖	従江寧浦経通津海岸ニ接近シテ仁川ニ到ノ近路第一	59.2×37.9		40,000	三浦自孝	M-3	第二十九棚　京第四十二号 三浦大尉　京城近傍遊歩期程内路上圖　共八葉	2008486736
京42-8	京城近傍遊歩矩定圖	従江寧浦経通津海岸ニ接近シテ仁川ニ到ノ近路第二	59.4×38.0		40,000	三浦自孝	M-3	第二十九棚　京第四十二号 三浦大尉　京城近傍遊歩期程内路上圖　共八葉	2008486736
京43-1	従平壌至永興路上草稿圖	第壹號　由平壌経慈山頂川伐川到新場	56.0×40.5	A 明治20年	200,000	三浦自孝	M-2	拾九棚　京第四拾三号ノ一 明治二十年　三浦歩兵大尉 従平壌至永興路上草稿図	2008489730
京43-2	従平壌至永興路上草稿圖	第貳號　従新場経熙川秋踰峯神光立石到吾毛老	56.0×40.0	A 明治20年 B 明治20年秋期	200,000	三浦自孝	M-2	拾九棚　京第四拾三号ノ二 明治二十年　三浦歩兵大尉 従平壌至永興路上草稿図	2008486365
京43-3	従平壌至永興路上草稿圖	第三號　従吾毛老経江界至鴨緑江岸満浦伐登	56.0×40.0	A 明治20年 B 明治20年秋期	200,000	三浦自孝	M-2	拾九棚　京第四拾三号ノ三 明治二十年　三浦歩兵大尉 従平壌至永興路上草稿図	2008486366
京43-4	従平壌至永興路上草稿圖	第四號　従古倉経寧遠盂州岺到永興府	40.0×42.0	A 明治20年 B 明治20年秋期	200,000	三浦自孝	M-2	拾九棚　京第四拾三号ノ四 明治二十年　三浦歩兵大尉 従平壌至永興路上草稿図	2008486367
京44	朝鮮西岸大同江概測		114.3×81.5	A 明治22年8月 B 明治22年8月		柴山尚則	S-1	京紀第十一号　京第四十四号　大同江概測圖　柴山歩兵大尉　明治廿二年八月　第四十四棚	2008486368
京46	迎日湾略圖		34.8×29.6	B 明治24年5月	200,000	柴山尚則	S-2	第三十四棚　京第四十六号 迎日湾略圖	2010360470

No.	題名	副題	サイズ	年代	縮尺の分母	作製者	表5-5の地図番号	裏書き	LCCN
元1	自居留地至龍池院路上畧圖		34.0×96.0	A 明治16年5月 B 明治16年5月	40,000	海津三雄	K-2	朝紀九号　第七棚　明治十六年五月　海津工兵大尉　元一号　自元山津至龍池院路上圖	2008486374
元2	自居留地至文川郡路上畧圖		27.0×69.0	A 明治16年5月 B 明治16年5月	40,000	海津三雄	K-1	朝紀九号　第七棚　元二号　明治十六年五月　海津工兵大尉　自元山津至文川郡路上圖	2008486370
元3	元山港居留地之圖		43.0×64.0	A 明治16年6月 B 明治16年6月	2,000	海津三雄	K-3	第七棚　明治十六年六月　海津工兵大尉　元三號　元山港居留地圖	2008486737
元4	咸鏡道之圖		70.5×91.0					第四十二棚　元四号　咸鏡道之圖　局内謄写　原朝鮮製　元第一，二，三，四号　元第九，一四，一五号	2008486369
元5-1	朝鮮國咸鏡道路上測圖	第壹號　自徳源府至利原縣	（1）78.2×65.4 （2）10.8×15.2	A 明治16年12月 B 明治17年	200,000	海津三雄	K-5	朝紀八号第十棚　明治十六年十二月　海津工兵大尉　元五號ノ一　咸鏡道路上圖　共三葉	2008486371
元5-2	朝鮮國咸鏡道路上測圖	第貳號　自利原縣至鏡城府輸城駅	85.2×58.7	A 明治16年12月 B 明治17年	200,000	海津三雄	K-5	朝紀八号第十棚　明治十六年十二月　海津工兵大尉　元五號ノ二　咸鏡道路上圖　共三葉	2008486372
元5-3	朝鮮國咸鏡道路上測圖	第三號　自鏡城府輸城驛至穩城府柔遠鎮	85.2×58.7	A 明治16年12月 B 明治17年	200,000	海津三雄	K-5	朝紀八号第十棚　明治十六年十二月　海津工兵大尉　元五號ノ三　咸鏡道路上圖　共三葉	2008486373
元6-1	義州往復路上圖	自徳源至陽徳	LC23×32		200,000	海津三雄	K-4	朝紀七号　第十一棚　元六号之一　義州往復路上圖（自徳源至陽徳）（調査不充分）	2007629935
元6-2	義州徃復路上圖	自陽徳縣至殷山縣路上測圖	40.9×53.4	A 明治16年8月	200,000	海津三雄	K-4	朝紀七号　第十一棚　明治十六年八月　海津工兵大尉　元六号ノ二　義州徃復路上圖（自陽徳至殷山）	2007629936
元6-3	義州徃復路上圖	自殷山縣至雲山郡東倉路上測圖	LC57×40		200,000	海津三雄	K-4	朝紀七号　第十一棚　明治十六年八月　海津工兵大尉　元6号ノ3（調査不充分）	2007629937
元6-4	義州徃復路上圖	自雲山郡東倉至義州府路上測圖	43.0×62.5	A 明治16年8月	200,000	海津三雄	K-4	朝紀七号　第十一棚　明治十六年八月　海津工兵大尉　元六号ノ四　義州徃復路上圖（自雲山至義州）	2007629938
元6-5	義州徃復路上圖	自義州府至平壤府路上圖	（1）45.1×71.6 （2）45.3×71.8 （もとは一枚）	A 明治16年8月	200,000	海津三雄	K-4	朝紀七号　第十一棚　明治十六年八月　海津工兵大尉　元六号ノ五　義州徃復路上圖（自義州至平壤）	2007629939
元6-6-1	義州徃復路上圖	自平壤府至京城路上略圖	68.0×54.0	A 明治16年8月	200,000	海津三雄	K-4	朝紀七号　第十一棚　明治十六年八月　海津工兵大尉　元六号ノ六　義州徃復路上圖（従平壤至京城）（従平壤至京城）元六号ノ六継キ共二其一	2007629940
元6-6-2	義州徃復路上圖		25.0×27.0				K-4	（従平壤至京城）元六号ノ六継キ共二其二	2007629940
元6-7	義州徃復路上圖	自京城至元山津路上測圖	99.0×43.8	A 明治16年8月	200,000	海津三雄	K-4	朝紀七号　第十一棚　明治十六年八月　海津工兵大尉　元六号ノ七　義州徃復路上圖（自京城至元山津）	2007629941
元7	咸鏡平安両道路上圖		130.0×103.0	A 明治17年11月	200,000	岡泰郷	O-1	朝紀廿二号　第十八棚　明治十七年十一月　岡歩兵大尉　元七号　咸鏡平安両道路上圖	2008486376
元8	従北青至中嶺鎮路上圖	従北青経甲山三水厚昌長津至中嶺鎮	76.0×64.5	A 明治18年11月 B 明治18年10月		岡泰郷	O-3	朝紀三十五号　第十八棚　明治十八年十一月　岡歩兵大尉　元八号　従北青至中嶺鎮路上圖	2008486711
元9	従居留地至定平府見取圖		46.5×34.5	A 明治18年10月 B 明治18年10月	200,000	岡泰郷	O-2	朝紀三十四号　第十八棚　明治十八年十月　岡歩兵大尉　元九号　従徳源至定平府見取圖	2008486375
元13-1	従安邊府至京城路上圖	歙谷縣　通川郡 高城郡　杆城郡	67.4×50.9	A 明治19年	200,000	岡泰郷	O-4	第十七棚　元第十三号ノ一　明治十九年　岡歩兵大尉　従安邊府至京城路上圖　共三葉	2008486378

目録1 「アメリカ議会図書館蔵　初期外邦測量原図」目録

No.	題名	副題	サイズ	年代	縮尺の分母	作製者	表5-5の地図番号	裏書き	LCCN
元13-2	従安邊府至京城路上圖	麟蹄縣　楊口郡狼川縣	68.0×49.9	A 明治19年	200,000	岡泰郷	O-4	第十七棚　元第十三号ノ二明治十九年　岡歩兵大尉従安邊府至京城路上圖　共三葉	2008486378
元13-3	従安邊府至京城路上圖	加平府　京城	68.0×50.8	A 明治19年	200,000	岡泰郷	O-4	第十七棚　元第十三号ノ三明治十九年　岡歩兵大尉従安邊府至京城路上圖　共三葉	2008486378
元14-1	自京城至元山津路上圖		68.7×51.0	A 明治19年	200,000	岡泰郷	O-5	第二十棚　元第十四号ノ一明治十九年　岡歩兵大尉従京城至元山津路上圖　共四葉	2008486377
元14-2	自京城至元山津路上圖		68.0×52.0	A 明治19年	200,000	岡泰郷	O-5	第二十棚　元第十四号ノ二明治十九年　岡歩兵大尉従京城至元山津路上圖　共四葉	2008486377
元14-3	自京城至元山津路上圖		68.0×57.0	A 明治19年	200,000	岡泰郷	O-5	第二十棚　元第十四号ノ三明治十九年　岡歩兵大尉従京城至元山津路上圖　共四葉	2008486377
元14-4	自京城至元山津路上圖		68.8×50.8	A 明治19年	200,000	岡泰郷	O-5	第二十棚　元第十四号ノ四明治十九年　岡歩兵大尉従京城至元山津路上圖　共四葉	2008486377
元15-1	自元山津至蔚山兵營路上圖		51.5×36.9	A 明治19年	200,000	岡泰郷	O-6	第二十八棚　元第十五号ノ一　明治十九年　岡歩兵大尉　従元山津至蔚山兵営路上圖　共六葉	2009289167
元15-2	自元山津至蔚山兵營路上圖		37.0×46.2	A 明治19年	200,000	岡泰郷	O-6	第二十八棚　元第十五号ノ二　明治十九年　岡歩兵大尉　従元山津至蔚山兵営路上圖　共六葉	2009289167
元15-3	自元山津至蔚山兵營路上圖		51.2×36.9	A 明治19年	200,000	岡泰郷	O-6	第二十八棚　元第十五号ノ三　明治十九年　岡歩兵大尉　従元山津至蔚山兵営路上圖　共六葉	2009289167
元15-4	自元山津至蔚山兵營路上圖		51.2×36.9	A 明治19年	200,000	岡泰郷	O-6	第二十八棚　元第十五号ノ四　明治十九年　岡歩兵大尉　従元山津至蔚山兵営路上圖　共六葉	2009289167
元15-5	自元山津至蔚山兵營路上圖		40.8×51.5	A 明治19年	200,000	岡泰郷	O-6	第二十八棚　元第十五号ノ五　明治十九年　岡歩兵大尉　従元山津至蔚山兵営路上圖　共六葉	2009289167
元15-6	自元山津至蔚山兵營路上圖		37.9×42.2	A 明治19年	200,000	岡泰郷	O-6	第二十八棚　元第十五号ノ六　明治十九年　岡歩兵大尉　従元山津至蔚山兵営路上圖　共六葉	2009289167
釜4	慶尚左道路上測圖		106.4×66.7	A 明治16年6月B 明治16年6月	200,000	渡邊述	WI	朝紀十三号　第二十二棚釜四號　慶尚左道路上測圖明治十六年六月　渡邊歩兵中尉製	2008486717
釜14-1	京城往復路上図	従釜山至全羅左水營	45.8×74.2	A 明治19年5月B 調査不充分		三浦自孝	M-1	第二十六棚　釜第十四号明治十九年五月　三浦歩兵大尉　京城往復路上圖（従釜山至全羅左水營）　共六葉釜紀六号（調査不充分）	2010360468
釜14-2	京城往復路上圖	従全羅道左水營至新院	71.0×54.2	A 明治19年5月B 明治19年4月		三浦自孝	M-1	朝紀三十九号　第二十六棚明治十九年五月　三浦歩兵大尉　釜十四号ノ二　京城往復路上圖（従全羅左水營至新院）　共六葉	2010360468
釜14-3	京城往復路上圖	従新院至安城渡	75.3×54.2	A 明治19年5月B 調査不充分		三浦自孝	M-1	朝紀三十九号　第二十六棚明治十九年五月　三浦歩兵大尉　釜十四号ノ三　京城往復路上圖（従新院至安城渡）　共六葉	2010360468
釜14-4	京城往復路上圖	従京城至利川　従安城渡至京城	53.6×78.2	A 明治19年5月B 明治19年9月		三浦自孝	M-1	朝【欠】号　第二十六棚明治十九年五月　三浦歩兵大尉　共六葉　釜十四号ノ四　京城往復路上圖（自安城渡至京城）（自【欠】至利川）	2010360468

241

No.	題名	副題	サイズ	年代	縮尺の分母	作製者	表5-5の地図番号	裏書き	LCCN
釜14-5	京城往復路上圖	従京畿道利川至慶尚道尚州	65.0×54.2	A 明治19年5月 B 明治19年4月		三浦自孝	M-1	朝紀三十九号　第二十六棚 明治十九年五月　三浦歩兵大尉　釜十四号ノ五　京城往復路上圖（自利川至尚州）共六葉	2010360468
釜14-6	京城往復路上圖	従慶尚道尚州至釜山	77.7×54.2	A 明治19年5月 B 明治19年4月		三浦自孝	M-1	朝紀三十九号　第二十六棚 明治十九年五月　三浦歩兵大尉　釜十四号ノ六　京城往復路上圖（自尚州至釜山）共六葉	2010360468
釜17-1	自全羅道順天至慶尚道昌原路上圖	従順天至羅州路上圖	38.5×60.0	B 明治20年6月	200,000	柄田鑑次郎	T-1	朝紀四十二号　第三十一棚 明治二十年六月柄田歩兵中尉 釜十七号ノ一　自全羅道順天　至慶尚道昌原路上圖（自順天　至羅州）共五葉	2010360469
釜17-2	自全羅道順天至慶尚道昌原路上圖	従羅州至金溝路上圖	38.5×60.0	B 明治20年6月	200,000	柄田鑑次郎	T-1	朝紀四十二号　第三十一棚 明治二十年六月柄田歩兵中尉 釜十七号ノ二　自全羅道順天　至慶尚道昌原路上圖（自羅州　至金溝）共五葉	2010360469
釜17-3	自全羅道順天至慶尚道昌原路上圖	従金溝至茂朱路上圖	40.0×47.5	B 明治20年6月	200,000	柄田鑑次郎	T-1	朝紀四十二号　第三十一棚 明治二十年六月柄田歩兵中尉 釜十七号ノ三　自全羅道順天　至慶尚道昌原路上圖（自金溝　至茂朱）共五葉	2010360469
釜17-4	自全羅道順天至慶尚道昌原路上圖	従茂朱至大邱路上圖	39.0×60.0	B 明治20年6月	200,000	柄田鑑次郎	T-1	朝紀四十二号　第三十一棚 明治二十年六月柄田歩兵中尉 釜十七号ノ四　自全羅道順天　至慶尚道昌原路上圖（自茂朱　至大邱）共五葉	2010360469
釜17-5	自全羅道順天至慶尚道昌原路上圖	従大邱至昌原路上圖	60.0×38.0	B 明治20年6月	200,000	柄田鑑次郎	T-1	朝紀四十二号　第三十一棚 明治二十年六月柄田歩兵中尉 釜十七号ノ五　自全羅道順天　至慶尚道昌原路上圖（自大邱　至昌原）共五葉	2010360469
釜19-1	釜山近傍目算測圖	第一號	36.7×72.0	B 明治21年5月	40,000	柄田鑑次郎	T-2	第三十三棚　明治二十一年五月　柄田歩兵中尉　釜第十九号ノ一　釜山近傍目算測圖（多太浦鎮　絶影島）共五葉	2008486713
釜19-2	釜山近傍目算測圖	第二號	76.2×72.0	B 明治21年5月	40,000	柄田鑑次郎	T-2	第三十三棚　明治廿一年五月　柄田歩兵中尉　釜第十九号ノ二　【　欠　】算測圖（東萊機張　梁山水営）共五葉	2008486714
釜19-4	釜山近傍目算測圖	第四號	76.2×72.0	B 明治21年5月	40,000	柄田鑑次郎	T-2	第三十三棚　明治廿一年五月　柄田歩兵中尉　釜第十九号ノ四　釜山近傍目算測圖（金海　熊川）共五葉	2008486715
釜19-5	釜山近傍目算測圖	第五號終	77.5×37.0	B 明治21年5月	40,000	柄田鑑次郎	T-2	第三十三棚　明治廿一年五月　柄田歩兵中尉　釜第十九号ノ五　釜山近傍目算測圖（昌原　馬山浦）共五葉	2008486716
清国110-1	従清國鳳凰城至朝鮮國黃州旅行圖	義州・安東縣・鳳凰城	58.7×48.0		100,000	渡邉鐵太郎 石川潔太	WI	第百拾號　共四枚　従清國鳳凰城至朝鮮國黃州旅行圖　第九棚　砲兵大尉渡邉鐵太郎　工兵中尉石川潔太	2007630238
清国110-2	従清國鳳凰城至朝鮮國黃州旅行圖	定州	48.2×58.8		100,000	渡邉鐵太郎 石川潔太	WI	第百拾號　共四枚　従清國鳳凰城至朝鮮國黃州旅行圖　第九棚　砲兵大尉渡邉鐵太郎　工兵中尉石川潔太	2007630238
清国110-3	従清國鳳凰城至朝鮮國黃州旅行圖	安州	58.7×48.0		100,000	渡邉鐵太郎 石川潔太	WI	第百拾號　共四枚　従清國鳳凰城至朝鮮國黃州旅行圖　第九棚　砲兵大尉渡邉鐵太郎　工兵中尉石川潔太	2007630238
清国110-4	従清國鳳凰城至朝鮮國黃州旅行圖	黃州・平壤	48.2×59.0		100,000	渡邉鐵太郎 石川潔太	WI	第百拾號　共四枚　従清國鳳凰城至朝鮮國黃州旅行圖　第九棚　砲兵大尉渡邉鐵太郎　工兵中尉石川潔太	2007630238
その他1	朝鮮全圖		114.0×67.0	（明治20年以降）	約1,000,000	作者不詳	A-1	韓國全圖　磯林大尉以下六名　足跡指定図　明治十六年ヨリ二十年ニ至ル	2007630239

目録2　アメリカ議会図書館蔵「清國二十萬分一圖」目録

解説　小林　茂・渡辺理絵・山近久美子・鳴海邦匡
目録　藤山友治・小林　基

1．はじめに

　本書第II部の第4章では，日本陸軍将校たちの作製した手描き原図のうち清国に関するものが「清國二十萬分一圖」に編集されていくプロセスを，また第5章では，朝鮮に関する手描き原図が「朝鮮二十萬分一圖」に編集されていくプロセスを検討した。作製された20万分の1図の数は，両者ほぼ同数であるが，その残存状況をみると，防衛研究所千代田史料に限られる朝鮮二十萬分一圖にくらべて，清國二十萬分一圖は多くの機関，個人の所蔵が確認されている。また同じ図郭をもちながらも，刊行年次がちがうと考えられる図が多く，その整理の必要性が感じられるようになってきている。ここでは，これにむけた基礎作業として，最も多くを収蔵するアメリカ議会図書館の清國二十萬分一圖の目録を作製し，その概観をえることとしたい。なおこの作業はすでに小林ほか（2014）で行ったが，ここではその後の資料の増加をふまえ，さらに検討をふかめたい。

　なおこの図群は，満洲南部（盛京省），北京周辺（直隷省），山東半島（山東省）をカバーし，朝鮮二十萬分一圖とあわせて，日清戦争の主要戦場域を中心とした地域を描いている。またこの図群が日清戦争や日露戦争でどのように使用されたかについては，第4章第6節で検討したので参照していただきたい。清國二十萬分一圖は日清戦争時までに日本陸軍が中国大陸について広域的に準備できた唯一の実測にもとづく地図でもあり，その構成を詳細に検討しておく必要性が理解されよう。

　さて，清國二十萬分一圖のコレクションとしては，すでに井田浩三氏による検討があり（井田2012），国内の公的機関としては国立国会図書館（全11点），岐阜県図書館の複製図（全45点）のほか，駒澤大学地理学科（全12点，駒沢マップアーカイブズ編2016：38）がある。外邦図を多数収蔵する東北大学・お茶の水女子大学・立教大学・京都大学のコレクションに清國二十萬分一圖がなく，駒澤大学だけにみられるのは，同大学のコレクションの来歴が関与していると考えられる。日本の大学が所蔵する外邦図の大部分は，第二次世界大戦終結時に東京市ヶ谷の参謀本部に置かれて

いた当時現用であった地図に由来するが，駒澤大学のコレクションには，これに多田文男氏の収集図がくわわっているとされており（佐藤 2016; 高橋 2016），そのなかに含まれていた可能性が大きい。清國二十萬分一圖は軍用図で民間にはほとんど流出していなかったと思われるが，戦前・戦中期に中国大陸での調査をかさねた多田氏が，研究のためにそうした図を収集したと考えられるわけである（多田 1975）。また個人の収集では，地図研究家の故岩田豊樹氏（全64点），山下和正氏（全59点），さらに井田浩三氏（全59点）がある（井田 2012）。以上のうち駒澤大学のものについては目録，岐阜県図書館のものについては簡易な目録と一覧図があるだけで，まだその全容がよくわかっているとはいえない。

　ここでアメリカ議会図書館の収蔵図を取り上げるのは，その点数が多く（全120点），重複が少なくないが，図目録 2-1 に示した範囲全体をカバーしている点がまずあげられる（表目録 2-1）。また同じ場所を図示するが，刊行時期の違う図幅がみとめられ，一部とはいえその改訂の様子が確認

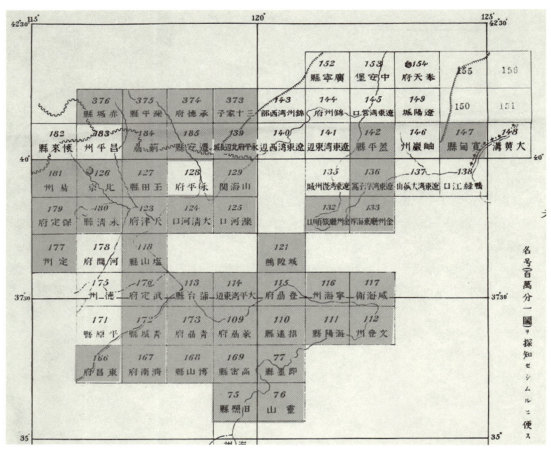

図目録 2-1　清國二十萬分一圖の図示範囲
「清國二十萬分一圖一覽表」（アメリカ議会図書館蔵）の一部を摘出。アミかけ部分は測量データの由来を記入する図幅の存在を示す。

244

目録 2　アメリカ議会図書館蔵「清國二十萬分一圖」目録

できること，さらにいずれの図も折りたたみの跡があり，なかにはそれを使用したと考えられる部隊印が裏に見られるものもあり，地図の使用状況にアプローチできる可能性があることも重要である。このようなアメリカ議会図書館収蔵図の特色は，2008 年以後の陸軍将校らの手描き原図の調査過程で，これらの写真をしばしば参照する過程で知ることとなった。

なおその間，大阪大学大学院文学研究科人文地理学教室では古書として清國二十萬分一圖を購入しており（全 47 点，うち 4 点は重複），以下に示すアメリカ議会図書館の目録に付して所蔵状況を示しておくこととしたい。

以上に関連してもう一点言及しておくべきは，最近になってアメリカの大学の図書館に勤務するライブラリアンたちのあいだで外邦図に対する関心が高まり（小林 2014; ミーゲン 2014），ワシントン大学やスタンフォード大学でも所在が報告されていることである。今後の他の大学でも検討が進めば，さらに多くの清國二十萬分一圖が発見されると考えられる。とくにスタンフォード大学が公表している外邦図の画像の清國二十萬分一圖には後述するように早期の版が多く含まれており（後掲の表目録 2-3 を参照），その可能性の大きいことを示している。なお同大学のデジタル・アーカイブズの URL は下記の通りで，容易に貴重な画像が閲覧できるので参照していただきたい。

http://library.stanford.edu/guides/gaihozu-japanese-imperial-maps

2．目録作製の方針

つぎにアメリカ議会図書館蔵の清國二十萬分一圖の目録作製にあたり，さらに留意すべき点について触れておきたい。清國二十萬分一圖はその数が限られているが，印刷時期が明示されることが少なく，「明治十七年創製」とのみ記されているものが多い。明治 17 年は 1884 年にあたり，すでに第Ⅱ部でみたようにまだ将校たちが測量に従事していた時期なので，これを刊行時期とするには無理がある。第 4 章第 6 節，第 5 章第 4 節でも検討したように，この種の 20 万分の 1 図の印刷に着手されたのは 1893（明治 26）年 1 月である。また清國二十萬分一圖の最初の印刷（計 16 図幅）が完成したのは同年 6 月 24 日となる（アジア歴史資料センター資料，Ref. C07081943500; C07081943600）。その他については「明治二十七年製版」と記入されているものが少なくないので，1894 年に刊行されたものが多いと考えられるが，山東省の図幅を中心に 1894 年 10 月～ 1895 年 2 月に修正されたことが明記されているものも少なくない。

他方，これまで見つかっている「清國二十萬分一圖一覽表」（1894 年 9 月印刷）では，掲載地図について「渤海近傍六十三版」としつつも，この「三」を「七」と朱字で直している（図 4-2 のタイトルの下を参照）。初期は全 63 図幅であったのが，4 図幅ふえて 67 図幅になったということになるが，この増加はいつのことなのか，またそれ以後の増加がどのように行われていったのか，という点についても検討されていない。

245

これらの点で清國二十萬分一圖については，概要はわかっているものの，細部については不明のことが多く，多数を収蔵するコレクションの目録作りから開始する必要性が理解されよう。これによって一点ずつ確認しつつ，修正の時期やカバーする範囲を確定していくわけである。

　このような観点から，アメリカ議会図書館蔵の清國二十萬分一圖について，重複するものも含め全点の目録を作製することとした。そのための基本資料は，アメリカ議会図書館地理地図部で渡辺と山近が2009年3月に，鳴海が2012年5月に撮影した画像のほか，2014年3月に鳴海と小林が地理地図部に新たに備えられたスキャナーでスキャンした画像，さらに並行して小林が作成したカードである。すでに写真によって概要を把握していたが，あえてカードを作製したのは，多方面からの分析の可能性を検討するためでもあった。以下では表目録2-1に示した各項目について，その特色を解説しておきたい。

　まず図の配列は，各図の右肩にあるいは左肩の隣接図幅との位置関係を示す図に記入されている番号（「図番号」）に従うこととした。この番号は「清國二十萬分一圖一覧表」（図4-2）や図目録2-1にも示されている。これと対照すると，この番号は明快な空間的な原則によって決められているというよりは，多分に各図ができた順序も関与しているのではないかと思われるような分布を示している。そのため，別の番号を付すことも考えたが，数が限られているので，深刻な混乱は発生しないと考え，この番号を使うことにした。

　多くの図番号で複数の図がみとめられるが，同じ版と判断されるものについては，個体番号を付けて区別した。他方，その製版時期が違うと考えられる図の場合はAとBとして区別している。後者のようなケースは少ないが，それでも全部で8組認められる。

　次のタイトルは二つに分かれているが，一方は清国の省を示し，他方は図示する地域となる。「タイトル（小）」としたものを，各図のタイトルと考えていただきたい。ただし，県名などを羅列した長いものがあり，これについてはタイトルというより図に表示される地域のリストと考えた方がよい。

　さらに創製・製版年代は，各図の左肩または右下に記されているものをそのまま示している。このうち明治17年創製とされているものが多いが，それが製版や印刷の時期と考えられないことはすでに示したとおりである。「創製」にくわえて「製版」や「脩正」，「再版」の記載は，図の新旧に関係するので記載をすべて示している。

　つづく「LC受入」では，本図群すべてに見られるアメリカ議会図書館（Library of Congress）に受け入れ手続きを行ったときの印が示す時期を記入している。裏書きなどから地図をグループに分けた場合，同一グループは同時期に受け入れられることになることが予想され，この項目を設定した。

　「サイズ」は，各図を重ねてみるとかなりの大小が認められ，それを確認するために示した。ただし，本図群の図にはすべて折り目があり，それによるしわが見られることが多い。このためサイズの計測は容易でなく，数値は目安として考えていただきたい。

　経緯度は，各図東西は1度，南北は40分で，四隅に記載されているものを示しているが，147

目録2　アメリカ議会図書館蔵「清國二十萬分一圖」目録

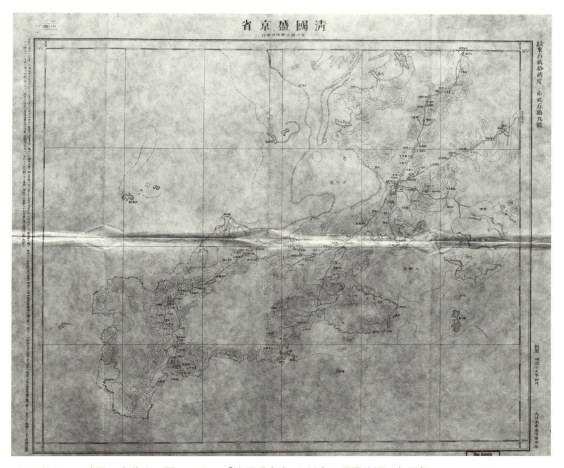

図目録 2-2　清國二十萬分一圖 132 号 A「清國盛京省　金州廳大聯灣旅順口」図幅（アメリカ議会図書館蔵）

号 A の緯度の場合のように，同一図の中で記載が一貫せず，あきらかな誤記も見られることを指摘しておきたい。この場合，表目録 2-1 ではもちろん正しいものを記載している。

　本図群では，等高線状の地形表現が一般的であるが，陸軍将校たちの測量からして，これらが普通の地形図に見られるような等高線と同一視できないことは，あらためていうまでもない。土地の起伏を示す際の便法として等高線類似の表現が採用されているに過ぎない。これに対して一部にはケバによる地形表現もあり，図の作成時期を考えるに際し重要なので，「地形表示」として記載した。

　つづく「表面文言」は，本図群では 7 点にみられるだけのもので，図の左側に印刷された文言の有無をさしている。この文言は作図に際して参照した英国製の海図や測量に当たった日本陸軍将校の旅行コースや旅行時期を示している。これには長短があるが，やや長めの 132 号 A（「金州廳大聯灣旅順口」）のものを例として示すと次のようになる。

　　　　海面及海岸ノ位置ハ英國海軍水路局出版千二百五十六号千八百八十年改正ノ直隷并ニ遼東湾図

247

ニ據リ　大聯湾近傍ハ同上出版二千八百二十七号千八百七十七年改正ノ大聯湾圖ニ據リ　金州ヨリ石河駟ニ至ル道路ハ明治十三年伊集院兼雄旅行圖ヲ採リ　金州ヨリ大聯湾沿海小浜頭ニ至ル道路ハ明治十三年山根武亮旅行圖ヲ採リ　金州ヨリ旅順口ニ至ル道路及旅順口内ハ明治十六年倉辻靖次郎旅行図ニ採ル　道路外ノ地名ハ清訳海道図説及ヒ清朝一統輿図ヲ参照ス　金州ヨリ石河駟ニ至ル道路ハ明治十六年第八十七号倉辻靖次郎旅行圖ヲ参照ス

　ここではまず英国海図の「直隷并ニ遼東湾圖」（1256 号，1880 年改正）および「大聯灣圖」（2827 号，1877 年改正[1]）によって海岸線を描いていることがわかる（コラム 3「清國二十萬分一圖と英国海図」も参照）。また金州を起点に各地にむかう道路の記載の根拠となった陸軍将校（伊集院兼雄・山根武亮・倉辻靖次(二)郎）の旅行年と測量図を記している。さらに将校たちが知ることができなかった「道路外」の地名については，まず「清訳海道図説」によったとする。これは英国刊の水路誌（おそらく King［1861］と考えられる。Narumi and Kobayshi［2015］を参照）の漢訳である『海道図説』ではなく，本図の東側に隣接する 133 号 A 図幅に見られる文言（「海道分図」）から推測すると，上記『海道図説』に付属した漢訳海図（「大清一統海道總圖」と題する全体図と全 12 枚の「中国海道図」という部分図よりなる）の可能性が高い（《中国測絵史》編輯委員会編 1995：189-190，同・今村遼平訳 2014：673-674 を参照）。つづく「清朝一統輿図」は第 2 章第 4 節で示した「大清一統輿圖」と同様に「皇朝中外壹統輿圖」（1863 年刊）と考えられる。

　これに関連して言及しておきたいのは，静嘉堂文庫蔵の上記漢訳海図[2]を調査したところ，そのなかにはあきらかに英国海図 1256 号を元図としたものがみられた（ただし東西 2 枚に分割）。この場合，さらにその漢訳図を参照したのは，とくに海岸部の漢字地名を知るためであったと考えられる。

　なお以上のような文言の本格的検討から，日本陸軍による初期の中国地理情報の収集状況を地域別に把握できる可能性が大きい。こうした文言を掲載する清國二十萬分一圖は限られていたが，最近公開されたスタンフォード大学蔵の清國二十萬分一圖（後掲の表目録 2-3）の画像では，そうした図が 38 点も示されている。図目録 2-1 には，この種の文言を掲載するアメリカ議会図書館収蔵図とスタンフォード大学蔵収蔵図の図示範囲を示している（アミかけ部分）。

　目録のもう一つの項目である「裏面記載」は，図の裏面にみえる印や書き込みを通じて，清國二十萬分一圖の使用状況を検討するためにもうけたものである。印はいずれも朱印で「臨時第七師團糧餉部之印」（全 4 点，直隷省と盛京省の図幅，図目録 2-3），「騎兵中隊」（全 7 点，いずれも直隷省の図幅，図目録 2-4），「屯田兵衛生隊印」（全 4 点，いずれも盛京省の図幅，図目録 2- 5）がみられる。

　他方書き込みは a〜h までの 8 類型に分類した（表目録 2-2 参照）。a の書き込みが見られるのは全 15 点で，1 点（直隷省の図幅）を除きすべて山東省の図幅である。b は 3 点で，2 点は山東省，1 点は直隷省の図幅となる。c は全 11 点で，全部が山東省の図幅となる。d は全 27 点で，うち 16 点が盛京省の図幅，11 点が直隷省の図幅となる。e は 1 点のみで盛京省の図幅である。f，g も 1 点で山東省の図幅となる。さらに h は全 5 点であるが，いずれも盛京省の図幅で表に文言が見られ

目録2　アメリカ議会図書館蔵「清國二十萬分一圖」目録

図目録2-3　「臨時第七師團糧餉部之印」（清國二十萬分一圖127号1の裏面）

図目録2-4　「騎兵中隊」印

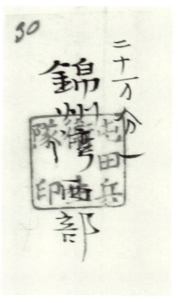

図目録2-5　「屯田兵衛生隊印」（清國二十萬分一圖143号1の裏面）

るのが注目される。

　また，裏面に印や書き込みが見られないものも多く（全41点），これも合わせれば全12類型（朱印3種，書き込み8種，朱印も書き込みもないもの）に分類されることになる。

　なお末尾の列では，大阪大学の所蔵図を示した。

3．アメリカ議会図書館蔵「清國二十萬分一圖」の来歴

　目録の項目の説明からうかがわれるように，アメリカ議会図書館の清國二十萬分一圖は，日本軍のいろいろな部隊が保有していた図を集めたものであることが明らかである。この場合，どのような部隊が保有していたのかが注目され，「臨時第七師團糧餉部之印」（図目録2-3）がまず手がかりとなる。臨時第七師団は日清戦争がかなり進行した1905年3月に編成されたもので，その終結にともなって同6月には復員解散された（秦編2005：372-373）。この師団に関する記録からさらに屯田兵団を改組して編成されたこと，支部には糧餉部があったことがわかる（アジア歴史資料センター資料，Ref. C06021928100およびC13110316200）。図の中に「屯田兵衛生隊印」（図目録2-5）がみられるのは，こうした臨時第七師団の編成を反映したものとみてよいであろう。またこの師団には騎兵中隊も付属しており，「騎兵中隊」（図目録2-4）の印のみられる図は，それに配分されていたこ

249

とをうかがわせる。

　臨時第七師団は第一軍に所属し，その糧餉部，屯田兵衛生隊，さらには騎兵中隊が保有した清國二十萬分一圖の図示する範囲が盛京省と直隷省となっているは，第一軍の活動予定地域を反映したものといえよう。d類型やh類型の地図を保有していた部隊がやはり日清戦争に従軍していたとすれば，これから第一軍に属したと考えるのが自然であろう。それに対して，a類型，b類型，c類型など山東省の図を保有していた部隊は第二軍に属していたと推定される。

　つぎにこのような地図がどのような経過でアメリカ議会図書館に収蔵されるようになったかが問題となる。日清戦争の終結にともなって各部隊から返納された地図がおそらく陸地測量部に集積され，陸軍将校らの上記手描き原図などと同様に，第二次世界大戦後にアメリカ陸軍に接収され，その後にアメリカ議会図書館に受け入れられたものと考えておきたい（山近ほか2011：119-120参照）。

　なお，表目録2-1の「裏面記載」により設定した類型ごとにアメリカ議会図書館への受け入れ時期を見ると，「臨時第七師團糧餉部之印」の印をもつもののうち3点は1960年7月の受け入れであるが，1点は1961年1月となっており，「騎兵中隊」の印を持つものでも6点は1961年1月の受け入れであるが，1点は1960年7月の日付である。同様のことはa類型やc類型の書き込みをもつ地図でもみられる。これはすでにアメリカ議会図書館への受け入れ以前に各部隊の保有していた地図の分散が始まっていたことを示すものであろう。

4．清國二十萬分一圖の印刷時期

　さらに清國二十萬分一圖の印刷時期についても見ておきたい。すでに述べたように，本図群の地図は「明治十七年創製」とするものが多く，少数ながら「創製　明治十七年四月」とするものもみられる。ただしそれ以外に製版時期を示すものもしばしば見られる。その多くは明治27（1894）年であるが，なかには126号A，133号A，185号Aのように，「創製明治十七年四月」としつつも，明治26（1893）年5月の製版を明記する例も見られる。第5章第4節で触れたように，清國二十萬分一圖の最初の印刷完成・納入は1893年6月24日とされている。これからすると同年5月製版とされる126号A，133号A，185号Aは，この最初に印刷された図（計16図幅）に属すとみてよいであろう。またこれに際して「寫眞亜鉛版」による印刷が行われたことも，「写真版」によるとする当初の指示と一致する（アジア歴史資料センター資料，Ref. C07081943600）。くわえてこの3例では，表面に測量データの由来を示す文言を持ち，さらにうち2例では地形表示がケバで行われている点も注目される。表目録2-1ではこうした文言を持つもつ全7点のうち4点がケバによって地形が表現されている点も，こうした結びつきの想定を補強する。

　すでに言及したスタンフォード大学蔵の清國二十萬分一圖の公開画像では，すべての図に測量データの由来を示す文言がみられる。これらについて上記の点から検討するために作製したのが表目録2-3である。地形表示ではケバによるものが14点，等高線によるものが18点，両者とも見られ

ないものが6点と，等高線によるものの方がやや多い。また全部が「創製 明治十七年四月」となっていて，アメリカ議会図書館所蔵図（表目録2-1）の126号A，133号A，185号Aのように，1893（明治26）年5月の製版を示すものが画像の表示範囲もあってかみられない。これらからすると，スタンフォード大学所蔵図の印刷は初期ではなく，それよりやや遅いことがうかがわれる。表目録2-1に示したもので，文言をもちながらも製版時期を示さない132号A，136号A，142号A，147号Aが，いずれも「創製 明治十七年四月」とする注記をもっているのは，スタンフォード大学蔵図と同時期に印刷されたことを示唆する。

　こうした点は，国立国会図書館が収蔵する清國二十萬分一圖のうちやはり測量データの由来を示すYG819-570～576の計7点をみても明らかである（表目録2-4）。「地形表示」では，ケバに加えて等高線も合わせて使うものが少なくないが，いずれも「創製 明治十七年四月」の注記をもつ[3]。

　他方，初期に印刷された図と同一の図番号を持つ126号Bや185号Bでは，製版時期が1894（明治27）年となるだけでなく，文言がなくなり，等高線による地形表示があらわれてくることになる。そして表目録2-1に見える多くの図のように，時期については「明治十七年創製」とだけ示し，地形は等高線で表示する図になっていったと推定される。

　また山東省を中心に，「明治十七年創製」としながらも，1894（明治27）年製版，さらに同年末～1895（明治28）年初頭の修正を記載するものが少なくない。表目録2-1に示した図幅では，これらがもっとも後に印刷されたと考えるのが妥当であろう。

　ところで，臨時第七師団に関連する部隊が保有していた図を検討すると，文言をもつものは見られず，ほとんどが等高線による地形表示である。これはその編成の遅さを考えれば当然といえよう。逆にh類型の裏書きをもつ図では全5点が文言をもち，2点がケバ表示であることを考えれば，それを保有していた部隊の日清戦争への動員は早かったと推測される。

　以上，アメリカ議会図書館蔵の清國二十萬分一圖の目録準備過程でわかってきた点にくわえて，スタンフォード大学所蔵図，国立国会図書館所蔵図との比較から判明する点についても簡単に示した。繰り返しになるが，清國二十萬分一圖のなかでも，さかのぼる時期に作製されたものは，測量データの由来を示す文言を持つので，それを手がかりにどのようにしてこの図群が編集整備されていったのか，という点についてアプローチすることが可能である。今後は，清國二十萬分一圖をさらに広く探索し，その印刷時期や保有部隊を検討しつつ文言を精読し，「アメリカ議会図書館蔵初期外邦測量原図データベース」に示した手描き原図と比較対照してこの過程を検討していく必要があろう。本目録が，そうした研究のための基礎作業として参照されることを期待したい。

[謝辞]
　本稿ができるまでアメリカ議会図書館地理・地図部の方々には多方面からお世話いただいた。またブリティッシュ・コロンビア大学学生で，2011～2012年に大阪大学に交換留学で来訪していた顧立舒君には，本目録作成にむけた基礎作業についてお世話になった。記して感謝したい。
　なお，本目録の作製については，JSPS科学研究費（JP19200059ならびにJP24240115）を使用した。

注
1）本書第一部扉には，この系譜をひく「大聯灣之圖」を掲載している。
2）「大清一統海道總圖十三折」，楢原陳政舊藏本 四三函 二七架。
3）国立国会図書館の清國二十萬分一圖は作業用のものと考えられ，後の時期の書き込みが多く，その図示範囲を図目録2-1に示さなかった。今後の印刷図の発見が期待される。

参考文献
井田浩三　2012.「簡易測量による外邦図（清国）の新たな図の紹介」外邦図研究ニューズレター 9：13-39.
小林茂　2014.「ワシントン大学・ハワイ大学からの外邦図収蔵の報告」外邦図研究ニューズレター 11：i-iii.
小林 茂・渡辺理絵・山近久美子・波嗚海邦匡・藤山友治・小林基　2014.「アメリカ議会図書館蔵『清國二十萬分一圖』の解説と目録」外邦図研究ニューズレター 11：66-78.
駒沢マップアーカイブズ編　2016.『駒澤大学所蔵，外邦図目録，第二版』駒澤大学文学部地理学科・駒澤大学応用地理研究所.
佐藤哲夫　2016.「駒澤大学所蔵外邦図目録第二版の発行に寄せて」駒沢マップアーカイブズ編『駒澤大学所蔵，外邦図目録，第二版』駒澤大学文学部地理学科・駒澤大学応用地理研究所，1.
高橋健太郎　2016.「目録に掲げる情報」駒沢マップアーカイブズ編『駒澤大学所蔵，外邦図目録，第二版』駒澤大学文学部地理学科・駒澤大学応用地理研究所，3.
多田文男　1975.「日本の地理学者による中国に関する学術調査」駒澤地理 11：1-9.
《中国測絵史》編輯委員会編　1995.『中国測絵史』第2巻，測絵出版社.
《中国測絵史》編集委員会編・今村遼平訳　2014.『中国地図測量史』今村遼平.
秦郁彦編　2005.『日本陸海軍総合事典（第2版）』東京大学出版会.
ミーゲン，カラージェラス　2014.「ハワイ大学マノア校ハミルトン図書館における外邦図，内邦図の新たな発見と確認」外邦図研究ニューズレター 11：7-13.
山近久美子・渡辺理絵・小林茂　2011.「広開土王碑文を将来した酒匂景信の中国大陸における活動：アメリカ議会図書館蔵の手描き外邦図を手がかりに」朝鮮学報 221：117-159.（本書第6章）
King, J.W. 1861. *The China Pilot: The Coast of China, Korea, and Tartary, the Sea of Japan, Gulfs of Tartary and Amúr and Sea of Okhotsk; and the Babuyan, Bashí, Formosa, Meiaco-sima, Lu-Chu, Ladrones, Bonin, Japan, Saghalin, and Kuril Islands*（Third Edition）. London: J.D. Potter.
Narumi, K. and Kobayashi, S. 2015. Imperial mapping during the Arrow War: Its process and repercussions on the cartography in China and Japan. *Japanese Journal of Human Geography* 67（6）: 503-523.

目録 2　アメリカ議会図書館蔵「清國二十萬分一圖」目録

表目録 2-1　アメリカ議会図書館蔵「清國二十萬分一圖」目録

（LCCN：2009579537）

No.	図番号	個体番号	タイトル（大）	タイトル（小）	創製・製版年代	LC受入	サイズ タテ	サイズ ヨコ	北緯 度	北緯 分	北緯 度	北緯 分	東経 度	東経 分	東経 度	東経 分	地形表示	表面文言	裏面記載	所蔵
1	75		清國山東省	日照縣王家台湾瑯瑘台灣	明治17年創製，同28年1月脩正 明治27年製版，同28年2月脩正	1965/06	未測	未測	35	20	36	0	119	0	120	0	等高線		なし	
2	76		清國山東省	靈山衛	明治17年創製，同28年1月脩正 明治27年製版，同28年2月脩正	1961/01	未測	未測	35	20	36	0	120	0	121	0	等高線		なし	
3	77		清國山東省	膠州即墨縣	明治17年創製，同27年10月脩正 明治27年製版，同28年2月脩正	1961/01	未測	未測	36	0	36	40	120	0	121	0	等高線		なし	
4	109	1	清國山東省	萊州府平度州昌邑縣灘縣瓦城	明治17年創製，同28年1月脩正 明治27年製版，同28年2月脩正	1965/06	46.2	58.2	36	40	37	20	119	0	120	0	等高線		なし	
5	109	2	清國山東省	萊州府平度州昌邑縣灘縣瓦城	明治17年創製，同28年1月脩正 明治27年製版，同28年2月脩正	1961/01	46.2	58.2	36	40	37	20	119	0	120	0	等高線		a	
6	110	1	清國山東省	招遠縣	明治17年創製，同27年10月脩正 明治27年製版，同28年1月脩正	1965/06	46.2	58.3	36	40	37	20	120	0	121	0	等高線		なし	
7	110	2	清國山東省	招遠縣	明治17年創製，同27年10月脩正 明治27年製版，同28年1月脩正	1961/01	47.2	58.3	36	40	37	20	120	0	121	0	等高線		a	
8	111	1	清國山東省	海陽縣棲霞縣	明治17年創製，同27年10月脩正 明治27年製版，同28年2月脩正	1965/06	44.0	50.5	36	40	37	20	121	0	122	0	等高線		b	
9	111	2	清國山東省	海陽縣棲霞縣	明治17年創製，同27年10月脩正 明治27年製版，同28年2月脩正	1961/01	46.1	59.2	36	40	37	20	121	0	122	0	等高線		a	
10	112	1	清國山東省	文登縣	明治17年創製，同28年2月脩正 明治27年製版，同28年2月再版	1965/06	46.1	58.2	36	40	37	20	122	0	123	0	等高線		b	
11	112	2	清國山東省	文登縣	明治17年創製，同28年2月脩正 明治27年製版，同28年2月再版	1961/01	46.1	58.2	36	40	37	20	122	0	123	0	等高線		a	
12	113	1	清國山東省	蒲台縣馬窩利津縣	明治17年創製，同28年1月脩正 明治27年製版，同28年2月脩正	1965/06	46.1	58.1	37	20	38	0	118	0	119	0	なし		なし	
13	113	2	清國山東省	蒲台縣馬窩利津縣	明治17年創製，同28年1月脩正 明治27年製版，同28年2月脩正	1961/01	46.2	58.2	37	20	38	0	118	0	119	0	なし		なし	
14	113	3	清國山東省	蒲台縣馬窩利津縣	明治17年創製，同28年1月脩正 明治27年製版，同28年2月脩正	1960/07	43.8	49.2	37	20	38	0	118	0	119	0	なし		c	
15	114	1	清國山東省	太平灣東邊	明治17年創製，同27年12月脩正 明治27年製版，同28年1月脩正	1961/01	46.2	58.2	37	20	38	0	119	0	120	0	等高線		a	
16	114	2	清國山東省	太平灣東邊	明治17年創製，同27年12月脩正 明治27年製版，同28年1月脩正	1960/07	43.9	49.5	37	20	38	0	119	0	120	0	等高線		c	
17	115	1	清國山東省	登州府黃縣	明治17年創製，同27年10月脩正 明治27年製版，同28年2月脩正	1961/01	46.2	58.2	37	20	38	0	120	0	121	0	等高線		なし	

No.	図番号	個体番号	タイトル(大)	タイトル(小)	創製・製版年代	LC受入	サイズ		北緯				東経				地形表示	表面文言	裏面記載	所蔵
18	115	2	清國山東省	登州府黄縣	明治17年創製,同27年10月脩正 明治27年製版,同28年2月脩正	1960/07	44.0	49.9	37	20	38	0	120	0	121	0	等高線		c	
19	116	1	清國山東省	寧海州福山縣芝罘港	明治17年創製,同28年2月脩正 明治27年製版,同28年2月再版	1961/01	46.0	58.1	37	20	38	0	121	0	122	0	等高線		a	
20	116	2	清國山東省	寧海州福山縣芝罘港	明治17年創製,同28年2月脩正 明治27年製版,同28年2月再版	1960/07	44.2	49.6	37	20	38	0	121	0	122	0	等高線		c	
21	117	1	清國山東省	威海衛	明治17年創製,同28年2月脩正 明治27年製版,同28年2月再版	1961/01	46.0	58.2	37	20	38	0	122	0	123	0	等高線		a	
22	117	2	清國山東省	威海衛	明治17年創製,同28年2月脩正 明治27年製版,同28年2月再版	1960/07	44.0	49.0	37	20	38	0	122	0	123	0	等高線		c	
23	118	1	清國直隸省	鹽山縣岐口	明治17年創製	1960/07	46.1	58.05	38	0	38	40	117	0	118	0	等高線		臨時第七師團經理部之印	
24	118	2	清國直隸省	鹽山縣岐口	明治17年創製	1961/01	46.2	58.2	38	0	38	40	117	0	118	0	等高線		d	阪大
25	121		清國山東省	隍城嵨大欽島砣磯島	明治17年創製,同28年1月脩正 明治27年製版,同28年1月脩正	1961/01	46.2	58.2	38	0	38	40	120	0	121	0	等高線		a	
26	123	1	清國直隸省	天津府大沽北塘	明治17年創製	1961/01	46.0	58.2	38	40	39	20	117	0	118	0	ケバ		騎兵中隊	
27	123	2	清國直隸省	天津府大沽北塘	明治17年創製	1960/07	46.1	58.2	38	40	39	20	117	0	118	0	ケバ		なし	阪大
28	124	1	清國直隸省	大清河口	明治17年創製	1961/01	45.9	58.0	38	40	39	20	118	0	119	0	ケバ		d	
29	124	2	清國直隸省	大清河口	明治17年創製	1960/07	46.0	58.0	38	40	39	20	118	0	119	0	ケバ		なし	阪大
30	125	1	清國直隸省	灤河口	明治17年創製	1961/01	46.15	58.0	38	40	39	20	119	0	120	0	ケバ		なし	
31	125	2	清國直隸省	灤河口	明治17年創製	1960/07	46.3	58.2	38	40	39	20	119	0	120	0	ケバ		なし	阪大
32	126	A	清國直隸省	北京通州武清縣東安縣永清縣固安縣良郷縣房山縣涿州	創製明治17年4月,明治26年5月製版(寫眞亜鉛版)	1960/07	46.2	59.2	39	0	40	0	116	0	117	0	ケバ	○	なし	
33	126	B-1	清國直隸省	北京通州武清縣東安縣永清縣固安縣良郷縣房山縣涿州	明治17年創製,同27年製版	1961/01	46.1	58.2	39	0	40	0	116	0	117	0	等高線+ケバ(一部)		なし	
34	126	B-2	清國直隸省	北京通州武清縣東安縣永清縣固安縣良郷縣房山縣涿州	明治17年創製,同27年製版	1960/07	46.1	58.2	39	0	40	0	116	0	117	0	等高線+ケバ(一部)		なし	阪大
35	127	1	清國直隸省	玉田縣三河縣香河縣寶坻縣甯河縣	明治17年創製	1961/01	46.2	58.25	39	0	40	0	117	0	118	0	ケバ		臨時第七師團經理部之印	
36	127	2	清國直隸省	玉田縣三河縣香河縣寶坻縣甯河縣	明治17年創製	1960/07	46.2	58.2	39	0	40	0	117	0	118	0	ケバ		なし	阪大
37	128	1	清國直隸省	永平府灤州樂亭縣豐潤縣	明治17年創製,同27年製版	1961/01	46.2	58.1	39	0	40	0	118	0	119	0	等高線		d	
38	128	2	清國直隸省	永平府灤州樂亭縣豐潤縣	明治17年創製,同27年製版	1960/07	46.05	58.1	39	0	40	0	118	0	119	0	等高線		なし	阪大
39	129	1	清國直隸省	山海関撫甯縣昌黎縣	明治17年創製	1961/01	46.15	58.3	39	0	40	0	119	0	120	0	等高線		騎兵中隊	
40	129	2	清國直隸省	山海関撫甯縣昌黎縣	明治17年創製	1960/07	46.1	58.2	39	0	40	0	119	0	120	0	等高線		なし	阪大
41	132	A	清國盛京省	金州廳大聯灣旅順口	創製明治17年4月	1960/07	46.1	58.8	38	40	39	20	121	0	122	0	等高線	○	h	
42	132	B	清國盛京省	金州廳大聯灣旅順口	明治17年創製	1961/01	46.2	58.1	38	40	39	20	121	0	122	0	等高線		d	
43	133	A	清國盛京省	金州廳東海岸	創製明治17年4月,明治27年5月製版(寫眞亞鉛版)	1960/07	46.2	59.2	38	40	39	20	122	0	123	0	等高線	○	h	
44	133	B	清國盛京省	金州廳東海岸	明治17年創製	1961/01	46.2	58.3	38	40	39	20	122	0	123	0	等高線		d	阪大
45	135		清國盛京省	遼東湾東邊復州	明治17年創製	1961/01	46.2	58.2	39	0	40	0	121	0	122	0	等高線		なし	阪大
46	136	A	清國盛京省	遼東湾狩子窩港	創製明治17年4月	1960/07	46.5	59.0	39	0	40	0	122	0	123	0	等高線	○	h	
47	136	B	清國盛京省	遼東灣艦子窩港	明治17年創製	1961/01	46.2	58.3	39	20	40	0	122	0	123	0	等高線		なし	阪大

目録2　アメリカ議会図書館蔵「清國二十萬分一圖」目録

No.	図番号	個体番号	タイトル（大）	タイトル（小）	創製・製版年代	LC受入	サイズ		北緯				東経				地形表示	表面文言	裏面記載	所蔵
48	137		清國盛京省	遼東湾大弧山港	明治17年創製	1961/01	46.1	58.2	39	20	40	0	123	0	124	0	等高線		d	阪大
49	138		清國盛京省	鴨緑江口	明治17年創製	1961/01	46.1	58.3	39	20	40	0	124	0	125	0	等高線		d	阪大
50	139	1	清國直隷省	永平府北邊長城	明治17年創製	1960/07	46.0	58.2	40	0	40	40	119	0	120	0	等高線		なし	阪大
51	139	2	清國直隷省	永平府北邊長城	明治17年創製	1961/01	46.0	58.1	40	0	40	40	119	0	120	0	等高線		d	
52	140		清國盛京省	遼東湾西邊南遠洲	明治17年創製	1961/01	46.0	58.2	40	0	40	40	120	0	121	0	等高線		d	阪大
53	141		清國盛京省	遼東灣東邊	明治17年創製	1961/01	46.1	58.1	40	0	40	40	121	0	122	0	等高線		d	阪大
54	142	A	清國盛京省	蓋平縣熊岳城遼河口	創製明治17年4月	1960/07	46.2	59.1	40	0	40	40	122	0	123	0	ケバ	○	h	
55	142	B	清國盛京省	蓋平縣熊岳城遼河口	明治17年創製	1961/01	46.1	58.2	40	0	40	40	122	0	123	0	等高線		d	阪大
56	143	1	清國盛京省	錦州灣西部	明治17年創製	1960/07	46.3	58.2	40	40	41	20	120	0	121	0	等高線		屯田兵衛生隊印	
57	143	2	清國盛京省	錦州灣西部	明治17年創製	1961/01	46.2	58.1	40	40	41	20	120	0	121	0	等高線		d	阪大
58	144		清國盛京省	錦州府錦州灣	明治17年創製	1961/01	46.2	58.2	40	40	41	20	121	0	122	0	等高線		d	阪大
59	145		清國盛京省	遼東湾営口港	明治17年創製	1961/01	46.2	58.0	40	40	41	20	122	0	123	0	等高線		なし	阪大
60	146	1	清國盛京省	岫巖州	明治17年創製	1960/07	46.3	58.1	40	0	40	40	123	0	124	0	等高線		屯田兵衛生隊印	
61	146	2	清國盛京省	岫巖州	明治17年創製	1961/01	46.15	58.25	40	0	40	40	123	0	124	0	等高線		d	阪大
62	147	A	清國盛京省	寛甸縣安東縣鳳凰廳	創製明治17年4月	1960/07	46.4	59.0	40	0	40	40	124	0	125	0	ケバ	○	h	
63	147	B	清國盛京省	寛甸縣安東縣鳳凰廳	明治17年創製	1961/01	46.1	58.3	40	0	40	40	124	0	125	0	等高線		なし	阪大
64	148	1	清國盛京省	大黄溝	明治17年創製	1960/07	46.1	58.1	40	0	40	40	125	0	126	0	等高線		臨時第七師團糧餉部之印	
65	148	2	清國盛京省	大黄溝	明治17年創製	1961/01	46.3	58.3	40	0	40	40	125	0	126	0	等高線		なし	
66	149		清國盛京省	遼陽城	明治17年創製	1961/01	46.2	58.2	40	0	40	40	123	0	124	0	等高線		なし	阪大
67	150	1	清國盛京省	城廠	明治17年創製	1960/07	46.1	58.2	40	0	40	40	124	0	125	0	等高線		屯田兵衛生隊印	
68	150	2	清國盛京省	城廠	明治17年創製	1961/01	46.1	58.25	40	0	40	40	124	0	125	0	等高線		なし	阪大
69	151	1	清國盛京省	懐仁縣	明治17年創製	1960/07	46.2	58.2	40	0	40	40	125	0	126	0	等高線		屯田兵衛生隊印	
70	151	2	清國盛京省	懐仁縣	明治17年創製	1961/01	46.2	58.2	40	0	40	40	125	0	126	0	等高線		なし	阪大
71	152	1	清國盛京省	廣寧縣義州	明治17年創製	1960/07	46.0	58.0	41	20	42	0	121	0	122	0	等高線		なし	阪大
72	152	2	清國盛京省	廣寧縣義州	明治17年創製	1961/01	46.0	58.0	41	20	42	0	121	0	122	0	等高線		d	
73	153	1	清國盛京省	中安堡	明治17年創製	1960/07	46.3	58.3	41	20	42	0	122	0	123	0	等高線		d	
74	153	2	清國盛京省	中安堡	明治17年創製	1961/01	46.0	58.0	41	20	42	0	122	0	123	0	等高線		d	阪大
75	154		清國盛京省	奉天府	明治17年創製, 同28年1月脩正 明治27年製版, 同28年2月脩正	1961/01	46.1	58.0	41	20	42	0	123	0	124	0	等高線		d	阪大（異版）
76	155		清國盛京省	撫順城	明治17年創製, 同28年1月脩正 明治27年製版, 同28年2月脩正	1961/01	46.2	58.2	41	20	42	0	124	0	125	0	ケバ		d	阪大（異版）
77	156	A	清國盛京省	汪清邊門新兵堡興京古城	明治17年創製	1961/01	46.25	58.25	41	20	42	0	125	0	126	0	等高線		e	阪大
78	156	B	清國盛京省	汪清邊門新兵堡興京古城	明治17年創製, 同28年1月脩正 明治27年製版, 同28年2月脩正	1960/07	46.2	58.0	41	20	42	0	125	0	126	0	等高線			
79	166	1	清國山東省	東昌府荘平縣東阿縣肥城縣	明治17年創製	1961/01	46.15	58.15	36	0	36	40	116	0	117	0	等高線		a	
80	166	2	清國山東省	東昌府荘平縣東阿縣肥城縣	明治17年創製	1960/07	45.0	49.3	36	0	36	40	116	0	117	0	等高線		c	
81	167	1	清國山東省	濟南府泰安府泰安縣歴城縣	明治17年創製	1961/01	45.9	58.1	36	0	36	40	117	0	118	0	ケバ		なし	
82	167	2	清國山東省	濟南府泰安府泰安縣歴城縣	明治17年創製	1960/07	44.3	49.3	36	0	36	40	117	0	118	0	ケバ		a	
83	168	1	清國山東省	博山縣	明治17年創製	1961/01	46.1	58.1	36	0	36	40	118	0	119	0	等高線		a	
84	168	2	清國山東省	博山縣	明治17年創製	1960/07	48.3	49.2	36	0	36	40	118	0	119	0	等高線		c	
85	169	1	清國山東省	高密縣安邱縣	明治17年創製, 同28年1月脩正 明治27年製版, 同28年2月脩正	1961/01	45.9	58.0	36	0	36	40	119	0	120	0	等高線		a	

No.	図番号	個体番号	タイトル(大)	タイトル(小)	創製・製版年代	LC受入	サイズ		北緯				東経				地形表示	表面文言	裏面記載	所蔵
86	169	2	清國山東省	高密縣安邱縣	明治17年創製,同28年1月脩正 明治27年製版,同28年2月脩正	1960/07	45.9	50.1	36	0	36	40	119	0	120	0	等高線		c	
87	171	1	清國山東省	平原縣禹城縣濟河縣故城縣	明治17年創製	1961/01	46.2	58.2	36	40	37	20	116	0	117	0	なし		なし	
88	171	2	清國山東省	平原縣禹城縣濟河縣故城縣	明治17年創製	1960/07	43.7	49.7	36	40	37	20	116	0	117	0	なし		c	
89	172	1	清國山東省	青城縣濟東縣濟陽縣長山縣鄒平縣章邱縣周村鎮	明治17年創製	1961/01	45.9	58.2	36	40	37	20	117	0	118	0	等高線		a	
90	172	2	清國山東省	青城縣濟東縣濟陽縣長山縣鄒平縣章邱縣周村鎮	明治17年創製	1960/07	44.3	49.2	36	40	37	20	117	0	118	0	等高線		c	
91	173	1	清國山東省	青州府昌樂縣壽光縣樂安縣臨淄縣博興縣淄川縣	明治17年創製,同28年1月脩正 明治27年製版,同28年2月脩正	1961/01	46.1	58.1	36	40	37	20	118	0	119	0	等高線		f	
92	173	2	清國山東省	青州府昌樂縣壽光縣樂安縣臨淄縣博興縣淄川縣	明治17年創製,同28年1月脩正 明治27年製版,同28年2月脩正	1960/07	44.4	50.1	36	40	37	20	118	0	119	0	等高線			
93	175		清國直隷省	德州景州東光縣阜城縣	明治17年創製	1961/01	46.2	58.1	37	20	38	0	116	0	117	0	なし		a	
94	176	1	清國直隷山東省	武定府陽信縣海豊縣慶雲縣樂陵縣德平縣	明治17年創製	1960/07	46.1	58.0	37	20	38	0	117	0	118	0	なし		g	
95	176	2	清國直隷山東省	武定府陽信縣海豊縣慶雲縣樂陵縣德平縣	明治17年創製	1961/01	46.2	58.1	37	20	38	0	117	0	118	0	なし		a	
96	177	1	清國直隷省	定州祁州博野縣蠡縣肅甯縣饒陽縣武強縣深澤縣晉州無極縣	明治17年創製	1960/07	45.9	58.0	38	0	38	40	115	0	116	0	なし		臨時第七師團輜重部之印	
97	177	2	清國直隷省	定州祁州博野縣蠡縣肅甯縣饒陽縣武強縣深澤縣晉州無極縣	明治17年創製	1961/01	46.2	58.3	38	0	38	40	115	0	116	0	なし		d	阪大
98	177	3	清國直隷省	定州祁州博野縣蠡縣肅甯縣饒陽縣武強縣深澤縣晉州無極縣	(周囲切取のため不明)	1961/01	42.4	46.2	38	0	38	40	115	0	116	0	なし		b	
99	178	1	清國直隷省	河間府獻縣交河縣青縣滄州南皮縣	明治17年創製	1960/07	46.2	58.1	38	0	38	40	116	0	117	0	なし		なし	
100	178	2	清國直隷省	河間府獻縣交河縣青縣滄州南皮縣	明治17年創製	1961/01	46.1	58.1	38	0	38	40	116	0	117	0	なし		d	阪大
101	179	1	清國直隷省	保定府定興縣安肅縣安州高陽縣望都縣滿城縣完縣唐縣	明治17年創製	1960/07	46.0	58.1	38	40	39	20	115	0	116	0	ケバ		なし	
102	179	2	清國直隷省	保定府定興縣安肅縣安州高陽縣望都縣滿城縣完縣唐縣	明治17年創製	1961/01	46.0	58.15	38	40	39	20	115	0	116	0	ケバ		d	阪大
103	180	1	清國直隷省	永清縣覇州静海縣大城縣任邱縣保定縣新安縣容城縣新城縣文安縣雄縣	明治17年創製,同27年製版	1960/07	46.2	58.1	38	40	39	20	116	0	117	0	なし		なし	
104	180	2	清國直隷省	永清縣覇州静海縣大城縣任邱縣保定縣新安縣容城縣新城縣文安縣雄縣	明治17年創製,同27年製版	1961/01	46.2	58.0	38	40	39	20	116	0	117	0	なし		d	阪大
105	181	1	清國直隷省	易州淶水縣	明治17年創製	1960/07	46.0	58.1	39	20	40	0	115	0	116	0	等高線		なし	
106	181	2	清國直隷省	易州淶水縣	明治17年創製	1961/01	46.2	58.1	39	20	40	0	115	0	116	0	等高線		なし	阪大
107	182	1	清國直隷省	懷來縣保安州	明治17年創製	1960/07	46.3	58.0	40	0	40	40	115	0	116	0	等高線		なし	

目録2　アメリカ議会図書館蔵「清國二十萬分一圖」目録

No.	図番号	個体番号	タイトル(大)	タイトル(小)	創製・製版年代	LC受入	サイズ		北緯				東経				地形表示	表面文言	裏面記載	所蔵
108	182	2	清國直隸省	懷來縣保安州	明治17年創製	1961/01	46.3	58.2	40	0	40	40	115	0	116	0	等高線		d	阪大
109	183	1	清國直隸省	昌平州密雲縣順義縣	明治17年創製	1960/07	46.1	58.2	40	0	40	40	116	0	117	0	等高線		なし	
110	183	2	清國直隸省	昌平州密雲縣順義縣	明治17年創製	1961/01	46.2	58.2	40	0	40	40	116	0	117	0	等高線		d	阪大
111	184	1	清國直隸省	薊州平谷縣	明治17年創製,同27年製版	1960/07	46.0	58.1	40	0	40	40	117	0	118	0	等高線		なし	
112	184	2	清國直隸省	薊州平谷縣	明治17年創製,同27年製版	1961/01	46.0	58.1	40	0	40	40	117	0	118	0	等高線		なし	阪大
113	185	A	清國直隸省	遷安縣遵化州	創製明治17年4月,明治26年5月製版(寫眞亜鉛版)	1960/07	46.3	59.1	40	0	40	40	118	0	119	0	ケバ	○	なし	
114	185	B-1	清國直隸省	遵化州遷安縣	明治17年創製,同27年製版	1960/07	46.1	58.2	40	0	40	40	118	0	119	0	等高線		騎兵中隊	
115	185	B-2	清國直隸省	遵化州遷安縣	明治17年創製,同27年製版	1961/01	46.1	68.2	40	0	40	40	118	0	119	0	等高線		騎兵中隊	阪大
116	373		清國直隸省	三十家子	明治17年創製	1961/01	45.9	58.2	40	40	41	20	119	0	120	0	等高線		騎兵中隊	阪大
117	374		清國直隸省	承德府平泉州	明治17年創製	1961/01	46.0	58.1	40	40	41	20	118	0	119	0	等高線		d	阪大
118	375		清國直隸省	灤平縣古北口	明治17年創製	1961/01	46.1	58.2	40	40	41	20	117	0	118	0	等高線		騎兵中隊	阪大
119	376	1	清國直隸省	赤城縣	明治17年創製	1960/07	46.0	58.3	40	40	41	20	116	0	117	0	等高線		なし	阪大
120	376	2	清國直隸省	赤城縣	明治17年創製	1961/01	46.0	58.3	40	40	41	20	116	0	117	0	等高線		騎兵中隊	

表目録2-2　アメリカ議会図書館蔵「清國二十萬分一圖」の裏面の記載とカテゴリ対照表

カテゴリ	a	b	c	d	e	f	g	h
筆記具	筆	筆	筆	筆	筆	筆	筆	鉛筆
省名表示	○	○	略記	○	○	○	○	○
縣名表示	○	○	○	×	×	○	○	○
小地名表示	△	×	△	×	○	×	×	×
縮尺表示	×	×	×	×	○	×	×	×
図番号表示	×	○	×	×	×	×	×	×
機密表示	×	×	×	×	○	×	×	×
サンプル								
該当枚数	15	3	11	27	1	1	1	5

表目録 2-3　スタンフォード大学蔵「清國二十万分一圖」目録

URL: http://library.stanford.edu/guides/gaihozu-japanese-imperial-maps により作製

No.	図番号	画像番号	タイトル（大）	タイトル（小）	創製年代	地形表示	表面文言	備考
1	75	44	清國山東省	日照縣王家台湾瑯琊台灣	創製　明治17年4月	等高線	○	
2	76	43	清國山東省	靈山	創製　明治17年4月	等高線	○	
3	77	38	清國山東省	即墨縣膠州膠州湾	創製　明治17年4月	等高線	○	
4	109	34	清國山東省	萊州府平度州昌邑縣濰縣瓦城	創製　明治17年4月	等高線	○	
5	110	33	清國山東省	招遠縣	創製　明治17年4月	等高線	○	
6	111	32	清國山東省	海陽縣棲霞縣	創製　明治17年4月	ケバ	○	
7	112	31	清國山東省	文登州	創製　明治17年4月	—	○	
8	113	28	清國山東省	蒲台縣馬窩利津縣	創製　明治17年4月	等高線	○	
9	114	27	清國山東省	太平灣東澄	創製　明治17年4月	等高線	○	
10	115	26	清國山東省	登州府黃縣	創製　明治17年4月	ケバ	○	
11	116	25	清國山東省	寧海州福山縣芝罘港	創製　明治17年4月	等高線	○	
12	117	24	清國山東省	威海衛	創製　明治17年4月	等高線	○	
13	118	21	清國直隷省	鹽山縣岐口	創製　明治17年4月	ケバ	○	
14	121	20	清國山東省	城隍鳩大欽島砣磯島	創製　明治17年4月	等高線	○	
15	123	17	清國直隷省	天津府大沽北塘	創製　明治17年4月	—	○	
16	124	16	清國直隷省	大清河口	創製　明治17年4月	—	○	
17	125	15	清國直隷省	灤河口	創製　明治17年4月	ケバ	○	
18	126	13	清國直隷省	北京通州武清縣東安縣永清縣固安縣良郷縣房山縣涿州	創製　明治17年4月	ケバ	○	表目録2-1の126号A図とは別版？
19	127	12	清國直隷省	玉田縣三河縣香河縣寶坻縣甯河縣	創製　明治17年4月	ケバ	○	
20	129	10	清國直隷省	山海關撫甯縣昌黎縣	創製　明治17年4月	等高線	○	
21	139	5	清國直隷省	永平府北邊長城	創製　明治17年4月	ケバ	○	
22	166	42	清國山東省	東昌府荘平縣東阿縣肥城縣	創製　明治17年4月	等高線	○	
23	167	41	清國山東省	濟南府泰安府泰安縣歷城縣	創製　明治17年4月	ケバ	○	
24	168	40	清國山東省	博山縣	創製　明治17年4月	等高線	○	
25	169	39	清國山東省	高密縣安邱縣	創製　明治17年4月	等高線	○	
26	172	36	清國山東省	青城縣濟東縣濟陽縣長山縣鄒平縣章邱縣周村鎮	創製　明治17年4月	ケバ	○	
27	173	35	清國山東省	青州府昌樂縣壽光縣樂安縣臨淄縣博興縣淄川縣	創製　明治17年4月	等高線	○	
28	176	29	清國直隷山東省	武定府陽信縣海豊縣慶雲縣樂陵縣德平縣	創製　明治17年4月	—	○	
29	177	23	清國直隷省	定州祁州博野縣蠡縣肅甯縣饒陽縣武強縣深澤縣晋州無極縣	創製　明治17年4月	—	○	
30	179	19	清國直隷省	保定府定興縣安肅縣安州高陽縣望都縣滿城縣完縣唐縣	創製　明治17年4月	ケバ	○	
31	180	18	清國直隷省	永清縣覇州静海縣大城縣任邱縣保定縣新安縣容城縣新城縣文安縣雄縣	創製　明治17年4月	—	○	
32	181	14	清國直隷省	易州淶水縣	創製　明治17年4月	等高線	○	
33	184	7	清國直隷省	薊州平谷縣	創製　明治17年4月	ケバ	○	
34	185	6	清國直隷省	遷安縣遵化州	創製　明治17年4月	ケバ	○	表目録2-1の185号A図とは別版
35	373	1	清國直隷省	三十家子	創製　明治17年4月	等高線	○	
36	374	2	清國直隷省	承德府平泉州	創製　明治17年4月	ケバ	○	
37	375	3	清國直隷省	灤平縣古北口	創製　明治17年4月	等高線	○	
38	376	4	清國直隷省	赤城縣	創製　明治17年4月	等高線	○	

目録 2　アメリカ議会図書館蔵「清國二十萬分一圖」目録

表目録 2-4　国立国会図書館蔵「清國二十萬分一圖」のうち測量データの由来を示す
文言をもつ図幅（YG819-570 ～ 576）の目録

No.	図番号	タイトル （大）	タイトル （小）	創製・製版年代	地形表示	表面 文言	備　考
1	145	清國盛京省	遼東灣營口海城縣	創製明治 17 年 4 月	ケバ	○	LC 図と別版
2	146	清國盛京省	岫巖州	創製明治 17 年 4 月	ケバ	○	LC 図と別版
3	147	清國盛京省	寛甸縣安東縣鳳凰廳	創製明治 17 年 4 月	等高線＋ケバ	○	LC147 号 A 図に等高線を加筆
4	149	清國盛京省	遼陽州	創製明治 17 年 4 月	等高線＋ケバ	○	LC 図と別版
5	150	清國盛京省	城廠	創製明治 17 年 4 月	等高線＋ケバ	○	LC 図と別版
6	154	清國盛京省	奉天府	創製明治 17 年 4 月	等高線＋ケバ	○	LC 図・阪大図と別版
7	155	清國盛京省	撫順城	創製明治 17 年 4 月	等高線＋ケバ	○	LC 図と別版

注　LC はアメリカ議会図書館の略号。

初出一覧

第1章　近代日本の海外地理情報収集と初期外邦図　　　　　　　　　　　　　　　　小林　茂

　これまでの研究を集約しつつ，書き下ろしたものである。

第Ⅰ部　初期編集外邦図

第2章　東アジア地域に関する初期外邦図の編集と刊行　　　小林　茂・岡田郷子・渡辺理絵・鳴海邦匡

　　小林　茂・岡田郷子・渡辺理絵　2010.「東アジア地域に関する初期外邦図の編集と刊行」待兼山論
　　　　叢（日本学編）44：1-32 に，大幅に加筆した。

第3章　19世紀後半における朝鮮半島の地理情報の収集と花房義質　　　　小林　茂・岡田郷子・鳴海邦匡

　　小林　茂・岡田郷子　2008.「十九世紀後半における朝鮮半島の地理情報と海津三雄」待兼山論叢（日
　　　　本学編）42：1-26 を軸に，沿岸海図の整備過程ならびに花房義質の事蹟について加筆した。

第Ⅱ部　初期外邦測量原図

第4章　中国大陸における初期外邦測量の展開と日清戦争　　　　　　小林　茂・渡辺理絵・山近久美子

　　小林　茂・渡辺理絵・山近久美子　2010.「初期外邦測量の展開と日清戦争」史林（史学研究会）93
　　　　（4）：473-505 から朝鮮半島に関連する部分を除外しつつ加筆した。

第5章　朝鮮半島における初期外邦測量の展開と「朝鮮二十萬分一圖」の作製

　　　　　　　　　　　　　　　　　　　　　　　　　　　　　　渡辺理絵・山近久美子・小林　茂

　　渡辺理絵・山近久美子・小林　茂　2009.「1880 年代の日本軍将校による朝鮮半島の地図作製：アメ
　　　　リカ議会図書館所蔵図の検討」地図（日本国際地図学会）47（4）：1-16 を基礎に『舊韓國外交
　　　　文書』（日案）所載の日本軍将校の護照申請によって彼らの旅行の詳細を追跡した。 なお，別に
　　　　南榮佑・渡辺理絵・山近久美子・李虎相・小林　茂　2009.「朝鮮末日帝参謀本部将校の韓半島
　　　　偵察地図製作」大韓地理学会誌 44（6）：761-778（韓文）があるが，再検討すべき点が多い。

第6章　広開土王碑文を将来した酒匂景信の中国大陸における活動　　　山近久美子・渡辺理絵・小林　茂

　　山近久美子・渡辺理絵・小林　茂　2011.「広開土王碑文を将来した酒匂景信の中国大陸における活動：
　　　　アメリカ議会図書館蔵の手描き外邦図を手がかりに」朝鮮学報（朝鮮学会）221：117-159 のうち，
　　　　他の章で述べられていることを削除した。

第Ⅲ部　アメリカ議会図書館蔵　初期外邦測量原図データベース構築過程と目録

第7章　アメリカ議会図書館蔵初期外邦測量原図データベースの構築　小林　茂・山近久美子・渡辺理絵・
　　鳴海邦匡・山本健太・波江彰彦

　　　　小林　茂・山近久美子・渡辺理絵・波江彰彦・山本健太・鳴海邦匡　2013.「アメリカ議会図書
　　　　館蔵初期外邦測量原図データベース　解説」外邦図研究ニューズレター10：5-17 を軸に，加筆。

目録1　「アメリカ議会図書館蔵　初期外邦測量原図」目録

　　小林　茂・山近久美子・渡辺理絵・鈴木涼子・波江彰彦・鳴海邦匡・小林　基・藤山友治　書き下ろし。

目録2　アメリカ議会図書館蔵「清國二十萬分一圖」目録

　　　　　　　　　　　　　　　　小林　茂・渡辺理絵・山近久美子・鳴海邦匡・藤山友治・小林　基

　　小林　茂・渡辺理絵・山近久美子・鳴海邦匡・藤山友治・小林基　2014.「アメリカ議会図書館蔵『清
　　　　國二十萬分一圖』の解説と目録」外邦図研究ニューズレター11：66-78 を書きかえ。

コラム欄　書き下ろしが多いが，コラム5は，山近久美子・渡辺理絵・波江彰彦・鈴木涼子・小林　茂「1900
年代ロシア，ドイツ製中国地図と外邦図：アメリカ議会図書館所蔵地図の検討」（2010 年 11 月 20 日，人
文地理学会大会での発表［要旨を外邦図研究ニューズレター8：60-61 に掲載］）をもとにした。

260

あ　と　が　き

　私たちの研究推進の原動力の一つは，地球環境変動にむすびつく森林破壊や耕地拡大など景観変動を追跡する資料として，各地の図書館に死蔵されている古地図を学術的に再生するところにあった。とくに戦争や植民地統治のために作製された外邦図は，それらが本来の目的を失って以後，凍結状態の保存がつづき，この方面における価値が長期間認識されていなかったからである。

　こうした観点からすれば，外邦図や空中写真の発掘にくわえて，その目録作成を初めとする資料整備が重要な作業になるが，これらの学術的活用には，その作製過程の理解も不可欠である。地図の作製年代や縮尺，測量法など基礎的情報なしには，他の時期の地図と比較して景観変動を検出することができない。

　他方，そうした観点から研究を進めていくにつれ，日本軍による東アジアの地理情報収集の背景が視野のなかにはいりはじめた。地図作製を理解するには，その背後にある軍事的意図を知らなければならないというわけである。地図は戦争にとって「インフラ」のような位置にあるが，戦略レベルから，戦闘が行われる地域の予測，さらには当時利用できた地理情報などを考慮して整備されたはずで，知りたいことがいろいろ出てくる。

　そんな観点から先行研究をさがして意外だったのは，慣れない他分野の文献も注意してはいるが，頼れるものがほとんどないことであった。現在では本書で試みたような，地図の分析を通じて，逆に日本軍の作製の意図を仮説的に推測していく以外にないかと思い始めているところである。

　ともあれ景観変動の検出作業だけでなく，このような発想による検討でも，地図の時間的・空間的カバー範囲の追跡にあわせて，その画像の子細な検討が必要である。本書の準備にあたっては，やはり科学研究費の研究成果公開促進費を得て作成した「アメリカ議会図書館蔵　初期外邦測量原図データベース」がたいへん大きな役割を果たすことになった。とくに第4章と第5章の執筆に際してはたびたび参照し，これなしには旧稿の改善は不可能だったと言ってよい。

　この経験は，他方で同種の作業をするには，やはり地図画像のデータベースが必要なことを強く示唆する。幸いすでに「外邦図デジタルアーカイブ」が2005年以降稼働し，上記データベースよりは新しい時期に作製された地図の画像と書誌データを改良と充実をかさねつつ公開している。今後はこのデータベースを活用しつつ，さらに年代が下る外邦図に焦点をあわせて研究を継続したい。

　なお本書は，当初2015年度刊行の予定であったが，アメリカ議会図書館で大量の新資料の発見があり，これを組み入れるため研究成果公開促進費（学術図書）の繰り越しを行った。この作業により，本書の内容は質・量ともに当初の予定を大きく超えることになったが，他方大阪大学出版会には多大な迷惑をかけた。この場を借りて同出版会に陳謝するとともに，その協力に感謝したい。

（小　林　　茂）

索　引

あ行

青木佳貞　50
赤羽平太郎　122, 132, 157
浅間艦　56
亞細亞東部輿地圖　32, 79, 83
天城艦　59, 60, 63, 125, 142
アムール河　86
アメリカ議会図書館　3, 4, 6–8, 19,
　23, 47, 56, 60, 63, 76, 77, 86, 87, 99,
　101, 117, 122, 134, 169, 171, 180,
　193, 198, 201, 204–209, 212
アメリカ公使　18
アロー戦争　7, 16, 17, 23, 25, 26, 42,
　78, 84, 96, 101, 120, 150, 176
池上四郎　77
石川潔太　32, 96, 112, 113, 140, 152
伊地知幸介　141, 155
伊集院兼雄　83, 94, 95, 113, 171, 175,
　179
磯林真三　53, 178
位置の正確さ　17
井上馨　84, 123
伊能忠敬　201
イパレットネクサス　207–209, 212
インテリジェンス　200
上野茂一郎　122, 132, 134, 141
ウォード（→ Ward, J）　25, 30, 50
ウラジオストク（浦鹽斯德）　28,
　34, 52, 130, 155
雲南省　32, 87, 203
雲揚艦　50, 52, 54, 56
営口　84, 87, 91, 99, 112, 117, 175,
　176, 178, 179
永興湾　50, 54
英国海図　17, 19, 28, 30, 47, 58, 81,
　83, 91, 105, 117, 118, 144, 181, 201
英清条約　82
江南哲夫　139, 150
榎本武揚　49, 57, 66
円錐図法　33, 34, 79
袁世凱　155, 178
沿道誌　99, 105, 112, 129, 142, 155,
　156, 164, 165
沿道指鍼　98, 99, 105, 112, 129, 142,
　155, 164
沿道圖説　98, 99, 105, 112, 129, 142,
　155, 156, 164
円筒図法　79, 152

か行

海関　42, 150
開港地　33, 42, 43, 54, 120, 124, 125,
　134, 144, 150
懐仁　185–187, 189, 191–194
海津三雄　4, 58, 60, 67, 68, 87, 114,
　120, 122, 125, 128, 142, 145, 154,
　164, 178
外邦図研究会　4
外邦図デジタルアーカイブ　2, 200,
　208, 212, 213
『外邦測量沿革史　草稿』　3
「外邦測量の沿革に関する座談会」
　141
『外邦兵要地図整備誌』　3, 5
牙山　57, 60, 62, 63, 66
梶山鼎介　82, 85, 87, 105, 112, 164,
　175, 178, 190
春日艦　26, 28, 45, 47, 50
假製東亞興地圖　17, 97, 104, 105,
　154, 156–158, 166, 167, 192
勝田四方蔵　54
桂太郎　36, 66, 79, 81, 84, 175, 177,
　202
樺山資紀　52, 78
ガリー，ガストン　28, 31, 47, 49,
　52, 69
川上操六　155
川上寛　23
川久保常吉　122
河村洋與　50
川本準作　122, 128, 130

咸鏡道

咸鏡道　27, 28, 43, 66, 122, 129, 130,
　132, 134, 141, 152, 155
「咸鏡道路上圖」　145, 147, 149
漢江　27, 28, 30, 31, 43, 45, 47, 52, 54,
　57–59, 62, 140
韓語学所　122, 125
韓国併合　44
寛甸　98, 185, 188, 189
漢城　30, 31, 47, 52, 54, 56–60, 62,
　63, 65–67, 69, 121, 125, 128, 129,
　132, 134, 135, 139–142, 155, 157,
　158, 166, 177, 178
管西局　36, 79, 81, 175, 177, 202
管東局　125, 177, 178
義州　28, 125, 128–130, 139–141,
　143, 144, 152, 175, 177, 178, 182
「義州行記」　128–130
貴州省　87, 203
気象観測　68, 69, 150
『気象経験録』　68
北村重頼　50
吉林省　79, 85, 113, 167, 169, 176,
　179, 202
吉林将軍　85, 113
木下賢良　34, 35, 112
キヤノン EOS5D　204, 206
『舊韓國外交文書』　122, 124, 128,
　134, 135, 141, 142, 155
牛荘（→営口）　83, 84, 99, 117,
　175–179, 187, 188, 194
九連城　83, 141, 186, 187, 189, 191
喬桐島　62
京都大学　2, 5, 212
義和団　166
錦江　60, 62, 66, 67
金正浩（キム・ジョンホ）　54
近代地図　6–8, 15, 35, 42, 81, 96,
　104, 152, 166, 167, 200, 206
金麟昇（キム・リンスン）　28, 52
倉辻靖二郎（明俊）　84, 86–88, 99,
　105, 176, 179
栗栖亮　91
クルーゼンシュテルン（von
　Krusenstern, A.J.）　33
黒木爲楨　125
黒田清隆　28, 49, 52, 56
クロノメーター　1, 89, 151
軍事密偵　76, 105, 203

経緯度　25, 27, 36, 37, 63, 68, 81, 89, 91, 93–96, 104, 117, 118, 121, 144, 145, 149–152, 154, 167, 180, 181, 201

京畿道　27, 31, 43, 57, 58, 60, 62, 63, 122, 125, 129, 130, 132, 134

「慶興紀行」　130, 132

京城（漢城も参照）　30, 32, 43, 47, 50, 57, 62, 68, 143, 155, 156, 176, 181, 188

慶尚道　43, 122, 125, 128, 130, 132, 134, 139, 140

慶親王　155

携帯図板（携帯測板）　88, 114–116, 204

『研究蒐録　地図』　3

元山　27, 28, 43, 58–60, 62, 63, 68, 125, 128–130, 132, 134, 135, 139, 141–143, 145, 149, 155–157, 164, 178

広開土王　4, 141, 169–171, 185, 186, 190, 191, 193, 194

広開土王碑文　4, 77, 169, 170, 186, 187, 190, 194

江華島　26, 27, 31, 43, 45, 47, 49, 50, 52–54, 57, 58, 62, 66, 69, 134, 140

江華島事件　50, 52

江華島条約　28, 52, 54

江原道　31, 122, 129, 132, 134, 135, 139

後山　21

高山里　191, 192

膠州湾　166

甲申政変　16, 68, 121, 123, 132, 134, 157

「江蘇省全圖」　36

「皇朝中外壹統輿圖」　28, 36, 79, 120, 248

江寧府（南京）　36, 171, 172, 175, 181, 194

「皇輿全覽圖」　28, 99

国立公文書館　7, 19, 30, 45, 47, 56, 58, 60, 62, 121

国立国会図書館　7, 45, 47, 112, 117, 121

黒竜江省　79, 84, 85, 113, 179, 202

黒龍江将軍　85

誤差　6, 91, 93, 96, 144, 154, 157, 201, 202

護照　65, 82, 84, 113, 120–125, 128, 130, 134, 139, 141, 155, 177–179, 203

五女山　185, 189, 192, 193

近藤眞鋤　49, 67, 68

コンパス　1, 3, 5, 58, 65, 69, 87, 88, 91, 114–116, 142–144, 167, 180, 181, 198, 201, 204

さ行

済州島　157, 203

済物浦　57, 58, 62, 65, 203

済物浦条約　62, 63, 65, 69, 178

佐伯有清　169

彭城中平　78

坂根達郎　63

酒匂景信　4, 8, 77, 86, 88, 89, 96, 99, 101, 140, 169–171, 175, 180, 184, 193

佐藤佽　7

鮫島員規　124

山海関　79, 83, 85, 86, 104, 113, 166, 175

『三国史記』　191, 192

35ミリフルサイズ（デジタルカメラ）　204–206

山東半島　84, 95, 104, 117, 166, 172

参謀局　7, 15, 23

「参謀将校内國地理実査心得」　164

参謀本部　2–5, 7, 15, 17, 34–37, 77, 79–81, 83, 84, 94, 98, 101, 104, 106, 112, 113, 122, 123, 125, 128, 134, 141, 155–158, 167, 169–171, 178, 179, 185, 190–194, 198, 200, 203, 204

『参謀本部歴史草案』　4, 76, 122, 202

ジェネラル・シャーマン号（→ General Sherman 号）　144

支那語通訳生　82

『支那地誌』　35, 193

柴五郎　84, 86–88, 140, 143, 155, 178

柴山尚則　122, 150, 157

ジブスケ（Albert Charles du Bousque）　47

シベリア出兵　106

島弘毅　78, 82, 83, 85, 86, 105, 112, 164, 171, 175, 179

島村千雄　85, 142, 200

清水元一郎　84

上海　7, 23, 25, 32, 33, 36, 45, 78, 81, 84, 85, 117, 171, 177

集安（輯安）　4, 169–171, 185, 191, 192

輯製三十万分一圖　97, 99, 101

十里方眼圖　96, 99, 101, 105

将軍塚　185, 193

昌城　130, 141, 178

鐘城　132

『象胥紀聞』　30, 65

承徳　96

初期外邦測量原図　8, 9, 87, 180, 201, 205, 212

初期実測時代　17, 106

初期編集外邦図　6, 14, 15, 36, 37

シルビア（Sylvia）号　54

「清國沿海各省圖」　35, 36

清國二十萬分一圖　8, 89, 91, 93–99, 101, 104, 105, 112, 117, 118, 121, 144, 155–158, 164, 166, 167, 171, 181, 201

「清國派出將校心得」　79–81, 88

「清國派出將校兵略上偵察心得」　79

「清國北京全圖」　23, 32, 78

「従清國鳳凰城至朝鮮國黄州旅行圖」　140, 152

「清國渤海地方圖」　16, 21, 23, 25

壬午事変（壬午軍乱）　16, 37, 44, 65, 68, 94, 98, 118, 120, 122, 123, 125, 129, 132, 134, 142, 156, 164, 178, 179

仁川　27, 43, 56–59, 62, 63, 65, 124, 125, 134, 140, 142, 143, 150, 158

仁川商法会議所　139, 142, 150

『新増東國輿地勝覧』　191, 192

辛未洋擾　26, 28, 42, 45, 47, 50, 67, 121, 144

水原　60, 124, 132

水路局　27, 32, 47, 63, 69, 117, 144

水路部　1, 43, 68, 145

水路寮　26, 27, 30, 32, 33, 50

スタウントン島　117

スタンフォード大学　117

スパイ　4, 84, 85, 170, 203

盛京（奉天・現瀋陽）　79, 82, 83, 85, 86, 91, 96, 98, 99, 112, 113, 118, 129, 156, 164, 167, 175–178, 185, 186

盛京将軍　85, 113

「盛京省西中部圖」　94, 156

「盛京省第一圖」　91, 94, 117, 118

「盛京省東部圖」　94, 95, 156

「盛京省南部圖」　94, 117, 156

「盛京省附圖」　95

生蕃　18, 33

前近代地図　1

戦時測量　5, 8, 14, 166, 199

先住民　18, 21

263

戦闘詳報　98
全羅道　57, 58, 60, 122, 132, 134, 139,
　140
總理衙門（總理各國事務衙門）　85,
　132, 155
草梁館語学所　122
ソウル　27, 28, 30, 31, 43, 45, 47, 52,
　54, 62, 68, 121, 125, 178, 203
副島種臣　18
測鎖　1
測図班　14, 166
測量局　157
『測量・地図百年史』　1, 3, 4, 7, 15,
　18, 76
曽根俊虎　84

た行
大孤山　95, 98, 156
第五師団　156
「大清一統海道總圖」　81
「大清一統輿圖」　27, 28, 79
大同江　27, 28, 139, 140, 150, 152
「大同江概測圖」　140, 150, 152
第二次世界大戦　2, 3, 5, 6, 198, 200
大連　25, 83, 84, 117, 167, 176
台湾遠征　7, 16-18, 23, 50
「臺灣南部之圖」　18, 19, 21
高雄丸　57, 58, 60, 62, 63
高木菊三郎　3, 5, 76, 99, 106
高杉松祺　43, 58
『択里志』　63
竹添進一郎　123, 124, 128
武田甚太郎　122, 123, 128, 142
玉井曨虎　82, 101, 112, 113, 171, 175,
　180, 190, 195
田村怡與造　155
多面体図法　91, 99
ダレ（Dallet, C.）　37, 49, 66, 135
芝罘　84
地磁気方位　91, 145, 149, 154, 157
千島樺太交換条約　66
中央研究院（台北）　209
「中俄交界全圖」　34
中国大陸　3, 4, 6, 8, 14, 17, 19, 21, 32,
　35, 37, 76, 77, 79, 82, 89, 101, 104,
　106, 114, 120, 121, 132, 142-144,
　149, 151, 157, 164, 166, 167,
　169-171, 190, 194, 198, 200,
　202-204
忠清道　57, 60, 122, 125, 128, 130,
　132, 134, 135, 139, 140
張其光　21

長城　175, 176, 181, 182
『朝鮮教会史』　37, 49, 66
『朝鮮近況紀聞』　30, 37, 65
朝鮮国王　62, 155
朝鮮國語学生徒　122, 123, 128
『朝鮮事情』　49
朝鮮修信使　69
「朝鮮全岸」　27, 63, 144, 151, 152
「朝鮮全圖」（1873年刊）　26, 50, 51
「朝鮮全圖」（1875・1876年刊）　口
　絵写真 1, 17, 27-31, 43, 49, 52, 56,
　58, 79, 152, 154, 158
「朝鮮全圖」（手描き，別名「韓國全
　図）　口絵写真6, 138, 140, 141, 152,
　154, 219
『朝鮮全圖附録』　30
『朝鮮地誌』　52, 63
『朝鮮地誌略』　4, 122, 165, 192
朝鮮二十萬分一圖　98, 120, 121, 141,
　142, 144, 149-152, 154-158, 164,
　166
『朝鮮八域誌』　49
朝鮮半島　3, 4, 6, 8, 17, 26-28, 31,
　32, 37, 43, 44, 49, 52, 53, 60, 63,
　67-69, 76, 77, 82, 104, 114,
　120-122, 132, 134, 140-145,
　149-152, 154, 156-158, 164, 166,
　169, 178, 193, 198, 200, 202-204
「朝鮮半島東海岸図」　27, 30, 56, 57
「朝鮮東海岸圖」　27, 30, 51, 56, 71,
　145, 149, 151, 152
朝米修好通商条約　69
鳥嶺（チョリョン）　125, 128
朝露陸路通商条約　132
「直隷山東輿地圖」（ドイツ製）
　166, 167
「直隷東部細圖」　94
千代田史料　121, 152
地理学協会　66-69, 77
地理・地図部　7, 198, 207
鎮江　33, 60, 62, 67, 78
青島　166
通化　185, 187-189
通溝　191-193
柄田鑑次郎　123, 127, 138, 139, 140
対馬藩　26, 30, 45, 65
帝国地図学　7, 8, 69
データベース　8, 180, 198-200,
　204-209, 212, 213
手帳式　143
天津　21, 23, 25, 65, 78, 79, 82, 84, 86,
　96, 97, 101, 104, 155, 172, 175

伝統地図　7, 8, 15
『獨乙參謀要務』　80, 81
東京地学協会　66, 67, 77
『東京地學協會報告』　8, 62, 77, 78,
　82, 83, 112, 113, 122, 128, 130,
　140, 142, 151
洞溝　4, 141, 185-189, 191-194
等高線　181
「東國地圖」　28, 49
銅銭　134, 135, 141, 156, 164
『唐土名勝圖會』　23
東北大学　2, 5, 212
統理衙門（統理交渉通商事務衙門）
　125
トラバース測量　1, 8, 28, 57, 60, 65,
　69, 88, 91, 120, 142, 144, 198, 201
鳥居龍藏　187, 191

な行
長久保赤水　44
長崎海軍伝習所　49
南京　36, 81, 87, 172, 181
日露戦争　5, 6, 8, 44, 83, 95, 104, 106,
　114, 121, 152, 158, 167, 198, 200,
　204
日清修好条規　33, 84, 105, 204
日清戦争　4-6, 8, 14, 17, 34, 44, 76,
　77, 83, 87, 97, 98, 101, 104, 105, 117,
　121, 129, 141, 152, 155-158, 164,
　166, 170, 198, 199, 201, 203
日朝修好条規　49, 52, 54, 63, 69
日朝修好条規続約　62, 65, 68, 69,
　120, 122, 156, 178, 203
日本公使館　62, 82, 84, 105, 128, 156,
　158, 190
『日本水路史』　1
「入京路程概測図」　57-59, 66, 69
寧古塔　84, 99

は行
バード，イザベラ（Bird, I.L.）
　203, 209
白頭山　141, 154
馬賊　85, 87
花坂円　96
花房義質　26, 43-45, 49, 50, 56-58,
　63, 65, 66, 68, 69, 83, 116
蕃界線　33
樋口將一郎　122
「碑文之由来記」　171, 186, 190-192,
　194
秘密測量　4, 67, 93, 143, 204

索引

平木安之助　6
平山房吉　139, 150
福島九成　21
福島安正　98, 177, 178
福原和勝　78, 86
釜山　26-28, 30, 43, 45, 47, 49, 50, 54, 57, 60, 65, 66, 122, 125, 128, 132, 134, 139, 151, 155-158, 178
藤田五郎太　141, 157
『佛國陸軍清國遠征日誌附圖』　37, 40
仏清条約　82
ブラゴベシチェンスク　86
フランス　16-18, 23, 25, 27, 28, 30, 31, 36, 37, 43, 45, 47, 49, 50, 52, 56, 58, 83, 84, 87, 96, 101, 104, 114, 116, 166
フランス海図　47, 69, 144
古田武彦　170, 190
ブロートン (Broughton, W.R.)　27, 43
文禄・慶長の役　49
平安道　122, 125, 128-130, 132, 134, 135, 139-141, 152, 155
丙寅洋擾　27, 28, 42, 45, 47, 50, 67, 121, 144
閉合差　91, 93, 96, 144, 157, 201, 202
北京　7, 15, 16, 21, 23, 25, 32, 42, 78, 79, 82-84, 86, 87, 91, 94-97, 99, 101, 104, 143, 155, 164, 166, 167, 169, 171, 172, 175, 178, 180, 190, 194, 204
北京近傍圖　101, 104, 171, 180
「北京近傍西部」　101, 180
「從北京至牛莊旅行圖」　88, 89, 172, 175, 178, 180, 181, 194
別府景長（晋介）　50
ペテルスブルグ　49, 66
偏角　145
平板測量　106, 116
鳳凰城　82, 83, 86, 98, 140, 152, 187-189
鳳翔艦　60, 62
奉天　79, 97, 99, 101, 166, 167, 176, 185, 187, 188
「北河總（総）圖」　23-25
北清事変(義和団事件)　8, 166, 167
渤海湾　16, 25, 96, 97, 175
堀本禮蔵　62
本初子午線　32

ま行

マカートニー使節団　96
牧野留五郎　88
馬山浦　125, 155
益満邦介　23, 25, 53, 54
町田實一　84
松島克己　171
松本安四郎　35
丸子方　171, 172
『滿洲紀行』　79, 80, 82, 83, 85-87, 112, 113, 122, 164
「滿州紀行抜書」　78, 79, 112
「滿州紀行附圖」　79, 85
満洲語学生　34, 112
『滿洲誌草稿』　192
『滿州地誌』　165
「滿洲東部旅行図」　99, 171, 172, 175, 176, 179, 182, 184, 185, 187-194
満浦　141, 191, 192
三浦自孝　63, 122, 134, 135, 139, 140, 189
水野勝毅　62
宮本小一　54, 56, 69
村上勝彦　4, 76
明治天皇　121, 194
「モールスコイスボルニク」　57
木浦　43, 57, 58, 66

や行

柳楢悦　32
山岡金藏　98
山縣有朋　80, 84
山下和正　4, 101
山根武亮　91, 156, 175, 179, 200
楊花鎮　57-59, 62
横井忠直　190
吉田重親　50, 63
吉松豊作　124, 125

ら行

ライブ・ビュー撮影　206
洛東江　140, 151
ラペルーズ (de La Pérouse, J.F.G.)　27
「陸軍上海地圖」　23, 97
陸軍文庫　16, 49, 52, 56
陸地測量部　1, 3-7, 15, 76, 95, 97, 99, 101, 106, 141, 145, 155-157, 166, 192, 200
『陸地測量部沿革誌』　1, 3, 4, 7, 15, 18
李鴻章　155

李進熙　170
琉球館　84
琉球救国運動　84
龍驤艦　57, 66
柳条辺牆　176
領事　18, 19, 42, 65, 68, 69, 82, 84, 85, 105, 122, 123, 128, 156, 166, 178, 179, 204
領事裁判　84, 105, 204
「遼東大聯灣圖」　25, 27, 30
遼寧省　6, 79, 113, 175, 178, 179, 185
遼陽　6, 83, 85, 86, 113, 185, 187, 188
旅行免状　82-84, 105, 120, 177
臨時測図部　5, 8, 14, 17, 44, 76, 106, 158, 199
隣邦密偵体制　4
ルジャンドル（Le Gendre, C.）　17-19, 21, 23, 37
令安城　186, 188, 191, 192
ロジャーズ（Rodgers, J.）　27, 45
路上測図　58, 65, 88, 94, 114-116, 142, 143, 181, 204

わ行

ワールド・マップ検索　212
渡邉述　122, 125, 140, 178
渡邊鐡太郎　122, 140, 152, 155

A

Actaeon 号　30, 50, 117

B

Blakeney, W.　19, 30, 50

C

Control number（アメリカ議会図書館）　207

D

Dove 号　50

G

General Sherman 号　28
Gordon, C.G.　23

W

Wachusett 号　28
Ward, J.　25, 117

執筆者紹介 （五十音順）

岡田郷子 ［旧姓谷屋］（Okada, Satoko）1981 年生まれ。大阪大学文学部卒業生。

小林　茂（Kobayashi, Shigeru）1948 年生まれ。博士（文学，京都大学）。大阪大学名誉教授・大阪観光大学教授・放送大学客員教授。

小林　基（Kobayashi, Hajime）1990 年生まれ。修士（文学，大阪大学）。大阪大学大学院文学研究科博士後期課程。

鈴木涼子 ［現姓山川］（Suzuki, Ryoko）1986 年生まれ。修士（学術，東京大学）。愛知県立岡崎高校教諭。

波江彰彦（Namie, Akihiko）1979 年生まれ。博士（文学，大阪大学）。大阪大学大学院文学研究科助教。

鳴海邦匡（Narumi, Kunitada）1971 年生まれ。博士（比較社会文化，九州大学）。甲南大学文学部教授。

藤山友治（Fujiyama Tomoharu）1991 年生まれ。修士（文学，大阪大学）。JR 北海道勤務。

山近久美子（Yamachika, Kumiko）1968 年生まれ。博士（文学，奈良女子大学）。防衛大学校教授。

山本健太（Yamamoto, Kenta）1981 年生まれ。博士（理学，東北大学）。國學院大學経済学部准教授。

渡辺理絵（Watanabe, Rie）1977 年生まれ。博士（文学，大阪大学）。山形大学農学部准教授。

小林　茂（こばやし　しげる）

1948（昭和23）年生まれ。1974年京都大学大学院文学研究科博士
課程（地理学専攻）中退。九州大学教授などを経て，1999年より
大阪大学大学院文学研究科教授（人文地理学）。2003年より放送大
学客員教授。2012年より大阪大学名誉教授。2013年より大阪観光
大学教授。博士（文学，京都大学）。

著　書　『農耕・景観・災害：琉球列島の環境史』（第一書房，
　　　　2003年，人文地理学会賞受賞）
　　　　『外邦図：帝国日本のアジア地図』（中央公論新社，2011年，
　　　　人文地理学会賞［一般図書部門］受賞）

編　著　『近代日本の地図作製とアジア太平洋地域：「外邦図」へ
　　　　のアプローチ』（大阪大学出版会，2009年，日本地理学会
　　　　優秀賞受賞）

共編著　『終戦前後の参謀本部と陸地測量部：渡辺正氏所蔵資料集』
　　　　（大阪大学文学研究科人文地理学教室，2005年）
　　　　『日本地政学の組織と活動：綜合地理研究会と皇戦会』（大
　　　　阪大学文学研究科人文地理学教室，2010年）
　　　　『グローバル化時代の人文地理学』（放送大学教育振興会，
　　　　2012年）ほか

近代日本の海外地理情報収集と初期外邦図

2017年2月28日　初版第1刷発行　　　　　　　　［検印廃止］

編　者　小林　茂

発行所　大阪大学出版会
　　　　代表者　三成賢次

〒565-0871　吹田市山田丘2-7
　　　　　　　大阪大学ウエストフロント
電話：06-6877-1614
FAX：06-6877-1617
URL：http://www.osaka-up.or.jp

印刷・製本所　（株）遊文舎

ⒸShigeru KOBAYASHI et al. 2017　　　　　Printed in Japan
ISBN978-4-87259-508-6 C3025

Ⓡ〈日本複製権センター委託出版物〉
本書を無断で複写複製（コピー）することは，著作権法上の例外を除き，
禁じられています。本書をコピーされる場合は，事前に日本複製権セ
ンター（JRRC）の許諾を受けてください。